国家图书馆年鉴

National Library of China Yearbook

2018

国家图书馆出版社

图书在版编目（CIP）数据

国家图书馆年鉴 . 2018 / 国家图书馆编 . -- 北京 : 国家图书馆出版社 , 2018.12
ISBN 978-7-5013-6638-5

Ⅰ . ①国… Ⅱ . ①国… Ⅲ . ①中国国家图书馆—2018—年鉴 Ⅳ . ① G259.251-54

中国版本图书馆 CIP 数据核字 (2018) 第 266066 号

ISBN 978-7-5013-6638-5

9 787501 366385 >

书　　名　国家图书馆年鉴 2018
著　　者　国家图书馆　编
责任编辑　高　爽　张　颀　唐　澈
封面设计　凡华（北京）文化传媒有限公司

出　　版　国家图书馆出版社（100034　北京市西城区文津街 7 号）
　　　　　（原书目文献出版社　北京图书馆出版社）
发　　行　010-66114536　66126153　66151313　66175620
　　　　　66121706（传真）　66126156（门市部）
E-mail　nlcpress@nlc.cn（邮购）
Website　www.nlcpress.com——▸ 投稿中心
经　　销　新华书店
印　　装　北京华艺斋古籍印务有限公司
版　　次　2018 年 12 月第 1 版　2018 年 12 月第 1 次印刷

开　　本　889×1194（毫米）　1/16
印　　张　26.5
字　　数　620 千字

书　　号　ISBN 978-7-5013-6638-5
定　　价　580.00 元

《国家图书馆年鉴》编纂委员会

《国家图书馆年鉴》编辑部

撰稿人（按姓氏笔画排序）：

丁　曦　刁一卓　于　茜　于　瑞　于良杰　于菲菲　万　静　卫萌萌
马　涛　马　骏　马　超　马玉峰　马赵扬　王　欢　王　丽　王　洋
王　燕　王三珊　王天乐　王会玲　王会娟　王旭东　王红波　王秀香
王青云　王佳欢　王彦侨　韦　伟　支　娟　牛淑娟　方志达　龙　伟
平　安　卢　璐　叶　茜　叶升阳　申子超　申晓娟　田　颖　田周玲
代　坤　白云娇　宁秋丹　边　靖　台钰莹　毕朦予　吕婷婷　朱庆华
乔颖欣　全凤燕　刘　伟　刘　杨　刘　波　刘　峥　刘　俊　刘　贺
刘　瑛　刘　雅　刘　颖　刘小川　刘化刚　刘洁萍　刘婷婷　刘源泓
闫　征　安载良　许玉梅　许京生　孙　乐　孙　俊　孙　倩　孙莹莹
孙梦晖　李　丹　李　进　李　杉　李　彬　李　楠　李一秀　李玉倩
李红霞　李金涛　李思涵　李洪博　李莹菲　李晓彤　李晓鸣　李继红
杨　帆　杨晓微　杨海帆　肖　刚　吴　洋　邱奉捷　冷　熠　宋　辰
宋仁霞　宋晶晶　张　军　张　洁　张　涛　张　雪　张　章　张　琳
张　煦　张收棉　张红霞　张若冰　张宝文　张珊珊（典藏阅览部）
张蕾累　张曙光　陈克俭　陈魏玮　范梦璐　林世田　明　宸　罗林池
金　龙　周一虹　周川富　周宇鹏　周笑盈　孟　化　孟　征　孟　梦
赵　悦　赵　爽　赵　磊（离退休干部处）　赵　磊（保卫处）　赵大莹
赵丹阳　赵建国　赵海英　郝玉凯　郝金敏　荣　杰　胡　泊　胡　洁
胡宏哲　南江涛　钟晶晶　饶卓颖　姜　婧　姜晓曦　宣艺瑶　姚　迎
贺　燕　袁　琨　袁　媛　索　晶　贾　贝　贾大伟　徐　燕　徐亚娟
高　宏　高　博　郭　妮　郭　炯　郭比多　唐　书　唐玉屏
黄　静（党群工作办公室）　黄　静（社会教育部）　黄炜宇　曹丽萍
常苠心　常慧慧　崔云红　崔明明　章　遥　梁　淳　梁钜霄　彭增光
蒋宇弘　韩　尉　韩　超　韩新月　景　申　程天舒　程鲁洁　程媛媛
敦文杰　曾文婷　谢　天　谢　强　谢万幸　谢冬荣　蒙海光　雷　强
路龙惠　蔡　丹　裴　烜　裴书静　廖永霞　廖甜添　樊　桦　潘常青
薛文辉　霍文硕　魏达贤

编辑说明

一、《国家图书馆年鉴》力图系统、全面地记录国家图书馆年度事业发展进程，着眼于记录主要事件，反映年度工作，保存重要数据，提供决策参考，服务业界社会。首卷出版于2011年，每年编辑出版一卷。

二、《国家图书馆年鉴》由国家图书馆主办，编纂工作由国家图书馆研究院《国家图书馆年鉴》编辑部主持。

三、《国家图书馆年鉴2018》反映2017年国家图书馆事业的发展状况。

四、《国家图书馆年鉴2018》正文采用分类编辑法。全文由综述、特别记载、基础业务工作、服务工作、国家数字图书馆建设与服务、重点文化工程及项目、文献整理与编辑出版、学术与科研、对外交流与合作、机构与人事管理、设施建设与安全保卫、党建与群团活动、统计资料、重要文件选编、媒体报道、年度大事记以及综合索引等部分构成。

目 录

综　述

综　述

2017年，国家图书馆进一步强化全面从严治党主体责任，深入开展“两学一做”学习教育，牢牢抓住国家图书馆多项重点工作被纳入国家和文化“十三五”发展规划、纳入中华优秀传统文化传承发展工程以及《公共图书馆法》首次以法律形式确认国家图书馆职能的重要机遇，圆满完成全年各项工作任务，为促进现代公共文化服务体系建设、传承弘扬中华优秀传统文化做出新贡献。

一、深入学习贯彻十九大精神，以习近平新时代中国特色社会主义思想为指引，全面加强党的建设

（一）深学笃行，学习、宣传、贯彻党的十九大精神

根据中央和文化部党组要求，馆党委高度重视、精心部署全馆迎接党的十九大召开各项工作和党的十九大精神学习宣传贯彻工作，制订工作方案和党委中心组专题学习计划，坚持在读原著、学原文、悟原理上下功夫，真正吃透精神实质、领会核心要义，通过多种形式推动党的十九大精神和习近平新时代中国特色社会主义思想学习全覆盖。面向中层干部、党支部委员、青年党员等开展专题教育培训，举办团员青年学习十九大精神知识竞赛，在“支部工作APP”、《国家图书馆通讯》《党委工作简报》、网站、微博微信、办公自动化系统等多个平台上开设学习专题、专栏，使十九大精神入脑入心。坚持带着问题学、结合发展实际学，深入思考如何将十九大精神落实到实际工作中。主要领导带队，对全馆主要业务部门、馆属企业和重点工作领域学习十九大精神、贯彻落实《公共图书馆法》、推进业务工作的情况逐一进行全面深入调研，以十九大精神指导下一步工作部署，促进学习成果不断转化为推动国图事业发展的强大力量。

（二）突出国图特色，全面加强党的思想建设

制定《馆党委关于推进国图“两学一做”学习教育常态化制度化的实施方案》，推进“两学一做”学习教育常态化制度化，全年组织中心组学习10次。坚持和改进党委、纪委委员参加馆务会听取中央和文化部文件精神传达机制，不断提高“两委”委员思想政治素质，使“两委”委员在国家图书馆事业发展中发挥更大作用。2017年度，“两委”委员列席参加馆务会共26次。馆领导班子成员以“认真学习党章　严格遵守党章　做合格共产党员”“加强意识形态责任制和文化工作政治导向管理”“党章——增强党性修养的根本遵循”“加强四个意识，做好本职工作”“增强四个意识，不忘入党初心”“谈谈党员的规矩意识”“加强网络安全建设，筑牢网络安全体系”等为主题为党员讲授专题党课7场。所属各党支部以推动“两学一做”学习教育常态化制度化建设为契

机，认真落实“三会一课”等组织建设制度，开展各类贴近党员实际工作和生活的思想教育活动，在服务岗全面开展“党员挂牌上岗”活动。举办迎“七一”系列主题活动，以“践行‘两学一做’要求，传承弘扬国图精神，为国图事业发展立新功”为主题开展征文，组织各党支部围绕“两学一做”学习教育内容，开展形式多样的“主题党日”活动和“微党课”活动；开展“七一”专项帮扶活动，为困难党员群众送温暖。落实意识形态工作责任制，不断健全文化安全工作机制，确保全馆在举办活动、开展服务、提供文献、编印刊物以及社会合作等方面始终保持正确政治方向，在政治立场、政治原则、政治道路上同以习近平同志为核心的党中央保持高度一致。在广泛征求馆内党员群众的意见建议上，召开馆领导班子民主生活会，各党支部围绕“两学一做”学习教育召开专题组织生活会、开展民主评议党员，进一步强化党员的思想观念。

（三）夯实战斗堡垒，不断强化基层组织建设

以创建学习型、服务型、创新型党组织为引领，以加强党员培养教育为着力点，推动党组织建设迈上新台阶。根据上级党组织的要求和部署，按照《关于进一步做好党费收缴、使用和管理工作的通知》要求，组织各党支部学习文件精神，做好党费核查和补交工作。组织全馆22个党支部开展党组织基本信息采集和1200余名党员基本信息采集工作，确保准确、完整、规范；制定2017年全馆党员发展计划，坚持调控总量、提升质量，注重从专业技术人员和业务骨干中培养发展党员，全年共发展新党员15名，预备党员转正18名。加强党员领导干部培训力度，全年共选派56名党员干部参加学习培训。做好文化部出席党的十九大代表候选人推荐人选的推荐、公示等组织工作。开展馆属企业党建工作情况调研，强化馆属企业党组织建设。推广使用“支部工作”APP，上报党建信息190余条。配发《习近平论文化建设》《党的十九大报告辅导读本》《党章》等10余种学习教材，引导党员干部通过自觉学习，深化对政策理论的认识领会。全年各支部共组织党员活动280余场次。

（四）筑牢反腐防线，持续推进党风廉政建设

不断强化“两个责任”，牢固树立“四个意识”，加强党纪教育，切实增强党员领导干部廉洁自律意识，营造风清气正的良好氛围。组织召开国家图书馆2017年党风廉政建设工作会议，总结全馆2016年党风廉政建设工作，对2017年工作进行周密部署。推进反腐倡廉制度建设，加强对权力的制约监督，制定《国家图书馆关于进一步贯彻落实中央八项规定精神的实施意见》，印发《国家图书馆贯彻落实中央八项规定精神规章制度汇编》。深入落实中央“八项规定”精神，坚持不懈纠正“四风”，严格财务执行管理监督，严把节日关口，全年未出现一例违反中央“八项规定”精神和“四风”的问题。注重日常监督机制建设，对各项政府采购招投标、商务谈判、古籍鉴定及资产处置等事项强化监督。按照干部任前廉政谈话有关规定，对62名干部进行集体廉政谈话。依纪依规做好信访举报工作，加大纪律审查力度。

二、点面结合、立体推进，重点文化工程项目取得新突破

（一）国家图书馆国家文献战略储备库项目进展顺利

进一步完善项目管理与决策工作机制，全年召开项目领导小组会议12次；通过国内公开招投标确定中标设计单位及设计方案，签订工程设计合同，不断推进设计方案优化；完成项目环境影响评价、社会稳定风险评估、节能审查等专项评估报批，项目防洪影响评价工作全面开展；编制上报可行性研究报告，全力配合有关部门审批。

（二）《中华传统文化百部经典》等典籍整理项目取得阶段性成果

《中华传统文化百部经典》编纂项目受到中宣部与文化部领导高度重视与支持，被列入国家社科基金重大委托项目。首批10部图书于2017年9月出版，社会反响热烈，第二批18种图书完成样稿提交，第五批9种图书完成书目选定，刘奇葆同志在项目工作简报上做出重要批示。《鲁迅手稿全集》国家重大出版项目正式启动，成立编辑委员会与专家委员会并召开第一次会议，确立编辑出版实施方案，完成鲁迅手稿存藏单位情况统计与核实工作；“国家传统文化典籍整理工程”获批立项，“一带一路”、海疆文献、石刻文献、武昌首义文献整理与研究等首批4个选题项目启动实施。

（三）中华古籍保护计划深入推进

2017年，李克强、刘延东、刘奇葆等中央领导同志多次就古籍保护工作作出重要批示。中华人民共和国成立以来第一个古籍保护专项规划——《“十三五”时期全国古籍保护工作规划》正式发布实施。“中华古籍保护计划”实施十周年系列纪念活动成功举办。21个省基本完成全国古籍普查登记工作；新疆地区汉文古籍和西藏地区藏文古籍普查登记工作进展顺利；新发布30家单位古籍普查数据143604条1559180册/件；出版《全国古籍普查登记目录》19种32册。接收四川省图书馆、云南省图书馆珍贵古籍数字资源12.7万拍；组织两次古籍数字资源联合发布活动，与上海图书馆等10家单位联合在线发布古籍数字资源1.7万部。“中华古籍资源库”发布古籍资源超过2.3万部。圆满完成国家文物局委托的“海外中华珍贵古籍调查项目”，采集近2万部古籍书目信息、4000余幅书影；加工海外中华古籍数据30余万条，验收通过20余万条；出版《普林斯顿大学图书馆藏中文善本书目》。与中国运载火箭技术研究院合作建立“古籍保护装备研发中心”，古籍保护专用箱试制成功；完成《赵城金藏》重要历史资料抢救性摄录工作；与孔子博物馆开展全方位合作；“册府千华”系列国家珍贵古籍特展在多地开展。全年共举办培训班10期，培训学员332人次。

（四）民国时期文献保护计划稳步实施

编制《民国时期文献保护计划“十三五”时期规划纲要》。成立专门办公室，建立健全管理机

构和运行机制。深入开展文献普查，新增书目数据5858条、馆藏数据58568条。完成220万页民国时期图书缩微胶片数字化。征集海外所藏日本在华暴行调查档案数字资源1.2万拍，日本“二战”战争罪行档案缩微胶卷248卷、缩微平片2208片。实施“民国时期文献脱酸研究与脱酸设备研制”二期项目，获发明专利1项。审批立项2017年度文献整理出版项目42项。与中国第二历史档案馆签订战略合作框架协议。举办“全国图书馆民国时期文献编目工作研修班”，举办“民国时期文献保护计划”重庆站、江苏站、宁夏站、云南站系列宣传推广活动暨民国时期文献保护工作培训班，培训414人次，举办专题展览3场。

（五）数字图书馆推广工程

网络书香资源检索平台上线试运行，面向全国68家图书馆完成平台部署，元数据检索超过100万条，初步实现推广工程资源的一站式检索服务。配合文化部开展2016年度公共数字文化工程实地考核工作，制定工程考核内容及指标，并主持16省的考核。选取9家贫困地区图书馆试点开展精准帮扶和服务推广工作，打造“基层数字图书馆”服务平台及APP，捐赠触摸屏及实体图书，先后在宁夏、河北、山西和四川4地开展27场文化帮扶活动，累计发放读者卡2万余张，培训基层文化干部近500人。联合448家图书馆开展“网络书香过大年”活动，130万人次参与；联合297家图书馆举办“童音诵古韵 · 经典有新声”少儿诗词在线诵读活动；全年完成“国图公开课”“世界读书日”活动等直播服务53场，“十三五”时期推广工程建设与发展巡展在太原首展。开展2017年度第二批与2018年度第一批资源联建项目申报与评审。推进中阿数字图书馆项目，完成网站设计制作、资源遴选、内容翻译校对，完成海外文化中心数字图书馆资源更新。全年举办专题培训18期，培训1833人次；在线培训6期，培训10.03万人次；制作精品课程2期。

三、国家图书馆核心职能进一步巩固，行业引领作用不断增强

（一）国家图书馆的独特地位、作用与职责得到法律确定

2017年11月4日，《中华人民共和国公共图书馆法》（以下简称《公共图书馆法》）正式颁布，首次以法律形式确定国家图书馆的核心职能。《公共图书馆法》第22条明确规定，国家图书馆“主要承担国家文献信息战略保存、国家书目和联合目录编制、为国家立法和决策服务、组织全国古籍保护、开展图书馆发展研究和国际交流、为其他图书馆提供业务指导和技术支持等职能”，充分体现党和政府对国家图书馆特殊地位与作用的认可，为国家图书馆在新时代继续秉承“传承文明，服务社会”的宗旨奋勇前行提供法律保障和发展空间。

（二）国家总书库与总书目建设有序推进

文献采集与资源揭示工作稳步开展。图书全品种缴送率和中文期刊缴全率实现同比增长，全

年共入藏各类型文献122.62万册/件，采集网络信息资源48.24TB，口述资料380小时，杨献珍、司徒乔及夫人珍贵手稿、西文善本等捐赠入藏，馆藏文献总量达3768.62万册/件，数字资源总量达1603.87TB。完成馆藏文献数字化36832种、视频资源数字化约1030小时、缩微文献数字化360万页，完成22个专题网站和2个特殊群体服务网站内容建设，制作动漫素材资源约23000余个。全年制作书目数据70.88万条，文津搜索系统完成4500万条新数据的灌装、整合与揭示；制定完善中文数字资源元数据著录规范、外文文献书目记录操作细则、“中国记忆”项目资源建设与揭示等系列业务标准规范。

文献保存保护水平不断提升。修复各类纸质文献2949册/件，其中“天禄琳琅”专项完成修复50册，实现124.37TB数字资源的长期保存；完成温湿度监测系统二期建设与调试工作，极大改善全馆各重点库房及典籍博物馆各展室温湿度的检测手段；组建缩微胶片修复小组，开展缩微文献的修复方法研究和标准建设；进行古籍保护修复档案记录和修复用纸选配规范的研究工作。

（三）为国家立法和决策服务能力不断提升

全年共举办部级领导干部历史文化讲座12场，参加讲座的部级领导1708人次，组织开展部长讲座15周年纪念活动，制作宣传片并举办专题展览；与国家发展和改革委员会共建“发改书吧”，推荐1万册精选图书目录，免费提供3500余册图书，打造学习型机关新模式；组织编制“两会”专题资料、“两会”专题文献信息专报，实时开展舆情报送服务，受到代表、委员以及全国人大、政协相关机构的好评；为国务院参事室提供专题咨询报告两份，为有关部门制定出台《公共图书馆法》《行政法规制定程序条例》等法律法规及图书馆领域政策文件提供支撑研究和专题资料；继续完善立法决策服务平台和海外智库报告数据库，建设中办数字图书服务平台、中华人民共和国法律法规信息服务系统、中国边疆文献总库；全年共完成党政军文献信息专题咨询1637件，编制经济、文化、外交、国防等领域专报10余种，共计714期。

（四）面向事业发展的综合研究能力不断增强

积极围绕图书馆事业发展重点、热点问题开展调查研究，参与全国公共图书馆事业发展、全国古籍保护工作、国家公共数字文化工程建设等“十三五”规划研制，《全国公共图书馆事业发展“十三五”规划支撑研究报告》获文化部2016年度文化系统十佳调研报告，《全国古籍保护工作“十三五”规划支撑研究报告》《国家图书馆外文文献资源建设调研报告》获文化部2016年度文化系统优秀调研报告嘉奖。配合有关部门积极推进立法进程，组织编纂《公共图书馆法解读》《公共图书馆法学习问答》，开展系列宣传解读工作。出版发布我国第一部真正意义的图书馆通史——《中国图书馆史》。依托全国图书馆标准化技术委员会、全国文献影像技术标准化技术委员会，推动图书馆标准规范体系建设，全年共申请立项国家标准和行业标准制修订项目12项，标准化研究项目1项，发布国家标准6项。制定出台《国家图书馆“十三五”科研工作规划》，全年获省部级以上科研项目4项（社科基金项目，不含博士后研究项目）；立项资助馆级科研项目19项；资助文津出版基金项目2项。

（五）面向图书馆界的业务指导和技术支持进一步拓展

加强面向全国图书馆的业务合作与指导。全国联合编目中心新增成员馆479家，全年上传数据8.5万余条，下载数据1064.4万条。全国图书馆文献缩微复制中心积极推进成员馆建设，为成员馆开展数字缩微、建设缩微品标准化库房等工作提供技术支持与指导；与天津图书馆等6家单位签订《2017—2019年数字缩微建设工作协议》。完成《全国少年儿童图书馆（室）基本藏书目录》编制，研制“少儿阅读分级指导书目”；借助中国博物馆协会平台输出“炫彩童年——中国百年童书展”等优质展览，实现展览资源的共建共享；组织全国参考咨询、馆际互借、文献传递、联合编目、文献采访等业务领域交流与培训。

为地方图书馆数字化、网络化发展提供技术支持。开展“网络书香·基层图书馆帮扶计划”，精选1.5TB优质数字资源推送给贫困地区基层图书馆；数字图书馆专网实现与全国38家省级图书馆和计划单列市图书馆直连；虚拟网累计联通省市级图书馆54家；实施“基层图书馆互联互通建设”专项，支持县级图书馆搭建直连省级图书馆的数字图书馆专线；完成14家省、市级图书馆统一用户管理系统的重新部署或数据导入；完成数字资源唯一标识符系统升级改造，协助15个省、市级图书馆向新系统迁移数据约13万条；协调25家省级图书馆进行网络公开课的直播联通与测试。开展塔里木油田数字图书馆2016—2017年技术服务工作；为新疆维吾尔自治区图书馆、广东省中山市图书馆等提供信息化建设规划咨询。

支持行业组织发展。支持中国图书馆学会承接文化部第六次全国县以上公共图书馆评估定级工作；举办中国图书馆学会第七届青年学术论坛、召开图书馆扶贫工作研讨会；面向4000余名县级图书馆馆长、基层图书馆工作者开展培训。“中华古籍普查文化志愿服务行动”拓展到全国10个省（自治区、直辖市），吉林、云南、新疆三省（自治区）古籍普查志愿服务被列入2017年“春雨工程——全国文化志愿者边疆行”重点需求项目；成立“中国古籍保护协会古籍保护志愿服务专业委员会”和“中国古籍保护协会文化志愿者联合会”，并获得财通证券股份有限公司、京东方科技集团股份有限公司等企业公益资助；中国文献影像技术协会召开2017年度第一次常务理事会，与中国档案学会、中华档案暨资讯微缩管理学会共同组织召开海峡两岸档案暨缩微学术交流会；全国图书馆标准化技术委员会召开2017年度工作会议，并接受国家标准委组织开展的全国专业标准化技术委员会考核评估。

（六）配合国家重大发展战略，不断开拓国际及港澳台交流与合作

配合“一带一路”建设，围绕国家内政外交热点问题，加强与其他国家和地区图书馆的交流合作，全年共接待来访45批次、354人次，组织出访21批次、59人次。举办第25届亚洲及大洋洲地区国家图书馆馆长会议和第2届中国与阿拉伯国家图书馆及信息领域专家会议；参加第83届国际图联大会、全球博物馆主题活动及相关专业领域国际会议9次，大会发言4人次。与巴西、俄罗斯、印度、南非共同签署意向书，正式成立金砖国家图书馆联盟；与厄瓜多尔、白俄罗斯、哈萨克斯坦、毛里求斯国家图书馆确立合作意向；与英国国家图书馆合作举办展览；与日本出版贩卖株式会社签署第8期合作协议；协助文化部做好港澳大学生暑假来馆实习项目。

四、积极承担公共图书馆功能，夯实国家公共文化服务主阵地

（一）国家典籍博物馆社会影响逐步扩大

图书馆与博物馆融合发展经验逐步成熟，紧密配合重大活动、重要时间节点，举办专题展览20场，接待参观123.09万人次，提供讲解服务2126场次，接待团体参观1328个。“钢铁长城——纪念中国人民解放军建军九十周年馆藏文献展”“世界插画大展——国际安徒生奖（终身成就）50周年展”“从莎士比亚到福尔摩斯：大英图书馆的珍宝”“从诗经到红楼梦——那些年我们读过的经典”“圣贤的足迹 智者的启迪——孔府珍藏文献展”等展览社会反响热烈，“世界插画大展”创全馆典籍展览活动单场参观人数和单日参观人数双高。以图书馆员工为核心、志愿者为补充的讲解员队伍逐步成熟。推进“青少年中华优秀传统文化教育基地”建设，探索开展中小学生研学游，举办“走进典籍博物馆大课堂”“我是小小讲解员”“名家带你写书法”等青少年社会教育活动689场，超过15000名中小学生参与。牵头成立“全国图书馆文化创意产品开发联盟”；举办图书馆文化创意产品开发培训班；与社会力量合作，全年共开发文创产品130余种；与湖北省新华书店集团、金陵图书馆等机构签署合作协议，推动文创产品走出去。积极推广展示文创开发成果，《庆赏昇平》AR互动、“翰墨书香”智能书法学习套装分别获“北京礼物”北京市铜奖和海淀区一等奖，在北京国际图书博览会上的展位获“最佳人气奖”，在第三届广州国际文物版权博览会上获得“最佳展示奖”“最具人气奖”“十大优秀文创产品创意奖”和“优秀文创产品传承奖”等多个奖项。

（二）特色服务品牌效益凸显

“国图公开课”全年录制课程19讲，发布49期，约3000人次参与现场录制，网络点击量为1450万人次；策划推出“跨越时空的交响——中英文学对话”特别活动，8家平台直播，共101.55万人次观看；“传统艺术公开课”成为国家艺术基金首个运用互联网、新媒体开展的传播交流推广资助项目。视听服务中心正式开放，与国图艺术中心联动，以音乐艺术为主题，集合馆藏黑胶唱片和CD、DVD等实体盘片，海量数字资源，以及万余册中外文视听艺术类图书、期刊，实现线上和线下相结合、实体和数字相结合的一站式服务。“4·23”世界读书日及“文津图书奖”评选成功举办，评选获奖图书10种，推荐图书44种，邀请12家图书馆的120名馆长和馆员担任发起人，开展阅读接力活动，共投放历届“文津图书奖”获奖及推荐图书150余种1000余册；多馆多地多平台联动，与海淀区委等单位合作举办“4·23”世界读书日第十二届文津图书奖颁奖暨“文化行走 · 悦读海淀”2017年全民阅读主题系列活动启动仪式，在全国160家图书馆举办文津图书奖获奖图书巡展，联合12家图书馆开展文津图书奖历届获奖图书漂流活动，同日推出庆祝香港回归20周年主题活动，两场活动累计30余万人次收看。“M地铁 · 图书馆”联合安徽省长丰县图书馆、山东省即墨市图书馆等7家图书馆，举办《品红之道——生活中的红楼梦》“书春日”特别活动，在多家新闻客户端直播推送，全网播放量突破21万次。“中国记忆”项目建设成果逐步面向社会提供服务，举办2017年“文化和自然遗产日”纪录片展映活动，播放近年拍摄制作

的22部非遗纪录片。"文津经典诵读"项目创新线上线下活动形式，组织"新春古诗词有奖竞答"活动，在喜马拉雅网站设立"名家读诗"专题。

（三）常规服务规模稳中有升

全年接待到馆读者583.93万人次，同比增长3.54%；办理读者证卡37.61万个，文献流通2555.80万册次，解答咨询104.92万件。举办公益性展览、讲座、培训、演出2460场次，惠及163.64万人次，同比增加12.32%。全年网站访问量9.13亿次，互联网电视用户遍布世界172个国家9000万户，新版"国家数字图书馆"APP于11月正式上线，装机量达到13407次，同比增长151%。官方微信平台粉丝数达20万人，活跃用户数为7.5万人。特殊群体服务精细化水平不断提升，启动"盲人数字阅读推广工程"，推进"儿童阅读推广进校园"系列活动，少儿馆全年接待读者34万人次。

（四）科技服务稳步推进

国家图书馆科学评估中心正式成立，与多家研究机构、图书馆、资源供应商、分析工具开发商和服务对象达成合作意向。国家图书馆企业信息服务平台四期投入使用，累计发布数据62万条为用户提供信息服务。国家动漫公共素材库资源进一步丰富，面向动漫产业机构及从业人员的专业服务能力进一步提升，平台全年访问量达204669人次，上载动漫素材19420件。全年共完成各类信息咨询8141件，其中论文查证3423件，科技查新231件，馆际互借与文献传递系统接收文献传递、馆际互借、国际互借请求39338件，满足率84.98%。

五、全面提高综合管理水平，营造事业发展良好环境

（一）内部管理更加规范高效

坚持民主集中制，重大事项充分讨论，科学决策，全年共召开馆务会63次，馆长办公会75次（平均每月召开6.25次馆长办公会、每周召开1.3次馆务会），上会讨论议题160项。全年财政预算8.34亿元，其中当年预算7.37亿元，当年预算支出近7.24亿元，除基建项目外，当年预算实际执行进度为99.63%，业务创收稳中有升，实现全年收支平衡；积极推进预算绩效管理，配合文化部财务司开展2016年度全馆项目支出绩效自评工作，对2016年度国家数字图书馆资源建设及服务经费项目进行绩效评价，被财政部选为示范性项目上报全国人大。加强审计监督，开展馆属企业及出版社内部审计及主要经营负责人经济责任审计工作，对各类科研、出版及国际交流项目进行结项审计。进一步加强内部控制体系建设，向财政部填报2016年度行政事业单位内部控制报告，编制内部控制经济活动业务流程图。配合重点工程、重点工作的实施做好政府采购与工程招投标管理。进一步完善制度，修订《国家图书馆部门预算考评办法》，制定《国家图书馆增值税发票管理办法》《国家图书馆医疗费管理办法》和《馆资企业财务人员薪酬管理办法》。

（二）人才队伍建设扎实推进

根据文化部批复“三定”方案，进一步调整优化组织机构，调整后的内设处级机构31个，挂靠的社团办事机构2个。坚持党管干部原则，根据《党政领导干部选拔任用工作条例》，不断完善选拔任用机制，组织开展新一届处级干部聘任工作，完成33名正处级干部和35名副处级干部职务调整。多渠道补充紧缺岗位人才，通过招收应届毕业生、接收留学人员、接收军队转业干部和遴选优秀劳务派遣人员进入事业编制等方式，引进各类急需人才45名。完成职称评审工作，推荐晋升各系列高级职称16人，通过晋升或转任副研究馆员44人。注重高层次人才培养，1人获批享受2016年国务院政府特殊津贴，1人入选2017年文化名家暨“四个一批”人才名单。全年举办员工培训14场，参训人员1093人次；参加文化部文艺工作者培训班19期，参训员工673人；参加文化部哲学社会科学工作者专题培训班4期并承办文化部文化科技司委托的“哲学社会科学工作者专题培训班”，参训员工411人。完成全馆人员养老保险参保登记工作，共上报2500名员工近5.5万条数据。

（三）宣传推广工作不断拓展

全年开展集中宣传活动30余次，配合媒体完成采访拍摄40余次，媒体关于全馆工作原发报道1900余条，网络媒体转载9000余条。围绕“中华古籍保护计划十周年”“大英图书馆珍宝展”“第12届文津图书奖揭晓活动”“视听服务中心开放”和“总馆南区建馆30周年纪念”等重大活动、重要题材开展全方位、多媒体、立体化宣传推广；韩永进馆长做客央视《开讲啦》节目、中国教育电视台《长安街》等电视栏目，在《光明日报》推出“来自国家图书馆的报告”，刊发《四库全书》《敦煌遗书》《永乐大典》等六个专版系列报道。向文化部报送工作信息100余条，被采用信息评分位居直属单位第一，其中《“中华古籍保护计划”实施十周年成效显著》被文化部简报信息刊发，得到中央领导和文化部领导批示。发挥国家图书馆“微传播”团队作用，推出“我的国图30年”“毕业后，我的国图时光”“了不起！与书为伴的翻译官”等主题微产品，展示老、中、青三代馆员的时代风采，受到馆内外一致好评。

（四）软硬件平台运行平稳

完成Aleph系统、统一用户管理系统、办公自动化系统、多媒体展示系统等应用系统的运行监控和定期巡检；开展存储系统、软硬件及附属设备的管理工作；提升网络安全管理能力，拦截互联网攻击755万次，消除249台服务器的高危漏洞，有效应对“勒索病毒”大爆发；加强在重要时间点和重大网络安全事件中的安全防护力度并增加防护措施，全年无重大网络安全责任事件；完成国家数字图书馆工程异地灾备备份中心建设；开展文津搜索系统扩容项目，制定系统优化方案和异构服务器集群管理方案，完成硬件设备安装调试、资源访问接口测试和上百个数据库的数据整改和灌装测试。

（五）安全保卫坚实有力

始终将安全工作作为全馆工作的重中之重，全年无一起重大安全责任事故，在文化部组织的34家直属单位安全考核工作中取得部属单位得分第一的好成绩。制定“应急处突”培训计划，结合应急预案进行演练，不断提高应对突发事件的处置能力。理顺和完善保卫运行机制，建立重点关注档案，加强规范化管理。落实消防安全责任制，开展火灾隐患常态化治理，突出重大时间节点火灾隐患整改督办，升级设备设置，开展群众性消防教育，为全馆消防工作构筑好安全防火墙。加大安全教育、宣传、检查力度，对新入馆员工、中控室值班人员及部分部处进行安全授课及实操培训，全年共培训员工867人次。开展全馆安全隐患大排查大清理大整治专项行动，全年共发现并排除各类隐患363起。

（六）后勤服务工作精细务实

圆满完成全馆及各类重要活动的供电、供水、供暖、空调、医务、收发、保洁、车辆管理等服务保障任务，制定全馆公务用车制度改革实施方案和车辆使用管理暂行办法，车队安全行驶29.6万公里；积极稳妥推进馆属职工宿舍物业服务改革，完成馆区、宿舍区各项维修改造工程；成立科技创新小组，支持年轻技术人员针对全馆机电设备和水暖空调等运行中存在的问题进行技术攻关；积极应对极端恶劣天气，部署防汛工作，确保馆区汛期安全；组织春秋季电力设备检修；关心员工身体健康，组织开展一线员工健康证体检和全体员工体检工作，被评为“北京市健康示范单位”；进一步加强对物业公司和食堂的监督管理与工作考核。

（七）出版社等馆属企业稳步发展

国家图书馆出版社文献整理出版特色突出，《清代诗文集珍本丛刊》等3个项目获2017年度国家出版基金资助，《国家图书馆藏样式雷图档 · 圆明园卷续编》等4个项目获2017年度国家古籍整理出版基金资助，“地方历史文献数字出版资源整合与平台建设”入选2017年度新闻出版改革发展项目库项目，《中国京剧百部经典外译系列（第五辑、第六辑典藏版）》获批中国文艺原创精品出版工程（二期）项目。国图艺术中心走出了一条图书馆艺术文化服务的特色化发展道路，圆满完成文化部党的十九大精神学习班开班动员会等重要政治任务，为国家图书馆艺术普及教育和社会主义主流意识形态传播推广做出积极贡献，实现社会效益与经济效益的有机结合。北图文化发展中心承接江苏省淮安市图书馆、文化馆与美术馆运营管理工作，全年举办传统文化系列培训、研修活动118场次。国图书店成立文创事业部，开发“翰墨书香”等有自主产权和国图特色的系列文创产品，社会、市场反响热烈。国图酒店圆满完成各项会议接待任务，确保员工多样化安全用餐。出版社等馆属企业年度经营业绩增长、上交利润增长，为全馆事业发展做出突出贡献。

六、狠抓和谐组织建设，传承百年国图精神

（一）深入开展馆史教育活动，提升员工归属感

组织开展“国家图书馆总馆南区建成开馆30周年”系列纪念活动，隆重召开“国家图书馆总馆南区建成开馆30周年座谈会”，馆内外80余人参会；举办“册府千载　于兹为盛——国家图书馆总馆南区建成开馆30周年纪念展”，馆内各党支部、团支部积极组织参观；开展专题口述史采集工作，完成27位工程亲历者24小时的采访，制作“三十年回首”视频短片；征集入藏南区建筑模型照片、奠基与开馆时的照片、全馆各个时期的馆徽、读者证等馆史资料56件；策划推出在线虚拟读者纪念卡，1万余名读者参加；组织“追慕先辈风范，传承国图精神”主题活动，通过座谈、家访、清明节祭扫等形式，激励团员青年不忘初心，传承国图精神。

（二）全面推进群团工作，助力国图事业发展

召开2017年国家图书馆第二届职工代表大会第六次全体会议，表决通过《国家图书馆“十三五”规划纲要》《国家图书馆2017年工作要点》和《国家图书馆2016年度财务工作报告》；举办7次“馆长午餐会”，加强馆领导与基层员工的交流沟通；召开第十二届员工运动会，广泛开展群众性文化活动和全民健身运动；针对女性员工和年轻员工等特定人群需求，开展亲子互动、升学政策讲座等主题活动；开展“我的青春我的梦”主题征文活动，组织国家图书馆第二届青年学术论坛，进一步提升团员青年业务素养；表彰2015—2016年度“五四”先进集体3个，先进个人40名；向内蒙古乌兰察布市等地捐书献爱心，支援偏远贫困地区教育事业。

（三）切实关心离退休员工生活

关注老同志的家庭、就医、救助等实际需求，组织慰问老同志、老专家208人次，全馆联动，通过走访、慰问、祝寿等方式向离退休干部送温暖；切实解决76位困难员工的生活问题，落实人文关怀；组织700余位离退休老同志参与团拜活动；组织老同志春秋游，820余人次参加；深入推进“文化养老”，利用文化部老年大学西区分校平台，组织200余位离退休员工参与课程学习；大力支持银杏摄影之家、书香舞蹈队、夕阳红合唱团、卓越乒乓球俱乐部等老年社团活动，举办摄影展、合唱会、乒乓球赛等活动8场次，组织老干部参加“五月的鲜花”文艺展演等文艺活动10场次；强化离退休干部党支部建设，组织老馆员为少儿馆的小读者讲故事，弘扬传统美德，传递老党员正能量。

特别记载

- 深入学习宣传贯彻党的十九大精神，用习近平新时代中国特色社会主义思想武装头脑、指导实践、推动工作
- 《中华人民共和国公共图书馆法》正式颁布，以法律条款明确国家图书馆职能
- 国家图书馆举办总馆南区建成开馆30周年系列纪念活动
- 国家古籍保护中心成立十周年座谈会暨全国古籍普查登记工作会议
- 《中华传统文化百部经典》首批图书出版
- 第25届亚洲及大洋洲地区国家图书馆馆长会议召开
- 第2届中国与阿拉伯国家图书馆及信息领域专家会议召开
- 《中国图书馆史》正式发布
- 第十二届文津图书奖揭晓
- 国家图书馆视听服务中心开放
- 全国图书馆联合编目中心成立20周年
- 全国图书馆文化创意产品开发联盟成立
- 重大展览
- 新入藏珍贵文献

特别记载

一、深入学习宣传贯彻党的十九大精神，用习近平新时代中国特色社会主义思想武装头脑、指导实践、推动工作

党的十九召开后，国家图书馆（以下简称“国图”）党委组织全体党员干部员工，以多种形式收听收看党的十九大开幕式和新一届常委媒体见面会。紧密结合国图实际，制定专题工作计划，以“学懂弄通做实”为主线，扎实推进学习宣传贯彻党的十九大精神各项工作举措。党委中心组开展系列学习活动，馆长、党委书记韩永进带头畅谈学习体会，并就深入学习宣传贯彻党的十九大精神提出明确要求；馆领导班子成员和馆党委委员、纪委委员、中层干部结合工作实际，畅谈学习体会。组织党委委员赴李大钊烈士陵园缅怀革命先烈，重温入党誓词。馆纪委组织全馆专兼职纪检干部深入学习宣传贯彻党的十九大精神，并召开座谈会交流学习心得。组织正处级及以上干部参加文化部“党的十九大精神”学习班。组织全馆党员收看学习文化部党组书记雒树刚同志在文化部“党的十九大精神”学习班开班动员会上的重要讲话，为全体党员配发学习辅导材料，开展对《中华人民共和国公共图书馆法》的学习，进一步促进党员干部员工全面领会党的十九大对中国特色社会主义文化建设的战略部署。充分发挥国图阵地作用，面向读者积极宣传党的十九大精神，营造良好氛围。各党支部认真落实学习宣传贯彻党的十九大精神各项工作，制定学习工作计划，将学习宣传贯彻大会精神作为支部当前和今后一个时期的首要任务与工作主线，依托“三会一课”，采取多种形式组织开展党员学习，党支部书记带头讲授党课。馆党委委员参加所在支部各项学习活动，采取座谈辅导等多种方式，与党员干部员工充分交流学习心得。工会、团委举办座谈交流等活动，引导广大员工特别是青年员工立足工作岗位，领会大会精神。举办团员青年“学习十九大精神”知识竞赛，在支部工作APP、《国家图书馆通讯》《党委工作简报》等多个平台上开设学习宣传专题，营造浓厚学习氛围。

坚持结合实际学、联系自身学、带着问题学，馆领导班子开展年终专题调研，听取全馆20个部处以及馆属企业学习贯彻党的十九大精神和《公共图书馆法》的情况汇报，以此为抓手，推动各部门用习近平新时代中国特色社会主义思想指导实践、推动工作。中层干部会议将学习贯彻党的十九大精神作为主题，结合前期学习和专题调研成果，深入研讨全馆和各部门贯彻落实党的十九大精神的谋划举措，明确重点工作任务。

通过多层面、立体化、全覆盖的学习研讨，全馆党员进一步领会习近平新时代中国特色社会主义思想的深刻内涵，进一步增强“四个意识”，坚定“四个自信”，在政治立场、政治方向、政治原则、政治道路上自觉同以习近平同志为核心的党中央保持高度一致，自觉维护以习近平同志为核心的党中央权威和集中统一领导。

二、《中华人民共和国公共图书馆法》正式颁布，以法律条款明确国家图书馆职能

11 月 4 日,《中华人民共和国公共图书馆法》(以下简称“《公共图书馆法》”) 经十二届全国人大常委会第三十次会议审议通过，将于 2018 年 1 月 1 日起施行。

我国于 2001 年初提出图书馆立法工作，2008 年 11 月正式启动公共图书馆法立法，到 2017 年 11 月 4 日法律草案经全国人大常务委员会表决通过并最终颁布，前后历时 16 年。《公共图书馆法》是自党的十九大胜利召开以来出台的第一部文化领域的法律，也是继《公共文化服务保障法》颁布以来我国文化领域法治建设的又一重大突破，弥补了我国图书馆行业国家立法长期缺失的遗憾，为促进公共图书馆事业发展，发挥公共图书馆功能，保障公民基本文化权益，提高公民科学文化素质和社会文明程度，传承人类文明，坚定文化自信提供了坚实的法律依据。

《公共图书馆法》包括六章，共 55 条。第一章为总则，主要规定立法宗旨，公共图书馆的定义、定位和发展方针，政府职责等宏观问题；第二章为设立，主要规定公共图书馆服务网络建设，公共图书馆设立的条件、章程内容、登记管理制度、馆长和工作人员要求等问题；第三章为运行，主要规定公共图书馆法人治理结构，公共图书馆的文献信息收集、整理、保存，设施设备管理，馆际交流与合作，总分馆制建设等问题；第四章为服务，主要规定公共图书馆的服务要求和内容，政府设立的公共图书馆面向少年儿童、老年人、残疾人等群体开展服务、提供流动服务设施和自助服务设施等便捷服务，以及对公共图书馆服务质量和水平进行考核等问题；第五章为法律责任，主要规定公共图书馆及其工作人员、出版单位、政府部门承担的法律责任以及违法需承担的相应后果，其他与公共图书馆有关的民事责任和刑事责任等；第六章为附则，规定公共图书馆法的施行日期。

《公共图书馆法》首次以国家立法的形式对国家图书馆的职能、任务进行明确界定，规定“国家设立国家图书馆，主要承担国家文献信息战略保存、国家书目和联合目录编制、为国家立法和决策服务、组织全国古籍保护、开展图书馆发展研究和国际交流、为其他图书馆提供业务指导和技术支持等职能。国家图书馆同时具有本法规定的公共图书馆的功能”。同时，建立法定出版物交存制度，明确规定出版单位应当按照国家有关规定向国家图书馆交存正式出版物。这些规定既符合国际惯例，也符合时代发展对国家图书馆的要求，体现党和政府支持、保障国家图书馆建设的战略意识，为国家图书馆在新时代继续秉承“传承文明，服务社会”的宗旨奋勇前行提供坚强保障。

《中华人民共和国公共图书馆法》

三、国家图书馆举办总馆南区建成开馆 30 周年系列纪念活动

10 月 12 日，国家图书馆总馆南区建成开馆 30 周年座谈会召开。文化部原部长王蒙，文化部党组成员、副部长张旭，文化部原副部长艾青春，文化部原副部长、国家图书馆名誉馆长周和平，文化部公共文化司副司长陈彬斌，国家图书馆馆长、党委书记韩永进，国家图书馆原党委书记、常务副馆长詹福瑞以及馆班子成员李虹霖、孙一钢、汪东波，上海图书馆馆长陈超等领导出席，中国工程院院士张锦秋、崔愷等参与总馆南区建设或维修改造的相关代表，国家图书馆和全国图书馆界代表约 80 人参加会议。

国家图书馆总馆南区建成开馆 30 周年座谈会

王蒙表示，很高兴能够参与当时国图总馆南区建设工作，希望国家图书馆“不忘初心”，在经过 30 年以后仍然保持兢兢业业、一丝不苟、奋发图强的工作精神，使图书馆各项事业不断开拓发展。要适应信息时代需求，加强网站等新媒体平台建设，提供更具吸引力的阅读服务；要积极举办各类丰富多彩的读者活动，吸引各领域专家学者、社会精英和普通读者参与，使图书馆成为大众“文化交流、终身学习、社会教育”的重要阵地。

张旭指出，国图总馆南区建成开放被誉为中国图书馆事业迈入现代化的重要标志，30 年来国图不论是在设施网络、文献藏量、数字化建设方面，还是在馆藏利用、免费开放、行业引领等方面都取得丰硕成果。希望国图一是继续强化服务意识，充分发挥国图的职能作用；二是继续深化改革创新，不断提升管理水平和服务效能；三是继续抓好重点项目，落实“十三五”规划提出的工作任务；四是继续加强队伍建设，为国图持续发展提供人才保障。

艾青春表示，国图总馆南区工程是我国文化事业中高标准、高质量、高效率、精心完成的一

项举世瞩目的重大工程，是我国图书馆事业发展的一个里程碑，不仅仅是建成了一项重大工程，在建设和开放过程中也培养了一批高水平的人才。30年来，国图始终站在“科学、开创、先进”的图书馆前沿，为国家文化建设做出重要贡献。

周和平在讲话中说，国图建馆108年，许多事件能够载入史册，其中至少有3件事能够写入国史，分别是1909年京师图书馆设立、1931年文津街馆舍建成、1987年总馆南区开放。纪念南区建成开馆30周年之际，我们要记住三点：一是党中央国务院对国图新馆建设的关心；二是当时的馆领导带领全馆员工精心做好业务规划和制定各类制度规范，为国图发展奠定坚实基础；三是员工精神的培育，当时国图开展了大量各类培训，员工面貌焕然一新，成为推动国图发展的精神财富。

韩永进简要回顾总馆南区建设历程，对国图馆舍布局和未来发展进行全面介绍。他说，今天对南区30周年的纪念，既是对那段激动人心的历史进行总结和回顾，更是对百年国图艰苦奋斗、开拓进取的创业精神的继承和传扬。国图人将秉承“传承文明　服务社会”宗旨，继续为建设“国内最好、世界领先”的国家图书馆，为传承弘扬中华优秀传统文化、实现“两个一百年”奋斗目标做出新的贡献。

张锦秋、崔愷分别代表总馆南区建设和维修改造设计单位发言，陈超代表图书馆界发言；与会代表进行热烈交流，回顾历史、展望未来。

国家图书馆新入职员工参观总馆南区建成开馆30周年纪念展

10月11日—12月13日，“册府千载　于兹为盛——国家图书馆总馆南区建成开馆30周年纪念展”在总馆北区二层大厅举办。展览分为“馆舍屡迁　事业初创”“事业拓展　空间不敷”“周密选址　紫竹院畔”“群贤共举　汉唐遗风”“两院施绘　三建筑城”“军民协同　有序搬迁”“广获赞誉　引领业界”“功能扩充　服务跃升”“时代之需　北建南缮”“文津余韵　承德续缘”等，共计10个单元。展览以时间为脉络，图文结合，辅以总馆南区开馆以来具有特殊历史意义的实物展品，介绍国家图书馆从建馆到总馆南区筹建、开馆以及以此为基础的业务拓展、修缮扩建等一系列进程，展现国家图书馆总馆南区开馆30年来的辉煌。

国家图书馆总馆南区建设工程从酝酿到建成历经15年。1972年12月，北京图书馆提出扩建文津街馆舍的方案；1973年10月，周恩来总理批示在城外另建新馆舍；1975年3月，周恩来总理在病中亲自审定国家建委上报国务院的建设方案。工程于1983年9月奠基；1987年10月6日举行开馆典礼，10月15日向社会开放。这项工程是党的十一届三中全会以后，在改革开放新的历史征程中，党和国家推进社会主义文化事业全面走向现代化的重要战略举措。总馆南区的规划建设及开放服务，还得到李先念、万里、谷牧等多位党和国家领导人的殷切关怀与直接指导，得到首都及全国有关单位的大力支持和无私帮助，也凝聚所有工程参与者的艰苦努力和倾心付出，充分展现一代中国人团结奋进、担当有为、甘于奉献的精神风貌。

总馆南区之所以被誉为中国图书馆事业迈向现代化的重要标志，是因为其具有一流的建筑和设备。当时的北京图书馆面临现代化转型的历史机遇，在积极筹建新馆的同时，明确提出建设全面履行国家图书馆职能的、现代化的“1986—1995年十年建馆目标”，并围绕这一建馆目标，在管理体制和运行机制上进行大刀阔斧的现代化改革，树立了“优质、高效、团结、文明”的馆风，为在一流的建筑和设备基础上实现一流的管理与服务提供坚实保障。

为办好此次纪念活动，研究院与社会教育部、办公室、基建工程办公室、展览部、离退休干部处等多个部门通力合作，围绕总馆南区建设面向馆内外相关部门、单位、个人发放资料征集函，并定向开展实地资料征集，征集到南区建设总体方案首席设计师杨廷宝先生的工作日记，总工程师黄克武先生绘制的馆舍线稿，新馆工程设计任务书，送审建筑设计模型、奠基仪式、搬迁与开馆接待时的照片，国图各个时期的馆徽、读者证，新馆落成邮政明信片，图书除尘搬迁所用工作服，开馆时的自行车牌等珍贵资料56件。策划并组织实施“总馆南区建成开馆30周年专题口述史”采集工作，共采访吴良镛、黄克武、崔愷等建筑师以及谭祥金、黄俊贵、富平、刘惠平等24位亲历者、老员工的口述史料约24小时，制作完成“三十年回首：国家图书馆总馆南区建设口述史专题访问选编”视频短片。围绕国家图书馆总馆南区建设，编制内部刊物1期，梳理总馆南区的建设历程以及重要领导人对国家图书馆建设的批示；后期应来宾、馆员和读者的要求，汇编系列活动纪念册1册。

四、国家古籍保护中心成立十周年座谈会暨全国古籍普查登记工作会议

5月25日，国家古籍保护中心成立十周年座谈会暨全国古籍普查登记工作会议在国家图书馆召开。文化部原副部长、国家图书馆名誉馆长周和平，文化部公共文化司司长张永新，国家图书馆馆长、国家古籍保护中心主任韩永进等领导，全国古籍保护工作专家委员会主任李致忠、全国高校古籍整理研究委员会主任安平秋等专家学者，各省、自治区、直辖市古籍保护中心负责人等50人出席会议。

2007年1月，国务院办公厅印发《国务院办公厅关于进一步加强古籍保护工作的意见》，正式启动中华古籍保护计划。中华古籍保护计划作为“十一五”期间的国家级重要文化工程，是中国历史上首次由国家主持开展的全国性古籍保护工程。《意见》出台后，为加强组织领导，经国务院批准，成立由文化部牵头、10部委共同组成的全国古籍保护工作部际联席会议。为规范和加强全国古籍保护工作的咨询、论证、评审与专业指导，成立全国古籍保护工作专家委员会。2007年5月25日，国家古籍保护中心正式在国家图书馆挂牌成立，6月组建国家古籍保护中心办公室。国家古籍保护中心是中华古籍保护计划的具体组织实施单位，担负全国古籍保护的业务指导中心、

培训中心、研究中心的职责。主要职能是进行全国古籍普查登记工作；负责全国古籍保护培训工作；推动全国古籍保护研究工作。

座谈会上，与会领导和代表对中华古籍保护计划十年历程进行回顾与总结。张永新代表文化部对国家古籍保护中心成立十周年表示祝贺，对十年来全国古籍保护工作取得的成绩予以肯定，通过解读当前党中央、国务院大力传承弘扬中华优秀传统文化的政策形势，对下一步全国古籍保护工作提出要求与希望。韩永进就十年来全国古籍保护工作的总体情况和发展方向做重要报告，从建立完善体制机制，开展古籍普查，评审《国家珍贵古籍名录》，改善古籍存藏环境，抢救性修复珍贵古籍，培养古籍专业人才队伍，古籍缩微、数字化、影印出版，古籍研究阐释、展览宣传，以及围绕当今社会热点难点从古籍中汲取历史智慧、为现实工作提供文献依据等方面系统总结十年来古籍保护工作成果。与会专家学者李致忠、安平秋、刘家真，省级古籍保护中心代表全勤，国家古籍保护中心战略合作单位代表、中国运载火箭技术研究院战术武器事业部主任王洪波等先后发言，从各自的工作角度，对古籍保护十年历程进行回顾与评价，并就其未来发展建言献策。会上，国家图书馆（国家古籍保护中心）分别与中国运载火箭技术研究院、北京大学信息管理系签署战略合作协议，联合浙江大学图书馆、复旦大学图书馆、中山大学图书馆、辽宁省图书馆、首都图书馆、山西省图书馆共同在线发布古籍数字资源。

当天下午，国家古籍保护中心组织各省级古籍保护中心负责人召开全国古籍普查登记会议。文化部公共文化司副司长陈彬斌对“十三五”期间全国古籍普查工作提出要求；国家图书馆副馆长、国家古籍保护中心副主任张志清对普查工作进行具体部署；中国古籍保护协会秘书长梁爱民介绍“中华古籍普查文化志愿服务行动”的进展情况。随后，各省级古籍保护中心负责人与国家古籍保护中心签署古籍普查登记工作任务书，确保“十三五”期间基本完成古籍普查任务。

国家古籍保护中心成立十周年座谈会暨全国古籍普查登记工作会议

五、《中华传统文化百部经典》首批图书出版

9月底，由中央宣传部等部门支持和指导、国家图书馆组织实施的《中华传统文化百部经典》（以下简称《百部经典》）首批图书正式出版发行。该丛书由著名学者、中央文史研究馆馆长袁行霈担任主编，延请德高望重的大家耆宿担当顾问，众多专家参与编纂，遴选中华传统文化中最具代表性的100部经典，萃取精华、赋予新意，深入浅出地进行解读，努力为广大读者提供一套立足学术、面向大众，既具学术性又通俗晓畅，既关照现实又传之久远的古代典籍普及读本。首批10部图书包括《周易》《尚书》《诗经》《论语》《孟子》《老子》《庄子》《管子》《孙子兵法》《史记》。

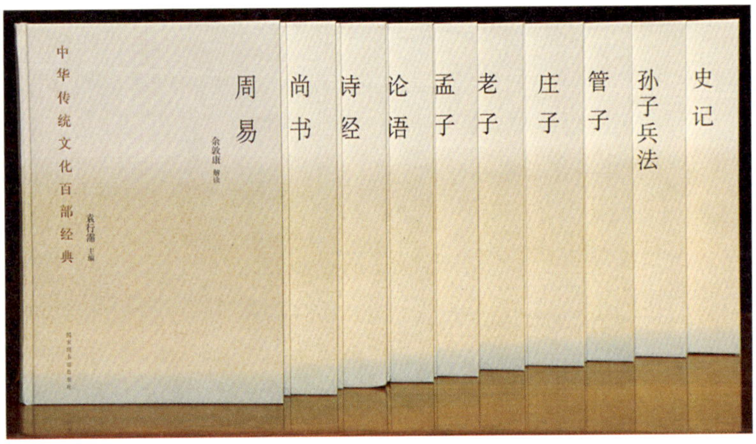

《中华传统文化百部经典》首批10部图书正式出版

（一）激活经典、融入当下，以优秀传统文化滋养当代读者

党的十八大以来，习近平总书记高度重视传承和弘扬中华优秀传统文化，鲜明提出创造性转化、创新性发展的方针，指出“要加强对中华优秀传统文化的挖掘和阐发，使中华民族最基本的文化基因与当代文化相适应、与现代社会相协调”“让收藏在禁宫里的文物、陈列在广阔大地上的遗产、书写在古籍里的文字都活起来”。2017年初，中办、国办印发《关于实施中华优秀传统文化传承发展工程的意见》，部署传承发展中华优秀传统文化的战略任务。为进一步贯彻落实《意见》精神，传承中华优秀传统文化，推动中华文化创造性转化、创新性发展，国家组织实施一系列文化工程，编纂《百部经典》是其中重要的一项。

连通古今、扬弃继承、转化创新，是传承和弘扬传统文化最难的一关，也是最需要的一环。《百部经典》编纂工作以习近平总书记关于传承和弘扬中华优秀传统文化的系列重要讲话精神为指导，以“激活经典、熔古铸今、立足学术、面向大众”为目标，以当代眼光审视和解读古代典籍，把那些具有代表性、富有当代价值的文化经典选取出来，寻求优秀传统文化与社会主义核心价值观之间的深度契合点。袁行霈表示：“阅读古典要在人生观和世界观的层面上，浸润人的心灵。所

谓深度契合，就是不给古人贴标签，不能生硬对接，而要以传统文化中的精华来提高人们的品德、修养和智慧，要吸取历史的经验提高治理国家的水平。”

“以古人之规矩，开自己之生面”，《百部经典》既追求学术上的高水准，又力求古为今用，让优秀传统文化贴近现实生活，融入课堂教育，走进人们心中，最大限度地发挥以文化人的作用。

（二）披沙拣金、着眼普及，搭建典籍精华与大众之间的桥梁

在灿若星辰的古代典籍中选取什么样的经典，如何把这些经典中的精华提炼出来并阐释好，是《百部经典》编纂的一个重大课题。编纂委员会副主任、国家图书馆馆长韩永进指出：“《百部经典》的目标是立足精选精编，举名家之力，力争编出一套思想性、学术性与大众性统一的读本，使之成为广泛认同、传之久远的范本。”

截至2017年底，《百部经典》已确定5批书目，共64种。书目上起先秦，下至辛亥革命，突破传统的经、史、子、集四部分类法，力求做到广纳百家、百花齐放，不仅选入哲学、文学、历史等著作，还择选一些科技类、艺术类等著作，充分展现中华传统文化的广泛性和多样性。

作为一项重大文化工程，《百部经典》在学术界潜心研究、钩沉发覆、辨伪存真的基础上，对历代典籍中最精髓、最精彩的部分进行深入阐释。为做好《百部经典》的编纂工作，编纂委员会多次召开会议，研讨编纂方案；深入学习习近平总书记系列重要讲话，组织讨论如何将“两创”方针落实到编纂工作之中；邀请解读人开展学术讨论，共议书稿撰写事宜；拜访相关领域专家学者，广泛听取意见和建议。经编纂委员会精心策划、反复论证，编纂工作坚持以人民为中心的工作导向，以贴近读者为出发点。

通过深入调研，精心设计，《百部经典》编纂体例由导读、原典、注释和点评4部分组成，既继承中国古代图书编纂的优良传统，又发展创新，力求重点突出，特色鲜明。导读部分统领全书，提要钩玄，阐幽抉微，精深入妙，凝聚精华，既与全文相互呼应，又可独立成书，是全书精髓之所在。原典部分以“有利于解决现实问题、有利于助推社会发展、有利于培养时代精神和时代新人”为标准，视具体情况确定节选或全录，并慎重选择底本。注释部分充分吸收传统训诂之成果，辅以传统串讲方式，简明扼要，而不乏新意。点评部分深入浅出，准确精要。点评中旁批部分是对我国传统的书籍阅读方法和书籍鉴赏评价的继承和延续，也是《百部经典》独具特色之处。

此外，每部书卷首辅以精美的古籍善本书影，以活跃书籍艺术形式，增强书籍文化内涵；同时卷末附主要参考文献，为读者延展阅读提供更丰富的途径。

（三）积众人力、集百家长，努力打造广泛认同的优秀读本

为编好该丛书，聘请饶宗颐、冯其庸、叶嘉莹、章开沅、张岂之、刘家和、乌丙安、程毅中、陈先达、汝信、李学勤、钱逊、王蒙、楼宇烈、陈鼓应、董光璧、王宁、李致忠、杜维明等19位在传统文化研究方面造诣精湛、学养深厚的耆儒硕德担任顾问，进行学术指导。由著名学者、中央文史研究馆馆长袁行霈先生担任编纂委员会主任委员，国家图书馆馆长韩永进担任副主任委员，

组成包括瞿林东、许逸民、陈祖武、郭齐勇、田青、陈来、洪修平、王能宪、万俊人、廖可斌、张志清、梁涛和李四龙等15位学术带头人在内的编纂委员会。编委会负责总体规划、选定书目、制订体例、掌握进度。同时，力邀相关领域造诣深厚的绩学之士担任经典的解读人。首批10部书的解读人包括余敦康、钱宗武、李山、钱逊、梁涛、王中江、陈鼓应、孙中原、黄朴民和张大可等，都是相关领域的知名专家。出版之前，每部书稿延请相关专家组成审订组，对其进行审订。参与编纂工作的专家学者，以架起传统典籍与普通大众的桥梁为己任，以其特有的文化情怀、扎实的学术功底和文化传承的社会责任，融合学界共识，梳理文化脉络，回应时代需求，将自身多年研究成果落实到文本之中，力图准确平实、雅俗共赏，达到学术性、大众化、通俗化的统一。

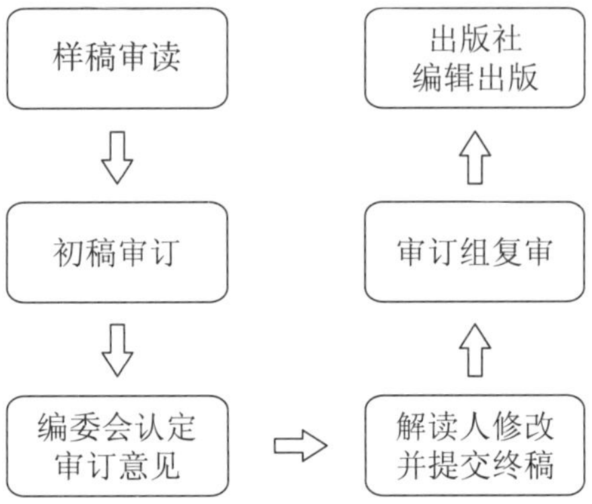

《中华传统文化百部经典》编纂工作流程

《百部经典》的编纂工作汇聚全国思想界、文化界500余位专家学者参与其中，倾力编纂、铸造经典之作。首批10部的出版是一个开端，《百部经典》后续图书将陆续与广大读者见面。

六、第25届亚洲及大洋洲地区国家图书馆馆长会议召开

5月17—18日，第25届亚洲及大洋洲地区国家图书馆馆长会议在中国国家图书馆举行。文化部部长助理于群，国际图联主席多纳·希德（Donna Scheeder），中国国家图书馆馆长韩永进，副馆长魏大威、孙一钢，文化部外联局副局长郑浩等出席会议。30余位来自本地区20个国家图书馆或承担国家图书馆职能的机构代表参加会议。本届会议的主题为“构建可持续发展的区域性国家图书馆网络”（*Building Sustainable Regional Network of the National Libraries*）。

于群在开幕致辞中强调，图书馆在保存人类文化遗产、传播先进文化、开展社会教育等方面具有重要作用。当今，图书馆事业的发展步入了数字化建设时期，走向信息共享的新阶段。中方愿秉承习近平主席在“一带一路”国际合作高峰论坛中倡导的“和平合作、开放包容、互学互鉴、互利共赢”精神，与亚大地区的图书馆界同仁一道，加强合作，为促进亚大地区乃至全球的图书馆事业和文化交流的大发展、大繁荣贡献力量。韩永进在开幕式致辞中表示，中国国家图书馆从该会议中获益良多，拓展了工作视野，学到了先进经验，推动了自身业务发展，特别是与本地区各国图书馆建立了良好的友谊、开展了许多双边和多边合作项目。

根据惯例，亚大地区国家图书馆馆长会议分为工作会议和专题报告两部分。在工作会议阶段，参会代表讨论上届会议纪要、本届会议议程、会议自身的发展规划等内容，并简要分享各馆在过去一年中取得的发展成就。代表们审议通过第24届亚大会议纪要和第25届会议议程。关于24届会议中提到的对于南太平洋地区图书馆的援助计划，新西兰国家图书馆在相关方面的支持

下，做题为“塑造南太平洋地区可持续发展的国际图书馆服务体系”（*Shaping Sustainable National Library Services in the South Pacific*）的调研报告。会议确认 2018 年亚洲及大洋洲地区国家图书馆馆长会议在缅甸举行。会议重点讨论今后的发展规划。从整体上看，在国际图书馆事务中，亚洲和大洋洲地区的影响力有限，主要原因在于本地区图书馆界发展水平参差不齐，缺乏有效的联络和协调机制，在重大事务中难以形成合力。根据国际图联 (IFLA) 和国家图书馆馆长会议 (CDNL) 的资料，目前亚洲和大洋洲地区包括 49 家国家图书馆（或承担相关职能的其他图书馆）。除举办常规的亚大地区国家图书馆馆长会议年度会议之外，缺乏有效的多边交流和沟通机制。为了推动本地区图书馆界的交流与合作，根据《亚洲及大洋洲地区国家图书馆馆长会议章程》，中国国家图书馆提请会议讨论如何进一步完善亚大地区国家图书馆馆长会议的组织和管理机制（可参考欧洲国家图书馆馆长会议的组织机制）。该提议得到与会代表的积极响应，纷纷表示设立秘书处是会议走向可持续性发展的关键一步。关于秘书处设在何处、秘书处的职责等问题，与会代表建议由新加坡国家图书馆管理局制订方案，并在下届会议中商定。

在专题报告阶段，会议邀请 3 名报告人介绍图书馆开展国际合作方面的实践和经验。中国国家图书馆国际交流处处长张煦做题为“推动区域性交流与合作——以中国国家图书馆为例”的报告，系统介绍中国国家图书馆与本区域图书馆界开展的相关合作的情况，强调中国国家图书馆重视与国际图书馆界的交流，并希望通过交流与合作实现共赢，推进本地区图书馆事业的整体发展。新西兰国家图书馆特恩布尔图书馆馆长克里斯 · 塞克利做题为“大爱无疆——纪念路易 · 艾黎诞辰 120 周年文献展”的报告，全面介绍该展览的情况。合作举办展览是国家图书馆之间开展合作的一种重要方式，同时，展览活动具有组织方式灵活、展示内容多样、展示形式更容易为读者接受的优点，对于推进各国人民的相互了解、推动文化交流起到积极作用。韩国国立中央图书馆文献管理部部长李在善做题为“韩国国立中央图书馆与亚洲其他图书馆合作项目”的报告，展示韩国国立中央图书馆积极开拓国际交流与合作，在韩国之窗、图书馆培训、古籍整理等方面开展的大量工作，对开拓合作项目深有启发。

会议专题报告之后，与会各馆代表就如何拓展合作领域、推进务实合作、数字图书馆合作建设等内容进行深入探讨，并初步达成以下意向：在数字图书馆领域，数字图书馆发展较好的国家为其他国家提供帮助和支持；希望分享“中日韩数字图书馆项目”的合作模式，并进一步探讨其他国家加入该项目的可行性；在“东盟 +3”合作框架内加强合作；本地区国家图书馆之间加强数据共享方面的合作。

为配合此次会议，中国国家图书馆特在国际赠书阅览室举办“亚大地区国家图书馆专题展”。此次展览以图文并茂的形式展示亚洲及大洋洲地区 25 个国家图书馆情况，如国家图书馆的历史沿革、主要职能、馆舍建筑、馆藏资源、读者服务几个方面，并附相关中国国家图书馆馆藏书目 50 册，推荐读者阅读。

5 月 18 日上午，与会代表集体参加由中国国家图书馆与新西兰国家图书馆合作举办的“大爱无疆——纪念路易 · 艾黎诞辰 120 周年文献展”开幕式并参观展览。

亚洲及大洋洲地区国家图书馆馆长会议是亚洲及大洋洲地区为加强本地区国家图书馆的联络

与合作举办的区域性国际会议。中国国家图书馆分别于1989年、2004年举办第4届和第12届会议。多年来，在各成员机构的共同努力下，会议在推动信息交流、经验借鉴、资源共享、合作办展等方面取得较大成效，促进了各国国家图书馆事业的发展。

第25届亚洲及大洋洲地区国家图书馆馆长会议

七、第2届中国与阿拉伯国家图书馆及信息领域专家会议召开

5月24日，由中国国家图书馆举办、文化部支持的第2届中国与阿拉伯国家图书馆及信息领域专家会议在中国国家图书馆召开。文化部对外文化联络局局长谢金英、中国国家图书馆馆长韩永进、阿盟理事会部长级轮值主席国阿尔及利亚国家图书馆馆长古丽·哈雅、中国国家图书馆副馆长孙一钢、馆长助理汪东波，巴林、埃及、伊拉克、约旦、科威特、黎巴嫩、沙特阿拉伯、阿曼、突尼斯等阿拉伯国家及阿盟秘书处的17名馆长、官员、专家，以及国内图书馆界的11名馆长出席活动。此次会议是文化部“丝绸之路系列文化论坛”活动之一，也是继2014中国—阿拉伯国家图书馆馆长论坛、2015首届中国与阿拉伯国家图书馆及信息领域专家会议之后，又一次中阿图书馆界的盛会。与会代表围绕“中阿图书馆资源的共知共建与共享”这一主题进行研讨交流。

谢金英、韩永进先后致辞，希望在中阿图书馆及信息机构之间建立更加牢固的长期战略合作关系和定期交流互访机制，共同推进“丝绸之路图书馆联盟”建设，联合实施“中阿数字图书馆”

项目，围绕文献信息资源共建共享、传统文献保存保护与开发利用、数字图书馆服务、专业技术人才培养等重点领域，开展广泛深入合作，带动中阿各国图书馆界及信息行业的共同进步，为促进中阿文化交流传播做出积极贡献。

与会者通过交流讨论，认为有必要深化中阿图书馆合作，实现双方在图书馆、信息与文献保存等领域的共同发展；在互信、互利基础上建立信息领域合作机制，充分利用中国与阿拉伯国家的信息资源，致力于为中阿各国图书馆在数字化基础设施领域建立长期合作关系；在中阿图书馆馆藏保存与保护方面开展合作，以满足有关珍贵古籍、濒危文献保存项目实施方面的需要；根据阿拉伯国家图书馆信息化基础设施现状，及其对中国图书馆信息化基础设施的适应程度，制定中阿图书馆传统和非传统信息资源交流战略，为建立面向互联网开放的中阿数字图书馆做准备。

会议就以下事宜达成共识：

（1）启动中阿数字图书馆门户网站项目，进一步为中阿数字图书馆建设打好基础。

（2）根据中国国家图书馆和阿盟谅解备忘录第四条，成立委员会（由中国国家图书馆和沙特阿卜杜勒·阿齐兹国王公共图书馆、阿盟秘书处组成）实施中阿数字图书馆门户网站项目。

（3）同意阿卜杜勒·阿齐兹国王公共图书馆在北京大学开设分馆，这是双方图书馆为传播中阿文明而达成的富有成效的合作典范。

（4）切实实施中国国家图书馆与阿盟秘书处谅解备忘录所规定的图书馆与信息领域人才培养计划，根据图书馆及信息领域标准规范为中阿图书馆和阿盟秘书处图书馆从业人员提供数字化环境下的培训，以提高中阿图书馆员的职业技术水平。这也符合中国政府为加强中阿合作提出为阿拉伯国家培训人才的倡议。

（5）在上述背景下，同意阿卜杜勒·阿齐兹国王公共图书馆北京大学分馆提出的关于开展图书馆与信息领域人才培训的提议。

（6）为响应阿盟倡议，鼓励双方图书馆互赠中、阿文图书。2015 年 4 月，阿方已向中国图书馆界赠送阿拉伯历史、文化类相关书籍与文献。

（7）深化双方图书馆与信息领域合作，加强人员交流互访，互相学习借鉴对方在相关领域的实践经验。

（8）第三届中国与阿拉伯国家图书馆及信息领域专家会议将于 2019 年第二季度举办，主办国为科威特。

此次会议强化了图书馆区域合作的发展理念，进一步打造中阿图书馆界的交流平台，为中阿图书馆界今后在“一带一路”战略下推进资源共建共享、数字图书馆建设、信息领域务实合作打下坚实的基础。

第 2 届中国与阿拉伯国家图书馆及信息领域专家会议

八、《中国图书馆史》正式发布

10 月 12 日，由国家图书馆馆长韩永进主编、国家图书馆出版社出版的《中国图书馆史》发布座谈会在国家图书馆召开。文化部公共文化司副司长陈彬斌，国家图书馆馆长、《中国图书馆史》主编韩永进，各分卷主编、多位业界专家以及国家图书馆出版社有关人员共 30 余人参加会议。

《中国图书馆史》是“中国图书馆史”专题研究项目的项目成果。2011 年，国家图书馆联合北京大学、武汉大学、中山大学的专家学者组成研究团队，启动“中国图书馆史”专题研究项目，并于 2014 年 12 月获国家社会科学基金后期资助。

《中国图书馆史》是我国第一部真正意义的中国图书馆通史，是对自先秦迄今 3000 多年藏书史及图书馆发展史的首次全面记录，也是对我国图书馆事业发展成就及经验教训的深刻总结。全书共计 200 余万字，分为四卷。其中，《古代藏书卷》由北京大学王余光教授主编，主要梳理先秦时期至清朝中期的中国图书馆事业发展情况；《近代图书馆卷》由中山大学程焕文教授主编，主要介绍清朝末期到民国时期的中国图书馆事业发展历程；《现当代图书馆卷》由武汉大学肖希明教授主编，主要介绍中华人民共和国成立以来，尤其是改革开放以来我国图书馆事业的快速发展；《附录卷》由国家图书馆汪东波研究馆员主编，包括大事记和重要人物传略两部分。

本部《中国图书馆史》融贯古今，完整呈现了中国图书馆事业的发展历程，将古代藏书楼到近现代图书馆的变迁视为一脉相承的发展过程。全书时间跨度虽长，却将研究重点放在现有研究相对薄弱的近代和现当代图书馆发展历史，其中对1949年以来特别是改革开放以来图书馆史的研究更是重中之重，填补了中华人民共和国成立以来我国图书馆史系统性研究的空白。

在对中国图书馆史进行分期研究的过程中，《中国图书馆史》既遵循中国历史分期的普遍性，又充分考虑中国图书馆事业发展的特点与规律，将政治因素、经济因素、技术因素以及图书馆自身发展的特点，作为中国图书馆史分期的主要依据。据此，该书将中国图书馆史划分为古代藏书（先秦—清中期）、近代图书馆（清末—民国）和现当代图书馆（中华人民共和国成立以来）三个阶段。其中，先秦至清中期主要是中国古代官府藏书、私人藏书、书院藏书、寺观藏书等四大藏书体系产生、发展和完善的历史，与现代意义上的图书馆有着显著的差异；清末“西学东渐”将西方图书馆理念、技术及方法引入中国，推动中国近代图书馆的兴起和迅速发展，实现古代藏书楼到近代图书馆的巨大转变；而中华人民共和国的成立，则使得图书馆事业得以纳入国家统筹规划和指导，逐步发展完善，形成适应现代国家和社会发展需要的图书馆体系。

此外，《中国图书馆史》通过社会历史发展的大视野对中国图书馆事业发展进行观察和思考，对政治、文化、思想、经济、技术等方面的变化及其影响给予密切关注，以深入理解图书馆在不同时期的兴衰变化和适应调整过程，探讨其反作用于社会历史变化发展的内在规律。在编纂过程中，该书还特别对世界重要国家和地区图书馆思想传入中国的历史进行全面系统的梳理，对它们在中国图书馆事业发展进程中所产生的影响进行客观总结和评价，并分别从本土化和国际化的不同视角来观察、思考中国图书馆事业发展中存在的一些具体问题。

《中国图书馆史》

九、第十二届文津图书奖揭晓

为倡导全民阅读，服务学习型社会建设，更好地履行图书馆的阅读推广职责，2017年国家图书馆组织第十二届文津图书奖评选和推广活动，严格评选流程，加强与政府机构、知名媒体、地方图书馆等多方面的合作，扩大宣传推广力度，突出对弱势群体的关怀，以期进一步扩大社会影响，唤起大众的严肃阅读意识。

（一）第十二届文津图书奖评选工作

第十二届文津图书奖评选活动于 2016 年 12 月正式启动，评选范围是自 2016 年 1 月 1 日—12 月 31 日（以版权页记载时间为准），由国家出版行政管理部门批准成立的出版机构在国内正式出版、公开发行（包括限国内发行）的中文版图书。评选流程主要分为启动、推荐、初评、终评、发布几个阶段。第十二届文津图书奖共收到各方推荐书目 1800 余种，全国有 64 家图书馆担任联合评审单位，参与面进一步扩大。在广泛征集读者和专家意见的基础上，国家图书馆组织专家进行两轮评审，本着公开、公平、公正的原则，综合专家评审委员会的投票及讨论，最终评选出 10 种获奖图书及 44 种推荐图书。

荣获第十二届文津图奖的 10 种优秀图书是：《中国文化的根本精神》《德国天才》《造房子》《古乐之美》《大国大城：当代中国的统一、发展与平衡》《消失的微生物：滥用抗生素引发的健康危机》《星空帝国：中国古代星宿揭秘》《吃货的生物学修养》《去野外：探索大自然之旅》《盘中餐》。此外《东西建筑十讲》等 44 种图书荣获第十二届文津图书奖推荐图书。

（二）第十二届文津图书奖颁奖活动

4 月 23 日是联合国教科文组织第 22 个“世界读书日”，第十二届文津图书奖颁奖暨“文化行走 · 悦读海淀”2017 全民阅读主题系列活动启动仪式在国家图书馆举行，政府、企业、事业单位的协力合作，充分调动家庭、社区、学校各方力量，整合资源、优势互补，共同为大力推进全民阅读、营造阅读氛围、构建阅读社会而尽职尽责，以期形成热爱读书、崇尚读书的社会风尚。仪式由北京电视台主持人姜华主持。采取现场直播的形式，在国家图书馆官网、数字图书馆推广工程、北京时间、光明网、央视网、优酷网等同步直播。

第十二届文津图书奖颁奖活动

文化部公共文化司副司长陈彬斌，国家新闻出版广电总局出版管理司副司长李一昕，国家图书馆馆长、党委书记韩永进及馆领导班子成员，北京市海淀区领导，新华社领导等出席颁奖仪式。第十二届文津图书奖获奖图书作者和出版单位代表、文津图书奖组委会、专家评委会、媒体评委会代表以及来自全国的公共图书馆联合评审单位代表、读者代表等200余人参加活动。颁奖仪式上，主办方分别向获奖图书作者、出版社颁奖，向安徽省图书馆等联合评审单位代表颁发证书并赠送获奖图书。现场还宣布第十二届文津图书奖“最受读者喜爱的入围图书投票活动”结果。同时，增补第十二届文津图书奖获奖书目的文津专架在国家图书馆总馆北区正式向读者开放服务，第十二届文津图书奖获奖及推荐图书展览也于当天在总馆北区二层大厅及全国60多家图书馆同步开展。

（三）第十二届文津图书奖宣传推广活动

第十二届文津图书奖宣传推广工作继续创新，加强与社会力量合作共赢，开拓新形势下图书馆阅读推广工作的新思路，推广形式多样化，传播效果进一步扩大。

举办历届文津图书漂流活动。为引导广大读者高质量地开展阅读，扩大文津图书奖的影响范围和公众参与度，履行国家图书馆文化传播和社会教育职能，文津图书奖组委会在3月中旬启动文津图书推广活动。活动邀请来自12家图书馆的120名馆长和馆员担任发起人，开展阅读接力，分享阅读感受。此次推广活动通过在线报名、后台遴选、寄送图书的流程实现面向社会的阅读接力，共投放历届获奖及推荐图书1000册150余种，由获奖出版社公益赞助。参与推广活动的地方图书馆包括：河北省图书馆、黑龙江省图书馆、安徽省图书馆、四川省图书馆、吉林省长春市图书馆、江苏省镇江市图书馆、江西省新余市图书馆、山东省临沂市图书馆、湖南省株洲市图书馆、广东省中山市图书馆、广西壮族自治区南宁市图书馆、云南省曲靖市图书馆。

举办第十二届文津图书奖读者最喜爱的入围图书投票活动。4月7—20日，通过微信平台发起“文化津梁　彼岸生花”第十二届文津图书奖“最受读者喜爱的入围图书投票活动”，邀请广大读者共同参与文津图书奖。

走进天津书展。4月21—23日，与天津市新闻出版局合作，在天津市文化中心第三届天津书展现场开辟“文津图书奖”和“国图公开课 · 读书推荐”专区，向公众推介历届文津图书奖获奖图书。

捐赠文津书架。4月7日，国家图书馆文津奖组委会向新疆边防哨所捐赠文津图书奖历届获奖及参评图书200余册并设立文津书架，丰富边防官兵的精神生活。此外还向四川少数民族地区、湖北贫困地区、革命老区等特殊地区捐赠文津书架，推送文津图书奖获奖图书等优质阅读资源。

举办“M地铁 · 图书馆”主题活动——“那些年我们共同度过”。活动由北京市海淀区委宣传部、北京京港地铁有限公司与国家图书馆共同主办。该活动作为国家图书馆“世界读书日”系列活动的一个环节，在4月23日的第十二届文津图书奖颁奖仪式前开展。借势香港回归20周年，介绍北京、香港两地独有的特色文化，推荐电影、音乐、戏剧、历史等相关图书，让公众了解两地文化，感受双城魅力，增进两地文化交流与互通。广大读者可以通过扫描地铁4号线沿线各站主题海报上的二维码阅读推荐图书。

“M 地铁 · 图书馆”主题活动——“那些年我们共同度过”地铁海报设计图

完成 112 册获奖及推荐图书数据的数字化加工、整理以及发布，为读者提供图书的在线试读服务。

举办第十二届文津图书奖获奖及推荐图书展览。4—11 月，第十二届文津图书奖获奖及推荐图书展览在国家图书馆总馆和多家地方图书馆同步举办。经统计，全国共有 160 多家省、市、县各级地方图书馆参与巡展，参与图书馆数量比上届增长 25%，创历史新高。

十、国家图书馆视听服务中心开放

（一）开放情况

9 月 9 日，国家图书馆迎来 108 岁生日，国家图书馆视听服务中心正式开放仪式在国图艺术中心举行。国家图书馆常务副馆长陈力主持仪式。国家图书馆馆长韩永进出席仪式并致辞，随后与古琴演奏家吴文光共同启动代表视听服务中心的黑胶唱片机。

视听服务中心提供实体盘片和数字资源欣赏服务，开展讲座、展览、演出等公众艺术教育普及和推广活动；以视听服务中心网站（http://www.nlc.cn/stfwkj/）为平台，提供数字视听资源整合揭示和读者远程访问服务，专门打造一批反映中华优秀传统文化的国图公开课和口述史料的中国记忆类视频资源。

视听服务中心面向 13 周岁及以上的读者开放，设有 152 个阅览座席，实行 365 天全年开馆，提供各类音视频资源的欣赏服务。其中实体音像出版物 398450 件；自建音频资源总量 1137907 首，视频资源总量 154780 小时；外购音视频数据库 13 个，其中音频数字资源总量 555942 首，视

国家图书馆馆长韩永进与古琴大师吴文光共同为视听服务中心揭幕

频数字资源总量95988小时；地方馆征集音视频数字资源10000余种。同时为读者提供万余册中外文视听艺术类图书、期刊的到馆阅览。

作为视听服务中心阵地之一的国图艺术中心制订完善年度公众艺术教育计划，从2017年下半年开始，每周举办一场公众艺术教育讲座，不定期举办公益演出、公益影片展映、艺术鉴赏会以及艺术沙龙。当日推出“中国民族音乐鉴赏周”系列活动，举办古琴艺术国家级非遗传承人吴文光主讲的“谈谈古琴曲的鉴赏”、著名胡琴演奏家沈诚主讲的“板胡演奏艺术赏析”和青年琵琶演奏家李叶丹主讲的“琵琶艺术与生活”等公益讲座。

10月18—24日，中国共产党第十九次全国代表大会召开，视听服务中心举办“喜迎十九大 共筑中国梦”系列活动，开展十九大主题盘片展和主题影片欣赏活动，并于18日、25日上午组织馆员及读者收看十九大开幕式和中央政治局常委见面会。

（二）整体规划

国家图书馆视听服务中心以视听服务空间和国图艺术中心为阵地，由国家图书馆多个业务部门联合建设、共同打造。视听服务空间位于总馆北区四层北侧，总面积近1300平方米，内设黑胶唱片欣赏区、CD欣赏区、DVD欣赏区、在线资源欣赏区、纸本文献阅览区、主题休闲区和文献展示区；汇聚和整合数字图书馆推广工程、中华古籍保护计划、民国时期文献保护计划、国图公开课、中国记忆、非物质文化遗产记录等视听资源，向社会各界展示、宣传和服务。

视听服务中心将发挥海量馆藏资源优势和国图艺术中心、视听服务空间的场地、设施优势，为各艺术演出团体和艺术教育学院提供教学、排练、演出等辅助活动，通过公益讲座、演出、影片展映、艺术鉴赏会以及艺术沙龙等多种类型活动，提高国家图书馆公共文化服务水平，培养公众对高雅艺术、优秀传统艺术的认知鉴赏能力。

（三）筹备过程

1. 调研国内外视听服务现状

早在2013年，国家图书馆就围绕“如何充分发挥馆藏音视频资源服务价值”展开充分调研和审慎思考。一方面，通过网络调研美国国会图书馆、英国国家图书馆、日本国立国会图书馆、韩国国家图书馆、澳大利亚国家图书馆等知名国外国家图书馆音视频资源存藏、服务和利用情况；

另一方面，走访调研国内的上海音像资料馆、中央电视台音像资料馆、中央音乐学院图书馆、国家大剧院艺术资料中心4家音像资料馆、资料中心的馆藏资源收藏情况、利用情况和数字化等情况。2016年下半年，成立以业务管理处牵头，中文采编部、典藏阅览部、数字资源部、国图艺术中心参与的视听服务调研小组，2016年12月—2017年6月间实地走访北京、上海、杭州、深圳等9地，对天津图书馆、杭州图书馆、上海音乐学院、深圳图书馆、沈阳音乐学院、腾讯音乐等有关单位进行调研，了解国内公共图书馆的视听资源服务和利用情况，以及商业市场中的视听资源采购、制作和版权解决方案等情况，为筹备开展视听资源服务提供借鉴。

读者在视听服务空间使用视听点播设备

2. 遴选组织视听服务中心资源

本着“弘扬东西方经典文化、充分发挥馆藏资源服务效能”的精神，经历多轮“提议—讨论—修正—提议”过程，遴选优质资源：

实体资源。按照“中、外文文献各占一半”，“中文从严、外文从宽”，“中国民俗音乐—西方古典音乐—戏曲及其他”的遴选要求，遴选10000余册优质纸本图书、60余种期刊，遴选闭架光盘约6000余盘，黑胶唱片约1.5万张，志鸟专藏2万余张。

数字资源。梳理馆藏数字化音频资源清单，经过多次遴选，最终选定以民族器乐曲为展示方案，包括中国器乐曲117种、志鸟专藏91种、中文密纹唱片35种、外文密纹唱片130种。完成71册中文音乐文献的数字化工作、30册外文音乐文献封面扫描和数字资源提取工作。

3. 结合馆情制定“多元化资源一站式获取”服务方案

国家图书馆领导班子高度重视视听服务开展工作，召开“视听服务中心建设”专题馆长办公会就达4次，进行现场业务指导6次。在调研分析现有业务服务格局，实地勘察现有场地的基础上，经过10余次研讨、论证，最终以“先搭建框架再完善服务”为指导思想，确定以适合国家图书馆馆藏资源、场地、技术和整体服务情况的“多元化资源一站式获取”视听服务方案。

4. 筹建视听服务空间

视听服务空间提供音乐艺术类图书、期刊开架阅览服务；馆藏音视频实体光盘、黑胶盘片闭架欣赏服务；视听类在线资源欣赏服务。

从空间上，视听服务空间整体划分为黑胶欣赏区、CD欣赏区、DVD欣赏区、在线资源欣赏区和纸本文献阅览区5个服务区域，提供多种载体资源集中一站式服务。采取“由动至静”的动线布局设计，整个区域无障碍贯通，采用软隔断进行划分，服务区域既相互链接又有区分，实现一站式服务与开放共享的欣赏阅读方式。

根据建设方案要求，对接施工单位，协助完成旧设备家具的清理、地板更换、地毯揭除和清洗，强弱电重新改造铺设等工作。经过一个多月的维修改造，按期在家具到场之前完成场地施工工作。对接多家家具公司，完成多个版本的家具设计需求方案。经过不断的讨论、调整，最终形成简单大气、现代与古典融合的整体风格，书房式设计温馨舒适，家具颜色与二期整体颜色风格保持一致。在此基础上，根据资源服务方式的不同进行个性化设计，在规定时间内完成家具的布局和安装工作。

5. 筹建视听服务中心网站

国家图书馆视听服务中心网站（http://www.nlc.cn/stfwkj/）作为馆藏实体资源服务的拓展，秉承视听内容多元化、读者选择多样化、视听服务人性化、共享平台网络化的建设理念，以现代视听元素为主调，东方与西方、传统与现代相结合，网站页面色调明快、风格简洁、层次分明，栏目规整，用户体验良好。网站设特色资源推荐、图书推介、音乐欣赏、影视资源、有声读物等资源类别，上线服务包括志鸟专藏、黑胶唱片、中外文图书、中国经典民族器乐类专辑等特色视听资源欣赏，提供活动预告、新闻资讯等动态信息，为读者打造立体、系统的视听服务平台。首批上线音频专辑 266 张、图书推介 92 本、在线展览 1 个、专题讲座 13 场，推荐有声读物 4 类、影视资源 9 类、音乐数据库 1 个，拓展馆藏视听资源服务半径，实现优质资源全民共享。

十一、全国图书馆联合编目中心成立 20 周年

2017 年 10 月，全国图书馆联合编目中心（以下简称“联编中心”）成立 20 周年。9 月 13 日，联编中心在宁夏回族自治区银川市召开 2017 年度工作会议，国家图书馆常务副馆长陈力、天津图书馆副馆长孟繁华、宁夏图书馆馆长韩彬、黑龙江省图书馆副馆长于爱君、海南省图书馆副馆长张蕊、河北省图书馆副馆长丁若虹、湖南图书馆副馆长雷树德等领导及各分中心负责人出席。

会议通过视频短片回顾联编中心的发展历程，展示 20 年来联编中心的工作成果。历经 20 年发展，全国图书馆联合编目中心已经由两间小屋、几名员工、通过软盘和光盘邮寄传递数据，发展成为一个日均数据增长逾 2000 条，覆盖 33 种文献类型，向全球同步提供书目数据，每年数据下载量超过 1000 万次的文献元数据信息综合服务机构。

（一）夯实数据基本功，打造权威的全国书目数据中心

全国图书馆联合编目中心成立以来，一直致力于中文文献数据建设工作，多途径汇总整合文献资源元数据，加强数据的时效性和质量，推动数据共建共享工作的发展。截至 2017 年底，联编中心拥有数据总量 1400 万条，其中中文书目数据总量 862 万条，外文书目数据总量 395 万条，名称规范数据总量 160 万条，主题规范数据总量 12 万条。

（二）完善用户体系，扩大影响范围

截至2017年底，联编中心共有省级分中心33家，已经覆盖中国大陆所有的省、自治区和直辖市。成员馆数量达2692家，成员馆类型涉及公共图书馆、高校图书馆、专业图书馆、中小学图书馆、企事业单位图书馆及其他文献收藏单位。此外，还积极向国外拓展用户，用户范围覆盖美国、德国、法国、日本、韩国、新加坡等国。

（三）推动编目工作标准化的发展，加强资源揭示的力度

联编中心每年定期组织书目数据上传资格培训。自2000年以来，全国已有约3000余名编目员取得联编中心的上传资格。通过主办、联办等各种方式组织各类培训58次，有力促进业界编目人才的培养工作。在此基础上，联编中心从2011年起通过各馆推荐、集中培训和考核的方式在全国范围内聘请骨干成员馆的资深编目员担任联编中心的质量监控员，建立联编中心的质量监控员队伍，截至2017年底，质量监控员达35人，他们在联合编目平台上参与联编中心数据库的维护工作。该模式既为成员馆培养了编目专家，又能推动编目工作标准化并提升联编中心的数据质量，实现从书目数据共建共享延伸到人力资源的共建共享。

（四）坚持公益化服务，拓展服务边界，提升服务能力

全国图书馆联合编目中心自成立以来，不断拓展服务范围，从普通图书书目数据开始，持续增加海外中文、古籍、连续出版物、金石拓片等文献类型的书目数据；2007年6月，正式向成员馆提供名称规范数据的查询服务；2011年，随着新系统的上线，联编中心正式宣布书目数据面向公益性图书馆提供免费下载服务；随后联编中心又陆续推出异构数据上载、联合目录、名称规范控制等新服务。自2011年为全国各成员馆提供数据免费下载服务以来，全年数据下载量由原来的180余万条激增至1000余万条。

20年来，全国图书馆联合编目中心始终坚持数据质量为根基，用户需求为导向，立足国家总书库和国家书目中心，为国内外的用户提供全方位数据服务，为实现“连接图书馆，服务全社会”的服务理念，始终不忘初心，砥砺前行。

十二、全国图书馆文化创意产品开发联盟成立

9月12日，在文化部的指导下，“全国图书馆文化创意产品开发联盟成立暨图书馆文化创意产品开发培训班”在国家图书馆举行。国家图书馆馆长、党委书记韩永进，文化部文化产业司巡视员高政、公共文化司副司长陈彬斌，国家图书馆副馆长、党委副书记魏大威，国家图书馆副馆长兼国家典籍博物馆常务副馆长李虹霖，以及各省（直辖市、自治区）图书馆馆长、文创工作负责人等出席会议。

全国图书馆文化创意产品开发联盟成立大会现场

全国图书馆文化创意产品开发联盟是由文化部推动并指导，全国图书馆文创试点单位自愿参加组成的非营利性行业联盟。该联盟以弘扬中华优秀传统文化为目的，以引领和推动行业文创产业发展为宗旨，为图书馆界文创起步晚、规模小、资源较为分散、品牌效应不强等问题提供解决方案，指导各成员通过文创研发、营销渠道、人才培养等资源的共建共享，提高图书馆文创研发整体水平，实现图书馆文创产品文化价值与实用价值的有效统一，满足广大人民群众日益增长、不断升级和个性化的物质与精神文化需求。

联盟成立大会上，各单位与会代表针对《全国图书馆文化创意产品开发联盟章程（暂行）》、重点工作建设以及未来工作部署等进行研讨，为联盟工作的顺利开展打下了坚实的基础。成立大会后，国家图书馆举办了为期 3 天的图书馆文化创意产品开发培训班，邀请文化部文化产业司企业发展处负责人、知名文创设计师，以及国家图书馆、国家博物馆、文化部恭王府管理中心等文创经营负责人授课，并赴故宫博物院现场教学，提升各馆文创从业人员的专业水平，启发、探索文创开发经营的发展模式，实现文创经营与图书馆传统职能的协同发展。

全国图书馆文化创意产品开发联盟的成立，将加速提升全国图书馆的文创研发水平，让传统图书馆焕发生机与创意，实现文化教育职能和文化产业职能共同发展。国家图书馆（国家典籍博物馆）将充分发挥“领头羊”作用，创新思路、示范引领，联合各馆共同做好文创产品开发与经营工作，深入挖掘中华优秀传统文化的内涵，开创图书馆文创新局面。

联盟成立大会现场还举行图书馆文创精品集中展示，包括来自国家图书馆和联盟各馆的近百件文创精品一同亮相。例如：软萌可爱的四川省图书馆文创“杜甫与熊猫”，外形古朴、内涵丰富的湖南省少年儿童图书馆陶制小器“陶童”，品味高雅、造型别致的河北省图书馆创意纸抽盒，等等。

本次联盟成立大会也被纳入“2017年全国大众创业万众创新活动周”中，充分展现“双创”活动周“双创促升级，壮大新动能”主题，成为启迪创意、展示和转化创新创业成果的重要平台。

十八大以来，文创产业在国家政策环境利好的情况下蓬勃发展，我国文化文物单位文创开发工作迎来重要历史机遇。2016年5月，国务院办公厅转发文化部等部门《关于推动文化文物单位文化创意产品开发的若干意见》的通知；2017年1月，文化部、国家文物局确定或备案154家文化创意产品开发试点单位，其中纳入37家公共图书馆。作为文化创意产品开发重要力量之一，图书馆行业文创工作正在加速发展、不断壮大。

十三、重大展览

（一）“从莎士比亚到福尔摩斯：大英图书馆的珍宝”展及“从《诗经》到《红楼梦》——那些年我们一起读过的经典”展

4月21日—6月21日，中国国家图书馆携手英国国家图书馆联合举办的“从莎士比亚到福尔摩斯：大英图书馆的珍宝”展，以及中国国家图书馆主办的“从《诗经》到《红楼梦》——那些年我们读过的经典”展，同时在国家典籍博物馆举办。中国经典文学的珍贵古籍、英国经典文学手稿及其中文译本、手稿、评论书籍等联袂展出，交相辉映，充分展现中英两国经典文学高峰水平，为观众带来一场文学盛宴，对于推动中英文化交流互鉴、增进两国民众间的相互理解和友谊具有重要意义。

4月21日开幕式当天，文化部部长雒树刚、英国国家图书馆董事会主席布莱克斯通、中国国家图书馆馆长韩永进、英国驻华使馆副大使罗廷在开幕式上致辞。英国国家图书馆馆长卡洛琳·布雷泽、文化部外联局局长谢金英、国家文物局副局长关强以及来自中国社会科学院、外语教学与研究出版社、北京人民艺术剧院的相关领导和专家出席活动。

雒树刚表示，作为东西方文明的杰出代表，中英两国都有着悠久的历史和灿烂的文化，在漫长的历史进程中，中英文化交流与对话为两国人民的相互认知和了解发挥着重要的作用。此次英国国家图书馆将莎士比亚、勃朗特、狄更斯等10位中国读者耳熟能详的英国作家手稿和初印本带到中国，展示英国文学的不朽魅力。中国国家图书馆也遴选出国内相关翻译家手稿及近现代出版物配合展出，展现了中英文化交流的重要成果。

布莱克斯通说，此次与中国国家图书馆联合举办的展览是英国国家图书馆有史以来规模最宏大、最激动人心的国际项目之一。展览一定会让所有文学、音乐和戏剧爱好者眼前为之一亮，中国观众将能亲身领略这些英国和世界文学经典的珍贵手稿。

“从莎士比亚到福尔摩斯：大英图书馆的珍宝”展出英国标志性作家的9部手稿、2部早期印本，涵盖诗歌、戏剧和小说3个领域，均系首次在国内亮相，包括夏洛蒂·勃朗特小说《简·爱》的修订稿本、拜伦《唐璜》手稿、华兹华斯诗歌《我孤独地漫游，像一朵云》手稿、莎士比亚《罗密欧与朱丽叶》第二版四开本、本杰明·布里顿《仲夏夜之梦》（歌剧）的缩编谱

“从莎士比亚到福尔摩斯：大英图书馆的珍宝”展

手稿、柯勒律治《古舟子咏》手稿、查尔斯·狄更斯小说《尼可拉斯·尼克贝》手稿及《大卫·科波菲尔》原版合订本、柯南·道尔的福尔摩斯系列《失踪的中卫》手稿，以及伊恩·弗莱明的詹姆斯·邦德系列故事《黎明生机》《美妙的回报》手写与打字稿，等等。中国国家图书馆同时展出，包含这些英国文学在中国的著名译作、改编及评论书籍或稿件等的馆藏，特别是汤显祖和莎士比亚这两位东西方戏剧史上巨擘的作品，明代茅瑛刻套印本的《牡丹亭》与乔治三世收藏的1599年《罗密欧与朱丽叶》一同展出，同芳竞艳。同时，还展出嘉兴市图书馆收藏的中国翻译家朱生豪有关莎士比亚的翻译手稿、北京人民艺术剧院提供的《哈姆雷特》戏曲服装等。

为配合“从莎士比亚到福尔摩斯：大英图书馆的珍宝”展览，由中国国家图书馆策划举办的“从《诗经》到《红楼梦》——那些年我们读过的经典”展览同步开展。该展撷英集萃，精选70余件古籍，分为先秦、秦汉、魏晋南北朝、隋唐五代、宋、元、明、清八个部分，通过人物及作品串联起中国辉煌的古典文学，从诗经、楚辞、汉赋到唐诗、宋词、元曲，讫于四大名著为代表的明清小说，包括明铜活字蓝印本《毛诗四卷》、明铜活字印本《白氏长庆集》、清乾隆萃文书屋印本《红楼梦》等众多善本古籍。展厅内还设有“诗书礼乐”版块，现场展示编钟、服饰、活字盘及古琴等展品。4月21—23日，展厅定点举行古代编钟和舞蹈表演，观众亲身融入古典文学的氛围之中，体会中华“诗书礼乐”文化。中国古典文学是中华民族宝贵的文化遗产，观众在欣赏英国经典文学的同时，感受中国古代经典文学的不朽魅力，进一步增强文化自信和文化自豪。

开幕式后，两馆的领导及业务专家举行中英两国图书馆业务交流活动。4月21日下午，举办“英国文学在中国”主题沙龙，中英两国文学研究专家以及普通读者齐聚一堂交流研讨，丰富观展体验。此前，4月20日下午，展览预展期间，国图公开课举办特别活动：“跨越时空的交响——中英文学对话”，通过中英两国国家图书馆馆长访谈、中英诗歌朗诵、戏剧作品选段表演、中英文学关系主题演讲等方式，展现中英文化的交流互鉴。本次国图公开课内容精彩，首次实现同声传译与直播的结合。知名专家和优秀演员共同协作，为现场观众和网络观众奉献了一场跨时空的文学交流盛宴。8家媒体平台全程直播该活动，当天收看直播达93.65万人次，收看视频回放为5.2万人次。

（二）世界插画大展——国际安徒生奖（终身成就）50周年展

8月11日，由中信出版集团、国家图书馆（国家典籍博物馆）、上海京采文化创意有限公司联合主办的世界插画大展——国际安徒生奖（终身成就）50周年展北京站在国家典籍博物馆第七、八展厅开幕。北京站作为全国巡展第二站，1966—2014年间近300幅、25位“国际安徒生奖插画家奖”得主真迹在国家典籍博物馆展出。

国家新闻出版广电总局出版管理司副司长李一昕，国际儿童读物联盟中国分会前主席海飞，国际儿童读物联盟副主席、国际儿童读物联盟中国分会副主席张明舟，国际儿童读物联盟执委迈克尔·诺伊格鲍尔（Michael Neugebauer），中信出版集团副总经理潘岳，国家图书馆副馆长、国家典籍博物馆常务副馆长李虹霖出席开幕式，中国知名原创绘本作家、首位提名国际安徒生插画奖的中国插画家熊亮以及少儿阅读推广领域的专家也出席活动。

国际安徒生奖是国际上公认的儿童文学作家和插画家的最高荣誉，是儿童文学界唯一真正全球性的奖项。大奖以丹麦著名童话作家安徒生的名字命名，由丹麦女王玛格丽特二世赞助、国际儿童读物联盟（IBBY）创立于1956年。1966年，随着绘本在全球范围的蓬勃发展，增设插画家奖，“国际安徒生奖插画家奖”应运而生。每两年，由来自世界各地儿童文学专家所组成的国际评审团从获得提名的入选者中严格评选，以其终生成就对童书投入的贡献做整体评量，选出得奖者。迄今为止，全球共有26位插画家获此殊荣，其中不乏极负盛名的安东尼·布朗、安野光雅、莫里斯·桑达克、罗伯特·英潘、莉丝白·茨威格等。他们来自不同的国家，具有不同的文化背景，都凭借其对童书插画所取得的卓越成就获得大奖肯定。

展览按照年代划分为五个展区。置身大师名作，浏览其中仿若走过半个世纪。设计团队根据展馆特色和空间配置，融入炫酷的科技元素和丰富的趣味互动。开展之初，观众连续突破典籍博物馆单日参观上限，单日最高人数达5602人次，周末日均参观人数近3000人次。因观展需求强烈，展览由原定的10月29日闭展，延期至11月19日。展览总参观人数达125597人次。

小读者参观“世界插画大展——国际安徒生奖（终身成就）50周年展”

（三）钢铁长城——纪念中国人民解放军建军九十周年馆藏文献展

8月15日，由国家图书馆主办的“钢铁长城——纪念中国人民解放军建军九十周年馆藏文献展”在国家典籍博物馆第三展厅开幕。

革命历史文献全面记载马克思主义在中国的传播与中国共产党领导全国各族人民争取民族独立和人民解放的伟大历程，记载党领导人民军队走过的光辉历程、建立的丰功伟绩、积累的宝贵经验，具有十分重要的历史价值、学术价值和现实意义。本次展览以国家图书馆典藏革命历史文

钢铁长城——纪念中国人民解放军建军九十周年馆藏文献展

献为基础，遴选出其中最具代表性的文献为展品，以时间为脉络全方位展现在中国共产党领导下，革命军队与全国人民一起，前仆后继、英勇奋斗建立的丰功伟绩，引导广大读者和社会公众弘扬红色传统、传承红色基因，不忘初心，继续前进，为实现“两个一百年”奋斗目标、实现中华民族伟大复兴的中国梦而努力奋斗。展览除前言、结语外，共分为六个单元。第一单元：中国共产党早期军事活动；第二单元：人民军队创建和在土地革命战争中成长；第三单元：战斗在白山黑水间——东北抗联；第四单元：抗日战场的中流砥柱；第五单元：解放全中国；第六单元：建设巩固国防和强大军队。展览展出国家图书馆馆藏文献 260 余册 / 件。此外，中国人民抗日军政大学陈列馆也提供了 10 件馆藏文献参展。本次展览有以下特点：

一是展品覆盖各个时期。展品的时代由清末到 2016 年，涵盖马克思主义传入中国，以及中国共产党领导革命军事斗争、建设巩固国防的各个历史时期。

二是种类多、样式全。展品包括书刊、舆图、老照片、手稿等多种类型的文献资料，如解放军“北平入城式”预定行进序列及路线图、冯仲云《东北抗日联军十四年苦斗简史》手稿、“人民解放军在西藏”老照片等。

三是珍贵历史资料首次展示。如近年来国家图书馆新采访入藏的江华同志党员登记表；浙东地下党绝密函、浙东人民解放军第二游击纵队司令部布告、中华苏维埃共和国中央革命军事委员会抚恤委员会残废证书等；中国共产党第六次全国代表大会决议案、中国人民解放军宣言、解放日报社论、庆祝济南解放等多种珍贵文献。

四是重点突出、亮点鲜明。设立介绍东北抗日联军十四年抗战专题单元——“战斗在白山黑水间”。展现民国时期文献保护计划、中国记忆项目等重点工作近年来取得的一系列有关东北抗联和抗日战争成果的各类文献资源，特别是口述历史相关音视频资源。

五是集多媒体、讲座活动于一体。本次展览除设有音视频放映、触屏互动等多媒体展项外，在展览期间还举办多场精彩讲座和活动，特别是针对中小学生的互动体验活动，集趣味性和教育性为一体，一方面提升展陈效果，另一方面也实现观众主动参与展览的目标，增强观众的博物馆体验。

8 月 15 日—11 月 13 日展览期间，共接待观众 24000 余人次。组织讲解 80 余场，接待观众 2000 人次以上。该展览还荣获国家文物局组织开展的“纪念建军 90 周年、抗战全面爆发 80 周年”主题展览项目十大入选项目的第二名。

（四）圣贤的足迹　智者的启迪——孔府珍藏文献展

9月28日，在孔子诞辰2568周年之际，为进一步弘扬中华优秀传统文化，由国家图书馆（国家古籍保护中心、国家典籍博物馆）、曲阜市人民政府、孔子博物馆主办的“圣贤的足迹　智者的启迪——孔府珍藏文献展”在国家典籍博物馆第一展厅隆重开幕。孔子是我国古代伟大的思想家、教育家、政治家。他开宗儒学，倡导仁者爱人、为政以德、天下为公、中庸之道等主张，经历代发展完善，成为中华民族传统文化的根基和命脉，对中华文化的发展传承厥功至伟，堪称万世师表。此次展览集中展示了孔子留给中国乃至世界的思想与文化贡献，集思想性、时代性、文物性与观赏性为一体，是国家图书馆（国家古籍保护中心）与曲阜市文物局战略合作的重要举措之一，对于坚定文化自信，传承中华文脉具有重要意义。

此次展览选取孔子博物馆和国家图书馆所藏的文物、文献近百种，可谓展品丰富、亮点纷呈：

一是多部珍贵文献首次集结。国家图书馆藏宋刻本《东家杂记》、宋刻本《四书章句集注》、蒙古时期孔氏刻本《孔氏祖庭广记》，孔子博物馆藏清孔广森稿本《大戴礼记补注》等历史文献首次集中展出。国家图书馆共展出馆藏文献31种38册/件，包含珍罕善本10种11册/件。其中宋刻十卷本《论语集说》，是国家图书馆馆藏最早的《论语》刻本。记载孔子家史的明嘉靖本《阙里志》，不但是该书有明确纪年的馆藏最早版本，还是孔府的家刻本。在“儒学外传”板块中，展出国家图书馆藏16世纪朝鲜大儒李珥的《栗古文集》（朝鲜刻本），日本光格天皇在位期间（相当于中国的乾嘉之际）的和刻本《孔子家语》，以及一部1688年印刷于荷兰阿姆斯特丹、由法国人比埃尔·瓦萨雷特编写的法文著作《中国哲学家孔子的道德箴言》，反映了孔子思想和儒家学说对于东亚文化圈乃至全世界的巨大影响。

二是文献与文物相结合，珍贵文物首次出展。此次展览的展品除国家图书馆和孔子博物馆精选的古籍善本等文献，更是联合展出多组珍贵文物。展出的孔府文物63种77册/件中，仅国家一级文物就有19种23件，涵盖铜器、瓷器、竹木雕、玉石器、珐琅器、象牙器、书法绘画、印玺符牌、古籍雕版、档案文书等十几大类。如清高宗弘历手书的“万仞宫墙赞”、明天启时期的象牙笏板、明代兽面纹掐丝珐琅五供、明代彩绘《孔子为鲁司寇图》等，所有实物展品均为孔子博物馆珍藏原件。这是孔府高等级文物第一次离开曲阜，进行大规模、系统性集中外展。

三是内容全面、重点突出。展览分为“孔子世家”“金声玉振”“杏坛设教”“开宗儒学”“诗礼传家”“万世师表”“保护传承”七部分，从孔子的身世与生活经历，孔子哲学、政治思想的基本观点，儒家学说的发端、发展、外传，孔子作为教育家的理念与成就，孔氏家族的历史地位与家风传承，历朝历代纪念孔子、推崇儒学的重要举措，“中华古籍保护计划”实施以来孔府文献的保护传承等方面，展现孔子及其学说对于中华民族绵延发展的巨大影响，以及当代文化工作者的历史责任。展览通过丰富的文字图片资料，辅以珍贵文献和文物，使得参观者对孔子及其思想学说、后世影响有了更为直观的理解和感悟。

四是匠心打造特色展陈，营造古典观展氛围。展板采用中国传统色彩和纹饰，渲染出庄重典雅的整体风格。展厅中心区域特别采用“万仞宫墙”元素，仿明代曲阜城正南门，以此象征孔子学识之渊博高深，同时也营造出浓厚的历史氛围，使观众可以更有身临其境之感。

圣贤的足迹　智者的启迪——孔府珍藏文献展

五是形式多样，活动丰富。本次展览在展厅中设置多媒体互动区域，同时在展览期间还举办相关讲座和多场互动体验活动，更好地体现展览教育性和趣味性的统一。

此次展览是国家古籍保护中心跨系统开展“中华古籍保护计划”的重要工作成果之一。孔子博物馆前身为孔府文物档案馆，在2009年入选第二批“全国重点古籍保护单位”及第一批“山东省重点古籍保护单位”。目前已有宋刻本《皇朝仕学规范》、清孔广森稿本《礼仪器制考释》等在内的13部古籍入选《国家珍贵古籍名录》，47部古籍入选《山东省珍贵古籍名录》。孔府档案在2016年成功入选《世界记忆亚太地区名录》，其价值已在世界范围得到认可。2016年11月18日，国家图书馆（国家古籍保护中心）与孔子博物馆签署战略合作框架协议书，挂牌成立“国家古籍保护中心中华优秀传统文化实践基地”，双方在孔府档案整理出版以及古籍、碑帖普查修复等多方面展开全面、长期合作。2017年6月，《孔子博物馆古籍普查登记目录》正式出版，主要收录1911年以前的馆藏古籍，其中善本古籍106部、普通古籍4162部。

十四、新入藏珍贵文献

（一）赵万里批校《唐诗百名家全集》

2017年8月，国家图书馆从拍卖会上购藏一部赵万里批校本《唐诗百名家全集》。

此清康熙席启寓琴川书屋刻本《唐诗百名家全集》，存六种六册。半叶十行，行十八字，白口，左右双边。其中《姚少监诗集》十卷，据黄丕烈跋宋刻本校，并抄录陆西屏、黄丕烈跋文，有题识“辛未三月上巳后四日临于喜福堂之东庑”；《羊士谔诗集》一卷，以明活字本校，后有题识“辛未三月十二日校明活字本毕”；《台阁集》一卷，后有题识“辛未三月校明铜活字本”；《孟东野集》十卷，据南宋刻本、明嘉靖影宋刻本及汲古阁本校，后有跋文一则，记宋本行款、讳字、印章、刻工等；《温庭筠诗集》七卷《集外诗》一卷《别集》一卷，据傅增湘藏明弘治刻本、明刻黑口本及《才调集》相应内容校，卷一末有题识：“十月初七夜校明刻黑口本讫，万里”；《张司业诗集》七卷《联句》一卷，以明正德十年刘成德刻本校。

此本批校出自著名版本目录学家、国家图书馆善本古籍事业奠基人赵万里之手，经与其手稿相比对，字迹完全一致。据书后题识，其中3种校于辛未年，即1931年；另三种未署明校勘年份，当也在1931年前后。其时赵万里26岁，进入国立北平图书馆善本部工作已3年，正负责整理平馆善本甲库藏书并编纂《国立北平图书馆善本书目》。赵万里校书主要集中在青年时期，此书是其校书的代表作品之一。此书批注条数多，信息量大；各本异文或批注于天头地脚，或注于行间；补出多处底本阙文；对校本的行款、印章等信息，都有详细的记录。批校题识均为蝇头小楷，字迹工整，一丝不苟，体现赵万里读书治学的严谨精神，也可见其读书治学的过程。该书保存完好，品相上佳，其中《姚少监诗集》批校用朱墨两色，俱见匠心。

《唐诗百名家全集》是清代藏书家席启寓穷毕生精力编辑而成的唐人总集。该书阅30年而成，录有唐一代之诗未有以全集汇成全书者百余人。其所录之诗皆为贞元元和后、时俗所称之中晚唐人所作，是研究中晚唐诗歌不可或缺的重要资料。赵万里据南宋及明代诸本校勘此书，比对其异同，叙诸本之情况，查其所改，校其所误，录前人跋文于其上，堪称善本精校。

赵万里生逢于乱世之中，求学于大家之门，入图书馆工作半个多世纪，其间经手的古籍越30万部之巨。为国家图书馆的发展，中国古籍的整理、保护和研究做出了巨大贡献。赵万里批校之书得以入藏国家图书馆，是国家图书馆一大幸事。

（二）首版《亨利七世国王本纪》

《亨利七世国王本纪》（*The Historie of the Raigne of King Henry the Seventh*）为弗兰西斯培根（Francis Bacon）最有影响力的一部传记作品，入藏版本为1622年首版首刷，深棕色牛皮与大理石云纹纸装订，书脊烫金书名，极富17世纪西洋书籍装帧特色。扉页有英王亨利七世肖像木刻版画，乃约翰·佩恩（John Payne）所做，书名页上题名与出版项居中，周边以精美木刻版画环绕，向读者提示全书内容。

弗兰西斯·培根，英国第一代圣阿尔本子爵，文艺复兴时期最具代表性的散文家、哲学家、法学家与科学家。作为古典经验论的奠基者，他强调感觉经验和归纳逻辑在人类认知过程中的重要性，并借此开创以经验为手段、研究感性自然的经验哲学的新时代。这一高度科学化的思维方式也对近代科学研究的建立起到关键性的推动作用，因而在人类的思想史与科学史上都有相当重要的意义，后被罗素尊称为“为科学研究程序进行逻辑组织化的先驱”。他一生留下多部重要著作，包括散文集、哲学与科学论文及历史评注等，代表作有《新工具》（*Instauratio Magna*，*1620*）、《论英国国教改革》（*Certaine Considerations touching the better pacification*，*and edification of the Church of England*，*1604*）以及《随笔集》（*The Essaies of Sr Francis Bacon Knight*，*1613*）等。

培根自1621年仕途受挫，便转而幽居，以著述为唯一志业。是书乃培根幽居期间为当时英国储君查理而作，短短数月写就。书中记述都铎王朝初期，英国在亨利七世治理下的历史概况，期待能作为王储理事、治事之殷鉴。文体上，仿效古罗马雄辩家、历史学家塔西佗（Gaius Cornelius Tacitus，55？—117？）和意大利文艺复兴时期思想家尼科罗·马基雅维利（Niccolò di Bernardo dei Machiavelli，1469—1527）之行文风格与叙事体例，特别重视人事与政情的描写。培根文笔出众、分析鞭辟入里，深得后世史学家推崇。

基础业务工作

- 文献信息建设
- 文献信息组织
- 文献信息保存与保护
- 年度掠影

基础业务工作

一、文献信息建设

（一）中文文献

1. 中文图书

接收缴送 407638 种 1009629 册，较 2016 年种数减少 0.93%，册数减少 4.17%。购买 128979 种 233803 册，较 2016 年种数减少 11%，册数减少 10%。接受赠送 5107 种 9947 册，较 2016 年种书减少 20%，册数减少 20%。补藏中文图书旧书 5726 种（含赠书），较 2016 年减少 26%。

2. 学位论文

采访 221828 种，较 2016 年增加 0.3%。其中博士论文 53998 种，博士后报告 8020 种，硕士论文 159810 种。

3. 台港澳文献

采访图书 21566 种，较 2016 年增加 1.24%；采访期刊 813 种 7922 册，较 2016 年种数减少 1.09%，册数减少 8.37%；采访报纸 84 种 23160 期，较 2016 年种数减少 1.18%，期数减少 9.44%。

4. 中文期刊报纸

入藏期刊 10542 种 530812 册，较 2016 年种数减少 0.91%，册数减少 0.47%；入藏报纸 1463 种 582222 期，较 2016 年种数减少 3.8%，期数增加 0.97%。

5. 音像制品和电子出版物

接收缴送 7836 种 17181 盘，较 2016 年种数增加 5.39%，盘数减少 18%。采访文献（含少儿）9781 种 22690 盘，较 2016 年种数减少 9.8%，盘数减少 14%。其中：购买补藏 1037 种 4105 盘，较 2016 年种数减少 35%，盘数增加 0.6%；接受赠送 94 种 659 盘，较 2016 年种数减少 92.4%，盘数减少 52.3%。

6. 中文资料

采访非正式出版文献 7681 种 7849 册，较 2016 年种数减少 0.67%。另有存疑文献 536 种 622 册，较 2016 年种数减少 0.56%。

（二）外文文献

1. 西文文献

订到图书 51274 种 52491 册，较 2016 年册数增加 10.99%；UMI 缩微平片 2917 种，较 2016 年种数减少 33.96%；补订海外中国学文献 920 种，较 2016 年种数增加 0.66%。

2. 东文文献

订到日文图书 16521 种 16662 册，较 2016 年册数减少 10.41%；补订日文中国学文献 1110

种，较 2016 年种数增加 1.37%；订到东文图书 4623 种 4895 册，较 2016 年册数增加 1.89%（其中阿拉伯文图书 1581 种 1821 册、韩文图书 1450 种 1457 册、越南文图书 513 种 531 册、泰文图书 360 种 360 册、印地文图书 719 种 726 册）。

3. 俄文文献

订到 6583 种 6666 册，较 2016 年册数减少 11.93%；补订中国学文献 10 种，较 2016 年减少 58.33%。

4. 国际组织与外国政府出版物

订到图书 678 种 679 册、期刊 422 册、缩微平片 6528 种 17248 片、光盘 41 种 41 盘。

5. 出版物交换

交换到各类型文献 10856 种 22038 册 / 件（其中图书 5788 种 5883 册、期刊 1078 种 6267 册、平片 3816 种 8396 张、随书光盘 57 种 57 盘、电子出版物 5 种 18 件、音像资料 112 种 1417 件），较 2016 年册 / 件数减少 0.85%。

6. 外文报刊

订到外文期刊 46703 册，较 2016 年减少 5.18%；外文报纸 20962 份，较 2016 年增加 11.13%。

7. 外文实体电子资源

订到西文实体电子资源 415 种 1084 盘，黑胶唱片 15000 张。

8. 外文数字资源建设

开通外文试用数据库 16 个，完成新增 5 个数据库的开通链接交接工作；提交文献资源建设委员会数据库调整方案，停订数据库 4 个；完成 PQDT 学位论文的采选工作，订购 1800 篇。截至 2017 年 12 月底，外文数据库总量达 128 个，较 2016 年减少 1 个；开通远程访问的外文数据库总量达 65 个，较 2016 年增加 6 个。

（三）古籍特藏文献

2017 年，通过各种渠道补充馆藏文献 18468 种 50458 册 / 件。其中：善本古籍 6 种 30 册，手稿 344 种 806 册 / 件，新善本 142 种 232 册，精装精印 24 种 35 册，外文善本 48 种 93 册，“文革”资料 1 种 10 册，普通古籍 7859 种 12331 册 / 件（其中契约 7788 种 12045 件、古籍 71 种 286 册），地方文献接受捐赠 255 种 1036 册、购买 1176 种 11813 册，少数民族语文接收中文采编部转入新书 5593 种 13383 册、期刊 174 种 8378 册，敦煌文献采访书刊 281 种 513 册，金石拓片采访 533 种 716 件，舆图方面中文地图 1518 种 3937 件、西文地图 103 种 136 件、俄文地图 112 种 112 件、日文地图 268 种 276 件、老照片 25 种 533 件、接受中文采编部转来明信片 6 种 6 件。

（四）缩微文献

全国图书馆文献缩微复制中心各成员馆全年共拍摄民国图书 959250 拍，民国期刊 50724 拍，善本古籍 130271 拍，中华人民共和国成立初期中文报纸 73911 拍，现报 430575 拍，共计 1644731 拍。其中国家图书馆完成拍摄民国图书 837034 拍，民国期刊 50724 拍，善本古籍 100257

拍，中华人民共和国成立初期中文报纸 73911 拍，现报 163265 拍，共计 1225191 拍。完成珍贵文献数字资源转换缩微胶片 714222 拍，其中国家图书馆转换馆藏地方志及美国哈佛燕京藏中文善本黑白胶片 620679 拍。完成母片拷底 9989 卷，拷贝 13101 卷。

（五）数字资源

截至 2017 年底，国家图书馆外购中文数据库 127 个，较 2016 年增加 0.8%，包括中文少儿数据库 12 个、残疾人数据库 3 个；其中 74 个数据库获得馆外访问授权，较 2016 年减少 3.9%。中文数据库包含的文献数量：中文期刊 2.1 万余种（经查重），中文图书 505383 种 986127 册，中文报纸 2300 种（未查重），中文学位论文 614.5 万篇，中文会议论文 616 万篇，国家标准 59149 条，行业标准 27695 条，专题节目 21300 小时，学术性报告 68040 场，多媒体课程 15036.28 学时，少儿多媒体教学课件 51054 个，音乐 50 万首，语言 55942 集，舞台艺术 1100 部 /3000 小时，工具书 13154 册（未查重），年鉴 32933 册 / 卷，图片 57.4 万张。

（六）其他资源建设

1. 学术讲座资源

完成讲座拍摄、视频编辑及资料数字化加工 125 场，文津经典诵读诗词音频制作 365 首。

2. 移动服务资源

完成“掌上国图”手机特色资源建设，建设视频讲座资源 453 场、学位论文数据 6659 条。完成手机门户 4 期、移动阅读平台 24 期专题建设。续订“读览天下期刊”“手机知网”数据库；续订云图数字有声图书馆中电子有声读物版权过期的听书资源。引入诚品读库、中数图、阅文集团三家资源商电子图书资源，裸数据 3592 册、数据库 47613 册。

3. 网络信息采集

围绕国家图书馆的主要职能和信息文献保存与服务需要，通过先进技术手段对我国政治、经济、文化、社会、生态环境等领域完整的、具有重大保存价值的网络资源进行全面和重点采集。同时，以国际重要组织机构、国外主要国家和周边国家的官方网站为主，对其公开发布的重要文件和资料进行重点采集与有序保存。截至 2017 年底，全年共采集不同领域网络专题 37 个，其中以“一带一路”“大众创业　万众创新”“精准扶贫”为主题建设重点专题资源库，并完成资源库页面设计和功能开发。采集重要国内网站 1086 个、国外网站 1298 个，与全国人大图书馆合作采集地（市）级以上人大网站 348 个，资源量达到 61.32TB。对国际政府机构公开发布的 OA 资源进行采集，完成 27 个机构共 43 个资源的采集任务。

4. 公开课资源建设

为满足公众对高质量教育资源的需求，进一步丰富国图公开课资源内容，开展公开课视频资源的加工制作，完成 100 场图书鉴赏和 100 场讲坛精加工视频资源建设。以传播中华优秀传统文化为目标，调动多学科领域顶级专家资源，结合国家图书馆影视拍摄制作力量，策划、拍摄、制作 86 期节目。其中：专题课程类节目 52 期，包括舞蹈、书法、绘画、戏曲、建筑、《诗经》等内容；“馆员课堂——世界图书馆馆长访谈”系列 5 期；读书推荐节目 29 期。

5. 中华传统文化百部经典拍摄

以中华优秀传统典籍为依托，结合《中华优秀传统文化百部经典》编纂项目，开展“中华传统文化百部经典”系列专题公开课拍摄，搭建传统典籍与大众之间的桥梁，凸显中华优秀传统文化的价值。本年度完成拍摄、制作《论语》《管子》两场公开课，时长累计 193 分钟，容量 17.6GB。

6. 新媒体资源建设

积极利用现代信息技术，为社会公众提供信息服务，完成自有版权新媒体图文资源加工 4305 条 / 期 / 本，其中文化播报资讯 3375 条、专题导读 10 期、书刊推荐 720 本、书画鉴赏图文信息 200 条。完成新媒体资源视频转制 72 场。

7. 记忆资源

中国记忆项目自建口述史料、影像史料等记忆资源约 380 小时。

二、文献信息组织

（一）中文文献

1. 中文图书

制作中文图书书目数据 234203 条，较 2016 年减少 2.71%。其中：普通图书书目数据 205749 条，较 2016 年增加 0.88%；少儿图书书目数据 28346 条，较 2016 年减少 22.94%；民国图书编目 108 条。新建名称规范数据 114862 条，完成规范数据与书目数据的同步挂接。新建中文标准篇名数据 1208 条，维护中文标准篇名数据 1253 条。中文图书加工 892533 册（含光盘），较 2016 年减少 4.76%。

2. 学位论文

学位论文编目加工 184283 种，较 2016 年减少 1.4%。其中，博士论文 47786 种，博士后报告 6497 种，硕士论文 130000 种。

3. 台港澳文献

图书编目加工 19733 种 / 册，较 2016 年种数减少 1.37%；制作图书书目数据 19959 条，较 2016 年减少 1.90%；期刊编目 68 种。

4. 中文期刊报纸

新编期刊书目数据 223 条，报纸书目数据 29 条。中文期刊加工 530812 册，中文报纸加工 582222 期。

5. 音像制品和电子出版物

登记加工 12832 种 28881 盘，较 2016 年种数减少 8.5%，盘数减少 16.1%；编目入库（含少儿，不含复本、附件）10685 种 23139 盘，较 2016 年种数减少 8.4%，盘数增加 6.4%；制作书目数据 10720 条，较 2016 年减少 10.8%。

6. 缩微文献

制作缩微品拷底片书目数据9015条，缩微品拷贝片书目数据7537条，馆藏挂接57257卷，维护书目数据37164条。

7. 中文资料

非正式出版文献编目加工7669种，较2016年减少1.55%。存疑文献编目加工727种，较2016年增加16.88%。

（二）外文文献

1. 西文文献

编目加工西文图书50870种52822册，较2016年种数增加1.95%；缩微平片4843种，较2016年增加10.65%；缩微胶卷29种327卷。

2. 东文文献

编目加工日文图书15302种15377册，较2016年种数减少16.7%；编目加工东文图书4623种4895册，较2016年种数减少1.26%（其中阿拉伯文图书1581种1821册、韩文图书1450种1457册、越南文图书513种531册、泰文图书360种360册、印地文图书719种726册）。

3. 俄文文献

编目加工图书7000种7000册，较2016年种数减少0.07%。

4. 国际组织与外国政府出版物

编目加工图书759种968册，期刊160册，缩微平片7787种21822片，光盘49种161盘，较2016年总册数减少9.7%。

5. 外文报刊

新编目外文期刊69种，外文报纸5种，实体连续性电子资源（CD-ROM)1种。新编外文连续出版物书目数量较2016年减少52种。

6. 外文实体音像电子资源

编目加工西文实体音像电子资源3265种3425盘，较2016年种数增加154.68%。

7. 书目数据回溯

外文实体音像电子资源书目数据回溯2532种。

（三）古籍文献

新采访文献绝大部分做到随采随编随入藏。开展未编文献的整理编目工作，普通古籍完成整理库内原遗漏编目文献48种，制作数据26条，补充复本22部；少数民族语文古籍编目1415条；对古籍馆无机读数据缩微品进行初步调查，完成CBM卡片录入、制作书目数据382条；开展已建数据库数据的维护、整合工作，删除普通古籍提善书已编数据2010条。

（四）数字资源

1. 元数据仓储

接收外购数据库元数据 60 余批次，约 4200 万条，其中包含“中国期刊全文数据库（清华同方知网）”“维普中文科技期刊数据库”“龙源期刊网”“万方数字化期刊”“网上报告厅”等外购数据库元数据。对各类数据进行核查、登记、存储并更新映射规则，针对存在的问题及时进行反馈、沟通解决，并将符合发布要求的元数据提交给文津搜索等系统进行资源整合发布。

2. 数字馆藏元数据改造

加强基础数据的标准化，延续开展馆藏中文数字资源元数据改造工作，重点对馆藏再造的中文数字资源进行改造。结合数字化资源的特点和著录需要，在套用原实体馆藏 CNMARC 记录的基础上，根据中国机读目录格式的相关规定进行元数据改造。全年共完成元数据改造 20 余万条。同时，为便于今后元数据建设工作的组织和开展，在参考相关国家标准、文化行业标准等资料的基础上，撰写《国家图书馆原生性中文数字馆藏元数据著录规范》与《国家图书馆实体馆藏再建中文数字资源元数据著录规范》，以更好地推进全馆数字资源一体化建设。

3. 数字资源门户系统（Metalib）和开放链接系统（SFX）管理更新

Metalib 中完成新购中外文商业数据库的编目、整合、加工、发布 12 个，修改数据库设置 70 个，累计维护数字资源列表 129 次。向 SFX 中添加外购数据库，梳理添加流程和问题反馈机制。修改电子期刊 2029 册，激活外购数据库 Target 2 个，更新电子期刊数据库的期刊列表 5 个。

4. 国图公开课关联数据加工

更新、维护国图公开课关联数据加工系统，增加 ID 搜索 API 接口，优化可视化模块。开放接口为国图公开课系统提供数据支持；跟进国内外相关研究进展，撰写国图公开课关联数据加工二期建设方案。

5. 重点网络专题库建设

本年度完成“一带一路”专题网络资源库、“双创”专题网络资源库、“精准扶贫”专题网络资源库专题采集。“一带一路”专题资源库采集“丝绸之路经济带”和“21 世纪海上丝绸之路”相关的政策文件、重要会议、重点工程、历史人物、历史事件等，采集范围涉及政治、经济、外交、电力、运输等重点领域，共采集资源 1807 条，搭建全新的资源展示与服务平台，利用互动地图、时间轴、分类导引等形式提升资源的揭示和发现力度。“双创”专题资源库采集中央及地方颁布的相关政策文件、省市实践成果、会议，人物等资源 1446 条，“扶贫”专题资源库采集重要会议、讲话、重点工程、政策文件、地方治贫方式、典型成果和人物、相关研究解读等数据 1437 条。数据总量 48.24TB。

三、文献信息保存与保护

（一）数字信息保存与保护

1. 自建数字资源入藏

2017 年，自建数字资源典藏库房入藏光盘 19649 盘，包括中文现代文献入藏光盘 6000 盘、民国文献 6196 盘、善本古籍 5752 盘、音视频资源 1277 盘、其他资源 424 盘，其中善本古籍类资源光盘入藏量较 2016 年减少 83.27%，中文现代文献光盘入藏量减少 44.25%，民国文献类光盘增加 435.99%，其余类别光盘入藏量变化幅度不大。

开展自建数字资源库房定期巡检，做好数字资源库房管理系统的管理和数据维护。完成入库光盘基础信息系统填报审批，根据库房管理系统的预警提示，对入库满三年的光盘按照总量 1% 的比例进行质检，合计完成质检 63 个项目 690 张光盘。

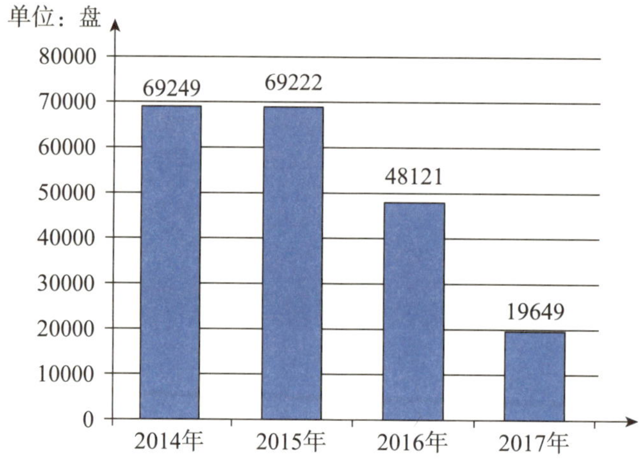

国家图书馆 2014—2017 年自建数字资源光盘入藏量对比

2. 数字资源长期保存

2017 年，完成网络资源长期保存 23TB。触摸屏电子报纸资源备份 1.9TB。完成 150 种电子期刊、1200 本新书推荐、50 场学术讲坛视频、100 张老照片、50 张年画、8 场古籍珍品 flash 视频、2 册民国书刊、第十二届文津图书奖展示页面的数据硬盘备份，共计 380GB。完成中文图书、博士论文、数字善本、数字家谱、国际敦煌项目（IDP）数据、触屏报纸、民国期刊、网页采集、自建音视频等共计 9 大类、120923 册，音视频文件 9626 个，数字资源长期保存 16458107 页、124.37TB。截至 2017 年底，国家图书馆长期保存数字资源总量达到 1532.76TB。

长期保存数据安全性检查采用效率较高的全盘检查方式，对所有保存有数据的磁带介质进行检查。全年共完成 772 盘次的检查，数据检查结果均正常，没有发现损坏数据，全面保障长期保存数据的安全性和磁带介质的健康性。

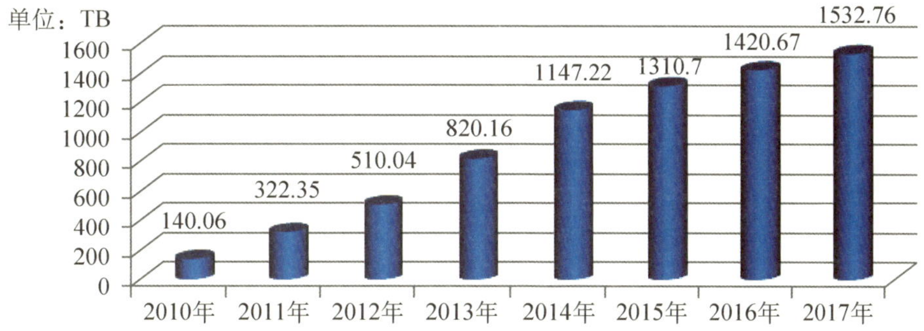

国家图书馆长期保存数据总量历年增长情况

（二）文献修复与保护

1. 文献修复

完成馆藏善本等各类文献修复 2949 册，为 260 种文献制作修复档案，拍摄修复照片 1000 余张；继续履行国家级古籍修复中心职责，协助各收藏单位开展文献修复，为地质图书馆、鲁迅博物馆完成扇面、古籍等文献修复 122 册 / 件，与清华大学图书馆就契约文书修复进行前期联系、沟通。完成“古籍保护修复档案记录规范”“文献修复用纸选配规范”两项标准主体设计工作，初步开展文献修复工作桌面式及头戴式影像记录系统的预研工作。注重发挥修复人才的优势，参与多项培训教学工作：1 人作为指导老师参与广东省第三期档案保护技术培训班相关工作，时长 3 周；3 人在首都联合职工大学国图分校开设的“文物鉴定与修复专业”以及“文化部老年大学培训班”古籍修复、书画装裱课程中承担 150 余学时的教学工作。此外，还以联合办学的方式，为中国社会科学院研究生院 3 名学员进行理论教学和实践指导，历时 2 个月；为山西省平定县档案局培训古籍修复人员 1 名，时长 3 个月；为中医科学研究院图书馆培训古籍人员 4 名，总计时长 1 个月。出版《国家图书馆藏西域文献的修复》，展示国家图书馆在保护珍贵文献方面取得的成果。

2. 文献保护

开展实验室认可工作（CNAS）的准备工作，组织参加 6 月底 CNAS 举办的相关培训；完成古籍装具行业标准研究的结项，完成《文献保护中英双解词语手册》校对；检测装具样品 14 个，冷冻文献 96 批次 897 箱；完成馆藏古籍及特藏文献装具需求调研，并制定 3 年规划；制作近万个普通古籍、民文古籍装具；制作 10 个金石裱轴书柜。完成温湿度监测系统二期建设与调试工作，极大改善国家图书馆各重点库房及典籍博物馆各展室温湿度的检测手段。提交全馆各书库月度温湿度、虫害检测报告，并根据库房情况及时提出改进建议；提交半年及全年有害气体检测报告各一份。与西什库小学组织开展 1 次科技周活动。

3 月，启动 2006—2011 年出版的期刊外迁工作，将文献搬迁至北京市顺义区天竺地区盛世通物流空港周转库房暂存。相关部门高度重视此项工作，组织专人分别负责登记、装箱、押运、接收入库等工作。搬迁期间，每次运输文献 2 车，每车 300 箱，全天入库 600 箱左右。从 3 月 1—29 日，历时 29 天，搬迁中文期刊 142636 册 5262 箱，西文期刊 1144 册 23 箱。

调整缩微文献库房，扎实推进库房规范化管理。完成1200种古籍馆移交缩微胶片核查工作。完成库房标签管理标准化项目工作，定期进行库房安全、环境检测及母片监测工作，确保缩微文献安全存藏。开展净化冲洗废液的研究，对废液成分进行分析测试，并按照测试结果进行市场调研，选择离子交换树脂法作为净化冲洗废液的解决方案。深入开展缩微胶片保存保护研究，对成员馆胶片发霉等问题及时给予指导解决。

年度掠影

【制订中文基藏本补藏计划　协助建设视听服务中心】

为配合国家文献战略储备库项目，2017年开展中文基藏本补藏工作。通过比对中文保存本与基藏本的馆藏数据，筛查整理中文图书基藏本缺藏目录41万余种，中华人民共和国成立后中文期刊基藏本缺藏目录1.8万余种约32万余期。经过全面的调研和分析，拟定中文基藏本补藏计划。

为保证国家图书馆视听服务中心如期开放，组织人员对基藏本3350种5109册图书进行馆藏信息修改，补藏相关图书2207种，补藏音像电子出版物1037种4105盘。

【配合国务院教育督导委员会抽检博士学位论文】

国家图书馆学位论文收藏中心是国务院学位委员会指定的全国唯一负责全面收藏和整理我国学位论文的专门机构，其博士学位论文收藏数量以及学科专业覆盖面在国内首屈一指，是国家博士学位论文最终保障基地。根据《教育督导条例》（国务院令第624号）和《博士硕士学位论文抽检办法》（学位〔2014〕5号）有关要求，为保证博士生培养质量，国务院教育督导委员会办公室决定2017年度抽检的博士学位论文继续从国家图书馆调用。按照国务院教育督导办6月1日函件要求，国家图书馆学位论文收藏中心对分散在采访、编目、待装订库房、外包及保密等多环节工作流程中的博士学位论文逐一筛查，共提取博士论文6542种，经数字资源部进行数字化扫描制作成电子文档，按照要求提交国务院教育督导办，圆满完成相关工作。

【中文引进数据库使用统计】

中文数据库的使用统计数据均直接或间接由数据库商提供，按获取方式可分为厂商提供、自查远程服务器、自查本地服务器三种。截至2017年底，国家图书馆有一定使用时间的中文数据库129个。其中：无法统计使用情况的有23个，占数据库总量的17.8%；可直接或间接获取统计数据的数据库有106个，占数据库总量的82.2%。具体包括：由厂商统计汇总形成最终数据，以Excel、Word等文件通过邮件提交的（即厂商提供）有41个；工作人员登录数据库商远程服务器统计系统，自行统计汇总形成最终数据的（即自查远程服务器）有16个；工作人员登录数据库本地镜像服务器统计系统，自行统计汇总形成最终数据的（即自查本地服务器）有49个。同2016年相比可获取统计数据的数据库增加6%。

【加大中文商业数据库元数据收集力度】

通过查询商购数据库的合同协议、核对以往的数据提交情况，对中文商购数据库以及推广工程商购数据库的元数据收集工作进行梳理汇总，包括已提交元数据数据库的合同约定情况、更新频率、最新数据时期以及未提交元数据的原因统计等。按照工作规范以及约定的提交周期，与数据库商沟通数据更新事宜，对于后续数据问题及时沟通解决。截至2017年底，本年度共获取53批次中文商业数据库元数据，共计42612535条，总量较2016年减少28%。共收集数据库的元数据81个，占中文商业数据库总量的64.6%，其中：全文型数据库47个，数值事实型数据库20个，多媒体型数据库14个。中文商业数据库的元数据是图书馆开展资源整合的基础数据之一，元数据收集工作为国家图书馆的资源建设、数据整合与读者服务提供有力的数据保障。

【召开中文名称规范联合协调委员会第十五次会议】

11月9—11日，中文名称规范联合协调委员会第十五次会议在澳门大学伍宜孙图书馆举行。来自国家图书馆、中国高等教育文献保障系统（CALIS）、香港中文大学图书馆、香港教育大学图书馆、澳门大学图书馆、澳门科技大学图书馆、澳门特区政府文化局公共图书馆管理厅的代表参会。与会者围绕各自一年来的工作进展、规范数据的共建共享、新的编目规则的应用、名称规范的发展方向等问题展开讨论。在过去，名称规范主要应用于传统的纸质文献检索。在数字环境下，其应用场景拓展到资源建设、版权筛查、资源整合和关联等方面。中文名称规范联合协调委员会以会议和论坛等各种形式交流信息，沟通情况，讨论问题，为不同文化背景编目人员的业务探讨提供平台，不断协调规则，求同存异，加强中文名称规范数据的共享。

【开展全国县级公共图书馆业务调研并编撰基层公共图书馆基本藏书推荐目录】

2017年，配合中国图书馆学会开展全国县级公共图书馆采编业务调研，通过深入了解县级图书馆采编基础业务的开展、馆藏资源建设情况、业务人员配备、配套采访经费、管理运行机制等情况，进一步全面掌握我国县级图书馆采编业务现状，分析发展面临的问题，提出思考。同时，为进一步完善县级图书馆的藏书体系，加强其文献资源建设质量，优化其馆藏结构，推动引领阅读、推广阅读、倡导阅读的广泛开展，在县级公共图书馆调研的基础上，编撰2016年县级公共图书馆基本藏书推荐目录，旨在为县级公共图书馆采购配书时起到参考作用。目录的编制遵循可读性、普及性、经济性、可供性原则，共遴选2016年出版的中文普通图书5000种。

【中国国家图书馆成为RDA国家机构代表并正式采用RDA开展资源编目】

2017年，中国国家图书馆被选为RDA（资源描述和检索）亚洲地区国家机构代表，任期3年（2018—2020年）。RDA是用于创建图书馆和文化遗产资源元数据数据元素、指南和说明的数据包，根据用户导向的关联数据应用的国际性模型而精心设计，目前国际上多个国家图书馆参与研制。国家图书馆完成RDA的中文版翻译工作，并提出外文文献编目的本地化实施方案。鉴于此，RDA理事会希望中国国家图书馆成为亚洲地区的国家机构代表，从而参与RDA的管理工作。经申请，中国国家图书馆成为RDA国家机构代表。说明中国国家图书馆的科研和标准化工作在国际编目领域引人注目，能够起到国家图书馆在国内的业务指导作用。并借此机会，加强与国际同行的联系，推动编目工作的国际化进程。

3 月，将《国家图书馆外文文献资源 RDA 本地政策声明暨书目记录操作细则》《国家图书馆外文采编部 RDA 本地化应用测试报告》《RDA 本地化实施技术需求》《RDA 本地化实施测试效果》等相关文件一并提交业务管理处以及馆编目工作委员会审核。同时，在 Aleph500 系统测试机进行两次本地化技术测试，均获得技术需求的正面支持。3 月 27 日，国家图书馆编目工作委员会批准采用 RDA 开展外文文献资源编目工作。此举标志 RDA 在国家图书馆正式实施。《国家图书馆外文文献资源 RDA 本地政策声明暨书目记录操作细则》作为馆级编目标准正式出版。RDA 在国家图书馆的正式实施具有重要的引领和示范作用，对未来 RDA 在我国图书馆界的普及与应用将产生重要影响。

【开展开放获取西文图书建设调研工作】

为了适应新的出版形势，为业务转型做好准备，完成《外文采编部关于开放获取西文图书馆藏建设的报告》。此项调研于 2017 年 4 月底截止，调研报告中总结近几年国外开放获取图书的发展情况，汇总各类型图书的出版模式、数量、版权和使用许可问题，讨论了国家图书馆参与开放获取图书建设的必要性、可行性和难点问题，最后提出具体实施方案。报告方案所述的开放获取图书的发布、检索和长期保存，涉及国家图书馆多个系统，需根据图书的格式和服务方式评估具体操作方式，建议参照中文图书、博士论文数字化加工规范，制定外文开放获取资源采集加工规范，时机成熟后即可实施。

【外文书目数据 RDA 化改造专项任务】

2017 年，开展承担外文书目数据 RDA 化改造专项任务，旨在以 RDA 标准完善外文规范检索点，特别是为中国经典作品和外国经典作品添加首选题名和中文翻译题名，以期实现相同作品不同语言版本的汇集及 OPAC 界面中外文书目数据库同步检索。以权威参考工具书为依据，按学科、人物调研馆藏中国经典作品外文书目数据的情况，汇总中国各领域知名人物的名称、规范形式、作品简介及馆藏数量等信息。此后，制定详细的工作规范和指南，对参与项目人员开展定向培训。本年度按照最新编目规则 RDA 完成中国经典作品各语种书目数据完善 11397 种。

【购进国外原版音乐黑胶唱片 15000 余张　研订《国家图书馆外文黑胶唱片编目指南》】

2017 年，购进国外原版音乐黑胶唱片 15000 余张。此次购进的黑胶唱片主要是 12 英寸 33 转的密纹唱片，于 20 世纪 50 年代至 70 年代由德、英、荷、法、美、意等国家制作发行，既有很高的欣赏价值，又有极其珍贵的保存价值。黑胶唱片作为一种特色资源，其编目加工有一定的特殊性，为保证资源揭示水平，外文采编部以此为契机深化有关音乐资源的编目研究，研订《国家图书馆外文黑胶唱片编目指南》。《指南》结合外文最新编目规则 RDA 及资源特点，规定书目记录编制的细则和馆藏、单册及加工处理细则，于 8 月提交业务管理处审核通过。《指南》的研订，为黑胶唱片的编目、加工提供业务指导，具有很强的实践性，为开展黑胶唱片长期编目和管理奠定基础，同时也为特殊资源编目规则的制定提供借鉴。全年完成编目加工并投入阅览室提供服务的黑胶唱片近4000盘。

【国家图书馆启动民国时期期刊补拍工作】

20世纪90年代初期，国家图书馆对馆藏民国时期期刊开展规模化缩微拍摄，以缩微卷片方式保存民国期刊4232种9258621拍，以缩微平片方式保存民国期刊3279种332188拍，基本完成馆藏民国期刊的缩微抢救，但尚有部分期刊遗漏。2017年，国家图书馆启动民国时期期刊补拍，使用16mm无孔银盐缩微胶片以2B方式双画幅拍摄，每盘胶片长度30.5米，全年完成民国期刊缩微拍摄140种、50724拍。

【中国记忆项目开展口述史料、影像史料等记忆资源建设工作】

2017年，中国记忆项目继续开展记忆资源建设工作。开展东北抗联专题延续性资源建设，采集东北抗联战士赵一曼孙女陈红等人口述史料、影像资料约77小时。开展当代重要学者专题延续性资源建设，采集哲学家余敦康、作曲家王震亚、西夏学家史金波、植物学家朱英国、数学家丘成桐等学者口述史料137小时。开展中国图书馆界重要人物延续性资源自建与共建，采集国家图书馆老专家熊道光口述史料6小时，并就“国家图书馆总馆南区建成30周年”主题，采集吴良镛、黄克武、崔愷等建筑师以及谭祥金、黄俊贵、富平等国家图书馆相关亲历者口述史料约24小时；新疆维吾尔自治区图书馆、云南省图书馆、南京大学图书馆等共建单位已完成口述史资源采集，获得口述史料超过20小时。开展“我们的文字”、古籍修复等非遗专题延续性资源建设，采集程文、和国耀、杜伟生等传承人和非遗专家口述史料及相关项目影像资料约116小时。同时，完成328盘录音带保存级、服务级2种版本的数字化及数据加工。编制《中国记忆项目数字资源人物名称规范、地理信息规范表单》并数次修改完善，完成视频数据编目3000余条。

对作曲家王震亚先生进行口述史访问（当代重要学者专题资源建设项目）

【柴德赓《清代学术史讲稿》等重要学术手稿捐赠国家图书馆】

1月20日，苏州大学柴德赓研究所柴念东代表家属向国家图书馆捐赠柴德赓《清代学术史讲稿》《中国历史要籍介绍及选读》两部重要学术手稿。国家图书馆古籍馆副馆长陈红彦代表国图接受捐赠并向柴念东颁发捐赠证书，柴德赓之女柴令文、《光明日报》记者杜宇等见证捐赠过程。

柴德赓（1908—1970），字青峰，浙江诸暨人。著名史学家、教育家，陈垣入室弟子。民国时期曾任辅仁大学历史系教授、白沙女子师范学院教授。中华人民共和国成立后，历任北京师范大学历史系教授、江苏师范学院历史系教授等职。柴德赓致力于史学研究与教育事业近 40 年，其严谨的治学精神、卓越的学术成就令人景仰。20 世纪 40 年代，柴德赓曾在辅仁大学历史系开设、讲授过多门与史学有关的基础和专业课程，“清代学术史”乃其中之一。此次捐赠的《清代学术史讲稿》手稿为当时的讲义，它不但呈现了柴德赓考察清代学术史的整体视野，而且提要勾玄、旁及贯穿，将清代的学术史与清代的社会政治变迁、清代的史事与所身处的全民抗战时代相结合，充分继承陈垣先生读史、治史和用史的精神。柴德赓在北京师范大学及江苏师范学院都讲授过“中国历史要籍介绍及选读”课，深受学生欢迎。但由于各种原因，相关书稿直至 1982 年才由江苏师范学院历史系亲炙过其教诲的许春在、邱敏、胡天法完成整理出版，题名为《史籍举要》。后被列为高等院校文科教学参考书，并于 1987 年荣获“国家教委优秀教材”奖，在学术界影响广泛。此次捐赠的是柴德赓在北京师范大学的讲稿。

国家图书馆名家手稿文库已藏有 200 余种陈垣的著作手稿、抄稿及批校本，包括《通鉴胡注表微》《释氏疑年录》等重要手稿。柴德赓手稿的入藏，以另一种方式再续与陈垣的师生情谊。

【谢燕平女士向国家图书馆捐赠谢簃手稿书籍资料】

3 月 23 日，谢簃手稿书籍捐赠仪式在国家图书馆举行。谢燕平女士向国家图书馆无偿捐赠谢簃先生手稿、书籍、照片资料，共计 27 种 67 册 / 件。国家图书馆副馆长张志清代表国家图书馆接受捐赠并向谢燕平女士颁发捐赠证书，捐赠仪式由国家图书馆古籍馆副馆长陈红彦主持。谢燕平之子陈峥先生也专程从美国回国参加仪式。

谢簃（1919—2006），物理学家、教育家。出生于北京，1937 年进入辅仁大学学习，1942 年 7 月本科毕业进入辅仁大学物理研究所做研究生。1946 年 5 月到解放区参加革命工作，先后在晋冀鲁豫边区北方大学工学院和华北大学工学院任教。1982 年 7 月任北京工业学院（北京理工大学前身）院长。他主持了多项不同型号的火箭、导弹的研究工作，在缺乏资料和经验的情况下，克服困难，研制出我国自己的导弹，是我国导弹制造的先驱者之一，为我国国防教育事业做出卓越贡献。此次捐赠文献包含谢簃先生辅仁大学本科毕业论文 Study of

谢燕平女士向国家图书馆捐赠谢簃手稿书籍资料

The Performance of A Vacuum Tube Sweep Circuit，解放战争时期编撰的《物理讲义》手稿和翻译的《膛外弹道学》《炮弹》等重要兵工文献，以及北京工业学院校长任命书、中国兵工学会第一届学术年会出席证等珍贵历史档案资料，文献时间跨度大且具有代表性。尤其是解放战争时期的文献，是谢簃放弃优渥生活，在艰苦的条件和对敌斗争的恶劣环境中，默默耕耘于国防兵工高等教育，支援解放战争，支援边区建设，为我国国防科技事业提供人才储备的重要见证。

【杨献珍手稿捐赠仪式举行】

6 月 9 日，杨献珍亲属杨力军、杨陆、杨黎虹女士向国家图书馆无偿捐赠杨献珍撰《党与阶级（群众）的关系》等手稿共计 126 种 126 册 / 叶。国家图书馆馆长韩永进代表国家图书馆接受捐赠并向捐赠者颁发捐赠证书，国家图书馆名誉馆长周和平出席捐赠仪式。捐赠仪式由国家图书馆古籍馆副馆长陈红彦主持，杨力军女士代表捐赠方发言，她回顾杨献珍手稿的整理过程，对手稿入藏国家图书馆感到欣慰。韩永进代表国家图书馆对杨老为研究、捍卫和宣传马克思主义做出不懈努力，在哲学、经济学、党的干部教育等领域取得的突出贡献表示崇高的敬意，对杨力军、杨陆、杨黎虹女士的捐赠表示衷心感谢。周和平在讲话中回顾杨献珍珍贵手稿入藏国家图书馆前前后后的过程，对国家图书馆名家手稿、革命文献工作给予高度评价，并希望捐赠者能够继续与国家图书馆合作，未来能有更多珍贵文献入藏。

杨献珍（1896—1992），原名杨奎廷，湖北郧县人，当代中国马克思主义哲学家、理论家、教育家，为研究、捍卫和宣传马克思主义做出了不懈努力，在哲学、经济学、党的干部教育等领域都有深刻见解和突出贡献。著有《论敌后抗日根据地的社会性质》《什么是唯物主义》《论党性》等。此次捐赠的杨献珍手稿包括研究马克思主义哲学的文稿、札记，与党校教学有关的讲稿、资料，政治运动中的个人交代材料等，其中还包括大量从未公开发表的珍贵文稿。这批珍贵文献集中反映作者的辩证唯物主义哲学思想体系和坚持真理实事求是的共产主义信念，也记录了作者的坎坷命运与当代中国哲学的发展波折，兼具史料价值与文献价值。

杨献珍手稿捐赠仪式

【都中谋先生捐赠珍贵西文善本】

6 月 12 日，台湾藏书家都中谋向国家图书馆无偿捐赠 1622 年首版《亨利七世国王本纪》等珍贵西文善本共计 4 种 4 册。国家图书馆古籍馆副馆长陈红彦主持仪式，国家图书馆副馆长张志清代表国家图书馆接受捐赠并向捐赠者颁发捐赠证书，台港澳交流处处长张煦、业务管理处处长毛雅君、外文采编部主任顾犇等出席仪式。

都中谋及其家族长期关注西文善本购藏，所藏西文善本几乎囊括 300 年来西方出版史上最重要的典籍，其中不乏存世稀罕的摇篮本。2014 年 7 月，都中谋着手整理家藏西文善本书目，曾有意转让部分西文贵重书，囿于国家图书馆每年征集经费有限，未能采买。2017 年 3 月初，都中谋与国家图书馆古籍馆联系，希望顺访国家图书馆。经台港澳交流处沟通协调、古籍馆精心安排，都中谋决定向国家图书馆捐赠 4 部珍贵西文善本。捐赠仪式上，都中谋首先介绍其藏书情况，回顾与国家图书馆沟通的历程，对国家图书馆工作人员表示感谢，对其珍藏古籍入藏国家图书馆感到欣慰，同时表达希望将家藏珍贵西文善本寄存国家图书馆，寄存期间提供读者服务、数字化、出版、传播，发挥其功用的愿望。张志清代表国家图书馆对都中谋的捐赠表示感谢，并表达与捐赠者继续合作的愿望。

【司徒乔家书暨夫人冯伊湄《劫后行》手稿捐赠仪式举办】

6 月 20 日上午，司徒乔家书暨夫人冯伊湄《劫后行》手稿捐赠仪式在国家图书馆举行，司徒双女士向国家图书馆捐赠司徒乔、冯伊湄手稿 2 种 239 叶。国家图书馆副馆长孙一钢接受捐赠并向捐赠者颁发捐赠证书及赠送礼品，司徒双女士与孙一钢分别致辞。司徒双女士亲友、同学、同事及学生等 40 余人出席捐赠仪式。与会嘉宾就司徒乔夫妇的艺术生涯进行研讨，对司徒乔夫妇的艺术创作和社会活动给予高度评价。

司徒乔家书暨夫人冯伊湄《劫后行》手稿捐赠仪式

司徒乔（1902—1958），广东开平人，中国现代著名现实主义画家，毕生致力于通过艺术创作反映社会现实与人民疾苦。早期画作《五个警察一个〇》《馒头店门前》为鲁迅先生珍藏，代表画作有《义民图》《放下你的鞭子》《三个老华工》等。1950年后任中央美术学院教授。冯伊湄（1908—1976），广东惠州人，画家、散文家，1931年与司徒乔结为伉俪。本次捐赠的两种文献，一是1950年司徒乔先生在美国治病期间给长女司徒圆的家书，这封长达10叶的信是难得一见的画家的文字手稿；一是冯伊湄女士写于1946年的《劫后行》书稿，书稿共200余页，保存完好。1946年，冯伊湄陪同司徒乔赴粤、桂、湘、鄂、豫五省进行战后灾情考察，以途中见闻为素材，创作纪实文学作品《劫后行》，记录抗日战争结束后中国社会面貌与民间疾苦，字里行间凝结作者的深沉寄托和时代的悲情之声，是一份兼具文学价值和史料价值的珍贵历史文献。

【药物化学家谢晶曦先生向国家图书馆捐赠手稿】

6月20日，93岁高龄的药物化学家谢晶曦先生向国家图书馆捐赠其所著《山莨菪碱（654）及消旋山莨菪碱（654-2）技术资料》等手稿资料共计148种226册/件。

谢晶曦，江苏无锡人，中国医学科学院药物研究所教授，主要从事天然药物化学合成工作。其突出贡献在于研发了3种我国独创新药：治疗微循环障碍性疾病的消旋山莨菪碱、抗肝炎药联苯双酯以及抗胆碱能阻滞剂樟柳碱，前二者已载入我国药典。1999年，谢晶曦获中国药学发展奖（药物化学奖）。谢老亲自按论著、札记、讲义手稿以及友朋书信、个人简历等分类整理了捐赠文献。其中《混旋体消旋山莨菪碱（代号654−2）合成AT−2的途径》《新药樟柳碱（代号703）素材》《新药樟柳碱技术鉴定会上化学研究部分》《联苯化合物及其有关立体化学》等手稿尤为重要，是与上述3种新药研制相关的原始材料。

此次捐赠文献数量大，内容完整，涵盖谢老科研经历的各个重要方面，是国家图书馆名家手稿文库继杨先健工程手稿资料之后，征集到的又一套系统完整的科学家手稿档案资料。

服务工作

- 立法决策服务
- 重点教育科研和生产单位的信息服务
- 社会公众服务
- 业界服务
- 年度掠影

服务工作

一、立法决策服务

（一）基础业务建设

1. 专藏文献建设

法律参考阅览室完成室藏文献的接收工作，全年共接收中文图书563种563册，中文期刊946册，外文图书4046种4171册，外文期刊1352册，光盘33张。完成室藏2013年度西文图书（共计5359册含光盘73张）的下架、退库、数据报文修改工作。完成室藏2014年度日文图书（401册）、俄文图书（1159册另光盘4张）的下架、退库、数据报文修改工作。

海外中国问题研究资料中心（中国学阅览室）全年共接收中文图书184种184册，外文图书2175种2412册，外文期刊623册（新增外文期刊1种），光盘19张。剔除外文图书2873种2977册，外文期刊11册。截至2017年底，室藏中文图书2359种2394册，外文图书38458种40231册，外文期刊168种3148册，室藏文献总量为40985种45773册。全年中文图书流通625册次，外文图书流通7131册次，外文期刊流通618册次，合计8371册次；接待读者3147人、4574人次。

2. 咨询档案整理

结合馆史项目“国家图书馆立法决策服务工作史资料征集、整理与研究”课题，进一步完成咨询档案、书目档案的整理、数字化工作。完成《国家图书馆参考工作档案汇编》（1960—2016），汇编涵盖国家图书馆上启1949年下至2016年期间的参考工作档案，总计9000件，装订91册，累计约40000页；同时辅以《〈国家图书馆参考工作档案汇编〉目录》（1960—1997）和《〈国家图书馆参考工作档案汇编〉目录》（1998—2016）3册。结合全国政协办公厅秘书局以及全国人大法工委来访和调研，完成立法决策服务产品的遴选、整理工作，进一步补充、完善历史档案资料。以立法决策服务机构知识库为依托，推动立法决策服务历史咨询档案、历史工作档案的回溯与整理工作。

3. 专题数字资源建设

完成国家图书馆立法决策服务平台、国家图书馆部委分馆内网平台、全国最高人民法院分馆平台——国家图书馆人民法院分馆平台、国家图书馆立法舆情监控平台、部级领导干部历史文化讲座视频网站、中华人民共和国法律法规信息服务系统、海外中国学研究资料中心网站、中法中国研究信息资源网站、全国省级公共图书馆决策咨询服务协作平台等专题数字平台的维护与更新建设，新增特殊群体帮教阅读平台。

完成各国议会数据库、国际组织数据库、民国法律法规数据库、世界遗产数据库、省情概况数据库、国情概况数据库、国际关系史图文库、新书推荐、部级领导干部历史文化讲座视频库等专题库的维护与更新建设。

4. 基础业务应用系统建设

继续推动立法决策服务机构知识库建设，根据业务需求，对机构知识库的运行服务情况进行追踪调研，维护系统的正常运行。

（二）重点服务项目

1. 国家立法决策服务

2017 年，继续为党和国家领导人、全国人大、国务院所属部委、全国政协、最高人民法院、最高人民检察院以及中央军委所属机构提供立法与决策咨询服务。全年累计完成各类咨询总计 1637 件，立法决策咨询服务的影响力不断扩大。编制经济、文化、外交、国防、民政、海外智库、综合等领域的各类专报 10 余种，共计 714 期。

2. “两会”服务

2017 年“两会”期间，编制“两会”专题资料，共 27 个专题、1565 篇文章；编制“两会”专题文献信息专报，共涉及 6 个主题、近 5 万字；提供《“两会”境外媒体信息专报》，总计报送 44 期、562 条信息；提供《微博舆情跟踪》，总计报送 14 期、265 条信息；提供《微信舆情监测》，报送 14 期、168 条信息；完成 4 个专题的定题舆情报送工作。会议期间，国家图书馆“两会”服务平台访问 89 次，上传文件 800 篇；接待委员到馆参观 2 人次。

3. “5・23 项目”

根据中央某机构“三服务”工作指示，2017 年度国家图书馆在策划并组织实施“5・23 平台”项目的基础上，继续根据用户要求，完成该数字图书服务平台的资源加工及发布工作。截至 2017 年 12 月底，共更新上线扫描图书 2095 册，集成人民出版社图书 304 册，并实现统一检索；完成平台栏目“每月新书目”的更新，共推荐书目信息 3264 条。

4. 重点用户服务

本年度继续提供有深度、有内容、有见解的决策咨询服务产品，实现通过专题咨询创立品牌服务的工作目标，保证决策服务的针对性、前瞻性、专业性，提升应对重大咨询任务的沟通策略、协作机制与分工模式：举办与中央某机构的“7・19”座谈会，承接“共产党人保护优秀传统文化”“金砖国家与厦门、福建的故事”“南京大屠杀相关资料”“苏北地区相关资料”等多项咨询任务；完成国务院相关机构委托的《基本国情冉认识与对未来发展的新建议》《从“参与”到“引领”：中国在联合国及其相关组织的人员状况及对策建议》2 份专题报告；完成国务院法制办“《行政法规制定程序条例》修订重点问题相关资料”等 5 个专题咨询，介入立法前调研和评估工作中，为我国出台相关立法提供有益借鉴。

与国家食品药品监督总局开展的“食品药品安全决策信息研究”专题合作进入第 5 年。经过前期探索与磨合，形成“坚持每月例会，专注特色选题，组稿方式多样”的运行机制。2017 年，共完成《决策参考》专题信息专报 18 期 18 万字，并对 2013 年合作以来所有的研究成果进行梳理、遴选和整合，编制 2 个读本共计 54 万字资料。专题已完成第三期合作计划，在双方的共同努力下，项目进展顺利，从选题、内容编排到品牌效应，都取得一定成绩，为该局领导、各司局和全系统制定食药监管政策和法律法规提供重要参考。

面向全国政协的服务进一步深化，特别是围绕政协“双周会”议题以及专题调研，提供文献综述、参阅资料、舆情监测等多种形式的全年跟踪服务，为全国政协更好地发挥参政议政作用提供强有力的文献信息支撑。

5. 部委分馆服务

2017年，国家图书馆在创新部委分馆服务方式方面做出新的有益尝试，并取得突出成果。新建“发改书吧”，增强创新能力。“发改书吧”是国家图书馆配合国家发展和改革委员会建设“两学一做”学习型机关打造的突出产品。“书吧”建设历时4个月，于9月1日正式揭牌。在建设过程中，国家图书馆积极参与、努力协调，完成前期的书吧设计、图书遴选工作，中期的专线连接、手机移动APP上线工作，以及后期的图书更新、数字资源维护等工作。“发改书吧”的建设与运行，形成良好的“书吧”效应，体现“小成本、大回报”“轻利益、重格局”的立法决策服务理念，成为宣传、展示国家图书馆立法决策服务工作的有力标杆，也为国家图书馆部委分馆服务提供新思维、新路径。

6. 立法决策服务平台的推广与服务

完善平台功能并日常维护。通过平台账号检测，利用后台统计模块进行实时监控，定期进行访问统计。2017年度访问量排名前五的机构用户分别是：中央编办分馆、水利部分馆、农业部分馆、民政部分馆、团中央分馆、全国政协。完成来自近百个IP网段、20家机构用户的日常访问、浏览与下载等平台维护工作。

新建2017年全国人大“两会”平台和全国政协“两会”平台，为全国人大、全国政协提供“两会”平台的加密访问方式，并为政协“两会”驻地IP授权；制定《“两会”文档上传规则》、修改文档《2017两会平台登录方式及内容介绍》；根据用户需求适时对平台进行栏目调整。

继续开展平台宣传推广，持续服务跟踪。按时推出《立法决策服务季刊》，及时向用户传递平台发展方向，推送最新的立法决策服务信息和动态。全年出版4期，总计31082字、图片81张。

7. 部级领导干部历史文化讲座

全年举办部长讲座12场，参加讲座的部级领导达1708人次。讲座已累计举办255场。完成全年讲座参考资料、活页文选、视频光盘的制作，引入“知识关联”概念对参考资料进行丰富。颁发2016年勤学奖，获奖人数同比增长10%，再创新高。举办部长讲座十五周年系列纪念活动，制作讲座十五周年宣传片、举办相关展览，并对稀缺档案进行整理。编辑出版《大国精神》《大国智慧》《大国价值》三卷本丛书，展现人文成果、弘扬核心价值。组织举办“部级领导干部历史文化讲座”2018年专家咨询会、三方协调会，邀请相关领域专家进行座谈并对选题发表意见，实现“精心选人、精心选题、精心服务”的工作目标。

8. 中国边疆文献研究中心建设

继续推进“中国边疆文献总库”相关专题资源库建设，对边疆文献进行数字化扫描加工，进一步完善两个子库“钓鱼岛数据库”和“南海专题数据库”建设，共计建设和发布边疆文献数据

521条。

配合完成《中国海疆珍贵历史文献丛刊》项目的前期调研、方案制订、专家论证会以及书目遴选等工作。

应中国现代国际关系研究院海洋研究所、南京大学中国南海研究协同创新中心、国家海洋局南海信息中心的需求，为其提供一站式海洋专题文献服务平台，全年新增数据8303条，累计20189条。

二、重点教育科研和生产单位的信息服务

2017年，完成社科类一般性咨询662件，同比减少23.47%；代检索课题243件，同比增长14.62%；馆藏复制证明和专题检索证明2358件，同比增长12.99%。完成科技咨询辅导性咨询1135件，同比减少58.38%；科技查新231件，同比减少16.00%；专题检索和事实查询89件，同比减少25.21%。完成论文收引查证业务3422件，同比减少2.87%。

完成竞争情报类咨询2463件次，其中中央国家机关1132件次，重点生产、科研教育单位1314件次，一般读者17件次。合作用户数量30个，其中中央国家机关4个，事业、科研、教育单位20个，企业用户6个。编制二、三次文献咨询件次占全年咨询件次比例为47%。完成《文化每日舆情摘报》《国家图书馆舆情专报》《国家博物馆年度媒体合作度分析报告》《公共文化服务保障法发布实施媒体传播情况分析》等综述报告571个，总字数达126万余字。协助文化部办公厅完成“文化领域舆情监测与分析”项目；配合文化部深入推进“两学一做”学习教育常态化、制度化，编辑完成《习近平关于文化工作重要论述摘编》（2017年版）。

馆际互借与文献传递系统共接收文献传递、馆际互借、国际互借（含借进借出）请求39338件，同比下降10.92%。处理BALIS文献传递请求1866件，同比增长178.92%；BALIS馆际互借请求7760件，同比增长22.49%。CALIS中心从2016年9月开始取消对文献传递申请的补贴政策，而BALIS系统对用户的文献传递补贴未变，故大部分北京地区高校选择BALIS系统提交申请，造成申请量大幅增长。满足OCLC借进请求433件，同比增长65.90%；满足OCLC借出请求984件，同比下降19.61%。接受党政军等特殊专题委托服务2件。

三、社会公众服务

（一）到馆读者服务

2017年全年共接待到馆读者5839292人次，较2016年增加3.54%。全馆流通书刊25557962册次，较2016年增加3.24%。各类咨询104.92万件，较2016年增加0.45%。其中一般咨询103.96万件，较2016年增加0.49%。访问国家图书馆网站91313.9万次，较2016年减少30.4%。网站月平均

访问量为7609.49万次，日平均访问量为250.18万次。

（二）参考咨询服务

1. 证卡办理服务

办证处总馆南、北区服务台及古籍馆办证处所提供的人工服务，共接待读者344914人次，较2016年减少3.23%。办理读者证卡共计37.61万个。其中：实体证卡21.40万个（包括人工服务新办、补办以及换卡3.22万个，自助办证充值机受理读者自助办理读者卡18.18万个），较2016年减少8.58%；虚拟办证（网络实名注册）16.21万个，较2016年减少40.76%。

2. 日常咨询服务

各服务点累计口头咨询207197人次，较2016年减少5.91%。OPAC机检59749人次，较2016年减少12.04%；现场代查11901人次，较2016年减少18.97%。呼叫中心接待读者总计42235人次，较2016年减少8.29%。其中提供语音服务18227人次，较2016年减少10.37%；人工解答24008人次，较2016年减少6.64%。处理有效邮件1114封，较2016年增加3.72%，其中553封有效邮件进行直接作答，561封有效邮件给其他相关部门进行转发处理。虚拟咨询共接收表单咨询1137人次，实时咨询2055人次，较2016年分别减少7.56%和17.73%。

3. 统一用户管理系统

截至2017年底，统一用户管理系统总注册人数为5042987人，其中实体卡注册读者2485734人，实名注册读者1508327人，非实名注册读者1048926人。与2016年相比，三种类型读者数量分别增长8.4%、12.2%、17.9%。继续做好读者权限管理工作，全年新增外购数据库8个。实体卡用户远程可访问资源185个，实名注册用户远程可访问资源72个，非实名注册用户可访问资源51个。

（三）文献阅览服务

2017年，各阅览服务点累计接待阅览读者3562205人次，外借读者396075人次，复制读者63970人次。与2016年相比，阅览读者增加2.46%，外借读者减少8.18%，复制读者减少34.66%。

1. 中文图书阅览区

截至2017年底，中文图书馆阅览区室藏总量为402322册/件，其中中文图书337205册、经典图书1605册、盲文图书3090册、工具书23253册、光盘37169册/件。全年接待读者2210267人次，较2016年增长2.8%。解答读者咨询552872次，接到读者书面表扬3封。全年接收新书169704种195190册，较2016年减少10.3%；剔除图书180819册，流通图书17563905册次。

2. 中文报刊阅览区

截至2017年底，中文报刊阅览区室藏文献总量为243641册，其中中文期刊8678种238421册、中文报纸250种5220册。全年接待读者226447人次。文献流通4009981册次，其中期刊3218426册次、报纸791555册次。接收文献89019册，其中期刊8678种87260册、报纸250种

1759 册、现报 53376 期。2015 年度文献下架 92774 册，其中期刊 9527 种 90780 册、报纸 269 种 1994 册。

3. 台港澳文献阅览室

截至 2017 年底，台港澳文献阅览室室藏文献总量为 63335 册 / 件，其中图书 34924 册、期刊 25063、光盘 3248 册 / 件，另有最近 1 年的台港澳报纸 100 种。全年接待读者 45130 人次，较 2016 年增长 11.4%；文献复制 4506 册，较 2016 年减少 4.1%。全年接收文献 23185 册，其中图书 17720 册、期刊 3878 册、报纸 737 册、光盘 850 册 / 件；剔除文献 21899 册，其中剔除图书 19184 册、报纸 1738 册、光盘 977 册 / 件。与此同时，继续推进文献揭示工作，开展每月台港澳书刊推介。配合馆方，开展台港澳文献读者服务层面的相关调研；为迎接党的十九大，配合中央电视台《辉煌中国》纪录片拍摄的相关文献提取与现场协调。

中文图书阅览区春节期间开展“灯谜过大年”活动

4. 学位论文阅览室

2017 年，学位论文阅览室进行室藏搬迁及服务地点变更调整。利用 2 个月时间，完成 800 平方米新阅览空间测量，硬件设施建设与拆修改造，近 12 万文献的系统处理与典藏规划，各类服务设施与服务流程的讨论与申报。总计拆装迁移论文双面架 78 组，安装办公电子设备 10 余套，办公家具及阅览桌椅 100 余件，依照“文献保有量最大化，读者服务空间最大化”的原则，科学有效地规划服务空间，力争给读者营造出服务体验一流的阅览环境。整个搬迁过程，读者服务未受影响，实现学位论文阅览室从南区到北区的顺利接轨。自 3 月 5 日起，服务地点变更至总馆北区四层西区。学位论文服务与学位论文库房同时搬迁，平稳过渡。全年接待读者 44945 人次，文献流通 13207 册次。

5. 外文文献阅览室

截至 2017 年底，外文文献第一阅览室室藏文献总量为 46244 册 / 件，其中西文社科图书 45492 册、西文工具书 609 册、光盘 143 册 / 件；外文文献第二阅览室室藏文献总量为 183578 册（件），其中西文科技图书 20881 册、西文期刊 162200 册、光盘 497 册 / 件；外文文献第三阅览室（国际赠书阅览室、日本出版物文库阅览室）室藏文献总量为 147201 册 / 件，其中东文图书 32355 册、东文期刊 88814 册、光盘 1273 册 / 件、国际赠书 7740 册、日本出版物文库图书 17019 册。3 个阅览室全年共接待读者 124131 人次，流通外文文献 157043 册次，一般性咨询 27882 件次，接收各类外文文献 107945 册。

为促进与各国的文化交流与合作，加强文明的相互尊重和理解，国家图书馆在外文文献阅览区域新设立国际赠书阅览室，阅览室位于总馆南区 D427 房间，室内藏有国家图书馆近年来接受的日本出版贩卖株式会社、岩波书店、歌德学院、阿拉伯国家联盟秘书处、沙特阿拉伯阿卜杜勒・阿齐兹国王图书馆、厄瓜多尔驻华使馆、哈萨克斯坦驻华使馆等多家国外机构捐赠的各类赠书近 1.9 万册，包括英文、德文、西班牙文、日文、俄文、哈萨克斯坦文、韩文、阿拉伯文在内的多个语种。阅览室内设立有日本出版物文库图书区、国际交换赠送图书区、岩波书店赠书专架、歌德学院赠书专架、厄瓜多尔驻华使馆赠书专架、哈萨克斯坦图书角等，向读者提供国际赠书阅览服务。

6. 数字共享空间

数字共享空间是国家数字图书馆公益性数字信息服务示范基地，为到馆读者提供馆藏数字文献与互联网信息服务、新媒体服务、残障人士特殊服务、展示体验服务以及用户信息素养培训等服务。2017 年接待读者 326790 人次，较 2016 年增加 6.9%。解答各类读者咨询 146728 条，答复读者信件及馆长信箱信件 21 件，接待各界参观来访与承担业务讲解 36 次。

7. 视听服务空间

视听服务空间依托馆藏资源优势，充分整合馆内多种载体视听资源，为到馆读者提供黑胶唱片欣赏、VCD/DVD 欣赏、CD 欣赏、在线视听资源欣赏以及视听相关纸本书刊欣赏服务。自 2017 年 9 月 9 日开展服务至 12 月底，视听服务空间接待到馆读者 16874 人次，借阅光盘 796 盘 / 张，纸本书刊流通 1300 册次。解答各类读者咨询约计 700 条，接待各界参观来访及展示 26 次。截至 12 月，共接收文献 1169 种 47969 册 / 件，其中纸本图书 10570 册、纸本期刊 59 种 990 册、实体盘片资源 36409 件。实体盘片资源中，黑胶唱片 2882 张、CD 33527 张。

8. 古籍馆专藏阅览室

古籍馆各阅览室全年接待读者 27659 人次，提取藏品 108517 册件，胶片还原、扫描、复制等 93953 拍 / 页，解答各类咨询 32143 件，接待有关专家借阅、复制北堂书等共计 10 余次。

（四）新媒体服务

1. 国家图书馆网站建设

2017 年，国家图书馆官方网站中英文主站共更新数据 1958 次 14181 条、发布页面 33200 个，PV（页面浏览量）总计 43513893 次，UV（网站独立访客）总计 5289198 人次。制作“2017 年 4・23 世界读书日”“第五届亚大国家图书馆馆长会议”等专题网站 24 个。12 月，国家图书馆官方网站获 2017 年度文化部网站绩效评估年度最佳奖与在线服务领先奖。

2. 数字电视和互联网电视服务

继续开展基于数字电视和互联网电视的数字图书馆资源建设与服务，推进与北京歌华有线公司的阵地服务，目前在北京地区已覆盖 490 万户家庭，比 2016 年增长 30 万户。

通过中国国际广播电台的 CIBN 互联网电视平台，以“国图公开课”专区的形式向海内外用户提供一站式文化资源服务，发布视频资源 320 场，覆盖国内 26 个省市的 8600 万用户，以及海外 171 个国家地区的 400 万用户。

3. 国家图书馆微博、微信服务

国家图书馆官方微博和官方微信加强读者互动，拓展微服务内容，扩大微服务影响力。截至 2017 年底，国家图书馆官方微博新增粉丝 19708 人，累积粉丝 224647 人；发布微博 2403 条；解答读者咨询 521 条，回复用户私信 452 条。配合“书春日”“赵城金藏寻根之旅”“跨越时空的交响：中英文学对话”等活动进行微博视频直播，累计 10.5 万人次阅读，用户转评 216 条；配合“馆长拜年”“世界读书日”“视听服务空间开放”等活动进行微博图文直播，累计 53 万人次阅读，转评赞 579 次。

国家图书馆官方微信用户总数 200864 人，新增用户 92315 人。全年发布微信图文信息 200 次 267 条，回复用户评论 3089 条，与用户互动 1066 次。策划实施“2016 年你读过最好的一本新书征文活动”“阅读 2016——微书评征集”等微活动，征集有效征文 40 余篇，书评 300 条。配合开展“经典重现——2017 年全国少儿诗词在线诵读”“第十二届文津图书奖最受读者欢迎图书投票”等微活动；完成“我的国图三十年”“毕业后，我的国图时光”“总馆南区开馆 30 周年纪念”等专题的话题策划与发布实施，吸引读者积极参与，获得广泛好评。2017 年 5 月，国家图书馆微信公众号获评第二届“大众喜爱的 50 个阅读微信公众号”。

典藏阅览部外文文献阅览组新浪微博账号“国图外文文献服务”共发布微博 951 条，其中原创微博 674 条。粉丝总数达到 2659 人，净增长 1665 人，总阅读量 1408943 次，主页访问量 12958 人次，微博内容被转发 1005 次，获得评论 345 条，点赞 852 个。通过私信回复 19 位读者的咨询。

典藏阅览部少年儿童服务组继续通过微博、微信、网站、手机短信和部门空间等新媒体进行少儿馆阵地活动、书目研制、业界培训和讲座的网络宣传与实时播报。配合国家图书馆少年儿童馆做好各项活动的后期回顾与总结，与读者构建良好、有效、便利的信息交流与沟通平台。全年微博粉丝增长 800 余人，发布微博 140 余条，总阅览量 50 万次。微信发布各类活动讯息 110 余条。

典藏阅览部数字资源服务新浪微博账号“国家图书馆数字共享空间”从成立至今，发布微博 3673 条，粉丝 4029 人。保持每周五次、每次三条以上的发布频率。全年发布微博 869 条，新增粉丝 671 人，每周阅读量保持在 5000

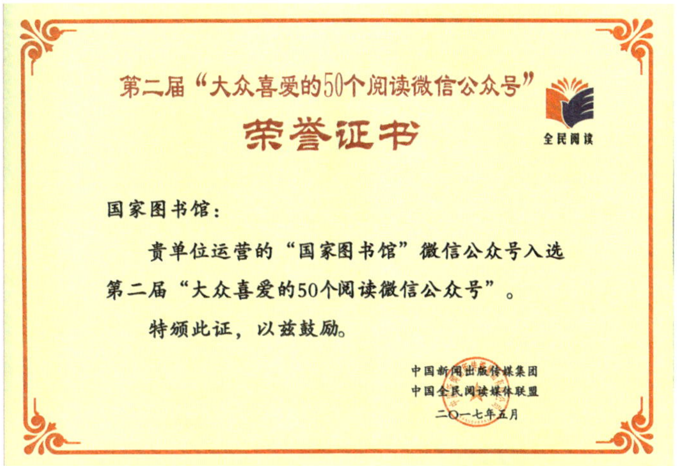

国家图书馆微信公众号获评第二届“大众喜爱的 50 个阅读微信公众号”

人次以上。

4. 移动服务

通过手机门户和“国家数字图书馆”应用程序发布国家图书馆新闻 64 条、公告 55 条、讲座预告 225 条。移动阅读平台围绕历史题材、节庆纪念日及社会热点完成 24 个专题资源的建设和发布。短彩信平台发送短信 1738009 条，向公众发送“文津经典诵读”短信 1194022 条。“掌上国图”微信公众号 2017 年新增关注人数 6317 人。

建设“M 地铁 · 图书馆”移动阅读网站，为纪念香港回归 20 周年纪念，完成“那些年我们共同度过”专题资源组织及内容制作；为武警部队建设移动数字图书馆，单独设计并制作党建、军事专题资源内容。

5. 国家数字图书馆体验区

2017 年，国家数字图书馆体验区（以下简称体验区）围绕“宣传数字图书馆在实现中华优秀传统文化传承中的重要作用”主题举办多次文化科技体验活动，策划“古风漫影”“诗词之美”“悦读世界”“创意无限”等多场活动。

“古风漫影”活动以国家动漫公共素材库资源为内容组织开展，通过传统展览形式与新技术创新体验模式相结合的方式，生动地展示动漫素材资源尤其是馆藏优秀古籍素材资源。

“诗词之美”活动从国家数字图书馆资源中精选优秀古诗词资源，通过“国图公开课”诗词课程资源展播、《声律启蒙》展览展示、诗词馆藏电子资源展示、古诗词资源专题二维码展示等多种方式向公众推荐数图资源，通过“VR 诵经典”诗词虚拟现实及“AR 诗词伴你读”诗词增强现实向公众提供新型阅读体验，激发公众对古诗词的兴趣。

“悦读世界”活动设置“认识世界”“探索世界”“思考世界”三个板块，通过现场体验的方式向公众推介新版掌上国图、移动阅读平台、国图公开课、中国（海外）文化中心数字图书馆等数字图书馆特色服务，通过 VR&AR 等新技术展示的方式向公众推介“文津图书奖资源库”“中华医药典籍资源库”“中华寻根网”等数字图书馆特色资源库；通过宣传片展播的方式向公众介绍“文献数字化中心”“异地灾备中心”等数字图书馆最新成果；通过互动墙面全面推介国家数字图书馆资源与服务，让公众全面了解并使用国家数字图书馆近期建设成果。

小朋友感受“诗词之美”活动

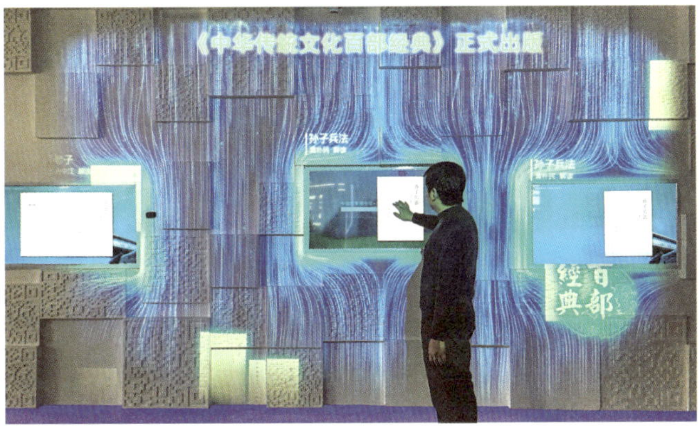

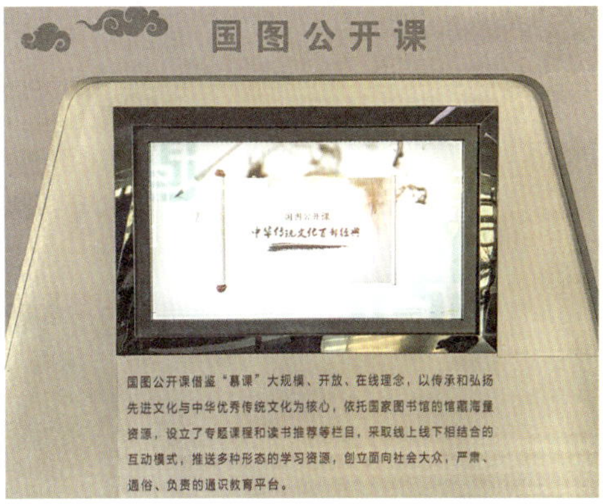

流动书墙、国图公开课优秀数字资源展播

“创意无限”活动以十九大报告精神为指导，以国家图书馆馆藏中华优秀文化资源为内容，以“创意无限”为主题，以前沿科技为载体，借由视听、互动、体验以及实物展示等方式，分区呈现数字图书馆光影互动墙、“中华医药典籍资源库”创意书签、“中华寻根网”创意书签、“掌上国图”触摸体验、“翰墨书香”智能书法文具盒等数字图书馆文化创意成果等。

创意 AR 书签让读者爱不释手

体验区配合全年各主题活动，设计多个数字展项，同步进行体验区现场多媒体展项内容更新等。主题活动期间日均接待读者 4000 余人次，最高日接待量 11152 人次，日均访问量比平时提高 2000 人次，比 2016 年同期增长 44.5%。多次接待各级领导、国内外图书馆界人士及社会公众到体验区参观，如接待全国政协原副主席黄孟复、香港图书馆代表团、新加坡图书馆代表团、上海图书馆代表团等。体验区还开展“科技星期五”活动，每周五下午两点至四点向公众开放“VR 诵经典”虚拟文化阅读产品科技体验活动，活动参与人数众多，获得广大读者的一致好评。

6. 触摸屏服务

遴选馆藏优秀文化资源素材进行加工，制作适配于触摸屏展示的资源和应用，为读者提供新媒体服务。在数字共享空间等阅览区配有立式触摸屏设备，长期为读者提供资源阅览、政府公报查询、电子报刊阅读、学术讲座、资源推荐等服务；在少年儿童馆触摸屏上定制有特色化的少儿电子资源、应用和游戏等，用户可通过点击和触摸进行交互操作，新颖的资源阅览方式极大提升用户体验；同时还不定期在各种展览和活动中进行触摸屏的展示应用，获得良好的社会效应。与中国石油塔里木油田公司保持良好的业务合作关系，为其提供每日更新电子报纸和电子期刊资源服务，定期更新年画、老照片、文津图书奖、古籍精品、名人手稿栏目，为塔里木数字图书馆的建设提供坚实、有力的支撑。

（五）少儿服务

1. 国家图书馆少年儿童馆

2017 年，国家图书馆少年儿童馆接收室藏文献 33318 册，较 2016 年增加 0.05%；接待到馆读者 339859 人，较 2016 年增加 7.1%；文献提供 2539115 册次，较 2016 年增加 6.4%，文献下架 31597 册次，较 2016 年增加 1.13%；接待个人参观 10 场 164 人；接待集体参观 78 场 3577 人。

1 月 28 日，少年儿童馆结合春节假日举办“神猴辞旧岁，雄鸡贺新春”——少年儿童馆 2017 新春系列活动。从初一到初六，每天一个新年主题，包括“爆竹声声迎新春”“春意暖暖串红包”“新春故事会”等。

举办低幼悦读会 33 期，先后有 10 名工作人员参与故事讲读工作，讲读故事 66 个，参与读者 450 人次；开办周末故事会 44 场，讲读故事 80 余个，参与读者 3500 余人次；举办暑期故事会 32 场，讲读故事 76 个，参与读者 2500 余人次；开办儿童读物与影展 8 场，参与读者 500 余人次。

7 月 17 日至 8 月 31 日暑假期间，少年儿童馆将日常开馆时间延长至晚 19 点，通过官方微博、微信等宣传途径发布相关通知。共接待到馆读者 119388 人，其中 17 点后在馆读者 9440 人，累计延长服务时间 92 小时。延时开馆服务，为暑期读者到馆阅览提供便利，获得到馆读者的普遍关注与好评。

2. 国家典籍博物馆青少年服务

开展“走进典籍博物馆大课堂”“名家带你写书法”等经典活动。截至 2017 年底，为来自京内外的多所中、小学校提供 689 场讲解服务，15297 名中、小学生来到典籍博物馆，与优秀典籍文化亲密接触。开设“我是小小讲解员”冬夏令营、“经典 · 朗诵”集训班、“阅读 · 表达”长期班、

2017 暑期老馆员讲故事专场故事会

"典籍故事我来讲"等典籍课堂系列课程；在海淀区旅游发展委员会支持下，连续第二年在典籍博物馆举办中关村科教旅游特色夏令营之"悦读之旅"活动。利用典籍博物馆丰富特色的展览文化资源，融讲解、体验、互动于一体，让参与的学生从不同角度更好地了解传统文化。

典籍文化之旅基础班

"我是小小讲解员"活动

（六）弱势群体服务

1. 残障人士服务

完成中国盲人数字图书馆的内容建设及数据发布工作。发布电子图书 300 册，上传 MP3 音频 104 首；更新网站新闻 10 条，公告 1 条；完成下一年度电子图书资源筛选工作，遴选图书 350 册。

数字共享空间是中国盲人数字图书馆、中国残疾人信息无障碍技术支撑体系的示范应用基地。2017 年不断完善残障读者上机制度，规范残障读者服务标准，指导并辅助残障读者上机 2639 人次，较 2016 年增长 54.7%。继续推进残疾读者服务发展，策划并组织实施残疾读者阅读推广活动，以"书香润泽心灵　阅读丰富人生"为主题，开展"国图资源随身行""国家图书馆特色馆藏检索"等活动，为残疾读者实现数字阅读提供便利，参与活动的残疾读者累计 53 人次。

2. 老年读者服务

2017 年，数字共享空间举办系列专题培训、讲座以及互动活动服务老年读者。全年举办"关爱夕阳"老年读者培训 11 大系列、34 讲课程；举办老年读书会与传统文化讲座 4 次，参与读者 200 余人次，收到读者表扬信 25 封；开展"我来当主讲"老年读者主讲活动 4 次，参与读者 250 人次；开展"国图交享阅"野外读书会 2 次，参与读者 65 人次；组织"国粹生香——中国传统昆曲赏析"讲座、"相约健康——癌症防治"讲座各 1 场，参与读者 71 人次。

（七）全民阅读推广活动

1. 文津经典诵读

继续深化内容服务，每日推送一首古诗词和一条格言。通过网络和手机平台发布经典诗词、格言共计365条，制作音频365首。邀请北京大学中文系教授钱志熙、南京大学文学院教授程章灿、著名诗人欧阳江河等做客“国图讲坛”，举办11场文津经典诵读专题讲座。推出“致敬经典 · 古韵弥新”文津经典诵读五周年系列活动，与读者一起守望传统、致敬经典。活动线上线下相呼应，以丰富高端的学术讲座为依托，以诗意古雅的五周年工作回顾展为载体，读者通过互联网、手机平台、视听交互体验等新媒体手段学习经典文化。北京电视台、新浪网等多家媒体都做了专门报道，活动得到读者们的一致好评和热情参与。

2. M地铁 · 图书馆项目

推出两场直播活动。1月21日农历腊月二十四“书春日”多地联动直播。通过征集、招募、筛选，邀请到安徽省长丰县图书馆、山东省即墨市图书馆等7家图书馆在“书春日”当天同时举办书写春联活动。“品红之道——生活中的红楼梦”直播活动，把内容与传统年俗相结合，当天参与者由京港地铁4号线“红楼”专列出发，在地铁里对春联，接着乘坐地铁到国家图书馆参加“名家带你写春联”活动，通过直播向观众讲解《红楼梦》中的传统年俗和春联文化。当日活动在央视网、新浪微博、今日头条、腾讯、北京时间等多家新闻客户端重点推荐。

4月23日，与海淀区委宣传部等单位合作，推出庆祝香港回归20周年主题活动“那些年，我们共同度过”。活动于国家图书馆站内举办启动式，向公众推荐与香港、北京两地文化有关电子书10册，活动中设计了有关京港两地文学、音乐、戏剧等互动问答，并推出新升级的项目网站。

3. 国家典籍博物馆系列活动

依托国家典籍博物馆众多精品展览，深入挖掘展览内涵，举办10余场配合展览的专题活动，进一步向社会大众普及典籍文化，打造典籍博物馆文化品牌，扩大典籍博物馆的社会影响力。国家典籍博物馆作为全国重要的青少年教育基地和传统文化传播基地，接待北京大学、中央音乐学院、对外经济贸易大学、韩国首尔大学、北京市五十七中学、首都师范大学实验小学、进步小学等几十所学校师生来馆参观，建立起学生利用博物馆学习的长效机制，最大限度地发挥典籍博物馆的教育职能。

配合主题展览，典籍博物馆推出6场专题活动以促进全民阅读。结合“从莎士比亚到福尔摩斯：大英图书馆的珍宝”展，举办“英国文学在中国”主题沙龙、“我从剧中来”戏服制作沙龙、“名剧猜猜猜”展演、“福尔摩斯的假期”主题讲解活动；结合“从诗经到红楼梦——那些年我们一起读过的经典”展，举办“典籍长河游丝路”活动；结合“钢铁长城——纪念中国人民解放

首都师范大学实验小学学生参观“不忘初心　砥砺奋进——国家图书馆藏革命历史文献精品展”

军建军 90 周年馆藏文献展”，组织“经典诵读圆梦中华，朗朗书声传承文明”诗会活动。

（八）讲座、培训、展览

讲座、培训、展览、参观等各项活动共接待读者 174.54 万人次，较 2016 年增长 12.51%。其中：举办公益性讲座 568 场，6.98 万人次听讲；组织培训 254 批，12.76 万人次参与；举办展览 20 场，123.09 万人次观展；接待参观 3563 批，10.90 万人次参与；举办演出 1618 场，20.82 万人次观看。

1. 讲座

（1）文津讲坛

2017 年，“文津讲坛”共举办讲座 56 期，接待读者 11980 人次；举办一次选题策划会，广泛征集讲座题目；在读者服务宣传周中开展听众调研，为下一步做好讲座工作奠定基础；与中外关系史学会签署合同，合作开展讲座组织实施，推出系列讲座。中国典籍与文化系列讲座共举办 16 讲，接待读者 1601 人次；继续编辑“中国典籍与文化系列讲座丛书”第十辑、第十一辑。

（2）国图讲坛

“国图讲坛”全年举办各系列讲座总计 141 场，接待读者约 4 万人次。结合节假日、纪念日举办相关活动。策划系列化、主题多元化，形式多样化。举办“阅读力——校园阅读怎么读”“非遗中的老北京”等多场有影响力的活动，策划推出“匠意营造：中国传统建筑”、“院士讲科普”“在文字间穿行——翻译家系列讲坛”“斑斓阅读”“中国传统乐赏析”“燕京梦华录——北京古都风物”“让文物活起来——中国古代物质文化”等多个新的讲座系列。继续举办“外交官亲历”“艺术家讲坛”“大数据研究”“文化部机关干部自主选学”等深受欢迎的系列讲座。承办文化部非遗宣传项目，策划推出“2017 年非物质文化遗产保护讲座月”系列讲座 12 场。讲座传播方式取得重大进展，每周一期通过数字图书馆推广工程直播平台向全国进行现场直播。广泛使用新媒体形式进行直播，通过新浪、腾讯、光明网、北京时间等新媒体平台进行直播。7 月 21 日“非遗中的老北京”主题讲座通过新浪、腾讯、一直播、光明网等五个平台同步直播，单场活动公众关注人次突破百万。通过北京人民广播电台“知识开讲”栏目对精选的系列讲座进行二次传播，社会反响强烈，实现“国图讲坛”讲座资源的全媒体覆盖。加强讲座产品的后期开发，讲座文集《世界遗产视野下的一带一路》由商务印书馆出版，并计划从阿拉伯语开始进行多语种的翻译和推广。《百年辛亥》和《守望圆明园》即将出版。为凸显“国图讲座”对弱势群体的特别关注，和盲文出版社合作，精选 100 余场讲座视频精加工，进行针对视障群体的编辑制作和特定传播。

（3）国家典籍博物馆系列讲座

举办 16 场系列讲座，围绕本年度举办的各项展览及馆藏资源进行详细解读和深度挖掘。讲座主题涉及甲骨文、传统诗词、西方文学、古琴艺术等多个方面。在专家聘请、讲座内容上，注重专业性、通俗性、大众性，深入浅出地进行解读；在讲座形式上，通过互动体验等方式加深观众对讲座内容的理解与认知。例如，融入表演形式的“穿越时空的对话——谈弹古琴打谱”和“古琴梅庵派百年文化与古琴文化”讲座，将讲座内容与展厅体验相结合的“毛公鼎的收藏、研究与传拓”讲座，都得到听众好评。为合理规划讲座主题，通过调查问卷，了解观众文化诉求，合理调整，提升讲座社会关注度。

（4）国图艺术中心讲座

讲座内容包括古琴、板胡、琵琶、交响乐等多方面，让读者更加近距离地接触高雅艺术。截至2017年底，国图艺术中心共举办25场古琴公益讲座，约4500人次参与。邀请众多知名古琴演奏家和研究者从不同角度解读古琴曲，传播古琴文化。如中国古琴文化学者吴寒先生主讲的“走近神秘高雅的古琴”由浅及深带读者走进古琴文化，南京师范大学文学院教授郭平的“什么是最可宝贵的——谈谈管平湖先生其人其艺”为读者深刻解读古琴大师管平湖先生的琴与人，当代斫琴名师张玉新和中国音乐学院副教授杨春薇通过“匠气琴心——古琴斫制与修复浅谈”分享几十年来在新琴斫制及老琴维修等方面的一些心得，国家级非物质文化遗产代表性传承人、中国音乐馆馆长吴文光先生的“谈谈古琴曲的鉴赏”内容涉及琴乐音象的各种审美问题并以讲者打谱演奏的琴曲为例来进行具体阐释。在形式上，古琴类公益讲座所采取的讲演结合的形式不仅让读者近距离、直观地接触古琴这一乐器本身，也让读者更加深入地了解讲座内容，受到读者的喜爱与欢迎。

2. 国图公开课

重点策划中国传统艺术公开课共八门系列专题课程。完成“舞蹈与生命的交响”“中国书法：从书写中生长的民族精神”“丹青之美”“盲人摸象戏曲谈”“中国古代建筑文化与艺术”等课程的部分录制工作。全年录制完成各类专题课程19讲，网站发布49期节目。完成“中华传统文化百部经典”课程“诗经二十讲”的录制工作，网站发布3期节目。拍摄制作业界公开课“世界图书馆馆长访谈”系列，网站发布5期节目。拍摄制作“星际穿越”等读书推荐节目44期，网站发布29期节目。组织“跨越时空的交响——中英文学对话”等2期特别活动及8期“阅读之旅”，活动均通过网络直播，100余万人次观看。

4月20日，在“从莎士比亚到福尔摩斯：大英图书馆的珍宝”展及“从《诗经》到《红楼梦》——那些年我们一起读过的经典”展两个主题展览开展之际，为了让文学爱好者们更好地理解中英文学的交流发展过程，更直观地感受中英文学作品的艺术魅力，由中国国家图书馆主办、中国文化译研网协办、英国文化教育协会支持的主题为“跨越时空的交响：中英文学对话”的国图公开课特别活动在国家图书馆演播厅举行。在“馆长访谈”环节中，英国国家图书馆馆长卡罗琳·布雷泽介绍本次展览的精彩看点，并说明本次展览活动拉开了长达三年的中英文化交流项目

中国国家图书馆常务副馆长陈力对话英国国家图书馆馆长卡罗琳·布雷泽

的序幕；中国国家图书馆常务副馆长陈力强调展览对于文学和文化交流的意义和作用（参见“特别记载”之“重大展览（一）‘从莎士比亚到福尔摩斯：大英图书馆的珍宝’展及‘从《诗经》到《红楼梦》——那些年我们一起读过的经典’展”）。

3. 培训

2017年，国家图书馆培训中心举办馆内员工继续教育培训14期，培训员工1093人次，与2016年相比，减少53%；完成首都联合职工大学国家图书馆分校“文物鉴定与修复（古籍鉴定与修复方向）”专业招生23人，与2016年相比，增加4%；举办面向社会公众的培训班7期，培训学员117人次，与2016年相比，增加80%。全年承担文化部老年大学西区分校的教学教务管理工作，服务文化部系统离退休人员240余人。

数字共享空间继续开展“关爱夕阳”老年读者培训。2017年设计11大系列、34讲课程。创新授课模式，开展微课堂服务。采取分层分级教学与分班机制，解决老年读者基础不一与人数多的问题。合理设计课程，凸显实用性与核心价值观，增加手机使用和弘扬传统文化课程比重。开展综合性培训8讲，老年课堂到馆读者培训26场，累计培训读者2310人次。开展微信直播课程12场，网络直播课程4讲，累计培训读者2190人次。

作为视听阅览服务的重要阵地之一，国图艺术中心面向广大读者推出纪录片展映、戏剧鉴赏会等多种类型的艺术培训活动，提升公众的艺术鉴赏水平。全年共举办公益展映18场、戏剧视频播放18场、器乐合唱比赛35场及其他各类活动38场。其中，在电影厅公益展映优秀纪录片10余部，并邀请影片制作团队到场与观众互动交流，包括《生门》制片人戴年文、《第三极》导演曾海若、《地层深处》导演宋占涛、《二十二》导演郭柯等亲临放映现场，与读者分享他们在拍摄和制作影片时的心得与感受。

4. 展览

2017年举办展览20场。其中，自主策划举办展览7场，包括“品书香　赏年俗——2017年国家图书馆年俗文化展”“不忘初心　砥砺奋进——国家图书馆藏革命历史文献精品展”“从《诗经》到《红楼梦》——那些年我们读过的经典”“第十二届文津图书奖获奖及推荐图书展”“大爱无疆——纪念路易·艾黎诞辰120周年文献展”“钢铁长城——纪念中国人民解放军建军九十周年馆藏文献展”“册府千载　于兹为盛——国家图书馆总馆南区建成开馆30年纪念展”，均获得良好的社会效果。其中，“钢铁长城——纪念中国人民解放军建军九十周年馆藏文献展”入选国家

“从《诗经》到《红楼梦》——那些年我们读过的经典”展览

文物局“纪念建军90周年、抗战全面爆发80周年”十大主题展览项目第二名。“从《诗经》到《红楼梦》——那些年我们读过的经典展”8个月的时间吸引262004人次参观。

通过联合办展等方式引进优秀展览12场，包括“从莎士比亚到福尔摩斯：大英图书馆的珍宝”“圣贤的足迹　智者的启迪——孔府珍藏档案文献展”“中国文化　两岸融通——欧豪年书画展”“器用为尚——文房艺术与文人生活特展”“世界插画大展——国际安徒生奖（终身成就）50周年展”“入古出新——当代著名篆刻家印章临创展”“纳西族史诗《黑白战争》连环画展”“全国公共机构生态文明宣传作品征集活动优秀作品展”“迎接中国共产党第十九次全国代表大会胜利召开——青松风骨书画展”“书中识理笔下传情——连家生先生诗文书法作品展”“潮起东海渔韵象山——国家级海洋渔文化（象山）生态保护实验区建设成果展”“寸耕堂铭砚展”，受到社会的广泛关注和认可。“从莎士比亚到福尔摩斯：大英图书馆的珍宝”展是在中英两国领导人的关心下产生的，是国家典籍博物馆成立以来引进的最高规格展览，为今后不断完善国际合作办展模式积累了丰富经验，特别是在文物交流方面，开创国家图书馆免税担保引进境外文物展览的先河。

在不断提升展览质量的同时，继续加强对外合作交流。通过中国博物馆协会平台，与潍坊市博物馆共同举办“天将金石付斯人——清代金石学家陈介祺特展”，开展期间近40000人次观展，人民网、光明网等国家级主流媒体均予以报道，文化部部长雒树刚也拨冗参观展览。向潍坊市博物馆输出百年童书展，通过中外文化交流中心输出“甲骨文记忆”马德里巡展和悉尼巡展，积极推广典籍文化展进校园活动，均取得良好效果，典籍博物馆的影响力不断扩大。

协助其他单位举办各种文献展览，如配合7月在国家博物馆举办的“民族遗珍　书香中国——中国少数民族古籍珍品暨保护成果展全国巡展”，完成其中国家图书馆藏民语古籍展品的选题策划、文案撰写、图像提供等前期准备工作。承办“传承与保护——山西寺观艺术暨文献展”。完成苏州博物馆、美国亨廷顿艺术馆等所借展品的撤展与回馆工作。配合清华大学、苏州博物馆、北京画院、旅顺博物馆等机构的展览，积极促进文化普及工作。

5. 公益演出

国图艺术中心继续与满天星业余交响乐团合作，推出“音乐点亮人生——满天星业余交响乐团国家图书馆音乐沙龙”，演奏《卡门序曲》《蓝色多瑙河圆舞曲》《山丹丹花开红艳艳》等多首经典曲目。为庆祝党的十九大胜利召开，国图艺术中心与中华诗词研究院等单位联合举办“庆祝党的十九大胜利召开暨今又重阳诗词晚会”，李元华、姜嘉锵、朱琳、虹云、王鹤翔等老中青艺术家与

国家一级演员朱琳在“庆祝党的十九大胜利召开暨今又重阳诗词晚会”上表演

东方木兰荟艺术团及小学生们一起，以朗诵、演唱、舞蹈等艺术形式展现《游子吟》《春江花月夜》《乡愁》等中国诗词的风采。除此之外，国图艺术中心与中国音乐学院达成战略合作，成立中国音乐学院研究生院国图艺术中心教学实践基地，并举办“秋韵”公益音乐会。双方在“优势互补，合作共赢，共同发展”的基础上，将中国音乐学院的研究、学科特色和人才优势与国图艺术中心的环境、资源、品牌优势充分结合起来，打造优秀青年音乐人才培养的联动实践平台，更好地传播和发扬中国传统音乐文化。

（九）文创产品开发

在馆文创工作领导小组的带领下，文创工作人员通过自主开发、联合开发等方式，开发“翰墨书香”“书香典藏”“大英展”等主题类产品数十种。利用“全国图书馆文化创意产品开发联盟”平台，先后与湖北省新华书店集团、金陵图书馆、绍兴市兰亭书法博物馆、四川省图书馆、福建省图书馆等开展合作，推动国家图书馆文创产品走出去。组织产品参加“北京礼物”、北京国际图书博览会、广州国际文物版权博览会等，其中与阿里巴巴合作开发的“翰墨书香”智能书法学习套装获得“北京礼物”海淀区一等奖，《庆赏昇平》AR互动获北京市铜奖；在北京国际图书博览会上，国家图书馆展位获得“最佳人气奖”；在第三届广州国际文物版权博览会上，获得“最佳展示奖”“最具人气奖”“十大优秀文创产品创意奖”和“优秀文创产品传承奖”4个奖项。

四、业界服务

（一）业界业务指导与合作

1. 全国图书馆联合编目中心

全国图书馆联合编目中心2017年新增成员馆479家，成员馆总数达到2692家，累计数据用户3324家。年内增加书目数据73.57万条，增加馆藏数据70余万条，规范数据10.75万条。全国图书馆联合编目中心发挥书目数据核心的地位，为成员馆和数据用户提供书目数据下载服务1750余万次，其中用户全年下载数据量达1064万条，较去年同期增长5%，单月下载基本稳定在100万次。在公共图书馆中，国家级、省级图书馆36家，下载书目数据194万条；副省级、地市级图书馆195家，下载书目数据274万条；区县及以下级图书馆和图书室426家，下载书目数据284万条；少年儿童图书馆41家，下载书目数据27.3万条。高等学校及科研院所图书馆215家，下载书目数据170万条。其他图书馆及机构243家，下载书目数据115万条。

（1）召开全国图书馆联合编目中心2017年工作会议

9月13日，全国图书馆联合编目中心2017年度工作会议在宁夏回族自治区银川市召开，共有来自39个单位的50名代表参加此次会议。会议通过视频方式回顾中心的发展历程，展示20年来的工作成果，并对未来发展进行展望（参见“特别记载”之“全国联合编目中心成立20周年”）。

（2）举办2017全国图书馆联合编目中心培训

举办2017全国图书馆联合编目中心培训

9月14—15日，全国图书馆联合编目中心在银川举办以实体资源馆藏建设和书目数据控制为内容的业务培训。来自全国40多所图书馆及相关单位的60余人参加。全国联合编目中心自2010年开始采集馆藏数据，至2017年全国馆藏体系已搭建完成。此次培训详细讲解了全国实体资源馆藏管理与服务平台的建设和服务方法，并以首都图书馆为例介绍地方实体资源馆藏体系的建设思路，从实体资源馆藏体系的角度，探讨加强全国范围元数据规范控制的可行性和整体思路。此次培训为各图书馆挖掘自有资源优势，共建共享全国图书馆资源和服务提供理论支持与技术指导，为进一步加强全国馆藏服务体系，为全国馆藏服务体系建设工作奠定坚实基础。

2.ISSN中国国家中心

2017年，ISSN中国国家中心完成国内外电子邮件咨询共计245件，电话咨询3330件。完成审核ISSN申请材料约830份；办理ISSN186个，ISSN证书211个。核对刊物588种；新建和更新CNMARC数据357条；新建和更新罗马化数据351条。按月度向ISSN国际中心报送新数据共342条，定期向ProQuest公司提供罗马化数据。加强数据制作标准化建设。参加11月6日在摩洛哥召开的第42届ISSN国家中心主任会议，及时获得有关ISSN的最新动态，不断提升ISSN中心业务工作。

3. 全国公共图书馆讲座联盟

2017年，完成全国公共图书馆讲座联盟常设机构的相关工作，及时更新和维护联盟网站，帮助地方图书馆推荐主讲专家。通过联盟组织全国160多家图书馆参与第十二届文津图书奖获奖及推荐图书展览巡展。组织全国图书馆界共同参与公共图书馆讲座联盟平台数据库的建设，完成主讲人数据库和讲座数据库5000条的建设任务。在福建省图书馆、辽宁省图书馆等地方图书馆举办“国图流动讲坛”14场。利用“历届文津图书奖获奖图书漂流”“文化行走 · 阅读海淀图书漂流”等阅读项目带动20余家图书馆参与讲座联盟工作。

4. 参考咨询协作网和决策咨询服务平台

（1）全国图书馆参考咨询协作网

①举办全国省级及副省级公共图书馆参考咨询工作培训

3月22日，2017年全国省级及副省级公共图书馆参考咨询工作培训在陕西省图书馆报告厅举办。来自全国30家省级公共图书馆及15家副省级城市公共图书馆的80余名学员代表参加此次培训。国家图书馆馆长助理兼研究院院长汪东波、陕西省图书馆副馆长张海翔出席开幕式并致辞。中国社会科学院学部委员黄长著与陕西省科学技术情报研究院院长张薇分别做主题报告。国家图书馆立法决策服务部主任卢海燕做“2017年度‘协作网’与‘协作平台’工作规划”报告。国家图书馆参考咨询部主任王磊以“‘十三五’期间国家图书馆参考咨询与立法决策服务工作要点”为题对未来工作做规划和展望。新疆维吾尔自治区图书馆信息提供中心主任赵娜、广州图书馆信息咨询部副研究馆员张伟、国家图书馆参考咨询部科技咨询组组长张李江分别通过案例报告，分享各馆在决策咨询服务、协作咨询、科学评价等方面的工作经验。各成员馆就全国省级公共图书馆决策咨询服务协作平台建设和运行过程中遇到的问题进行讨论并提出意见建议。此次培训总结回顾全国省级公共图书馆决策咨询服务协作平台和全国图书馆参考咨询协作网的以往工作，并就2017年参考咨询业务重点工作进行深入讨论和交流，从而推动全国公共图书馆的决策咨询服务和参考咨询工作水平的提升，对于进一步做好“十三五”时期全国图书馆决策咨询服务和参考咨询工作起到重要作用。

举办2017年全国省级及副省级公共图书馆参考咨询工作培训

②举办全国图书馆馆际互借与文献传递业务研修班

10月17日，由国家图书馆主办、贵州省图书馆协办的2017年全国图书馆馆际互借与文献传递业务研修班在贵阳举办。来自全国各级公共图书馆、高校图书馆、科研院所图书馆、各情报机构等60多家单位的100多位代表参加此次研修班。此次研修班以增强工作人员业务素质，加强业界交流，促进文献资源共享为宗旨，与会代表围绕“加强业界合作，促进资源共享”主题展开深入探讨。贵州省图书馆馆长刘宇松致开幕词。国家图书馆馆长助理汪东波在书面致辞中指出文献传递是参考咨询工作的重要保障，图书馆之间要加强资源合作存储，整合资源，促进文献传递机构合作，提高服务效率。中国社会科学院图书馆副馆长张大伟、国家科技图书文献中心综合业务与服务部主任靳茜、CALIS管理中心信息服务中心副主任王燕和国家图书馆参考咨询部副主任李翠薇，分别以“建设国家哲学社会科学文献中心促进社科领域文献资源共享”“科技文献服务的新形势”“CALIS服务新动态”和“点面结合　加强合作——国家图书馆馆际互借与文献传递服务”为题做大会主旨发言，围绕新形势下文献提供服务面临的机遇与挑战，就共同关注的文献资源共享、著作权问题、文献提供的发展方向以及文献提供的成功工作经验等方面做理论与实践的研究探讨。

（2）全国省级公共图书馆决策咨询服务协作平台

全国省级公共图书馆决策咨询服务协作平台（以下简称协作平台）2017年继续完善协作平台管理制度，开展成员馆资源共建，并面向全国公共图书馆咨询馆员开展业务培训，打造面向从中央到地方各级领导机关的决策咨询服务协作网络。

继续进行协作平台建设及运维工作，维护系统正常运行。解答成员馆关于资源上传、平台使用等相关问题。为部分成员馆新增访问账号。统计2016年度成员馆上传数据情况，更新各成员馆资源信息。收集、整理并上传2016年度新增成员馆吉林省图书馆、湖南省图书馆提交的资源及材料。

完成国家图书馆与福建省图书馆为全国“两会”提供服务的合作项目，将福建省图书馆提供的“福建文化记忆”资源加入国家图书馆立法决策服务平台“两会”服务平台中，为2000多名全国政协委员提供服务，探索数字资源共建及服务渠道共享的合作模式。

5. 全国图书馆文献缩微复制中心

2017年，全国图书馆文献缩微复制中心（以下简称“缩微中心”）以“联合全国各成员单位，统筹规划，开展特色文献缩微抢救，加快珍贵文献资源的缩微化长期保存进程，不断完善国家缩微母片库建设，稳步推进数字缩微建设与推广”为目标，融合数字缩微技术，开展全国文献缩微工作业务指导及合作。根据《文化部“十三五”时期文化发展改革规划》《国家图书馆“十三五”规划纲要》的战略部署，深入调研国家图书馆及部分成员馆的馆藏已拍摄及待拍摄情况，制定完成《全国图书馆文献缩微工作“十三五”时期规划纲要》并正式下发至各成员馆。

（1）召开2017年全国公共图书馆技术部主任会议

5月16—19日，由缩微中心主办，四川省图书馆、四川省古籍保护中心承办的2017年全国公共图书馆技术部主任会议在四川省成都市召开，四川省图书馆馆长何光伦、国家图书馆缩微中心主任李晓明出席会议并致辞。来自全国20余个省、市、自治区公共图书馆的近50位缩微工作负责人参加会议。会上，李晓明就《全国图书馆文献缩微工作“十三五”时期规划纲要》做概述，尤其是对“十二五”时期缩微工作成果、“十三五”规划的规划背景、制定历程、重点任务及重点指标做介绍；国家图书馆缩微中心副主任张阳总结2016年全国缩微工作，并部署2017年重点工作；国家图书馆缩微中心负责缩微设备维护及数据制作的工作人员做工作汇报。与会代表分别介绍各馆2016年缩微工作情况及2017年缩微工作计划，并就古籍、民国图书、中华人民共和国成立之初中文报纸拍摄及数字缩微建设情况交流心得体会，表示将以缩微中心“十三五”规划为基础，制订各馆“十三五”时期缩微工作方案，推进缩微事业稳步发展。会议对2016年缩微建设产量及质量名列前茅的缩微工作先进集体、先进管理者和先进个人给予表彰。山东省图书馆、吉林省图书馆获得“全国缩微工作先进集体”称号；周兵、赵宇波获得“缩微工作先进管理者”称号，公瑾、陈明毅等8人获得“缩微工作先进个人”称号。

（2）举办2017年全国公共图书馆缩微技术培训班

9月5—8日，由国家图书馆缩微中心主办，中国文献影像技术协会、山东省图书馆和威海市图书馆联合承办的“2017年全国公共图书馆缩微技术培训班”在威海举办。国家图书馆缩微中心副主任张阳、山东省图书馆副馆长周玉山、威海市文广新局副局长张梅力出席开班仪式并致词，来自全国20余家成员馆的50名缩微业务骨干参加培训。北京电影学院教授李铭与国家图书馆缩微中心的7位业务骨干分别从技术标准、文献前整理、拍摄、冲洗、质检和数据制作等多个方面授课。

6. 全国图书馆文化创意产品开发联盟

（1）召开全国公共图书馆文化创意产品开发联盟建设研讨会

5月23日，全国公共图书馆文化创意产品开发联盟建设研讨会在国家图书馆召开。国家图书馆副馆长、党委副书记魏大威主持会议。文化部公共文化司副司长陈彬斌，国家图书馆副馆长兼国家典籍博物馆常务副馆长李虹霖，国家行政学院社会与文化教研部教授、文化政策与管理研究中心副主任高宏存，文化部公共文化司事业发展处处长王晓松，以及来自首都图书馆、河北省图书馆等省（市）图书馆的相关负责人参加研讨活动。李虹霖就全国图书馆文化创意产品开发联盟建设的必要性、《章程》细则等进行详细介绍，各位专家结合各馆实际情况给出建议。陈彬斌在会上指出，未来工作可围绕建机制、抓重点、创品牌这三个方面开展。会议审定《全国公共图书馆文化创意产品开发联盟建设方案》，并起草《全国公共图书馆文化创意产品开发联盟章程》。

全国公共图书馆文化创意产品开发联盟建设研讨会

（2）举办全国图书馆文化创意产品开发联盟成立暨图书馆文化创意产品开发培训班

9月12日，全国图书馆文化创意产品开发联盟成立暨图书馆文化创意产品开发培训班在国家图书馆举办（参见“特别记载”之“全国图书馆文化创意产品开发联盟成立”）。

（3）召开全国图书馆文化创意产品开发创新论坛暨优秀校企对接会

12月11—12日，全国图书馆文化创意产品开发创新论坛暨优秀校企对接会在国家图书馆（国家典籍博物馆）举办。国家图书馆副馆长、党委副书记魏大威，国家图书馆副馆长兼国家典籍博物馆常务副馆长李虹霖以及部分高校、企业相关负责人出席活动。国家图书馆、首都图书馆、金陵图书馆等联盟成员以及中央财经大学、阿里巴巴、新浪微博、喜马拉雅、法蓝瓷等机构的专家和负责人从国内文创开发政策、国内外发展现状、自身参与文创开发的业务特点及经验总结等方面做分享，就“图书馆如何通过文创产品开发的形式，让书写在古籍里的文字都活起来”等主题进行交流，就切实可行的合作领域达成初步合作意向。通过对接会，来自联盟的30余家副省级以上图书馆与来自全国各地的40余家企业就各自的资源与业务特点进行充分交流，共同寻求可用于图书馆文创开发的资源及方式。一方面，图书馆可通过引入社会力量的方式更好地自身定位，确定文创开发方向，使自身的特色文化资源得到利用；另一方面，企业得到联盟内图书馆的特色资源，培育产品内涵的民族性、文化性。

7. 其他工作

（1）编制少儿图书书目

①更新《全国少年儿童图书馆（室）基本藏书目录》书目

2017年，国家图书馆少年儿童馆对《全国少年儿童图书馆（室）基本藏书目录》进行修订和更新。通过馆藏数据、新书项目推荐数据、出版机构、社会大众及图书馆推荐书目数据、少儿类基本奖项和网络排行榜榜单等途径，搜集初始数据10000余条，并根据全国各地少年儿童图书馆、儿童阅读机构以及家长等的使用情况对目录进行删减。经过数据筛查和标准化处理，增补必备书目1000册、扩展书目1937册，撰写优秀图书导赏40篇。12月，国家图书馆少年儿童馆邀请海飞、刘海栖、李玉先等7名教育界、图书馆界等领域专家进行书目的函审工作。专家们一致认为《全国少年儿童图书馆（室）基本藏书目录》严谨、科学、全面，能考虑到不同使用者的差异性，有利于促进我国儿童阅读推广工作的组织和开展。少年儿童馆根据专家提出的意见和建议对书目进行修改，圆满完成《全国少年儿童图书馆（室）基本藏书目录》的修订和更新工作。

②实施中华优秀童书民语翻译出版工程

2017年，国家图书馆与新疆青少年出版社共同发起实施“中华优秀童书民语翻译出版工程”，选择近年我国出版的优秀汉语童书，翻译成蒙、藏、维、朝等少数民族语言文字后进行公开出版和发行。国家图书馆少年儿童馆负责研制所需的中华优秀童书初选目录，每年向新疆青少年出版社提供不少于200种童书数据，由后者进行翻译出版。4—5月，国家图书馆少年儿童馆在《全国少年儿童图书馆（室）基本藏书目录》（以下称《基藏书目》）的数据基础上，结合少数民族青少年读者的身心发展、知识结构、阅读需求等特点，从2012年版、2013年版和2014年版的《基藏书目》（共9263种图书）中，甄选200种优秀汉语童书，研制出初选目录。6月19日，中华优秀童书初选目录（2017年版）专家评审会在国家图书馆召开，国内知名少数民族语言专家、学者组成专家组成员，对初选目录进行评估和筛选，最终确认100种图书入选《“中华优秀童书民语翻译出版工程”书目（2017）》。国家图书馆馆长助理汪东波出席本次专家评审会并做致辞发言。

（2）强化基础业界培训工作

2017年，国家图书馆培训中心举办面向全国图书馆界的各类型业务培训班13期，培训学员913人次。其中：举办7期分类法与编目理论和技能业务培训，占全年培训班的53.84%，培训学员572人次，占学员总数的62.65%；举办2期“中国机读目录编目员上岗资格证书培训班”，培训学员308人次，占学员总数的33.73%。

（3）中国记忆项目开展资源共建共享工作

“中国图书馆界重要人物专题”于2015年12月正式启动。截至2017年12月，全国17家图书馆和高校的相关院系对25位图书馆界的老专家以及为我国图书馆事业做出过卓越贡献的人物进行口述史访问，对图书馆行业的佼佼者、中国当代图书馆事业的缔造者和推动者进行系统的口述史料搜集。12月4—7日，“中国图书馆界重要人物专题”资源共建工作培训班在国家图书馆举办。来自全国31家图书馆，以及与图书馆相关的高校院系、研究机构等共建单位的50位口述史工作者参加此次培训。来自全国的口述史和图书馆学领域的专家及参与图书馆界记忆资源共建的口述史工作者展开深入学习与探讨。

（二）行业组织引领

1. 中国图书馆学会秘书处

（1）网络书香 · 数字图书馆建设与服务宣传推广项目

2017年，分别在山东、黑龙江和湖南三地组织开展“网络书香 · 数字图书馆建设与服务宣传推广项目”系列活动，主要包括启动仪式、高级研讨班、数字图书馆推广工程体验区等内容。活动由文化部公共文化司指导，国家图书馆、中国图书馆学会和各省（区、市）文化厅（局）主办，各省图书馆和省图书馆学会承办。期间，各级公共图书馆、部分高校图书馆馆长及业务骨干526人参加活动，数字图书馆体验区共接待参观7000余人次。

6月14—15日，由国家图书馆、中国图书馆学会、山东省文化厅主办，山东省图书馆、山东省图书馆学会承办，烟台图书馆协办的“网络书香 · 数字图书馆建设与服务”宣传推广项目（山东站）系列活动启动仪式在烟台图书馆举行。中国图书馆学会副理事长刘小琴，山东省图书馆副馆长李西宁、周玉山，烟台市文化广电新闻出版局副局长李玲，烟台图书馆书记宋书兰等以及山东省各级图书馆馆长及业务骨干167人参加活动。

7月19—20日，由国家图书馆、中国图书馆学会、黑龙江省文化厅主办，黑龙江省图书馆、黑龙江省图书馆学会承办的“网络书香 · 数字图书馆建设与服务”宣传推广项目（黑龙江站）系列活动启动仪式在黑龙江省图书馆举行。中国图书馆学会副理事长朱强、黑龙江省文化厅副厅长韩慧峰、黑龙江省图书馆馆长高文华等以及黑龙江省各级图书馆馆长及业务骨干213人参加活动。

11月8—9日，由国家图书馆、中国图书馆学会、湖南省文化厅主办，湖南图书馆、湖南省图书馆学会承办的“网络书香 · 数字图书馆建设与服务”宣传推广项目（湖南站）系列活动启动仪式在湖南图书馆举行。湖南省文化厅副厅长鄢福初、公共文化处处长颜喜，湖南图书馆馆长贺美华等以及湖南省各级各类图书馆馆长及业务骨干146人参加活动。

该系列活动设立数字图书馆体验区，通过统一的设计和编排，凸显数字图书馆的高新技术元素，融合地方图书馆特色，利用现有数字图书馆推广工程技术和资源，挂接多样化媒体终端，拓展服务手段和服务方式，呈现新媒体环境下的体验式数字图书馆智慧服务站。采用无缝拼接屏、多媒体终端，结合交互体验的方式，向公众集中展示数字图书馆服务理念。读者通过相关展板、宣传视频、平板电脑、智能手机、数字电视等多媒体终端享受数字图书馆面向公众的各种服务，并访问国家图书馆提供的数字资源。展示区融合光、声、影等多种先进技术效果，并把各类生活场景及互动娱乐融入其中，将国家数字图书馆已建成的相关成果以文字、图片、视频、虚拟现实等多种形式呈现给观众，以体现在数字图书馆推广工程推动下高速发展的数字图书馆事业。

（2）民国时期文献保护计划宣传推广活动

为了加强民国时期文献保护工作宣传，推动保护工作的进一步开展，分别于5月24—25日、6月22—23日和12月6—7日在重庆市、宁夏回族自治区固原市和云南省昆明市举办民国时期文献保护计划宣传推广系列活动。推广活动采用全国性培训与地区深入推广相结合的方式，开展培训、展览等，培训专业人员414人。活动的举办，有利于向社会公众普及民国文献保护与保存的理念，展示相关工作成果；同时也有利于加强民国文献专业人才队伍建设，提高有关地区民国时期文献的保护水平（参见“重点文化工程及项目”之“民国时期文献保护计划”相关条目）。

6月7—8日，由国家图书馆、中国图书馆学会、江苏省文化厅主办，南京图书馆、江苏省图书馆学会承办的“全国图书馆民国时期文献编目工作研修班”在南京图书馆举办，培训来自全国公共图书馆、高校图书馆等相关单位的业务骨干130余人（参见“重点文化工程及项目”之“民国时期文献保护计划”相关条目）。

（3）全国图书馆未成年人服务提升计划

为发展与繁荣我国图书馆事业，更好地发挥图书馆引导未成年人阅读的独特作用，宣传图书馆未成年人服务新理念，介绍图书馆未成年人服务工作新方法，启迪新思维，开阔图书馆服务未成年人实际工作者的新视野，提高图书馆未成年人工作者专业理论水平和业务工作能力，在文化部公共文化司指导下，中国图书馆学会以“面向省级区域”和“面向全国，以省为基地”两种模式，分别在甘肃、内蒙古举办2017年全国图书馆未成年人服务提升计划，共计培训未成年人图书馆工作者336人。

“2017年全国图书馆未成年人服务提升计划——甘肃站”培训

（4）召开全国数字图书馆建设与服务联席会议第十八次会议

9月26—28日，全国数字图书馆建设与服务联席会议第十八次会议在陕西省图书馆召开。会议由文化部全国公共文化发展中心和陕西省图书馆联合承办，主题为数字资源计量和资产管理，来自国家图书馆、文化部全国公共文化发展中心、上海图书馆、中国科学院文献情报中心、CALIS管理中心、中央党校图书馆、国防大学图书馆等联席会议成员单位的20余位代表参加会议。会议重点讨论数字资源计量办法和评价、数字资源编目和检索、数字资源管理业务流程、数字资源管理关键技术、数字资源管理模式等，并通过和发布《数字图书馆安全管理指南》。

2. 全国图书馆标准化技术委员会秘书处

（1）标准化工作项目征集与立项工作

全国图书馆标准化技术委员会（以下简称“图标委”）秘书处 2017 年 1 月正式发布通知，围绕国家公共文化服务体系建设和我国图书馆事业发展需求，重点围绕图书馆服务体系建设、公共数字文化建设、特殊群体服务、阅读推广、图书馆绩效评价、文献保存与保护、人才队伍建设七个方面，公开征集 2017 年度图书馆领域国家标准制修订计划项目、文化行业标准制修订计划项目及文化行业标准化研究项目。经统计，年度项目征集工作，共收到业界提交建议项目 16 项。根据文化部文件要求，图标委秘书处于 5 月 3 日在国家图书馆邀请业界专家召开 2017 年度标准化工作项目立项论证会。根据专家论证建议申报 13 个标准化工作项目，其中：国家标准制定计划项目 3 项，文化行业标准制定计划项目 3 项、修订项目 6 项，文化行业标准化研究项目 1 项。该建议由秘书处提交图标委全体委员投票，投票通过后，上报标准化工作主管部门。

根据《国家标准委关于下达 2017 年度第三批国家标准制修订计划的通知》（国标委综合〔2017〕103 号）和《国家标准委关于下达 2017 年度第四批国家标准制修订计划的通知》（国标委综合〔2017〕128 号）的批复，图标委申报的《中小学图书馆评估指标》和《信息与文献　图书馆 RFID　第 3 部分：基于 ISO IEC15962 带分区存储器的 RFID 标签数据编码方案》2 个项目获批立项为 2017 年度推荐性国家标准制订计划项目。根据文化部《文化科技司关于 2017 年度文化行业标准制修订计划项目和文化行业标准化研究项目立项的通知》（科技函〔2017〕60 号）的批复，2017 年度图标委申报立项的文化行业标准制修订项目和标准化研究项目均获批正式立项。

本年度根据国家标准化管理委员会国家标准技术审评中心通知要求，图标委秘书处先后 4 次派员参加国家标准立项评估会，整理项目材料并参加立项评估答辩。

截至 2017 年 12 月底，图标委共归口管理国家标准项目 28 项，文化行业标准项目 51 项，文化行业标准化研究项目 17 项。

（2）标准项目管理

2017 年，图标委秘书处进一步加强对标准项目工作进度和编制质量的监督管理，完成以下项目管理工作。

①标准制修订项目管理

国家标准制订计划项目中，由秘书处组织协调，主要完成以下项目工作：协调完成国家标准新立项计划项目《中小学图书馆评估指标》的项目任务书签订工作，与起草组协商确定项目参与单位、明确标准工作任务及时间阶段；组织开展国家标准《中国机读规范格式》（立项名称《图书馆机读规范格式》）标准征求意见工作；针对国家标准《古籍函套技术要求》等 11 项国家标准制定成果召开 5 次专家审查会，并将标准审查会后的送审稿修改稿提交全体委员函审和投票；完成国家标准《古籍函套技术要求》《图书冷冻杀虫技术规程》《信息与文献　图书馆射频识别（RFID）》系列标准（第 1、2 部分）、《公共图书馆少年儿童服务规范》《图书馆视障人士服务规范》《汉文古籍特藏藏品定级》（第 2—6 部分）和《中国少数民族文字古籍定级》12 项国家标准送审稿修改稿的审查及报批工作；配合国家标准技术审评中心完成《古籍函套技术要求》《图书冷冻杀虫技术规程》《信息与文献　图书馆射频识别（RFID）》系列标准（第1、2部分）报批稿的审查修改工作，这4个标准2017年底正式发布。

文化行业标准制订计划项目中，由秘书处组织协调，主要完成以下项目工作：完成文化行业标准《纸质文献封藏加工规范》《古籍保护修复档案记录规范》《中国古今地名数据规范》《古籍文献虫霉防治指南》《拓片修复规程与质量要求》等文化行业标准制订项目草案文本的初审并返回修改意见。完成文化行业标准《古籍保护修复档案记录规范》《中国古今地名数据规范》征求意见工作。

②标准化研究项目鉴定

组织完成对2项文化行业标准化研究项目成果的审查鉴定工作。其中，研究成果转化为标准制定项目的有1项——汉语文古籍索引数据标准化研究。该项目调研了已有的古籍文本数字化项目和相关标准规范研究成果，以古籍图像到古籍文本的数据转换过程为研究对象，针对古籍版式描述、文字处理、文本数据格式等问题进行研究，提出纯文本、位置文本、版式文本和语义文本数据模型及XML描述。项目研究成果对促进我国古籍文本数据规范化、标准化建设具有积极意义。该项目研究成果中形成的标准草案获批立项为2017年度文化行业标准制定项目，并根据审查专家的建议，对标准名称进行规范性修改，立项名称为《汉文古籍文本数据规范》，立项号为WH 2017—04。

③在研项目管理

6—7月，图标委秘书处依惯例对图标委归口管理的10项未结项标准化工作项目进行中期检查，其中包括8项文化行业标准制订项目以及2项文化行业标准化研究项目。通过中期检查方式，秘书处及时了解各项目进展情况，有效地督促了各项目的工作进程。

（3）标准化工作宣贯及标准文本出版

2017年，秘书处编发《全国图书馆标准化技术委员会工作简报》1期，及时对图标委网站信息进行10余次更新，标准制定工作阶段成果在图标委网上公开征求意见。

《图书馆业务工作相关标准规范概览》作为图标委秘书处提出立项的工作项目，得到文化主管部门的大力支持，被列为第2批基层图书馆员培训教材之一。本年度，秘书处组织人员专门就出版社稿件进行审校，配合出版社筹备出版前的相关工作，以期对业界工作提供有实践意义的指导工作。

（4）完成2017年度标委会考核评估材料的提交

根据《国家标准委办公室关于印发〈2017年全国专业标准化技术委员会考核评估工作方案〉的通知》，图标委被列为2017年度标委会考核评估对象。4—6月，图标委秘书处完成了本次考核评估期内所有项目的梳理工作，撰写自评估汇报材料，整理汇总9册证明材料，并将自评报告提交全体委员审议。根据委员审议结果修改后，按时将参评材料报送国家标准化管理委员会等相关主管部门。

（5）组织召开图标委工作年会

10月11日，图标委年度工作会议在国家图书馆召开。图标委副主任委员周德明、汪东波主持会议，33名来自全国的图标委委员参加本次会议。会上，文化部文化科技司副司长李蔚、公共文化司副司长陈彬斌、国家标准委服务业标准部社会服务业处处长许建军莅临会议并发表重要讲话。图标委主任委员韩永进、秘书长申晓娟分别就图标委第二届委员会成立以来的标委会和秘书处各项工作向到会委员及标准化工作主管部门领导做汇报。到会委员围绕图标委工作报告、秘书处工作报告以及图标委 2018 年重点工作等议题展开热烈讨论。在对图标委和秘书处工作表示认可的同时，也针对加强“前期开放、中期监督、后期管理”、规范标准化工作机制，深入开展标准宣贯、将标准纳入图书馆员继续教育、加强对基层图书馆标准使用、提升标准影响力，深入对标准领域贯彻实施情况调研、促进相关领域标准体系的完备等提出多项意见和建议。会议还邀请中国标准化研究院标准评估部主任付强、国家标准化管理委员会国家标准技术审评中心高级工程师高艳玲两位专家，分别就近期我国标准化工作改革与标准化体系建设要求以及全国专业标准化技术委员会管理要求等政策文件做宣讲与介绍，并与委员进行沟通和交流。

3. 中国文献影像技术协会与全国文献影像技术标准化技术委员会

（1）中国文献影像技术协会

①召开中国文献影像技术协会 2017 年第一次常务理事（扩大）会

4 月 27 日，中国文献影像技术协会 2017 年第一次常务理事（扩大）会在国家图书馆召开。协会理事长、国家图书馆副馆长、党委副书记魏大威主持会议；副理事长陈林荣、徐建华、杨成斌，秘书长李晓明、副秘书长张阳及各常务理事等共计 19 人参加会议。会议主要讨论通过 8 项议程。其中，协会副理事长、换届筹备组组长徐建华对换届工作任务及换届工作进展进行汇报，初步确定第六届理事、常务理事、监事候选人名单，拟定第五届理事会工作报告、财务报告征求意见稿并征求意见；张阳介绍第六届理事、常务理事、监事等候选人推荐情况，常务理事会通过第六届名誉理事长、荣誉会员，第五届先进集体、先进个人名单；李晓明在会上对第六届章程修订情况进行介绍，对章程中关于党建、人事等重点内容变动详细说明并征求意见。会议还讨论了 2017 年年会暨换届大会召开时间、地点；听取并讨论学术工作委员会、教育培训工作委员会、编辑出版工作委员会、秘书处提出的工作计划，并对工作计划征求意见。会议听取李晓明通报协会 2016 年收支情况，协会地址变更事项，介绍协会脱钩情况与脱钩进度，通报协会脱钩具体时间节点。常务理事霍力华对 2017 年海峡两岸学术交流活动筹备工作进行说明。

②举办 2017 年海峡两岸档案暨缩微学术交流会

7 月 6—7 日，由中国文献影像技术协会、中国档案学会、中华档案暨资讯微缩管理学会共同主办的 2017 年海峡两岸档案暨缩微学术交流会在甘肃省敦煌市举办。海峡两岸近 120 位专家学者参会。中国文献影像技术协会副理事长杨成斌出席开幕式并致辞，协会秘书长、国家图书馆缩微文献部主任李晓明主持第二、三场学术交流并致闭幕词，国家图书馆社会教育部副研究馆员田苗应邀担任第一场学术交流评论人。交流会以“互联网时代的社会记忆”为主题，共交流论文 20 篇。两岸学者围绕着“档案、文献的标准体系建设”“新业态下的档案、文献安全保障”“信息时代档案、文献资源建设”“互联网时代档案、文献资源建设”“互联网时代档案、文献服务的创新”以及“网络时代数字信息的保存方式”等议题进行深入讨论。

（2）全国文献影像技术标准化技术委员会

完成全国文献影像技术标准化技术委员会（以下简称“全国文影标”）参加国际标准化对口组

织 ISO/TC 171 第 30 届年会的申请、报批和相关手续，6 名专家赴德国参会；完成全国文影标标准档案管理办法（草案）起草工作，计划于年内发布实施；分别于 3 月、9 月开展标准宣贯和专业培训；组织各分技术委员会按期完成 ISO/TC 171 的 40 项标准审查、投票工作。

全国文影标派员参加在德国柏林召开的 ISO/TC171 第 30 届年会

5 月 8—12 日，国际标准化组织第 171 技术委员会（ISO/TC 171 Document Management Applications）文件管理应用技术委员会第 30 届年会在德国柏林召开。全国文影标作为国内对口单位，选派张阳等 6 名中方代表参加此次年会。此次年会的主要任务是第一、第二分技术委员会分别讨论相关标准草案和更新工作计划。来自美国、英国、中国、法国等国的专家代表共 40 余人参会。大会开幕式后，两个分委员会分别召开会议，对各自负责的相关标准和工作计划进行深入细致的讨论，形成 11 项 ISO/TC 171 委员会决议、11 项 ISO/TC 171/SC 1 决议、65 项 ISO/TC 171/SC 2 决议并依次表决。根据全国文影标的要求和安排，中方代表除参加全体大会之外，主要参与了第一、第二分委员会的会议和相关标准的讨论。会议还通过相关人事安排和有关联络事宜。

4.《中国图书馆分类法》编委会

2017 年，《中国图书馆分类法》（以下简称：《中图法》）编委会完成《中国分类主题词表》（以下简称：《中分表》）第三版数据定稿，并于 4 月由国家图书馆出版社出版。继续组织进行《中图法》第五版电子版的研发工作，完成基本功能的开发。通过在线咨询、电话、邮件等渠道解答用户有关类表词表及标引方面的咨询问题，其中在线咨询发布解答问题 46 个。负责维护修订类表词表数据，并通过修订快讯向用户发布修订内容，组织更新《中分表》《中图法》Web 版数据。发布《中图法》第五版修订信息（第 7 期），更新类目数据 46 个；发布《中分表》第二版主题词修订信息（第 11 期），更新主题词数据 100 条。组织开展增补《中分表》入口词工作，增补入口词 2500 余条。组织《中分表》Web 维护系统开发工作。开展相关课题研究工作，承担国家社科基金重点项目 1 项。

5. 中国古籍保护协会

中国古籍保护协会连续 3 年在暑期组织开展中华古籍普查文化志愿服务活动。2017 年开展活动的地区有山西、吉林、上海、江苏、安徽、山东、湖北、四川、云南、新疆 10 个省（自治区、直辖市）。在文化部公共文化司支持下，吉林、云南、新疆 3 个边疆省（自治区）的志愿服务，被列入“春雨工程——全国文化志愿者边疆行”重点需求项目。来自全国 44 所高校的 271 名大学生，经培训与近百名公共图书馆业务骨干、社会其他领域志愿者一起，分赴 62 个基层受援单位，帮助整理、编目古籍51000余种36000余册，其中含少数民族语文古籍2684部2701册，另编目雕版60种1004版。9月15日，中国古籍保护协会在上海图书馆举行活动总结座谈会，10个省级古籍保护中心代表、受援单位、指导教师、志愿者代表以及为志愿服务提供公益资助的企业代表等40余人参加会议，分享活动心得。

志愿者在吉林省社会科学院图书馆进行古籍普查

2017年古籍普查文化志愿服务特点显著。首先，活动报名省份多达10个，约占尚未完成古籍普查省份的50%；其次，参加活动的志愿者为近三年之最，且来源广泛，有高校学生、大学教授、中学教师、企业志愿者等；再次，较之以往，2017年古籍普查文化志愿服务触角深，覆盖面更广，基层受援点占85.5%，并进入高校、研究所、文博单位，实现跨界普查。

通过“中华古籍普查文化志愿服务活动”，志愿者深入基层参与古籍普查，加深对中华古籍的热爱，古籍保护事业得以储备新生力量。随着活动的实施，普查成效日益显著，多个省份发现珍贵善本文献，基层图书馆工作积极性得到调动。此外，京东方科技集团股份有限公司、中国志愿服务基金会、财通证券股份有限公司分别为古籍普查志愿服务项目提供公益资助，中国古籍保护协会引入社会力量参与公共文化建设实现新突破。

年度掠影

【开展中国图书馆学会中央国家机关图书馆分会业务培训】

中国图书馆学会中央国家机关图书馆分会开展业务培训

6月9日，中国图书馆学会中央国家机关图书馆分会（以下简称“国家机关分会”）业务培训在中央社会主义学院举办。本次培训由国家机关分会秘书处主办、中央社会主义学院图书信息中心承办。来自中央国家机关图书馆和信息中心的40名学员参加培训。培训内容围绕“新媒体环境下的图书馆发展热点问题”“国家文化发展战略与图书馆事业”“大数据时代的知识服务”3个主题展开，分别邀请北京大学教授刘兹恒、南开大学教授柯平、社会科学文献出版社社长谢寿光进行授课。

【举办全国图书馆决策咨询服务业务培训班】

9月19—22日，由国家图书馆主办，国家机关分会、宁夏图书馆学会、宁夏回族自治区图书馆承办的全国图书馆决策咨询服务业务培训班在银川举办。来自全国各地30家公共图书馆和其他相关单位的47名学员参加本次培训。培训班邀请上海市政府参事、中国图书馆学会副理事长兼学术研究委员会主任吴建中，文化部办公厅信息处主任科员杨玥，宁夏回族自治区人民政府法制办公室经济法规处副处长刘佳，广西壮族自治区桂林图书馆副馆长曹旻，国家机关分会秘书长、国家图书馆立法决策服务部副主任白云峰、国家图书馆立法决策服务部研究馆员张曙光、同方知网公共服务行业知识管理公司总经理成鑫、荷兰威科集团法律及财税业务部中国区销售及合作总监刘雪丽8位老师，分别从图书馆的发展趋势、图书馆决策咨询服务对象的需求以及图书馆决策咨询服务主体的应对策略等方面做报告。

本次培训班采用微信群方式进行培训管理，立足打造“精致小班”模式。从参与人员上看，本次培训具有学员类型多、覆盖范围广的特点，涵盖图书馆决策咨询服务的服务对象、服务主体和信息资源提供商；从培训内容上看，本次培训兼具理论性与实践性，既有高屋建瓴的趋势把握，也有图书馆决策咨询主体的实践经验、案例分享；从培训效果上看，本次培训所采用的“小班模式”为学员积极提问、相互交流提供了充分的空间，培训内容也得到学员的高度肯定。

全国图书馆决策咨询服务业务培训班在银川召开

【“共享书吧”——打造“两学一做”学习型机关新模式】

2017年5月，国家图书馆与国家发展和改革委员会（以下简称：“发改委”）达成合作共建“发改书吧”意向；9月1日，“发改书吧”（以下简称：“书吧”）正式启动。在历时近4个月的筹建过程中，国家图书馆依托宏富的馆藏资源和专业人才队伍优势，在书吧空间规划设计、图书遴选、专线连接、手机移动借阅、办证服务等方面提供了优质、高效的服务，为书吧的顺利建成和成功启动奠定坚实基础。此次共在发改委内部设立7个书吧实体点，24小时全天候开放。书吧内容包括发改委内部文件、资料和与业务工作相关的公开出版图书，同时拓展电子图书、数据库等丰富的数字资源。其一大亮点就是读者可以通过“发改书吧”APP实现自助借还图书、资料，同时还能进行实时查询、信息互动等。APP中同时接入国家图书馆“掌上国图”资源，为读者提供丰富、方便、快捷的移动阅读服务。书吧启动运行以来，得到发改委领导的高度重视和悉心关怀，纷纷带头捐赠文献资料和书籍；同时，发改委干部员工也大力参与和支持书吧建设，呈现出捐赠积极、借阅踊跃、运维平稳、反响良好的积极态势，效果好于预期。

在书吧建设过程中，国家图书馆不断摸索和总结经验，结合中央和国家机关建设“两学一做”学习型机关的新要求、新需求，以“发改书吧”建立为标志，推出创新服务模式，即“共享书吧”模式，并与参与“发改书吧”建设的北京国图书店有限责任公司、北京龙格玛家具制造有限公司、云宝宝大数据产业发展有限责任公司共同组建“共享书吧”建设团队。

“发改书吧”的建设，不仅在发改委内部取得良好的效果与反响，还带动其他国家机关与企事业单位建设学习型书吧的热情。“发改书吧”的建立是国家图书馆立法决策服务模式的重要创新和拓展，不仅为国家图书馆履行为中央和国家领导机关服务的职能开辟新思路、新方式，也为中央和国家领导机关持续强化“四个意识”、推进“两学一做”学习教育常态化制度化提供重要的途径和载体，形成良好的书吧效应。

发改委主任何立峰与文化部部长雒树刚为“发改书吧”揭牌

【召开“食品药品安全决策信息研究”课题结题会】

12 月 20 日上午，国家图书馆与国家食品药品监督管理总局（以下简称“总局”）合作的“食品药品安全决策信息研究”课题项目结题会在国家图书馆召开。国家图书馆馆长韩永进、副馆长孙一钢，国家食品药品监督管理总局副局长孙梅君、综合司副司长邱琼，以及来自国家图书馆立法决策服务部和国家食品药品监督管理总局的相关人员出席会议。会议由国务院食品安全办公室秘书处副秘书长柳军主持，韩永进、孙一钢先后致辞。立法决策服务部主任李春明代表研究工作小组汇报 2016—2017 年第三期研究工作的情况。邱琼对课题的成果情况和下一步的研究思路进

“食品药品安全决策信息研究”课题结题会

行说明。课题研究开展三期以来，国图工作小组的研究能力不断进步，报告水平不断提高，已形成选题新颖、焦点前沿问题关注及时、可读性和专业性并重的特色产品，为食药安全监管领域的政策调整和法律法规制定提供重要的参考，获得总局和整个食药系统的认可，是一个备受肯定的精品项目、品牌项目。目前，总局已将精选出的部分成果汇编成册，即将整理出版。这项合作也是国家图书馆走进机关，拓展服务领域，为机关提供信息咨询服务的良好范例。

【组织开展春节系列活动】

1月28日—2月3日，为配合全馆春节期间开展的楹联主题文化活动，典藏阅览部在总馆北区中文图书区和“闲话中阅”微博上同步开展“灯谜过大年活动”。此次活动共设置题目200道，内容包括灯谜、民俗、楹联、文化、国图知识5类，并为读者准备了丰富多样的礼物。今年采取抽签答题的方式，使活动更加公平有序。

在综合阅览室组织开展“新春年俗专题展板展示”和“图书馆趣味知识问答”两项活动，向读者推荐馆藏资源，介绍文献利用方式，深受读者好评。活动展板以“品书香　贺新春”为主题，精心挑选国家图书馆馆藏文献资源中与传统节日民俗相关的有代表性的中文图书，将其直观生动地呈现在读者面前，吸引到馆读者的阅读兴趣，许多读者将这些推荐图书预约出来阅览，品味新春年味。趣味知识问答题目内容丰富、形式轻松，不仅有效地宣传了国家图书馆的文献资源与服务政策，也拉近馆员与读者之间的距离，让读者在轻松答题的同时，对综合阅览室相关服务及馆藏文献情况有了更进一步的了解。累计约60名读者参加答题活动。抽奖答题之余，阅览室工作人员与读者进行了沟通与交流，深入了解读者对阅读体验的要求与期望。

此外，在外文文献阅览室举办主题为“同筑中国梦·共度书香年”的畅销书阅读推广活动，精选《纽约时报》畅销书排行榜图书（虚构类及非虚构类）共计20册开展推荐阅读。数字共享空间策划并组织实施“知识共享，佳节同乐”春节读者活动。

“同筑中国梦·共度书香年”畅销书阅读推广活动

【开展“文津图书奖”图书宣传及专题展示活动】

2017年4月“世界读书日”期间，典藏阅览部协助社会教育部开展第十二届文津图书奖“最受读者喜爱入围图书”的投票宣传活动，制作宣传专架放在总馆北区中文图书区各入口处，并制作展板对参评图书进行介绍。同时，在“闲话中阅”微博以长微博形式每天推送5种文津图书奖入围图书的简介，帮助读者了解54种入围图书，选出自己喜爱的图书。配合社会教育部及中文采编部对本届获奖及推荐图书进行整理，及时上架做专题展示。为提升读者对“文津图书奖”的关注度，扩大活动宣传效果，从第十一届、第十二届获奖图书中选取6种图书，对图书的封面进行扫描，制作书影纪念书签。

【组织开展读者服务宣传周系列活动】

5月22—28日读者服务宣传周期间，在总馆北区中文图书区面向到馆读者开展满意度问卷调查活动。此次调查共发放读者满意度问卷400份，回收问卷326份；同时利用“问卷星”网络平台发布调查问卷，共回收有效问卷33份。参与活动的读者可领取纪念书签一份，参与网络问卷的读者还能参与抽奖，获得文津图书奖获奖图书1册。此外，为了解青少年课外阅读及图书馆利用的现状，开展有针对性的青少年读者服务工作，举办“走进校园”活动，与北京市房山中学高一年级宏志班的同学们进行交流互动，通过接待中学生参观和走进校园的方式，为中学生介绍国家图书馆馆史以及馆藏资源和阅览服务的情况，并发放中学生阅读情况相关调研问卷。活动后，同学们表达了对图书馆的喜爱与向往，并制作精美的图文日志。与该校宏志班初步达成长期交流意向。

在综合阅览室开展主题为“温暖书香　品读经典”的专题书目推荐活动，遴选馆藏图书中各类经典图书，包括中华优秀传统文化百部经典、历届文津图书奖获奖图书等300余册，制成专题书单。书单上除展示图书的基本信息外还包含图书馆藏索取号、内容提要等，方便读者检索预约。

在数字共享空间围绕“数图遨游馨体验”的主题，策划并组织“数字图书馆资源与服务”用户培训、“数图微世界”微信墙互动体验等活动，推广国家图书馆数字资源，提高读者的信息检索技能，参与读者累计达到165人次。

【组织开展“文化和自然遗产日”宣传展示活动】

6月10日是“文化和自然遗产日”。5月25日，外文采编部副研究馆员李跃进主讲“中国的世界遗产”。此次活动以公益讲座的形式，从文化遗产的基本概念、中国“文化和自然遗产日”的来历、世界遗产名录中的中国遗产、中国遗产保护立法进程、中国世界遗产保护项目中获得的国际援助、国家图书馆所收藏的联合国教科文组织世界遗产出版物6个方面介绍中国的世界遗产，普及相关知识，充分发挥国家图书馆在提高公众认知水平、推动全民阅读以及拓展社会教育服务方面的作用。该讲座同时也是2017年国家图书馆读者服务周系列讲座之一。

在总馆北区中文图书区开展“保护文化遗产，传承华夏精神”图书专题展示活动。专架围绕这一主题，集中展示室藏图书200余种，内容涵盖文学、美术、书法、音乐、舞蹈、戏剧、曲艺、杂技、中医、历法、礼仪、民俗等非遗的各个领域。同时，为进一步扩大活动影响，科组与“中国手艺网”合作，从专架图书中选取10册可读性、知识性较强的图书制作成专题推荐书单，通过该网站的微信公众号向广大读者推介优秀图书，传递文化遗产保护精神。

在综合阅览室开展非物质文化遗产专题展板展示和专题书目推介两项活动。专题展板以“保护文化遗产，传承中华文明”为主题，从馆藏中精选出10本具有代表性、趣味性的书籍，内容涉及世界非物质文化遗产介绍、我国各省市非物质文化遗产总体概况及我国各地非物质文化遗产代表项目。展板上的每一本书均配有封面图片，并列明著者、出版社、索书号等基本信息，方便读者检索预约。除展板书目之外，还准备 60 本相关图书作为扩展书目供读者翻阅。这 60 本图书分为“概述与研究”“国内非遗巡礼”“国内代表项目”三大类，每类 20 册，每本书除基本信息外还配有内容简介。阅览室展示活动结束后，所有书目信息作为定期书刊推介内容上传到国家图书馆官网，从而使更多的读者了解非物质文化遗产相关书目信息。

【开展“老馆员讲故事”活动】

为庆祝中国共产党成立 96 周年，迎接党的十九大胜利召开，国家图书馆离退休干部处党支部和典藏阅览部党支部共同策划组织“老馆员讲故事”活动。7 月 13 日，该活动在国家图书馆少年儿童馆主题活动室启动。首场故事会由国家图书馆原副馆长、国际图书馆联合会（IFLA）执委孙蓓欣为小读者讲读《北京的春节》《北京中轴线上的城市》两本图画书。此后的一周，6 名老馆员陆续为小读者讲读《绿池白鹅》《不睡觉世界冠军》等图画书故事，发挥离退休老党员在传承中华优秀传统文化和加强未成年人思想道德建设方面的积极作用，在炎热的暑期为小读者们奉献多场丰富多彩、与众不同的故事会，受到小朋友们的热烈欢迎。

【举办 2017 中国原创图画书论坛】

2017 中国原创图画书论坛

8 月 20—21 日，由中国图书馆学会主办，中国图书馆学会未成年人图书馆分会、国家图书馆少年儿童馆承办，北京师范大学中国图画书创作研究中心、北京奇想国文化发展有限公司协助支持的“2017 中国原创图画书论坛”在国家图书馆举办。全国各地的图书馆员及童书出版社工作人员 120 余人参加此次论坛。中国图书馆学会副理事长、国家图书馆常务副馆长陈力出席开幕仪式并发表致辞。美国童书学者伦纳德 · S. 马库斯、美国童书编辑尼尔 · 波特、比利时童书作家凯蒂 · 克劳泽、中国海洋大学儿童文学研究所所长朱自强、原创绘本作家翻译家彭懿、童书作家插画家朱成梁、儿童早期阅读研究专家孙莉莉、北京师范大学文学院教授陈晖，结合中外视角，共同对世界图画书的历史与发展、中国原创作品的编辑、创作与出版以及儿童的阅读指导等内容进行解读和讨论。

【开展全国青少年信息素养调研活动】

2017 年，为更好地发挥图书馆引导未成年人阅读作用，将“全民阅读”活动引向深入发展，典藏阅览部承接了由中国图书馆学会未成年人图书馆分会组织的“全国图书馆青少年信息素养调研”活动。3 月初，经过前期调研，成立调研工作小组，起草调研活动方案，组织问卷编写。4 月底，调研小组在国家图书馆少年儿童馆及总馆北区中文图书区针对中学生读者发放预调查问卷 60 余份，同时利用“问卷星”在网上发放测试问卷 10 余份，并根据回收结果对问卷进行完善。5 月，通过微信、电话、邮件等多种渠道，向全国各公共图书馆、少年儿童图书馆、中学图书馆发放调查问卷，并开通网络问卷填写。在读者服务宣传周活动期间开展走进校园活动，通过面对面交流了解中学生课外阅读现状及需求，为数据回收及分析工作打好基础。6 月中旬至 8 月底，陆续收到来自全国近 20 个省、市、自治区的纸质及网络调查问卷 3314 份，回收有效问卷 2797 份，问卷有效率 84.40%，圆满完成活动预期目标。回收的问卷已全部完成数据录入，正在进行数据分析整理。

【举办全国少儿图书馆资源建设培训班】

全国少儿图书馆资源建设培训班

9 月 24—27 日，由国家图书馆主办、中央文化管理干部学院承办的全国少儿图书馆资源建设培训班在北京举办，来自全国 23 个省 71 家少年儿童馆的 70 余名工作人员参加此次培训。培训班围绕少儿图书馆资源建设展开，培训内容涉及少年儿童图书馆资源建设与利用、智慧图书馆建设、公共阅读空间的兴起与发展等主题。来自南开大学、上海图书馆、北京大学等少年儿童文献资源建设领域的相关专家从多角度对少年儿童文献资源建设工作进行深入讲解，大连市少年儿童图书馆以本馆少年儿童文献资源建设为案例进行了经验分享。此次培训班特别邀请“快递哥”窦立国分享其捐建公益图书馆背后的励志故事，促使学员为进一步做好图书馆少年儿童文献资源建设工作做深入思考和探讨。

【组织开展国家图书馆读书周宣传活动】

12 月国家图书馆读书周期间，数字共享空间围绕“致那些永不磨灭的经典”的主题，策划并组织“数字图书馆资源与服务”用户培训、“为你读诗”朗读活动、“为你留影”影印活动，带领读者重温经典、致敬经典，参与读者累计达到 193 人次。视听服务空间开展“唱片里的经典”系列活动，通过开展十九大主题盘片展、“砥砺前行中的中国”影片赏析等活动，满足公众的视听欣赏需求，进一步丰富大众的精神生活。

【开展国家动漫公共素材库建设】

2017年，国家动漫公共素材库继续丰富中华优秀传统文化素材资源，完成约17000个传统文化二维素材、1000套三维素材的制作及入库工作，完成2000余个纹饰素材的矢量化工作。5月，开展“古风漫影——动漫素材数字文化体验展”活动，利用数字图书馆体验区的场地环境和设备，通过传统展览形式与新技术创新体验模式相结合的方式，生动展示动漫素材资源尤其是馆藏优秀古籍素材资源，并开发胶带、明信片、书签等文创作品。利用互联网服务的优势，与第三方平台建立合作运营机制、开展线上宣传活动，进行微博、微信公众号的运营，平台新增用户21万，微信关注人数年增长2.1万，微博关注人数年增长2.4万。

【举办2017年全国科技活动周数字资源推广活动】

5月，2017年“全国科技活动周”期间，国家图书馆围绕“科技强国　创新圆梦”的主题，借助微博、微信等社交媒体平台，通过线上宣传推广、线下主题互动的形式，开展针对性强、趣味性高的公益科普系列活动。活动分为：“中华传统文化百部经典”宣传片展映、国图公开课“科技强国　创新圆梦”专题、公开课线上调查问卷、典籍趣味拼、政府开放数据利用方案创意征集等5个子活动。读者可以通过课程学习、在线答题、游戏闯关等方式参与活动，还可在活动现场与工作人员进行面对面的交流互动，气氛轻松热烈。

【为地方和军队及武警部队开展数字图书馆服务】

2017年，继续加强保障地方和军队图书馆的资源服务工作，为最高人民法院分馆、塔里木油田数字图书馆、解放军总后勤部数字图书馆、解放军第二炮兵数字图书馆等提供技术支持和资源更新服务。累计为最高人民法院分馆提供2次远程支持，为塔里木油田更新第十一届文津图书奖110种图书、50场视频等资源。

2017年，信息网络部与立法决策服务部合作建设政法委数字图书馆。开发政法委数字图书馆远程访问国家图书馆中文图书资源库的功能；为政法委机关内网部署资源镜像系统，累计提供1万余种电子图书的在线阅读服务，并且与立法决策服务平台进行系统整合，提升用户的使用体验。

为深入贯彻落实习近平总书记关于军民融合发展重大战略思想，开展文化建设军民融合发展合作，在文化部的统一指导下，国家图书馆与武警部队合作建设武警部队数字图书馆，旨在为武警部队构建广覆盖、多终端的党建平台、学习平台和文化平台，提高武警官兵的政治意识、军事素养、弘扬中华优秀文化，坚定文化自信，推动军民文化融合的落地发展。武警部队数字图书馆于2017年8月正式提供服务，建设了基于武警政工网、互联网和移动终端的数字图书馆服务，为武警官兵提供党建知识、中华优秀传统文化、军事题材和普适性文化资源等约2TB数字资源，为武警部队党的建设和武警官兵精神文化生活提供资源保障和智力支持。

【运行管理中国海外文化中心数字图书馆】

2017 年，继续做好中国海外文化中心数字图书馆的运行管理，不断丰富数字资源，开设春节楹联专题，推广中华优秀传统文化；利用微信的群模式及时解答各个文化中心用户在使用过程中遇到的问题。对外联局相关处室及各中心广泛调研，设计中国文化中心数字图书馆升级方案，开展二期建设。目前系统建设进展顺利，新的中国文化中心数字图书馆将进一步提升用户体验、丰富资源内容，成为对外文化交流和提升我国文化软实力的重要窗口。

【拍摄国家图书馆中英文宣传片】

国家图书馆宣传片是国家图书馆对外宣传推广、国际交流等工作时的重要宣传手段及工具。2017 年，国家图书馆新拍摄制作中、英文两版宣传片，成为国家图书馆宣传推广的精美“名片”。国家图书馆作为国家总书库、国家书目中心、国家古籍保护中心、国家典籍博物馆，致力于增进与世界各国图书馆界的交流与合作，为民族文化与人类文明的传承和传播做出重要贡献。因此，宣传片使用大量珍贵历史图片、影像资料，并运用延时摄影等新技术手段拍摄大量馆舍、工作服务等精美画面，梳理国家图书馆的历史起源与变迁；介绍其定位、职能，馆藏特色及各类文献总量；目前承担的重点工程及项目；“查、阅、咨、藏一体化”的现代化服务新格局；“文津图书奖”“国图公开课”等文化品牌；立法决策咨询服务等国家图书馆的重要工作内容。

【举办“M 地铁 · 图书馆”书春日特别活动】

国家图书馆联合央视网、中国楹联学会举办的“春联来了”特别活动已经连续多年。2017 年的书春日活动，形式上选择全国 8 家图书馆同步多点在央视网直播；内容上则与“M 地铁 · 图书馆”项目相结合。通过征集招募、筛选，国家图书馆、安徽省长丰县图书馆、山东省即墨市图书馆、广西壮族自治区南宁市图书馆、江苏省金陵图书馆、山西省朔州市图书馆、内蒙古自治区达拉特旗图书馆和重庆市开州区图书馆在央视网首页、央视影音客户端首页、网络新闻联播、央视网微博端进行推荐，引发广泛反响。同时在新浪微博、今日头条、腾讯、北京时间等多家新闻客户端重点推荐。截至 1 月 22 日，节目全网播放量已突破 21 万次。

“M 地铁 · 图书馆”书春日特别活动手机直播

该活动系京港地铁、国家图书馆、北京曹雪芹学会合作推出的“M 地铁 · 图书馆”系列之“品红之道——生活中的《红楼梦》”专题，向大家全方位展示经典文学作品中的年俗和故事。直播依次在地铁北宫门站、红楼专列以及国家图书馆（国家典籍博物馆）三处进行。在活动的第一站地铁北宫门站，“红楼专馆”正式开启，曹雪芹故居“黄叶村”被微缩制样后搬进地铁站，里面详细介绍了本期活动推荐的10本电子书籍，乘客可以通过扫描二维码等方式获得免费全本阅读。在红楼专列上，乘客和红迷们拿着在“红楼专馆”内领到的下半联对联，在列车上寻找“另一半”，只要成功配对，就可到国家图书馆活动现场领取整副对联；车厢内还张贴了红楼梦场景画面，乘客可以一边欣赏精美的红楼绘本画作，一边玩猜画游戏。在本次活动第三站——国家典籍博物馆，读者在书法家带领下书写春联，并参与到“红楼知识大闯关”“摇一摇”等互动活动中，体验传统年味十足、欢乐喜庆的中国年。

【国图讲坛举办“匠意营造：中国传统建筑”系列讲座】

2017年，国图讲坛推出“匠意营造：中国传统建筑”系列讲座。该系列讲座自2月25日开讲，至年底已举办10场内容丰富、形态多样的学术活动。邀请清华大学贾珺教授、北京大学方拥教授、故宫博物院原副院长晋宏逵研究馆员、北京建筑大学穆钧教授、天津大学建筑设计研究院原院长杨昌鸣教授、北京市古代建筑设计研究所原所长马炳坚先生、“官式古建筑营造技艺”非物质文化遗产传承人李永革研究馆员等10位知名专家，就“半亩山池半壁天”“建筑文化中的三角形”“辉煌的紫禁城”“乾隆时期的密教建筑营建”“发现佛光寺和中国营造学社的历史贡献”“营造传统的发掘、更新与传承”“海上丝绸之路重镇——古城泉州”“中国传统建筑中的非物质文化内容”“官式古建筑木作技艺介绍”等主题进行讲述。该系列讲座受到读者的热烈欢迎。

【国图讲坛举办“2017年非物质文化遗产保护讲座月”系列活动】

国图讲坛作为传播和弘扬中华优秀传统文化的平台，遵循“年年讲非遗”的办讲传统，于6月10日“文化和自然遗产日”当天开启“2017年非物质文化遗产保护讲座月”系列活动。该系列活动共含1场特别活动、1场展演活动和8场精品讲座，主题涵盖非遗基本理论、二十四节气等社会热点，先后探讨中国传统工艺振兴、非遗的活态传承、城市化与非遗保护等话题。活动采取多样化的呈现形式，融入多种传播渠道，为读者提供更加便利和深入的学习条件。特别活动“非遗中的老北京”，以彩塑京剧脸谱、戏曲盔头制作技艺、北京刻瓷、北京砖雕、传统灯彩、京派

彩塑京剧脸谱传承人在“非遗中的老北京”特别活动现场演示画脸谱技艺

内画鼻烟壶 6 项老北京非遗项目为主题，现场进行访谈、点评、技艺演示、作品展示、读者体验等多种形态的活动，并运用网络直播技术，同步服务线上读者达 136 万人次。展演活动“中国皮影戏的历史、现状与传承发展”由皮影戏研究专家魏力群老师和昌黎县向东皮影剧团共同完成：魏力群老师深入梳理了我国皮影戏的历史、现状与传承；昌黎县向东皮影剧团现场表演《三打祝家庄》《火焰山》等片段，为读者提供深入、直观了解中国皮影戏的学习机会。

本年度“非遗讲座月”呈现出内容多样、宣传面广、参与读者数多且年轻化等特点，累计服务到场读者约 3000 余人次，服务线上读者逾 200 万人次。越来越多的在校学生和青年创业者关注该活动，国图讲坛也日益成为青年人系统学习非遗知识的重要平台。

【国图讲坛举办“燕京梦华录”北京古都风物系列讲座】

一座城市的历史就是一个民族的历史，“燕京梦华录”北京古都风物系列讲座旨在梳理介绍北京地方风物和城市流变的历史轨迹，深入挖掘老北京丰厚的人文内涵和宝贵而丰富的人类文化遗产，让民族文化血脉得以延续和弘扬。全年共举办系列讲座 6 场。9 月 10 日下午，北京师范大学文学院民间文学研究所教授岳永逸作为首讲嘉宾，以“北京民俗的‘远’与‘近’”为题拉开系列讲座序幕。随后住房和城乡建设部传统村落保护研究中心顾问专家王南、北京社会科学院研究员李宝臣、故宫博物院研究馆员王军、《北京经济瞭望》前主编袁家方、清华大学建筑学院教授吕舟依次受邀，为读者讲授“北京都城规划与历史沿革”“旧京美食”“北京旧城历史文化价值新探”“老字号与北京”“北京中轴线申遗与世界文化遗产”5 场老北京传统文化讲座。

【国图讲坛举办《世界遗产视野下的“一带一路”》新书演讲会】

10 月 28 日，《世界遗产视野下的“一带一路”》新书演讲会在涵芬楼书店举办。该书由商务印书馆出版发行，是国图讲坛“世界遗产视野下的‘一带一路’”系列讲座的汇编，收录刘庆柱、吕舟、姜波、陈凌、王开玺、李水城、齐东方、韦正等知名专家的讲稿 10 篇，内容涉及“汉唐盛世与丝绸之路”“世界遗产和文化战略”“天山廊道的丝绸之路”“考古学视野下的海上丝绸之路”“清代的中西交通及其特点”“齐家文化：‘前丝绸之路’的重要奠基者”“‘一带一路’的文物、经济发展与文化交流的情况”等。迄今为止，从世界遗产角度研究“一带一路”的中文文献委实不多，该书的出版对于填补相关研究之空白，帮助读者全面了解“一带一路”大有裨益。

《世界遗产视野下的“一带一路”》新书演讲会

【国图讲坛举办“院士讲科普”系列讲座】

2017 年，为进一步传播科学知识，提高公众科学素养，国家图书馆与中国科学院学部工作局合作，推出“院士讲科普”系列讲座，受到社会各界的广泛好评。该系列讲座邀请中国工程院医药卫生学部首届院士秦伯益，中国科学院院士、太阳物理学家汪景琇，中国科学院文献情报中心党委书记何林，中国科学院数理学部院士、凝聚态物理学家朱邦芬等，就“读书与人生”“太阳活动和空间天气”“请历史记住他们——‘两弹一星’研制带给我们的启示”“什么是物理学——物理学的过去现在和未来，兼谈一般公民为什么要学物理”等主题和读者进行精彩的分享和互动。

朱邦芬院士主讲“什么是物理学”

【国图讲坛举办“外交官亲历”系列讲座】

2017 年，国图讲坛举办“外交官亲历”系列讲座 12 场，邀请多位外交官来到国家图书馆，与读者面对面分享中国外交官与当代世界著名政治人物的交往实录，以及对这些国际风云人物所作重大决策的评议。本系列讲座开篇由前驻韩国首任大使张庭延开讲，主题是“中国和韩国关系：我在韩国当首任大使”，吸引大批读者到场。随后，前驻中非大使、前驻法国大使馆政治处公使衔参赞孙海潮结合时事热点主讲“欧洲形势与法国大选”“外交官眼中的法国”，前驻阿联酋、约旦大使刘宝莱结合北京举办的“一带一路峰会”主讲“‘一带一路’建设与中东”，前驻英国大使马振岗主讲“英国脱欧下的欧盟前景”，中国前 APEC 高官、前驻尼日利亚、哥伦比亚大使王嵎生主讲“解读‘一带一路’国际合作高峰论坛”，前驻新西兰、比利时大使张援远主讲“比利时与中比关系发展”，前驻莫桑比克、东帝汶大使、巴西大使陈笃庆介绍“金砖五国之巴西”，前驻俄罗斯使馆公使衔参赞、公使，前驻乌克兰、波兰、哈萨克斯坦大使周晓沛主讲“悠悠驼铃丝路情——解读‘丝绸之路经济带’倡议的历史渊源及对接前景”，前驻卢森堡、罗马尼亚、德国大使卢秋田主讲“中西文化及思维差异”，前驻菲律宾、新西兰、津巴布韦大使黄桂芳介绍“非同寻常菲律宾——群岛之国”，前驻马来西亚、巴基斯坦、印度尼西亚、印度大使周刚解读“金砖五国之印度”。该系列讲座因结合重大热点地区热点问题、兼具文化博览和史学分析，得到学界专家与广大读者的好评。

【国图讲坛举办“在文字间穿行”翻译家系列讲座】

2017 年，国图讲坛举办“在文字间穿行”翻译家系列讲座 5 场，邀请知名翻译家面向公众讲授。由北京大学德语系主任黄燎宇首讲，主题为“匠心·学问·灵感——论文学翻译的三位一体”。随后其他4位翻译家的主题讲座包括：中国社会科学院外国文学研究所研究员余中先的“法国新小说如何来到中国——我译新小说”，中国社会科学院荣誉学部委员郭宏安的“谈文学翻译——以《局外人》和《红与黑》的翻译为例”，首都师范大学法语系教授李玉民的“巴黎圣母院——并立的两座丰碑”和年轻翻译家代表、最新版译本《百年孤独》译者范晔的“‘背叛’马孔多——我的学译点滴”。该系列讲座从译著本身的解读、翻译过程的心得体会等，多角度体现文化的多样性和文化交流的重要性，兼具学术性和普及性，得到学界专家与广大读者的好评。

【国图公开课“馆员课堂——世界图书馆馆长访谈”上线】

9月9日馆庆期间，国图公开课“馆员课堂”栏目推出“世界图书馆馆长访谈”。第一批上线视频共5场，累计时长约126分钟。该访谈从2015年开始筹备拍摄，由中国国家图书馆馆员担任采访记者，先后采访15个国家的图书馆馆长和图书馆界国际组织负责人。采访从图书馆员的专业角度出发，从图书馆概况、特色资源建设、读者服务、人才培养、国际合作、阅读推广、机遇与挑战等几个方面与受访者进行交流，探讨目前业界普遍关心的焦点问题和未来图书馆发展的方向，为打开我国图书馆员的国际视野提供良好契机。本次上线的5场视频，分别采访的是法国国家图书馆馆长布鲁诺·拉辛、毛里求斯国家图书馆理事会主席安杜尔德·巴桑和馆长拉莫斯、英国国家图书馆执行馆长卡洛琳·布雷泽、新西兰国家图书馆亚历山大·特恩布尔分馆馆长克里斯和国际图联主席多纳·希德。

【国图公开课“一书一课”栏目首门课程“诗经二十讲”上线】

为加强我国国民传统文化的通识教育，国图公开课在已有课程栏目基础上，配合“中华传统文化百部经典编纂计划”，设立“一书一课”栏目。该栏目以“中华传统文化百部经典”为基础，邀请对中外传统文化典籍有专深研究的学术名家开设课程。与国图公开课传统的“专题课程”不同，“一书一课”栏目采用小班教学，由一位老师面对20余位不同行业不同年龄的固定学员，针对一部经典，开授一门课程，强调“严严肃肃、原原本本地将一部典籍讲深讲透”。“一书一课”栏目从典籍文本出发，重视师生互动，带领学生品读经典，传授作品内涵、思想和意义，强化线上线下课程的衔接和互补。

“诗经二十讲”录制现场

《诗经》作为五经之首，是我国诗歌史上的一座高峰。它以古朴自然的艺术风格向后人展示上古周朝代的社会制度、礼仪文化、社会生活和文明程度，既是我们的文学经典，又是我们的文化经典。2016年10月，“一书一课”栏目首门课程“诗经二十讲”邀请到《中华传统文化百部经典·诗经》解读人、北京师范大学教授李山老师开讲，经过一年的录制和筹备，配合《中华传统文化百部经典》首批图书的出版，“诗经二十讲”课程于2017年12月15日起陆续上线。“诗经二十讲”从诗经学的基本概念出发，详细讨论学习《诗经》的意义和价值，讲解周朝民族文化的融合、国家礼仪的特点、祭祀观念的变化，以及与农耕、宴饮、战争、婚俗等主题相关的诗篇内容和特征。李山老师多年致力于《诗经》的研究、校注和教学工作。他凭借丰富的教学经验，结合典籍考据和考古材料，脉络分明、深入浅出又洒脱诙谐地将《诗经》篇章铺陈开来，纵横捭阖地带领课程学员了解诗篇中传递的朝代制度和文化特征。经过一年的系统学习，学员们都认为“一书一课”的教学方式让他们获益匪浅，对《诗经》的理解也超出诗篇艺术层面的简单认知，并深切地理解了李山老师在开课时所提及的“要了解我们的文化传统，我们的文化根源，非要解读《诗经》不可”。

【国图公开课推出“传统艺术公开课”系列课程】

陈履生主讲“丹青传世美”

2017年，国图公开课“专题课程”栏目重点推出2016年国家艺术基金资助项目“传统艺术公开课”，将中华优秀传统文化与互联网时代新的学习模式相结合，将承载民族记忆的传统艺术以课程的方式呈现在社会大众面前，增强中国人的民族自信与文化自信。已开始录制的课程有：舞蹈课程“舞蹈与生命的交响”，由中国舞蹈家协会主席、中国艺术研究院研究员、中国文学艺术基金会副理事长冯双白主讲；书法课程“中国书法：从书写中生长的民族精神”，由中央美术学院教授书法与绘画比较研究中心主任邱振中主讲；绘画课程“丹青传世美”，由中国国家博物馆原副馆长、中国美术家协会理事陈履生主讲；戏曲课程“盲人摸象戏曲谈”，由国家一级编剧、中国国家京剧院前院长、中央文史馆馆员吴江主讲；建筑课程“中国古代建筑文化与艺术”，由清华大学教授、建筑历史与文物保护研究所所长王贵祥主讲。“传统艺术公开课”课程定位为面向大众的艺术通识教育，需涵盖各个艺术门类的发展历史、形态特征、流派、代表人物及作品等，帮助公众形成对该艺术门类的基本认识，提升公众的艺术欣赏和审美能力。

【国图艺术家讲坛举办“中国传统音乐赏析”系列讲座】

2017年，为了让更多的读者感受到中国传统音乐的深邃魅力，提升读者的音乐修养，传播中国音乐文化，国图艺术家讲坛开设一个新的系列——“中国传统音乐赏析”，在形式上采取讲、演相结合的方式，在讲授中穿插艺术表演环节。全年共举办 3 场讲座，分别是：青年琵琶演奏家、新十大琵琶演奏家李叶丹主讲“中国的琵琶”，中央音乐学院教授、博士生导师周青青主讲“我国民族民间音乐的艺术价值与文化内涵”，青年二胡演奏家闫国威主讲“‘听，胡琴在唱歌’——如何运用歌唱法进行二胡演奏”。该系列讲座深受读者的喜欢。通过音乐这种表达方式，经过艺术家的演绎，帮助更多的读者尤其是青年人了解我国的传统音乐，提升文化自信。

闫国威主讲“‘听，胡琴在唱歌’——如何运用歌唱法进行二胡演奏”

【文津读书沙龙举办“斑斓阅读”系列讲座】

2017 年，文津读书沙龙面向公众推出“斑斓阅读”系列讲座。本系列讲座是基于英国牛津大学出版社和外语教学与研究出版社联合出版的一套英汉双语百科系列读本“斑斓阅读”，该书系内容涵盖历史、哲学、宗教、政治、自然科学、艺术和文化等 30 多个学科，内容通识易读，适合希望广泛涉猎各个领域知识的读者。主办方从中精选出“走进艺术”“走进历史”“走近科学”“走进哲学”4 个讲座类别，每讲以一本书的内容为一个专题，邀请该书的译者担任主讲嘉宾，以通俗的语言、权威的分析、全新的观点，将书中的精华娓娓道来。全年共举办 3 场讲座，分别是：北京外国语大学英语学院教授赵国新的“斑斓阅读，走进艺术——多面的文艺复兴”，北京大学历史学系教授颜海英的“斑斓阅读，走进历史——探秘古埃及”，北京大学英语系教授韩敏中的“斑斓阅读，走进历史——19 世纪英国：现代转型与启示”，讲座互动热烈，深受现场听众的喜爱。

颜海英主讲“斑斓阅读，走进历史——探秘古埃及”

【国图 · 流动讲坛举办“2017 年文化部机关干部自主选学”系列讲座】

受文化部人事司培训处委托，国家图书馆社会教育部承办“2017 年文化部机关干部自主选学”系列讲座。全年共举办 10 场讲座。分别为：中国人民大学国际关系学院副院长、教授、博士生导师金灿荣主讲“特朗普当选后的中美关系”，中国老龄事业发展基金会孝文化传播委员会副主任吕明晰主讲“中办、国办《关于实施中华优秀传统文化传承发展工程的意见》解读”，中国人民大学国际关系学院教授、博士生导师时殷弘主讲“中国的东北亚难题：中日、中韩和中朝的战略”，国家行政学院教授、财政学学科带头人、博士生导师许正中主讲“中国经济社会发展新战略”，中国国家博物馆研究员齐吉祥主讲“北京的古迹”，空军大校、中国科普作家协会常务理事焦国力主讲“我国国防建设的若干问题探析”，北京大学光华管理学院组织管理系教授、博士生导师王辉主讲“中国传统文化与组织中的领导行为”，首都经济贸易大学城市学院首都经济研究所所长、区域经济学博士生导师祝尔娟主讲“关于京津冀协同发展的若干思考”，北京大学考古文博学院教授、建筑考古学博士生导师方拥主讲“中国传统建筑文化”，北京师范大学文学院教授、博士生导师李山主讲“魅力诗经：中国人的精神家底”。此系列讲座作为国图 · 流动讲坛特别系列，从文化部机关干部的自主意愿出发，将国图讲坛优秀讲座内容引入文化部机关，在满足机关干部学习愿望的同时，弘扬和宣传优秀的传统文化，受到文化部机关工作人员的好评。

【国家图书馆培训中心承担文化部老年大学西区分校教学教务管理工作】

2017 年，由文化部主办、国家图书馆承办，国家图书馆离退休干部处和社会教育部联合实施的文化部老年大学西区分校在国家图书馆继续开展教学工作。国家图书馆培训中心负责教学场地的落实、教学计划的执行、教学设备设施的补充、教务管理和教学活动组织以及安全保障对接工作。根据文化部离退休干部局安排，文化部老年大学西区分校共开设二胡、书法、装裱、电脑、摄影、舞蹈、合唱等 7 门共 9 个班次的课程，服务文化部系统离退休学员 240 余人。任课教师队伍由文化部离退休干部局指派教师与国家图书馆部分在职专业人员共同组成，国家图书馆培训中心工作人员在保证常规业务工作的同时，安排专人负责老年大学教学教务管理工作。

【举办中国记忆项目“中国图书馆界重要人物专题”资源共建工作培训班】

12 月 4—7 日，中国记忆项目“中国图书馆界重要人物专题”资源共建工作培训班在国家图书馆举办。来自全国 31 家图书馆、与图书馆相关的高校院系、研究机构等共建单位的 50 位口述史工作者参加此次培训。培训班邀请中华口述历史研究会常务副会长、扬州大学原副校长、南京大屠杀幸存者口述史研究会名誉会长周新国教授，北京大学信息管理系王子舟教授，中国社会科学院历史研究所研究员、口述史学家定宜庄研究员等口述史和图书馆学领域的专家，讲授系统而具有针对性的理论课程，并利用工作坊、放映交流等形式，和与会者展开深入探讨，共同思考如何利用图书馆平台进行记忆资源抢救与建设，如何将记忆资源有效纳入图书馆的馆藏体系，推进业务规范的制定和资源的共建共享。在工作坊和交流单元中，来自全国各图书馆的项目负责人分享图书馆界口述史实践的经验与案例，更加深入地探讨多样化的口述史实践的具体内容。交流单元还以口述史访谈的应用为主题，放映纪录片《二十二》，并邀请该片导演郭柯与参训人员开展交流；邀请“中国图书馆界重要人物专题”第一批项目受访人——北京大学教授、图书馆学家吴慰慈先生和国家图书馆研究馆员朱岩先生来到培训现场，与大家互动交流。

培训班交流单元中纪录片导演郭柯（右一）与参训人员进行交流

自2015年中国记忆项目“中国图书馆界重要人物专题”正式启动以来，全国已有17家图书馆和高校的相关院系参与到这个项目中来，对25位图书馆界的老专家以及为我国图书馆事业做出过卓越贡献的人物进行口述史访问，这是中国记忆项目第一次尝试在全国范围开展资源共建共享。在本次培训中，国家图书馆正式启动“中国图书馆界重要人物专题”第二批项目的共建共享。这些珍贵的记忆资源将在国家图书馆和全国各共建单位永久保存，为我国图书馆的行业史及图书馆人记忆中的当代史增添新的史料依据，也为公众认识和了解我国图书馆行业的发展打开一扇生动的影像之窗。

【举办“致敬经典 · 古韵弥新”文津经典诵读五周年系列活动】

在文津经典诵读项目推出成立五周年之际，国家图书馆特举办“致敬经典 · 古韵弥新”文津经典诵读五周年系列活动，陆续推出文津经典诵读致敬经典讲座、“致敬经典 · 古韵弥新”文津经典诵读五周年展览、古体诗原创作品征集、“领读人计划”等一系列读者活动。12月24日上午，原浙江美术馆馆长、国家一级美术师斯舜威先生受邀做客国图讲坛做题为“古典诗词典故承载的文化信息”的诗词讲座，受到读者欢迎。12月25日，“致敬经典 · 古韵弥新”文津经典诵读五周年回顾展在国家图书馆总馆北区一层学津厅开展。该展览分为五周年工作回顾、中华经典再现、古代诗词游戏、新媒体视听、交互体验5个展示区域，艺术化、多形式地展示文津经典诵读五年以来的工作成果。展览设计古雅别致，展厅中央下垂的幔布与屏

文津经典诵读五周年回顾展现场

风中，山峰层峦叠嶂若隐若现，营造出中国传统水墨山水画的场景，与展览中“千古江山”的诗句交相呼应，彰显“诗中有画，画中有诗”的传统表达，激发读者对诗词学习的兴趣。展厅内还展出米芾《研山铭》的长卷及“兰亭集序”刻碑，设有碑拓读者体验区，并加盖“二十四节气物候章”“文津经典诵读”收藏章。此外，文津经典诵读古诗词原创作品征集活动与《诗词家》杂志社合作，利用新媒体和传统媒体进行多元宣传，专家评审和大众评审共同评判，将入围作品发布在社交媒体上进行分享点赞，优秀作品在《诗词家》杂志公开发表，活动一经推出，社会反响热烈，读者投稿踊跃。

【国图艺术中心举办“超级大提琴 2017”系列活动】

4 月 28 日—5 月 1 日，由国图艺术中心、北京朱亦兵艺术中心联合主办的“超级大提琴 2017”系列活动在国图艺术中心举办。来自 14 个国家的 21 位大提琴演奏家共推出 13 场音乐会、12 场大师课以及各类讲座和展览。这是继“超级大提琴 2016”在国图艺术中心上演之后的第二届大提琴音乐节。参加演出的大提琴演奏家包括以色列大提琴家加弗利尔 · 利普金德，艾克尔斯豪森音乐节艺术总监、德国大提琴家尤利乌斯 · 贝尔格，还有风靡全球的大提琴组合“法国大提琴”等，让观众感受到不同学派、不同风格的演奏。音乐会的形式包括独奏、重奏、室内乐组合，还特别邀请中国国家交响乐团带来“协奏曲之夜”，独特呈现了一场“爵士之夜”，让观众领略到大提琴不同的侧面。

“超级大提琴”和常见的音乐会有着截然不同的音乐体验，在 4 天时间内，从早上 9 点到晚上 10 点有连续不断的音乐活动。活动打破观众固有的空间概念，从化妆间、电影厅、排练厅、音乐厅，从前厅、过道、走廊，都变成音乐的乐园、大提琴的秀场，让众多国内乐迷不出国门，就能充分感悟与世界相同的古典音乐最时尚的呈现方式和人性情感的宣泄方法。

【国图艺术中心上演谷建芬“新学堂歌”音乐会】

在“六一”儿童节到来之际，5 月 31 日晚，由文化部主办，文化部艺术司、中国东方演艺集团承办的谷建芬“新学堂歌”音乐会在国图艺术中心举办。全国妇联主席沈跃跃、国务院原副总理吴仪、人大常委会原副委员长顾秀莲、文化部部长雒树刚、文化部副部长董伟、北京市副市长王宁、中国文联主席铁凝、中国文联党组书记李屹等领导莅临观看。

谷建芬与小朋友们同台演唱“新学堂歌”

谷建芬是我国著名作曲家，多年来创作了《采蘑菇的小姑娘》《歌声与微笑》《那就是我》《年轻的朋友来相会》《烛光里的妈妈》《绿叶对根的情谊》等一大批脍炙人口的歌曲，同时还培养了一批优秀音乐人才，为我国音乐事业的繁荣发展做出突出贡献。2005 年以来，进入古稀之年的谷建芬致力于儿童歌曲创作，陆续为 50 首经典诗文（词）谱曲，在中小学及社会艺术培训领域广泛传唱，被称为“新学堂歌”。这些歌曲清雅质朴、旋律优美、朗朗上口，让孩子们在歌唱中汲取古典诗词的营养，对于启迪少儿心智、传承弘扬中华优秀传统文化发挥积极作用。当晚的音乐会分为四个篇章，选取谷建芬创作的《三字经》《弟子规》《千字文》《悯农》《游子吟》等 18 首“新学堂歌”，并以“一母一子”两位人物形象作为音乐会串联主线，舞美设计呈现简约而唯美的水墨画风格，辅以多媒体等现代化手段，让人耳目一新。在音乐会尾声，谷建芬还走上舞台，和孩子们共同演唱，引发全场观众长时间的热烈掌声。演出前，谷建芬还为国图艺术中心题词：“愿我们团结起来更多地更好地为孩子创造国学文化发展的事业！”

【大型公益活动“通过朗读爱上阅读”——《朗读者》读者见面会举办】

《朗读者》是中央电视台推出的大型文化情感类节目，节目播出以后迅速成为文化热点事件并得到广泛好评。为进一步推广全民阅读，8 月 13 日上午，由中国出版集团、中央电视台、国家图书馆三家机构联合主办，人民文学出版社、国图艺术中心承办的大型公益活动“通过朗读爱上阅读——《朗读者》读者见面会”在国图艺术中心举办。全国政协常委、民进中央副主席朱永新，中国作协副主席吉狄马加，国家图书馆馆长韩永进，中国出版集团总裁谭跃，中央电视台综艺频道总监郎昆，中国出版集团副总经理李岩等领导和嘉宾，以及中央电视台著名主持人、电视节目《朗读者》节目制作人董卿，中央电视台著名主持人白岩松，《朗读者》总导演刘欣等参加此次公益活动。整场活动由中央人民广播电台读书栏目主持人贺超主持。人民文学出版社社长臧永清介绍《朗读者》的出版情况。朱永新、吉狄马加、韩永进、李岩、郎昆先后致辞。韩永进在发言中表示，国家图书馆希望与中央电视台、中国出版集团进一步加强合作，为服务广大读者，建设书香社会，建设文化强国贡献更大的力量。

活动现场通过反串式访谈的形式，董卿回顾了团队开始谋划、制作电视节目《朗读者》前后的艰辛、努力和期望并为大家朗读中国台湾作家林清玄的作品《百合花开》。在嘉宾朗读环节，特邀著名作家、茅盾文学奖获得者周大新，和曾参与《朗读者》第一季节目录制的著名作家曹文轩、中央电视台著名节目主持人白岩松进行文学篇目的朗读与分享，

董卿与主持人贺超向观众分享节目心路历程

并随机挑选 2 位观众以朗读进行现场互动。

【“图书馆奇幻夜”音乐会在国图艺术中心举办】

9 月 17 日，“图书馆奇幻夜——中国故事”民族作品亲子音乐会在国图艺术中心举办。本场音乐会的演出团队“启迪之声新乐团”由中国交响乐团、中国爱乐乐团、中央音乐学院、中国音乐学院、中国歌剧舞剧院、中央芭蕾舞团等国家级院团的优秀音乐家及海归音乐家组成。北京卫视卡酷少儿频道主播修亚明作为主持人，通过生动的演绎和巧妙的言语为小朋友们筑造一个故事王国，引导孩子发挥表演的潜能，增添灵动的趣味，拥抱美好的未来。先锋马头琴演奏家伊德尔为观众独家奉献了别出心裁的马头琴改编创新表演。此次音乐会还首次将呼麦这种独特的世界非物质文化遗产融入其中，带动全场观众感受这一“蒙古族民间音乐的活化石”。演出过程中，艺术家们通过《茉莉花》《走西口》《花儿为什么这样红》等中国不同地区不同民族的音乐，用中国古典民乐和西洋交响乐汇成一首首古今中外璀璨瑰宝的经典乐章，更绘制了一副中国大好河山的音乐画卷。

11 月 19 日，中国国家交响乐团铜管重奏团的 6 位年轻演奏家在国图艺术中心为观众带来一场“图书馆奇幻夜 · 嘀嘀嗒嘀嘀”亲子音乐会。演奏家们演奏了芭蕾舞剧《胡桃夹子》选段、电影《一个美国人在巴黎》插曲等经典音乐，为现场观众带来新奇的体验。本次亲子音乐会的主持也换成两位活泼可爱的小朋友。另外，和以往的“图书馆奇幻夜”一样，本次音乐会不仅是一场单纯的音乐鉴赏会，更是一场音乐科普活动。演奏家们通过生动活泼的语言、轻松幽默的方式，为小朋友和家长们科普铜管乐器知识、作曲家们的故事等，并邀请小朋友到台上互动，指导他们演奏技巧。

“图书馆奇幻夜”系列亲子音乐会已在国图艺术中心举办近 10 场，每一场都有其独特之处，结合音乐作品的符号和话语为观众营造一个既轻松又不失知识性的视听音乐会。

“图书馆奇幻夜 · 嘀嘀嗒嘀嘀”亲子音乐会演出现场

【国图艺术中心举办“祖国颂”交响音乐会】

9 月 27 日，为迎接祖国 68 岁生日，由国图艺术中心精心策划，国音管弦乐团和国音合唱团联合演出的大型交响合唱音乐会“祖国颂”在国图艺术中心音乐厅上演。音乐会共分为两个部分：第一部分为交响乐主题，主奏交响诗《红旗颂》、钢琴协奏曲《黄河》。第二部分为合唱主题，主要演唱《我的祖国》《走进新时代》《在希望的田野上》《歌唱祖国》等耳熟能详的爱国歌曲。毕业于中央音乐学院指挥系的焦子傲先生担任指挥，青年钢琴演奏家贺茗女士担任钢琴独奏。国音管弦乐团由北京一零一金帆交响乐团、各知名高校交响乐团的毕业生及北京各音乐院校教师、学生组成，致力于营造轻松、互动的音乐氛围，实现对正确音乐理论的普及与传承。国音合唱团则是汇集北京合唱界的60位精英，以排练和演唱中外艺术合唱歌曲、爱国歌曲为主的合唱团。此次音乐会没有华丽奢华的舞台装饰和灯光布景，只有艺术家们最真挚的歌声、乐曲与情感。通过交响、合唱作品，弘扬爱国主义精神，歌颂中国人民在中国共产党的领导下不畏牺牲、不屈不挠、艰苦奋斗、奋发向前的意志品质，弘扬爱国主义精神。

国音管弦乐团进行演奏

【公益讲座“神乐署的前世今声”开讲】

伴随国家图书馆视听阅览服务中心对公众开放，国图艺术中心积极为读者带来形式多样、内容丰富的文化活动。10月31日上午，公益讲座“神乐署的前世今声”在国图艺术中心电影厅开讲。北京市天坛公园神乐署作为天坛的五组主要建筑之一，所承载的中和韶乐有着三千年的历史。中和韶乐源自周代的雅乐，明朝初期正式将雅乐更名为中和韶乐。随着封建王朝的灭亡，中和韶乐也退出历史舞台。天坛公园工作者自20个世纪80年代开始对中和韶乐进行挖掘整理，直到2004年神乐署正式对外开放，终于把沉睡在书本和文献中的音符唤醒，在舞台上进行展示。本场讲座的主讲人王玲是天坛神乐署雅乐中心主任、雅乐团团长，非物质文化遗产“天坛神乐署中和韶乐”传承人，主要从事天坛神乐署中和韶乐的研究、传承、展示和文化推广工作。讲座中，王玲分别从“我们从哪里来——天坛神乐署的历史功用”“我们为么要做这个事——天坛神乐署中和韶乐的挖掘恢复情况”以及“非物质文化遗产在天坛神乐署的传承保护发展”三个方面，为读者讲述天坛神乐署的历史和天坛神乐署雅乐团的故事，让读者对天坛有更加深入的了解和认识。

【文化部老艺术家在国图艺术中心唱响“大地歌谣”】

11月23日，文化部老艺术家合唱团“大地歌谣——风情合唱音乐会”首演在国图艺术中心举行。演出曲目以人民群众耳熟能详的优秀民歌和地域特色浓郁的曲调素材为基础改编创作而成。在此之前，文化部老艺术家合唱团的老艺术家们曾赴湖北进行“三下乡”巡演，并赶赴西北地区采风、采撷民歌素材，回京后立即投入到紧张的排练中。浓郁的乡土旋律和多彩的大背景画面相互辉映，汇集成一台以传承弘扬中华优秀传统文化为主题，可听性、可视性较强的情景合唱音乐会。老艺术家们也用其饱满的热情和激昂的表演为观众唱出中国的山河画卷，展现不同地区、不同民族的精神风貌。此次音乐会将中国本土民歌以合唱形式传播弘扬，同时推广民族合唱作品的创作。

【中国古籍保护协会实施分支机构建设】

中国古籍保护协会 2016 年起着手筹备成立分支机构。2017 年 7 月，经中国古籍保护协会一届八次常务理事会确认通过，“中国古籍保护协会传统写印材料研究专业委员会”“中国古籍保护协会古籍保护志愿服务专业委员会”“中国古籍保护协会古籍保护志愿者联合会”等 3 个分支机构开始筹备。7—11 月，上述 3 个分支机构陆续成立，分别挂靠复旦大学图书馆（协会常务理事单位）、天津师范大学图书馆（协会理事单位）、中国古籍保护协会秘书处。随着 3 个分支机构的成立，分支机构建设顺利实施并走出坚实一步。分支机构作为整合行业资源、实现分类管理、推动科学发展的互动平台，将进一步发挥会员单位的积极作用，促进古籍存藏单位、保护研究机构、生产实践部门的交流合作。

中国古籍保护志愿服务专业委员会暨文化志愿者联合会成立大会

国家数字图书馆建设与服务

- 硬件设施建设
- 数字资源建设与发布
- 应用系统和平台建设
- 数字图书馆服务
- 信息安全建设
- 年度掠影

国家数字图书馆建设与服务

一、硬件设施建设

（一）机房

国家图书馆机房设置有总馆南区机房、总馆北区机房、古籍馆灾备机房三处，总面积2350平方米，UPS系统总容量为1940KVA，共安置服务器1200余台，存储设备7套，总存储容量2000余TB。

（二）网络

国家图书馆网络覆盖全馆28万平方米馆区，分布在国家图书馆总馆南区、总馆北区及古籍馆。截至2017年底，已形成拥有1万多个信息点、600多台网络及安全设备的超大规模网络，为1000多台服务器、2000多台终端提供网络通信、资源共享、信息交换和数据传输，与互联网、教育网、科技网、国家数字图书馆专网、虚拟网等多条单位专线相连。互联网带宽1200M，实现无线全覆盖，无线接入点400余个。

（三）存储

2017年，为8个业务系统实施集中存储管理工作。截至2017年底，国家图书馆存储系统共为46个业务系统提供存储服务，涉及服务器80台，在线—近线存储总容量1960TB。

二、数字资源建设与发布

（一）数字资源建设

截至2017年底，国家图书馆数字资源总量达1603.87TB，较2016年增长280.52TB。主要来源为：馆藏特色数字化资源1102.24TB，外购数据库157TB，网络导航和网络资源采集175.95TB，数字资源征集162.44TB，电子报纸呈缴6.24TB；其内容单元主要包括：电子图书3787588种4268332册，电子期刊55882种，电子报纸3164种，学位论文7064178篇，会议论文6573228篇，音频资料1137907首，视频资料161276小时（讲座按每场1小时计）。

1. 馆藏数字化资源

国家图书馆特色数字化资源全文超过2.9亿页，资源存储量计1102.24TB。包括：现代文献电子图书676907种682907册217899119页；博士论文269469种37230766页；音频资料581965

首；视频资料 56412 时。民国时期文献民国图书 101433 种 106582 册 19272101 页；民国期刊 4515 种 5050000 页；民国报纸 101 种 110243 期 600560 版；民国法律 11118 件 37199 页；年画 607 种 734 幅；海外民国文献数字化 22194 种 55935 页。古籍文献甲骨实物 6575 种 11732 幅；甲骨拓片 9775 种 11120 幅；敦煌写卷 1.6 万种 4875 卷 167319 拍；石刻拓片 23995 种 29472 幅；地方志全文影像 6868 种 3340000 叶；地方志全文文本 3181 种 2031400 叶；西夏文献 124 种 4909 页；西夏论著 1202 种 9793 页；善本老照片 7264 种 7328 幅；永乐大典 38 种 14930 页；宋人文集 513 种 162237 页；家谱 2626 种 2707687 页；舆图 62 种 332 拍；样式雷 4005 种 6019 拍；海外中华古籍数字化回归资源 8313 种 1258227 页；古籍善本 21184 种 155575 册 10097419 页；中国古代典籍 1084 种，约 1 亿字。

2017 年全年数字化资源建设完成 42979GB，相较 2016 年同期数值有所下降，其中现代文献、善本古籍、征集资源的资源建设量下降较为明显，民国文献和音视频资源建设量有所上升，其他类资源建设量变化不大，具体各类的资源建设量如下：

现代文献：中文现代文献资源建设量总计 10202GB，包括盲人数字图书馆中文图书全文识别 318 册 0.82 亿字、“第十二届文津图书奖”获奖图书扫描及文字识别 112 册 3.7 万页、博士学位论文数字化 7046 种 119 万页。2017 年中文图书数字化项目的加工模式由以往的预留文献加工改为按需加工，受此影响，现代文献的资源建设量同比下降 45.84%。

民国文献：民国文献资源建设量总计 8590GB，同比增长 306.53%，主要以馆藏缩微胶卷数字化转换和海外文献数字化回归两种方式完成。馆藏民国图书缩微胶卷数字化转换 9972 种 10731 册 220 万拍、民国报纸缩微胶卷数字化转换 76 种 4.6 万期 23 万版。流散海外民国文献数字化回归 4 万页，包括民国时期照片 5600 幅，《细菌战档案》和《日本在华暴行调查档案》等档案资料 3.5 万页。

善本古籍：古籍类资源建设量总计 12857GB，较 2016 年同期下降 87.07%，资源建设量明显减少的主因是馆藏善本缩微胶片数字化转换工作接近尾声，该项目历时数年，累计完成善本缩微胶片转换 2 万余种 1000 万拍，在历年的资源建设量中均占有很大比例。2017 年馆藏善本缩微胶片数字化转换完成北平图书馆旧藏和《赵城金藏》缩微胶卷数字化转换 3925 种 22721 册 134 万拍。除此以外，2017 年完成的古籍类资源建设项目还有家谱谱系整理 130 种；家谱图书数字化 7 种 20 册；甲骨拓片影像制作 1000 种；敦煌写卷全文影像 3.6 万拍。

音视频资源：音视频资源建设量总计 9756GB，同比增长 18.13%。包括馆藏唱片数字化 24821 首 1917.66 小时；馆藏录像带数字化 474 种 794.43 小时；文津经典诵读音频数字化 699 种 10.1 小时；学术讲座摄像编辑制作 100 场；文津讲坛摄像编辑制作 50 场；馆内重大活动摄像编辑制作 39 场；图书馆公开课《中华传统文化百部经典》视频制作 2 场；数字图书馆推广工程精品讲座视频改造 98 场、多语种字幕加工 30 场；海外文化中心英文字幕加工 20 场；“春雨工程网络书香边疆行”少数民族语言字幕加工 60 场；全国公共图书馆讲座联盟资源数据库制作 5080 条。

征集资源：征集资源建设量 1126GB，包括上海图书馆交换入藏的民国图书数字化资源 4508 种 55 万页，以及从河南省图书馆和辽宁省图书馆征集的民国图书数字化资源 575 种 15 万页。

其他资源：资源建设量总计448GB，包括援疆期刊数字化12种138期9424页；中华人民共和国法律法规信息服务系统数据制作5007条；新媒体自有版权图文资源加工200条、视频资源制作100场；数字图书馆推广工程培训资源库视频制作200个、课件300个；国图手机门户特色资源建设视频讲座453场、学位论文6659种；中国政府公开信息采集7.1万条；网站专题和多媒体动画制作8种；触摸屏展示资源古籍珍品动画制作8种。

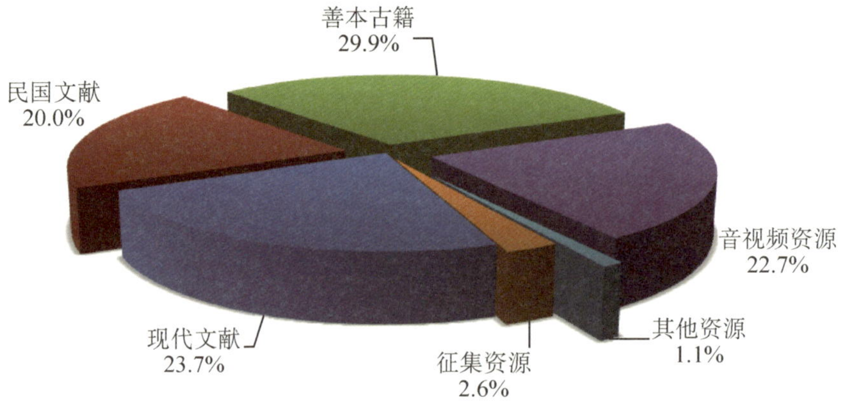

国家图书馆2017年文献数字化资源建设量分布

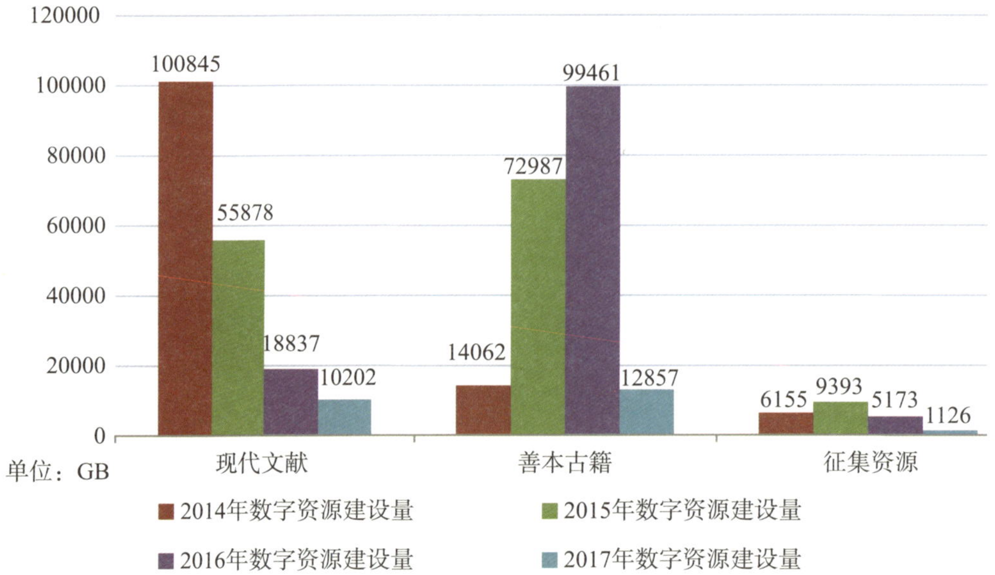

国家图书馆2014—2017年数字化资源建设量（一）

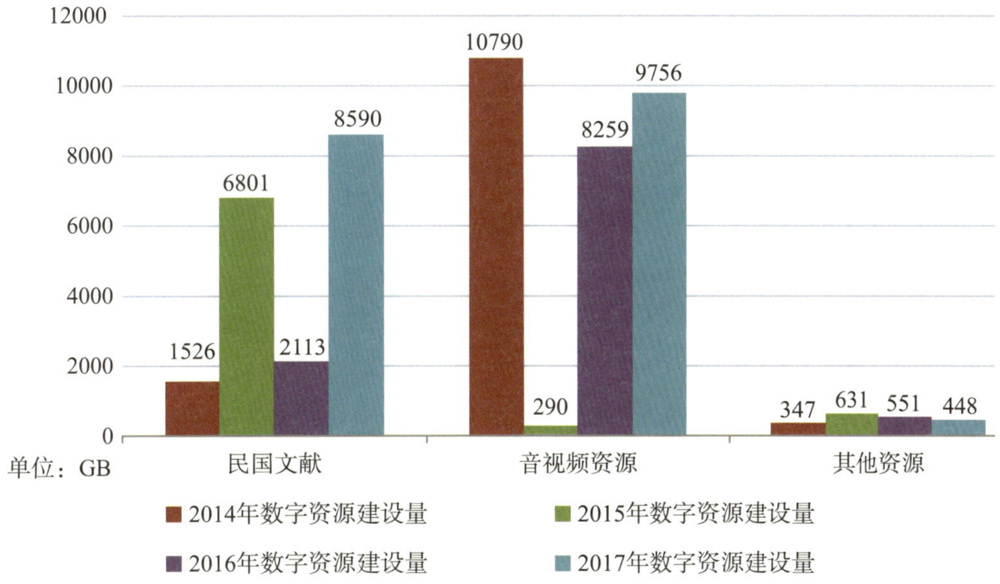

国家图书馆 2014—2017 年数字化资源建设量（二）

2.“掌上国图”资源建设

2017 年，“掌上国图”继续加大资源建设量，丰富资源服务形式。完成视频数据加工 453 场，MP4 格式转码 730 小时，转换标准为 360P 视频标准，刻盘数量 198 张。完成 6659 条学位论文摘要数据的整理、格式转换，元数据 6659 条，中文摘要 6645 条，英文摘要 6611 条。完成国家图书馆手机门户“品书香　赏年俗”“品红之道——生活中的红楼梦”“从莎士比亚到福尔摩斯：大英图书馆的珍宝”“圣贤的足迹　智者的启迪——孔府珍藏文献展”4 个专题资源的建设和发布，共 19230 字，图片 151 张。

外购资源方面，继续购入“手机知网”“读览天下”两种商用移动资源，其中“手机知网”包括 4 个数据库：《中国学术期刊网络出版总库》（手机版）、《中国重要会议论文全文数据库》（手机版）、《中国重要报纸全文数据库》（手机版）、《中国工具书网络出版总库》（手机版）。续购读览天下各类期刊 460 种，实时更新。续购云图有声电子有声读物版权过期的听书资源 9024 集。引入诚品读库、中数图、阅文集团三家资源商电子图书资源，包括裸数据 3592 册、数据库 47613 册。

3. 外购数据库

国家图书馆外购数据库共计 255 个，包括中文数据库 127 个、外文数据库 128 个。其中，已完成本地镜像数据库 102 个（包含子库），占用本地存储约 157TB。现有中文引进数据库包含的文献数量为：中文图书 505383 种 986127 册，中文期刊 21000 种，中文报纸 1389 种，中文学位论文 6145000 篇，中文会议论文 6160000 篇，国家标准 59149 条、行业标准 27695 条，工具书 103154 册（未去重），年鉴 2180 种 32933 册，实物影像 4000 副，语言 55942 集，音乐 500000 首，专题节目 21300 小时，学术性报告 68040 场，多媒体课程 15036 学时，少儿教学课件 51054 个，舞台艺术 1100 部 3000 小时。外文引进数据库包含的文献数量为：图书 2512367 种，英文期刊 30364 种，英文报纸 1159 种、俄文报纸2种，学位论文拥有22320篇、访问627389篇，会议论文413228篇，报告19146篇，标准3669项，档案645.97万页，行政法规9656条，案例207817件，手稿11100件，工具书767种。

外购数据库相关数据见下列表格：

外购数据库类型及数量

数据库类型	中文库数量（个）	外文库数量（个）
全文数据库	63	82
文摘/索引数据库	15	22
数值/事实数据库	29	17
多媒体数据库	17	0
工具型数据库	3	2
复合型数据库	0	5
合计	127	128

外购数据库所含主要内容单元

文献类型	中文数量	外文数量	合计
电子图书	505383种986127册	2512367种2512367册	3017750种3498494册
电子期刊	21000种	30364种	51364种
电子报纸	1389种	1161种	2550种
学位论文	6145000篇	649709篇	6794709篇
会议论文	6160000篇	413228篇	6573228篇
音频资料	555942首	0首	555942首
视频资料	107376小时	0小时	107376小时

4. 网络导航和网络资源采集

国家图书馆网络导航资源主要包括国内外图书馆导航、电子报刊导航、新农村建设专题导航、农林导航等，总计18644项。网络资源采集已保存我国5万余个政府网站、721个人大网站、1993个国内网站、5270个国外网站、315种中文电子报纸以及中国学、开放存取、奥运会、航空航天等224个专题信息。网络采集资源存储量共计175.95TB。

5. 征集数字资源

国家图书馆征集资源存储量共计162.44TB，主要包括地方志、民国文献、老照片、家谱、专题视频和馆藏特色资源等。

2017 年，国家图书馆继续开展公共文化服务资源征集工作。为加强公共文化服务资源建设与征集工作的针对性和有效性，开展馆内外数字资源与需求调研，紧密结合国家图书馆文献资源建设战略，进一步扩大征集范围。注重征集资源布局，加强分级分类征集管理，以业务需求为导向完成征集资源权利状态分布、类型分布以及数量分布设计，逐步推进征集工作。开展面向出版社的图书版权征集探索实践，与北京地区数十家出版社达成初步授权意向，获得版权可供图书书目；开展馆藏缺藏报纸的版权征集工作，与 8 种报纸初步达成授权意向，其中 3 种报纸无偿捐赠版权；开展 12 种少数民族语言期刊版权征集，并推动其在数字图书馆推广工程中的更新服务方式拓展；回复 180 余次捐赠咨询，审核捐赠图书 127 种，正式签订《作品版权转让与授权合同》7 份，接受 7 种图书的数字版权捐赠。按照国家图书馆相关标准规范要求完成征集数字资源质检工作，完成质检的资源面向国家图书馆读者和数字图书馆推广工程读者提供阅览服务，使读者服务资源得到进一步丰富。

6. 电子报纸呈缴

国家图书馆接受电子报纸呈缴 134 种，存储量 6.24TB。

7. 唯一标识符注册

完成国家图书馆数字资源唯一标识注册 301254 条。其中：碑帖精华 60 条，老照片 82847 条，民国报纸 9443 条，方正电子书 46286 条，馆藏特色资源 14624 条，内部讲座 4 条，科普科教资源库 1170 条，征集家谱 780 条，馆藏音像 10 条，中文图书 15806 条，历史文化 967 条，文津沙龙 9 条，视频荟萃 98 条，甲骨拓片 1535 条，少数民族资源 1836 条，家谱 12196 条，地方馆藏特色资源 8512 条，征集地方志 4199 条，文津讲坛 50 条，博士论文 12748 条，中华古籍资源库 64909 条，中国典籍与文化系列讲座 83 条，少年儿童资源库 15575 条，地方视频资料 7507 条。实现国家图书馆自建数字资源的统一编号和规范管理。

8. 政府公开信息整合服务平台国图分站

完成政府信息采集、加工与元数据规范著录 71029 条。其中：国务院、民政部、水利部、卫计委、环保部、人力资源部、文化部、公安部、交通运输部、住建部、国土资源部、商务部等机构数据 70072 条；国务院公报、农业部公报、财政部文告、教育部公报、水利部公报、兽医公报、国家外汇管理局文告等共 957 条，共计 58.2GB。结合 2016—2017 年社会热点，补充“互联网 +”“一带一路”“中国梦”“双创”“十三五”规划等 5 个热点专题内容。截至 2017 年 12 月，国图分站已发布数据 71.6 万余条。

9. 公有领域图书版权筛查与甄别工作

2017 年，国家图书馆开展“公有领域图书版权筛查与甄别”项目第九期工作，共筛查和甄别数据 40000 条，其中，筛查制作公有领域图书数据 29229 条，包括名称规范数据 259 条、书目数据 28970 条；同时，完成版权甄别数据 10771 条，包括民国图书数字资源 8467 条、地方志数字资源 2304 条，其中地方志数字资源为首次开展甄别工作。自 2008 年以来，“公有领域图书版权筛查与甄别”项目累计完成制作公有领域图书及相关数据 298378 条，实现国家图书馆馆藏资源质量权利保障。

10. 海外征集民国时期文献数字资源质检验收工作

国家图书馆加强数字资源规范性建设，严格遵循数字资源质量标准，开展海外征集民国时期文献数字资源的数据质检和深加工工作。2017 年，完成海外征集的日本在华暴行调查档案 24250 份记录文献的元数据和长期保存级、出版印刷级、发布服务级对象数据的质量检查工作，质检档案数量比上年增长 44.7%。制作数据光盘 3364 张，数字资源存储量新增约 1.8TB。

（二）数字资源发布

截至 2017 年底，国家图书馆已发布数字资源的内容单元包含：电子图书 3612448 种，电子期刊 55722 种，电子报纸 2869 种，学位论文 5126345 篇，会议论文 6573228 篇，音频资料 682279 首，视频资料 70604 小时。

1. 馆藏特色数字化资源

国家图书馆已发布馆藏特色数字化资源中现代文献主要实现局域网发布，发布率 63.4%；民国时期文献基本实现互联网发布，发布率 73.7%；古籍文献基本实现互联网发布，发布率 80.9%。

2. 外购数据库

255 个外购数据库均已在馆域网发布。其中，116 个数据库授权许可馆域网服务，占全部外购数据库的 45.49%；139 个数据库授权许可互联网远程访问，占全部外购数据库的 54.51%。

3. 网络导航和网络采集资源

网络导航数据采取建设即发布的方式，并保持定期更新维护，全部实现互联网服务。网络资源采集发布资源的存储量为 93.73TB，占全部网络资源采集存储量的 53.3%。

4. 网络信息发布

2017 年，在加大网络资源采集力度的同时，提高网络资源的利用与服务能力。本年度对资源内容进行严格审核后发布网络资源专题 37 个，发布重要国内网站 777 个。承担“全国人大网站典藏”资源库建设，完成网站页面设计和平台搭建工作，按照行政区划对人大网站资源进行分类展示，并提供信息检索功能，共发布各级人大网站 400 个。对重要网络专题资源库进行重新设计和开发，增加互动功能和可视化显示，提升用户体验和服务效益。加强往年回溯数据的整理，共发布 2013、2014 年采集的政府网站 687 个。整理 2016 年国际组织和外国政府出版物，并完成所采集资源的编目与文件发布。

5. 征集资源

征集数字资源已发布资源的存量约为 42TB，占全部征集资源存储量的 99.9%。

6. 电子报纸呈缴

国家图书馆接受呈缴的电子报纸 134 种，其中 37 种实现馆域网发布，数据量 1.5TB，占缴送数据总量的 24%。未发布资源与外购资源内容重复，主要用于备份保存。

7. 自建特色资源

完成 15 批自建数字资源的发布工作（包括必要的对象数据格式转换）。其中：博士论文 6659 种 6659 册，数字善本 1249 种 2017 册，甲骨拓片共 1501 种 1533 个，中华医藏库资源 129 种 857

册，文津讲坛资源50种50场，民国图书资源9972种10731册，馆藏音视频2347种27379场，中文图书62种62册。自建数字资源发布的对象数据共占空间为1.34TB。另外完成4批地方馆征集资源的发布工作（包括必要的对象数据格式转换）。其中：上海家谱1085种5820册，征集民国文献5030种5064册，征集资源发布的对象数据共占空间约为439GB。

8. 公开课资源发布

发布适合社会公众在线学习、图书馆自有版权的公开课视频资源184场（336集）。以文字、图片和音视频的形式插入与课程有关的背景知识，共计2424条，实现与馆藏图书、期刊等资源的链接和融会贯通，并对7个外购数据库和2个自建数据库进行推介。

同时，依据《推广工程数字资源联合建设图书馆公开课加工及著录规则》对6个地方馆联建的公开课样例数据进行整合，完成湘潭图书馆、天津图书馆、广东省立中山图书馆、沈阳市图书馆、海南省图书馆和江西省图书馆4条对象数据、12条元数据的审核。

全年新发布课程208门，包括典籍鉴赏59门，读书推荐20门，非遗漫谈15门，音乐之声5门，养生智慧、父母课堂各3门，特别活动2门，专题课程、馆员课堂各1门，未分类课程95门；新增一个“百部经典”专题，包含课程4门。国图公开课2017年课程净增长数为202门。至2017年底，国图公开课已发布课程15个专题，共1349门4119节，总时长约1454小时。

9. 新媒体资源发布

向歌华双向交互数字电视平台发布图文资源包括文化播报资讯1038条、书刊推荐720本、书画鉴赏图信息120条、视频资源72场。不定期选择文化行业热点事件或关键词进行主题化内容加工，实现专题文化导读发布10期，以图文及其他多媒体形式，与数字馆藏和公开课等精品内容之间形成关联。同时，对文化播报首页（网页版）进行改版，实现栏目布局、设计风格及部分功能的改进，使分类更加明晰，便于读者浏览。

10. 触摸屏资源发布

完成总馆触摸屏200种电子报纸、100种电子期刊以及少儿馆触摸屏50种少儿期刊的采集和保存；制作并更新总馆触摸屏每月新书推荐100种，全年共推荐1200种新书；总馆触摸屏新增讲座视频50场、老照片100张、年画50张、古籍珍品FLASH视频8场、民国书刊2册。完成2017年触摸屏电子报纸资源备份，共计1.9TB。完成150种电子期刊、1200本推荐新书、50场学术讲坛视频等展示页面的数据硬盘备份，共计380GB。

三、应用系统和平台建设

2017年，国家图书馆共完成8个新建系统上线，全馆在用应用系统共181个，重点业务系统、重要服务器、数据库及应用服务稳定高效运行，全部应用系统实现零重大事故。国家数字图书馆工程建设工作收尾，圆满完成所有系统建设，至此国家数字图书馆工程系统全部完成验收并上线应用。

（一）图书馆业务自动化管理系统——Aleph 系统

全年共完成 Aleph 系统相关业务报文 46 个，数据处理量达 3068 万条，其中包括 38 批次正式馆藏数据批修改和 43 批次数据提取。完成 179 个 Aleph 系统账号的新增和修改操作。配合外文采编部完成 RDA 本地化实施的测试和评估工作，调整系统参数表 20 个，修改 html 标签页面文件近 200 个，测试整库重抽索引 2 次。完成信息系统安全升级，实施同城异地数据级灾备测试。

（二）联机公共目录检索系统——OPAC 系统

增加系统处理器和内存资源，全年实施 32 次服务维护，升级与微博、统一用户系统 X server 接口。采用智能化方式监控系统负载和服务运行。查封非法套录数据 IP 地址，确保系统安全稳定。完成日常通知发布、页面优化、业务答疑、回复读者意见等基础业务工作。

（三）统一用户管理系统

国家图书馆统一用户管理系统是国家数字图书馆及数字图书馆推广工程的核心支撑系统，实现对国家图书馆及全国各级公共图书馆数字图书馆用户的统一管理，同时还实现对各类数字资源的统一管理，根据用户权限对资源进行灵活配置，为国家图书馆及全国各级公共图书馆的用户统一管理和资源共享提供基础保障。为完善统一用户管理系统功能，提升系统适应性、扩展性和可复用性，2017 年，国家图书馆统一用户管理系统进行升级改造，新版系统于 7 月 4 日上线试运行。此次系统升级主要实现三方面的显著提升：

一是构建先进的架构体系。统一用户管理系统采用国家数字图书馆中心节点、省级分中心节点和多级地方节点的三级认证体系架构，通过系统在全国各地图书馆的推广部署，构建起覆盖全国公共图书馆的统一用户管理系统，各地数字图书馆系统间可实现互联互通，共享国家数字图书馆和各地数字图书馆的建设成果。目前统一用户管理系统已经在 70 余家各级公共图书馆进行部署，中心库用户数达到 890 余万人，平均每月新增用户 3 万余人，用户覆盖全国 31 个省、自治区、直辖市。

二是提供丰富的用户注册与登录方式。新版系统升级用户登录方式，增加使用 QQ、微信、微博等第三方账号登录，支持使用手机号作为用户名登录，增加密码找回凭证种类，读者满意度显著提升，意见数量与 2016 年同期相比下降 50%。同时，提供快速注册通道，用户只需在几秒钟内即可完成注册。该功能推出后，成为用户注册时的首选方式，系统上线后，使用快速注册方式注册的用户数量占到同期注册总量的 72%。

三是集成移动服务，实现服务全媒体化。以国家数字图书馆手机 APP 为代表的移动多媒体平台已经成为用户使用国家图书馆资源和服务的新途径，但原有系统不具备与移动服务集成的能力，无法满足移动服务发展需要。新版系统提供基于移动互联网的用户身份与权限认证解决方案，实现应用程序内的统一身份认证、第三方账号登录等多种功能，对移动服务水平的提升起到良好支撑作用。

（四）文津搜索系统

2017年，国家图书馆在文献资源整合工作中对文津搜索系统进行系统优化升级和内存扩容升级。基于先进的技术方案，扩充高性能、大内存服务器，实现对异构服务器集群的管理，以解决制约文津搜索系统数据更新和应用拓展的关键问题，并对多年积累的新数据进行整合、测试及整改，对资源访问接口进行调试，以实现对大量新资源的揭示，从而使文津搜索系统揭示的资源库数量成倍增长。在硬件方面，完成2个机柜、12台服务器和3个交换机的硬件招标、设备采购及安装部署调试，完成电力改造、网络布线以及系统软件的部署。在软件方面，完成升级版搜索集群管理软件的开发及测试，完成搜索集群节点的计算与规划工作，为文津搜索系统扩容工作的正式实施奠定基础。在新资源揭示方面，对积累了3年多的新数据进行梳理，并将已灌装的新数据重新整合并部署到实验系统进行测试，重新收集33个中文自建资源库和13个征集资源库的URL数据并进行灌装；对于URL失效的12个中文外购资源库，通过重新灌装数据或批量修改URL规则，保证在线阅读能够正常访问，完成60多个资源库数据的重新灌装或修改，解决原有资源访问故障等多个问题。

（五）办公自动化系统

完成对服务器的日常运维管理及定期巡检，确保服务器及应用正常运行，及时处理日常出现的各种故障；对员工在使用过程中遇到的问题提供支持并帮助解决。

OA账号变动方面，配合国家图书馆各部门人事调整，全年完成人员账号调整243人次。公文处理方面，解答疑问并处理公文、合同等流程方面的问题，全年办理完毕的公文4031份、合同1152份。

（六）档案管理系统

解决用户使用中遇到的各类问题，保证系统平稳运行，档案归档管理和档案借阅利用工作顺利进行。

完成办公自动化系统中2017年度公文类文件向档案系统的归档和检查工作，共导入4000多条档案目录数据和8000多条相关原文数据，包括办公、发文、收文、领导日报周报、刊物、会议纪要等文件类别。开展缩微中心历史档案整理归档工作，提供数字化加工和批量上传挂接到档案系统的技术支持。

（七）多媒体信息展示系统

多媒体信息展示系统平台以日常更新和专题制作相结合的方式，定期向读者推送读者指南、服务调整、活动预告、展览讲座、新闻通告等内容，同时配合各项活动进行专题制作，完成有关春节、清明节、劳动节、端午节、国庆节、读书周、公开课、甲骨文、社会主义核心价值观和十九大等活动的宣传展示。

全年更新展览讲座 37 批次，新闻通告 44 批次，少儿活动预告 28 批次，典籍博物馆展讯 30 批次，艺术中心海报 29 批次，节目内容更新 1500 余次。

（八）国家数字图书馆 APP

为了响应读者对国家图书馆移动服务的建议，满足读者对手机电子资源日益增长的阅读需求，对国家数字图书馆 APP 进行改版升级。11 月 7 日，新版 APP 上线服务。新版国家数字图书馆 APP 采用扁平化设计风格重新设计客户端界面，交互设计更加友好、响应更快速；增加书架功能，阅读更方便；优化个人中心，管理个人信息更加便捷；提供手机号、微信、微博、QQ 号等第三方快速注册功能，方便注册登录。新版 APP 上线后，日装机量最高超过 1000 次，为以往装机量的 9 倍，随后装机量逐渐稳定，保持在以往日均装机量的 215%。

国家数字图书馆 APP 界面

（九）移动阅读平台

开展移动阅读平台的全面升级，丰富数字资源，提升阅读体验。2017 年 8 月，升级后的移动阅读平台正式上线服务。移动阅读平台采用 HTML5 前端技术，合理规划功能分区，集成多种资源类型，提升访问速度。为降低使用门槛，平台简化注册登录流程，新增第三方快速登录方式，用户可通过手机号、微博、QQ 号等方式，快速完成注册登录。移动阅读平台采用总分站模式，依托平台构筑的云服务中心，使各地图书馆灵活接入平台且在应用层面相对独立，实现资源在移动终端的共建共享。各地图书馆可自主进行分馆网站的资源发布及组织。2017 年，加入移动阅读平台建设的公共图书馆新增 110 个，总数达到 327 个。

（十）异地灾备中心

2017 年，异地灾备中心建设完成并正式投入使用。异地灾备中心机房位于古籍馆，面积约为 100 平方米，设置空调系统、UPS 配电系统、门禁系统、消防系统、强弱电布线系统、机房监控系统等，并配有后备电池，为灾备系统提供安全稳定且符合设备持续运行所需要的环境。

异地灾备中心灾备系统在 2017 年 6 月完成终验，实现部分重要业务系统的异地备份；实施完整流程的灾备演练，验证了灾备数据的可用性；完成 1.2PB 长期保存数字资源数

新版移动阅读平台界面

据的异地保存，为业务系统数据和长期保存数字资源提供有效备份保障。

（十一）文献数字化加工中心

2017 年，文献数字化加工中心的建设工作全部完成，正式进入运营阶段。基建方面，完成中心的电力改造，满足双 A0 非接触式扫描仪特殊的电力需求。硬件方面，完成所有硬件设备、文字识别软件的采购、到货验收、部署及终验工作，组织开展各型号扫描仪的使用和维护培训。软件方面，完成纸质数字化加工软件和音视频数字化加工软件的部署、性能测试、试运行、终验及第三方测试工作，对于软件的遗留问题，采用签署《售后承诺函》的形式要求承建商按期修改。运维方面，工作人员进驻加工场地负责日常运行管理，全年接待馆内外参观交流 10 批次，完成文献数字化中心宣传片的拍摄，并在国家图书馆总馆北区数图体验区向读者展示。遴选的两家外包公司进场入驻，“馆藏音像资料数字化”“中文图书数字化”“海外文献数字化”“边疆文献数字化”等多个数字化项目在中心陆续开展。

文献数字化加工中心纸质文献加工区

文献数字化加工中心双 A0 非接触扫描仪

文献数字化加工中心 A1 非接触扫描仪

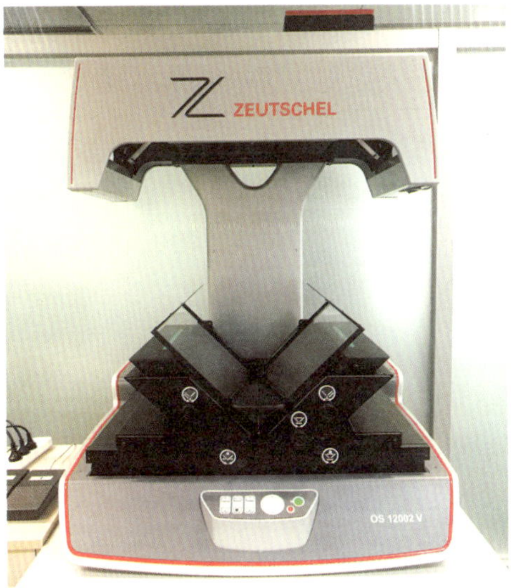

文献数字化加工中心 V 型扫描仪

（十二）版权信息管理系统

完成版权信息管理系统运行维护工作，定期检查并修复系统漏洞。2017年，国家图书馆启动版权信息管理系统优化升级工作，完成系统功能核查与数据分析，结合图书馆业务发展需要，明确合同分类处理、版权使用跟踪、字典模板设置等方面的系统功能优化需求，制定系统升级优化工作目标与进度计划，形成系统优化升级需求方案，并在落实各项功能要点的基础上，撰写系统升级需求规格说明书。

（十三）阅览系统管理与维护

不断优化电子阅览管理系统运行与服务，增加网站黑白名单，完善结账下机过程；同时，定期对读者机系统进行日常维护和更新，完成系统与软件较大更新25次、2947台次；硬件维护223次、623台次，确保数字阅览顺利进行。

（十四）镜像服务器管理与维护

完成对国家图书馆30台镜像服务器、103个镜像数据库的管理维护，对其中9个数据库镜像数据进行更新，合计359.6GB；接收中外文数据库更新盘14次，接收备份盘（含光盘、硬盘）80盘；配合数据库商远程维护、更新数据库232次，更换故障硬盘7块；日常化进行数据库访问维护，定期对数据库服务情况进行检测排查与故障反馈，解决数据库有效期、馆外登录、图片缺失等问题14种。

（十五）中日韩数字图书馆建设工作

推进中日韩数字图书馆国家图书馆负责工作的进展。完成2017年应提交的1000条书目数据的选取、20种古籍资源的数字化加工工作；完成对日本国立国会图书馆、韩国国立中央图书馆提交的1000条书目数据及20种古籍资源数据的审核；完成中日韩数字图书馆项目日文、韩文相关文档的审核、校对及翻译工作；完成国家图书馆挑选的1000条书目数据的发布。对中日韩数字图书馆门户网站（测试版）进行测试。

（十六）信息化建设项目验收

全年完成“文津搜索系统移动版项目”“国家数字图书馆移动阅读平台二期项目”“‘国家数字图书馆’应用程序升级项目”“数字资源发布与服务系统资源可视化子系统”“国家图书馆数字资源唯一标识符系统升级优化服务采购项目”“‘中国记忆资源发布服务系统改造’项目”“南海数字图书馆项目”“国图公开课平台升级优化项目”“数字图书馆推广工程数字资源整合专业服务外包项目”“国家图书馆统一用户管理系统升级改造项目”“基于政府公开信息的开放数据平台实验系统”“中央政法委数字图书服务平台”“实体资源馆藏管理与服务平台项目”“民国文献缩微胶片目次数据管理系统”“部级领导干部历史文化讲座音像出版软件”15个专项项目的验收工作，所有项目均验收通过。

四、数字图书馆服务

（一）互联网服务

1. 读者门户

读者门户系统作为国家图书馆数字资源服务的主要阵地，为读者提供170余个外购数据库和自建资源数据库的检索、阅读服务。继续加强读者门户系统的管理，与新版统一用户管理系统进行对接，实现手机快速注册、QQ第三方登录等功能，进一步提升服务质量。

2. 发布与服务

国家图书馆数字资源发布与服务系统为读者提供包括中文图书、博士论文、民国专栏、古籍特藏、音视频、中国学、海外资源、革命历史文献、征集资源库在内的近50个专题库的馆藏特色资源库，资源总量约33TB。该系统集读者门户、特色资源门户、统一检索等多项功能为一体，推出资源排行榜、基于读者行为的智能化推荐/检索、我的数字图书馆和基于flex技术的全文阅读和媒体播放等应用，不但在浏览器端实现防打印、防拷贝，增强安全性，而且为读者提供了翻页流畅、随意缩放、任意跳转等较好的阅览体验。

3. 国图公开课网络直播

全年完成国图公开课直播52场，其中：国家图书馆29场，黑龙江省图书馆10场，广西壮族自治区桂林图书馆4场，湖南图书馆、广西壮族自治区图书馆、吉林省图书馆、江西省图书馆各2场，陕西省图书馆1场。

（二）新媒体服务

1. “掌上国图”微信服务

“掌上国图”微信公众号2017年新增关注人数6317人。

国家图书馆微信公众平台全年正常运行。官方微信平台粉丝数达20万人，活跃用户数6.5万人，官方微信读者卡绑定人数达1.5万人。

2. 短彩信服务

短彩信平台全年共发送短信1738009条，其中向公众发送“文津经典诵读”短信1194022条。

3. 移动阅读平台专题

移动阅读平台专题按照馆内重要活动的安排和社会热点话题设置专题主题，进行信息筛选，在移动阅读平台版权有效期内挑选图书，深度挖掘馆藏资源并制作专题。全年完成“传承文明，走近中医药”“你的新年书单”“大美中华”“读书，让生活更美好”“中外名著赏析”“热烈庆祝香港回归二十周年”“胜利的号角——纪念七七事变80周年特别专辑”“走近孔子　阅读经典”等24个专题。

4. 数字电视服务及推广

2017年，国家图书馆除面向北京市高清交互式数字电视用户提供知识文化服务外，也面向地方图书馆开展页面加工和视频转制服务。全年制作和推送首都图书馆视频160场，绍兴图书馆视频 120 场、图文 450 条，天津泰达图书馆视频 200 场。

（三）数字图书馆体验区

2017 年，国家数字图书馆体验区（以下简称“体验区”）围绕“宣传数字图书馆在实现中华优秀传统文化传承中的重要作用”主题举办多次文化科技体验活动，策划“古风漫影”“诗词之美”“悦读世界”“创意无限”等多个活动。对体验区进行日常管理与维护，开展日常体验区软件巡检工作，全年共对体验区软硬件进行维护操作 11 次，其中软件维护 3 次、硬件维护 8 次，保证体验区软硬件的正常运行。继续对体验区所属的服务器、触摸机进行系统安全管理工作，上半年软件运行情况良好，共计处理各种软件问题 3 次，包括上游数据更改域名、文津搜索上游数据故障和更新数字资源总量。

对体验区内容进行拓展并优化展区展项，定期更新展项内容，进一步提升体验区服务效果。制作宣传片对“文献数字化中心”“异地灾备中心”等数字图书馆最新成果进行展播；新增《本草纲目》《百家姓》《诗词伴你读》AR 数字展项，向读者推介“中华医药典籍资源库”“中华寻根网”等数字图书馆特色资源库；增设数字图书馆“光影互动展示墙面”展项，通过互动投影及触控雷达设备，向读者推介国家数字图书馆资源与服务；更新数字图书馆新服务互动展示，向公众重点推介国图公开课、移动阅读平台资源等；对“掌上国图”FLASH 宣传片进行更新；增加体验区参观数据统计；将《印象未来》影片改造为虚拟现实一体机版本，满足多人同时体验数字图书馆虚拟现实应用的需求。

（四）读者咨询服务

国家数字图书馆通过多种渠道为读者提供咨询和意见反馈等服务。

读者门户系统通过线上体验反馈和咨询台电话转接等服务模式为读者解答疑问。2017 年全年共回复与自建数字资源服务相关的邮件 330 封，与用户注册、登录相关的邮件 760 封，转发给其他部门处理的关于外购资源库使用相关的邮件 345 封，合计邮件 1435 封。在及时、完整地回复读者邮件疑问的同时，也注重读者意见的采纳与应用，已经在发布与服务系统中逐步进行修改和完善。

统一用户管理系统全年回复读者邮件 886 封，读者电话近 500 个。文津搜索系统全年回复读者咨询及意见建议邮件 461 封。移动端为读者提供手机门户、国家数字图书馆 APP、移动阅读平台及官方微信公众号等 4 个意见反馈渠道，全年回复解决各类读者意见和问题 2187 余条，同比增长 68%。

五、信息安全建设

2017 年，面对严峻的网络安全形势，国家图书馆采用多种措施和技术手段，加强网络安全工作，拦截互联网攻击 755 万次，消除 249 台服务器的高危漏洞；加强在重要时间点和重大网络安全事件中的安全防护力度并增加防护措施，确保在全国“两会”“一带一路”峰会、“七一”、金砖国家领导人峰会等重要活动期间零事件发生；提升网络安全应急响应能力，有效应对突然爆发蔓延世界的“勒索病毒”；开展网络安全技能培训，整体提高网络安全防护能力。

重点保障十九大期间网络安全工作，建立健全网络信息安全制度，制定《国家图书馆服务保障党的十九大网络安全工作实施方案》和《国家图书馆网络安全突发事件应急预案》，明确工作内容，排查网络安全风险，堵塞网络安全漏洞，落实网络安全责任，健全网络安全突发事件应急工作机制；开展网络安全现场检查，对重点信息系统进行渗透测试、脆弱性检测和外网的漏洞扫描检测，深度排查部分服务器的木马后门程序，降低安全风险；组织全馆员工开展网络安全自查，进一步规范上网行为和言论。

年度掠影

【开展国家图书馆网络安全培训】

2017年，国家图书馆共开展两次网络安全培训。6月19日，为完成“暗云”系列木马程序自查工作，召集各部处系统管理员培训卡巴斯基防病毒软件的安装与更新方法，恢复大量非正常工作状态下的卡巴斯基防病毒软件，有效遏制木马、病毒在国家图书馆内网的传播。6月21日，根据《国家图书馆服务保障党的十九大网络安全工作实施方案》，国家图书馆网络和信息化领导小组召集各部处及馆属企业系统管理员，开展国家图书馆服务保障党的十九大网络安全培训。通过深入的自查工作，杜绝工作用机的弱口令情况，查杀全馆计算机病毒，清理非物质IT资产，核查信息系统及网站的责任部门，排查网站的安全情况，修复信息系统及网站的漏洞。经过此次培训，提高信息系统的网络安全状况，排查并整改网络安全的隐患和风险，提高各部门员工的网络安全防护意识，党的十九大期间全馆无网络安全事件发生。

【开拓版权获取新模式，探索法定许可授权工作】

2017年，国家图书馆启动法定许可授权模式的探索实践工作。在研究《信息网络传播权保护条例》中特定法定许可相关规定的实践要求基础上，围绕向农村地区提供电子图书服务的版权问题开展法律论证，综合法律规定、文化扶贫计划、图书馆需求等多方面的可行性分析结论，制订向农村地区提供电子图书服务许可授权工作方案。首批遴选3500册符合法律规定并且满足农村地区服务需求的图书目录，覆盖种植养殖、防灾减灾等10个主题领域。方案逐步分解落实法定许可工作程序要求，包括信息公示、使用报酬支付、服务范围管理、服务模式要求等，在法律框架内进行工作机制创新，以实现通过信息网络向我国农村地区提供数字阅读服务的工作目标。

【提升精品数字资源版权服务】

为强化优秀文化资源的展示与服务，2017年，国家图书馆重点搜集整理国家级出版奖项获奖图书和重点机构推荐图书，形成包含约7000册图书的精品图书基本目录作为版权征集工作的重点对象，同时推动不同来源的精品图书版权资源整合揭示服务。集中梳理近80万条国家图书馆现有权限服务的图书资源，克服版权来源分散、数据格式差异大、发布地址变更频繁等现状带来的技术困难，从现有版权资源中匹配并标识精品图书，在此基础上开展精品图书元数据规范工作，分析不同类型图书的数据特点，分别制定数据整理规则，逐条完成元数据、发布地址链接、获奖信息、封面图片等信息的补充完善，形成规范化的精品图书元数据。设计精品图书专题服务页面，在数字图书馆推广工程平台上开展专题整合揭示服务。全年完成1717册已获版权精品图书资源的整合揭示服务，同步开展面向出版社的精品图书版权征集工作。

重点文化工程及项目

- 中华古籍保护计划
- 民国时期文献保护计划
- 数字图书馆推广工程
- 国家图书馆国家文献战略储备库项目
- 《中华传统文化百部经典》编纂项目
- 《鲁迅手稿全集》编辑出版项目
- 国家传统文化典籍整理工程
- 年度掠影

重点文化工程及项目

一、中华古籍保护计划

2017年，国家古籍保护中心紧密结合全国古籍保护工作实际，在做好“中华古籍保护计划”十周年回顾的同时，认真学习贯彻十九大精神，有序推进各项工作。

（一）国家古籍保护中心成立十周年座谈会

5月25日，国家古籍保护中心成立十周年座谈会在国家图书馆召开。文化部原副部长、国家图书馆名誉馆长周和平，文化部公共文化司司长张永新，国家图书馆馆长、国家古籍保护中心主任韩永进等领导，全国古籍保护工作专家委员会主任李致忠、全国高校古籍整理研究委员会主任安平秋等专家学者，各省、自治区、直辖市古籍保护中心负责人等共50人出席会议。与会领导和代表对古籍保护十年历程进行回顾与总结，并就其未来发展建言献策。会上，国家图书馆（国家古籍保护中心）还与中国运载火箭技术研究院、北京大学信息管理系签署战略合作协议；联合浙江大学图书馆、复旦大学图书馆、中山大学图书馆、辽宁省图书馆、首都图书馆、山西省图书馆共同在线发布古籍数字资源（参见“特别记载”之“国家古籍保护中心成立10周年座谈会暨全国古籍普查登记工作会议”）。10月9日，文化部部长雒树刚召集全国古籍保护部际联席会议，要求结合国家“十三五”规划，进一步推动、落实“十三五”时期古籍保护相关工作。

（二）全国古籍普查登记工作

5月25日，国家图书馆（国家古籍保护中心）召开全国古籍普查登记工作会议，与各省中心签订全国古籍普查登记工作任务书，加快推进各省古籍普查工作进度。6月6日，召开《中华古籍总目》（天津卷）编纂工作会议，推进天津卷编纂进度，11月，赴山西图书馆调研山西卷编纂工作。推进上海、湖北等地及中直系统、师范院校古籍普查工作；编纂《国典瑰宝——国家珍贵古籍宋本集珍》《国家珍贵古籍名录》（一至五批）；开展《国家珍贵古籍名录》（一至五批）数据库数据录入及上传工作；召开全国石刻文献普查登记专项（田野碑刻抢救记录部分）项目征求意见会，赴曲阜、太原、咸阳、重庆等地调研石刻普查工作。

截至12月底，2017年全国古籍登记工作完成40万条，合计2508785条另14500函（含部分少数民族古籍数据、个别省份上报数据含民国线装书数据），占预计总量的80.33%；完成古籍普查登记工作的古籍收藏单位新增900余家，合计完成2185家。“全国古籍普查登记基本数据库”全年发布数据143604条，累计发布140家单位古籍普查数据550042条5380561册/件，并在微信公众平台发布。出版《全国古籍普查登记目录》19部，累计完成160家收藏单位的《全国古籍普查登记目录》49部89册，收录目录664823条。

（三）古籍保护人才培养工作

加强“国家古籍保护人才培训基地”建设。全年举办古籍普查、修复、碑帖编目、传统文化推广等培训班 10 期，培训学员 332 人次。以培训带动古籍修复和普查审校工作，在江西、云南、四川等省办班的同时，完成一批古籍收藏单位的普查目录审校工作，修复研修班为陕西省修复珍贵古籍《古今图书集成》200 册，少数民族古籍修复培训班修复藏经 691 叶，碑帖编目培训班编目拓片 2592 种 3438 张，宗教系统古籍修复技术初级培训班为佛教系统培养古籍保护修复队伍。

推动古籍修复技艺传习工作。2017 年，传习所导师新收徒 29 人，以师带徒形式，通过修复项目实践传习技艺，合计修复古籍 2000 余册。截至 12 月底，国家级古籍修复技艺传习中心全国附设 23 家传习所，聘请传习导师 19 位，收徒 205 人，在导师指导下有序开展修复技艺传承任务。国家图书馆，陕西、甘肃、云南等传习所通过修复项目带动技艺传承，完成一批珍贵古籍的修复。

推动古籍保护学科体系建设，联合高校做好古籍保护专业硕士培养工作。截至 2017 年底，中国社科院研究生院、中山大学、复旦大学、天津师范大学已招收古籍保护专业硕士 95 人，2017 年新增 27 人。与南京艺术学院、辽宁大学、沈阳师范大学合作开展古籍保护专业讲座。9 月，在天津召开第二届古籍保护学科建设研讨会；11 月，在广州召开第一届文献保护与修复研究生论坛暨古籍保护人才培养模式研讨会。

第一届文献保护与修复研究生论坛暨古籍保护人才培养模式研讨会

协助中国古籍保护协会举办中华古籍保护志愿服务行动，在吉林、上海等 10 省（市）开展古籍普查志愿者活动，完成 5 万余部 36 万余册古籍普查登记。

（四）古籍数字化建设

推动国家图书馆馆藏善本缩微胶片数字化、普通古籍和少数民族文字古籍数字化工作。截至

12 月底，完成 2016—2017 年度善本数字化项目数据整理 68 万余拍，2016—2017 年度善本数字化加工项目数据加工及质量验收 788167 页，2016—2017 年度善本数字化加工项目（追加）数据加工及质量验收 557716 页。完成 2015 年度馆藏普通古籍数字化项目 50 万拍硬盘数据提交和验收工作，完成 2016 年度馆藏普通古籍数字化项目约 45 万拍的加工工作，启动 2016 年度项目的数字资源验收工作。

推动外购古籍数字化资源工作，接收四川省入选《国家珍贵古籍名录》古籍数字资源 2.5 万拍、云南省图书馆古籍数字资源 142 种 10.2 万拍。

举办两次全国古籍数字资源联合发布活动，联合上海图书馆等 10 家单位共同在线发布古籍数字资源 1.7 万部，累计发布古籍资源超过 3 万部。

推进“中华医药典籍资源库”建设，对 221 种中医古籍影像进行互联网发布。

（五）古籍再生性保护和整理研究工作

《中国珍贵典籍史话丛书》交付出版 7 种，正式出版 4 种（《广舆图》《淳化阁帖》《四库全书总目》《齐民要术》）。已累计出版 18 种，交付待出版 10 种，在审核修改中 2 种，提交大纲 22 种，约稿而尚未提交大纲 48 种。

推进“《国家珍贵古籍名录》中古籍题跋整理与研究”项目，有序开展前三批《国家珍贵古籍名录》古籍题跋成果出版工作，基本完成第四批国家珍贵古籍题跋整理项目的数据接收和二校工作，2017 年接收题跋约 280 条，累计共接收 880 条，完成二校 220 条；启动“第五批《国家珍贵古籍名录》中古籍题跋整理与研究”，累计收到 5 家单位 196 条题跋，完成二校 90 条。

推进与曲阜市文物局（曲阜市孔府文物档案馆）关于孔府文献出版和古籍保护合作项目，出版《孔子博物馆古籍普查登记目录》，推进孔府档案整理出版工作，召开孔府档案编纂研讨会，已交付出版社孔府档案明代部分。

出版《书志》第一辑，召开《书志》编委会议；完成《书志》第二辑出版签约和征稿工作；完成《书目题跋丛书》立项、招标和签约工作。

截至 12 月底，《国学基本典籍丛刊》累计出版 29 种 137 册，《中国古籍珍本丛刊》出版 2 种 130 册，《中华古籍书志书目丛刊》出版 1 种 28 册，《海外中华古籍书志书目丛刊》出版 1 种 2 册。

（六）海外中华古籍调查与合作保护工作

“海外中华古籍书目数据库”建设全年完成数据加工 30 余万条，其中 20 余万条通过验收；完成“海外中华珍贵古籍调查”项目；继续开展海外藏《永乐大典》数字化工作，与英国伦敦大学亚非学院（藏五册）、日本国立国会图书馆（藏一册）、日本东洋文库（藏三十三册）达成出版意向，已获取高清电子版。继续开展《海外中华古籍珍本丛刊》《海外中华古籍书目书志丛刊》等出版项目，已出版《普林斯顿大学图书馆藏中文善本书目》（全二册），即将出版《加拿大多伦多大学慕氏藏书目》。

（七）少数民族文字古籍保护工作

推进新疆、西藏地区古籍普查和普查目录出版工作，新疆地区已完成19家古籍收藏单位共计14980条汉文古籍普查登记数据，西藏地区已完成820家古籍收藏单位共计14360函藏文古籍普查登记数据；继续指导两地开展古籍数字化工作；选派两地学员参加各类培训班；积极宣传党和政府的宗教文化政策，带动新疆维吾尔自治区古籍保护中心于“4·23”世界读书日期间开展“保护古籍，传承文明”系列活动；结合文化扶贫政策开展相关调研工作。推动西南民族地区古籍保护工作，10月24日在贵州民族大学召开“十三五”期间贵州少数民族古籍保护研讨会，10月27日在云南省图书馆召开西南少数民族古籍保护工作座谈会；水文古籍普查完成11486册，扫描书影近5万幅。

（八）古籍保护法律法规和标准规范建设

继续配合文化部做好《古籍保护条例》的立法调研、资料收集等工作；协助全国人大代表卢云辉做好古籍保护立法相关提案资料整理工作；配合全国图书馆标准化委员会秘书处做好《汉文古籍特藏藏品定级》审批、修订工作；向部分专家、古籍收藏单位发放“国家标准《汉文古籍特藏藏品定级 第1部分：古籍》定级释例”试用本，回收并汇总相关意见。

（九）古籍修复和原生性保护工作

推动国家级古籍修复中心浙江图书馆获得国家可移动文物修复资质；完成“山西省国家珍贵古籍修复项目”，继续开展“天禄琳琅”专项修复工作；继续建设古籍馆古籍保护科技文化部重点实验室，为其配置Ph计、化学药品柜、真空烘箱、纸张、试剂等实验设备及耗材；与中国运载火箭技术研究院（航天一院）合作开展古籍保护装备研制工作，签订古籍保护战备箱试用协议，完成“古籍保护装备研发中心”和《战略合作框架协议》的报批工作；为古籍馆普通古籍制作装具9560个，为古籍馆舆图制作装具2739个，为古籍馆金石制作2.4米×1米×2.15米裱轴柜10个。

（十）古籍保护宣传推广工作

1. 举办各类专题展览，弘扬优秀典籍文化。“册府千华”系列国家珍贵古籍特展先后在青海、贵州、河南、四川、云南、内蒙古6省（区）开展。6月，举办“保护古籍　传承文明　服务社会——古籍保护、出版数字化优秀成果展”。9月，举办“圣贤的足迹　智者的启迪——孔府珍藏文献展”（参见“特别记载”之“重大展览”）。

2. 举办各类活动向社会推广优秀典籍，让古籍里的文字活起来。向北京大学、南开大学、天津大学、山东大学、四川大学师生赠送《国学基本典籍丛刊》。5月15日，国家古籍保护中心主任韩永进出席第四届世界道教论坛，向中国道教协会捐赠《中华再造善本》25种146册及《全国古籍普查目录·道教文献》，支持中国道教协会编纂《中华续道藏》及开展道教界古籍普查工作。5月23日，召开“讲好国图典籍故事——国家图书馆传承中华优秀传统文化出版座谈会”。6月9日，结合《中华传统文化百部经典》主题，开展中华优秀传统文化系列推广活动，国家图书馆馆长、国家古籍保护中心主任韩永进，孔子博物馆馆长孔德平共同为《孔子博物馆古籍普查登记目录》首发揭幕，并举办中华经典名篇诵读活动和专题讲座。9月8日，举办“尊师重教 修学研艺——敦煌遗书保护学艺传承活动”。

尊师重教 修学研艺——敦煌遗书保护学艺传承活动

启动《赵城金藏》重要历史资料抢救性摄录工作。7月6日，召开《赵城金藏》重要历史资料抢救性摄录工作媒体座谈会。7月10—25日，赴山西6个地市收集抗战时期中国共产党领导抗日武装抢救《赵城金藏》的有关资料。8月11日，召开《赵城金藏》珍贵史料调查工作报告会，公布摄录工作阶段性成果。此次拍摄全程2000公里，逾20个市县，走访各类单位、机构近30家，采访知情人士50余位，摄录4K高清影像和多达80GB的照片。

建立古籍保护宣传阵地。截至12月底，与《藏书报》合作刊发《古籍保护专刊》25期共100版，与《中国文化报》合作刊发专版7期；“国家古籍保护中心”微信公众号累计刊发图文消息387条，关注人数过万人。

推进“中华优秀传统文化实践基地”建设。完成《国家古籍保护中心“中华优秀传统文化实践基地”申报办法》草拟和上报工作；5月，“中华优秀传统文化实践基地”福建省图书馆正谊书院正式挂牌；7月，在大连图书馆白云书院举办“第二期中华优秀传统文化推广培训班”；同时积极推动黑龙江省图书馆龙江书院挂牌筹备工作。

二、民国时期文献保护计划

2017年是实施“十三五”规划的重要一年。民国时期文献保护工作办公室围绕全馆重点工作，认真组织学习宣传贯彻党的十九大精神，切实增强政治意识、大局意识、核心意识、看齐意识，加强团队和作风建设。认真贯彻“保护为主、抢救第一、合理利用、加强管理”的文献保护基本方针，认真履行民国时期文献保护工作职责，较好完成全年各项工作任务。

（一）建章立制，统筹规划

按照《中华人民共和国国民经济和社会发展第十三个五年规划纲要》《国家“十三五”时期文化发展改革规划纲要》《文化部“十三五”时期文化发展改革规划》《国家图书馆“十三五”规划纲要》相关部署，做好项目规划落实。编制并印发《民国时期文献保护计划“十三五”时期规划纲要》，制定《2017年民国时期文献保护工作方案》与年度预算计划，推进各项工作实施，配合撰写中华优秀传统文化传承发展工程专项申报材料。

（二）落实国家重大专项

按照“国家社科基金抗日战争研究专项工程”相关要求，结合国家图书馆实际，完成“日本战犯审判文献征集、整理与数据库建设”“日本对华调查档案资料整理和数字化”项目2016—2017年度工作的协调管理和推进落实。按照全国哲学社会科学规划办公室和中共中央党校科研处相关要求，提交《国家社科基金抗日战争研究专项工程项目进展情况填报表》等阶段性检查材料。

（三）深入开展文献普查

积极开拓并加强与专业图书馆、高校图书馆的普查合作，新建书目数据5858条，新建馆藏58568条；筛选革命历史文献书目数据逾1万条；完成广西壮族自治区桂林图书馆、辽宁大学图书馆、绍兴图书馆、东北师范大学、辽宁师范大学图书馆、大庆图书馆6家图书馆的书目数据联机上载培训工作；调研和评估5家连续出版物普查试点单位的数据质量，起草《民国时期连续出版物普查著录标准》；完成民国时期文献普查平台数据灌装及功能优化，截至2017年底，平台目次数据保有量达到27万条，全文数据格式转换量约108GB。

（四）推进《民国时期图书总目》编纂工作

在普查成果基础上，继续推进《民国时期图书总目》哲学卷和宗教卷的编撰出版工作。根据项目推进过程中出现的问题，多次组织相关部门召开工作研讨会，结合数据实际情况提出切实可行的调整方案，力争拿出高质量成果。截至2017年底，共计完成215201条书目的整理评估，其中有6164条书目数据进入出版阶段，7353条书目数据进入复审阶段。

（五）继续推进海外文献征集工作

积极开展海外民国时期重要文献征集工作。在扎实调研基础上，制定2017年度海外民国时期文献征集方案，重点征集海外所藏抗战史料和涉华档案；组织完成《国家图书馆海外民国时期文献数字化项目数据加工及质检工作规范（2017年）》修订工作；征集海外所藏日本在华暴行调查档案数字资源1.2万拍，美国所藏日本二战期间战争罪行档案缩微胶卷248卷，二战期间俘获日方档案缩微平片2208片，填补了国内一手资料空白，为学术研究与交流提供基本文献保障。

（六）推进民国时期文献整理出版工作

依据文献的资料类型、濒危状况、珍稀程度和社会需求，有计划、分步骤、成规模地整理出版民国时期文献。加强民国时期文献整理出版选题策划，重点调研革命历史文献、民国时期乡村教育文献、滇西抗战文献、国民参政会文献、民国时期南开大学经济研究所文献等专题文献的存藏与整理出版情况。组织2017年民国时期文献整理出版申报工作，不断提升申报质量，共收到39家单位项目申报书84份，申报数量较上年度增加87%。举办国家图书馆与中国第二历史档案馆合作共建战略框架协议签约仪式暨民国时期文献整理出版项目专家评审会，经专家评审会评审，确定立项42项。截至2017年底，民国时期文献保护计划整理出版工作共立项163项，完成77项，出版图书4243册，文献整理内容涉及民国时期政治、经济、文化、教育等多个领域，语言涉及中、英、日、德、俄等多个语种，汇集图书、档案、期刊等多种载体文献，在一定程度上满足科研单位、社会公众对民国时期文献的需求。

国家图书馆与中国第二历史档案馆签署合作共建战略框架协议

（七）开展数字化和专题数据库建设工作

继续开展民国时期图书缩微胶片数字化项目，完成2016—2017年度民国时期图书缩微胶片数字化加工220万页；继续完善抗战图片专题库建设；启动海外征集回归日本战争罪行史料的专题整理工作，不断丰富国家图书馆特色专题数据库建设内容。

（八）继续开展文献原生性保护工作

继续落实部领导对新型脱酸设备及工艺技术研究的重要批示，实施“民国时期文献脱酸研究与脱酸设备研制”二期项目，进一步优化脱酸工艺，改进脱酸设备和脱酸液，并获得发明专利“一种纸张脱酸剂及其纸张脱酸系统和方法”一项；继续加强对民国时期文献特别是革命历史文献的原生性保护工作，结合馆藏文献情况，按照《民国时期文献库房建设规范》要求，委托相关机构对古籍馆民国时期文献库房进行维修，配置原生性保护装具和设备，改善文献存藏环境、延长文献使用寿命。

（九）举办展览

充分发挥文献的爱国主义教育作用，围绕重大历史题材和国家重要纪念日做好文献展陈、宣传工作。牵头组织举办“不忘初心　砥砺奋进——国家图书馆藏革命历史文献精品展”“大爱无疆——纪念路易·艾黎诞辰120周年文献展”和“钢铁长城——纪念中国人民解放军建军九十周年馆藏文献展”。“钢铁长城——纪念中国人民解放军建军九十周年馆藏文献展”开展期间共接待观众24000余人次，其中定场讲解80余场，观众2000人次以上。展览还荣获国家文物局组织的

“纪念建军 90 周年、抗战全面爆发 80 周年”主题展览十大入选项目第二名。

（十）宣传推广及人才培养

围绕民国时期文献保护重大活动做好宣传推广。举办民国时期文献保护计划重庆站、江苏站、宁夏站、云南站系列宣传推广活动，举办民国时期文献保护计划成果展览 3 场，民国时期文献保护工作培训班 4 次，培训全国各类图书馆民国文献主管领导和业务骨干 414 人；实施“日本战犯罪行审判史料编译”项目，发布日本战犯罪行审判史料 366 条，满足大众查阅日本侵华罪行一手史料需求，并在《中国文化报》开辟“日本战犯罪行审判史料编译”专栏，进行连续 8 期的宣传报道。

全国图书馆民国时期文献编目工作研修班在南京举办

做好日常宣传推广工作。实施民国时期文献保护网功能完善及运维项目，做好网站内容更新和发布；编撰发布《国图简报民国时期文献保护专报》共 4 期，并及时向馆网、《国家图书馆通讯》提供宣传素材；完成 2016 年民国时期文献保护工作媒体报道情况汇编。

（十一）继续做好常规业务工作

完成“革命文献与民国时期文献保护计划”文化部项目库编报工作，编制 2018—2020 年项目支出规划和 2018 年项目预算；完成 2017 年度“革命文献与民国时期文献保护计划”专项经费管理与执行工作；做好民国时期文献保护计划安全工作、档案管理、系统及硬件运维等各项工作；完成年鉴等文字材料撰写工作。

三、数字图书馆推广工程

2017 年是全面落实“十三五”规划的关键一年，数字图书馆推广工程（以下简称“推广工程”）全面落实《文化部“十三五”时期公共数字文化建设规划》，牢牢把握“促进全民阅读”“建设书香社会”的战略方向，深入贯彻“互联网+”国家战略。全年围绕应用系统平台建设、数字资源建设、数字图书馆服务等工作，全面部署、有效推进、严抓落实，圆满完成各项工作。

（一）强化工程统筹管理

制订并严格执行推广工程全年整体计划及各项目工作方案。完成2017年推广工程实施情况报送、整理，推进推广工程在全国实施。开展本级经费编报与执行控制。配合财政部，开展推广工程年度项目评估工作，总结2015、2016年的工作成果、社会效果，提供111个评估佐证材料，对推广工程实施进行全面系统的说明。

落实经费保障，推动数字图书馆经费投入稳步增长。组织开展并完成2017年（第二批）中央转移支付经费申报、汇总、评审及测算工作，明确各地建设任务。截至2017年底，中央财政对推广工程的经费投入资金约10.88亿元，通过中央转移支付各地8.9亿元。

开展了推广工程考核，督促各地实施数字文化建设。配合文化部开展2016年度公共数字文化工程实地考核工作。推广工程作为公共数字文化工程之一，前期制定了推广工程考核内容及指标，随后主持16个省级公共图书馆实地考核，并全程参与其余16个省级公共图书馆的考核工作。牵头修订32个省级公共图书馆的考核意见反馈，起草《关于2016年数字图书馆推广工程考核工作情况的报告》。

（二）推进网络和平台建设

继续推进专网、虚拟网联通工作，已有38家副省级以上图书馆完成与国家图书馆的专网连通，310家省、市级图书馆联通虚拟网；继续扩大基层图书馆互联互通的覆盖面，将网络连通范围向县级图书馆延伸，协助地方进行互联互通建设；做好网络运行管理和安全监控工作，有效推动网络安全保障和制度管理的培训与实施。

完成统一用户系统升级改造工作，开展统一用户管理系统软件系统推广部署，并协助地方馆做好系统平台维护、管理和应用集成工作。全年共完成15家省级图书馆统一用户管理系统的系统升级或数据导入工作；完成数字资源唯一标识符系统升级改造以及全部省级馆本地注册数据到新系统的数据迁移工作。

完成推广工程移动阅读平台的各项技术支持及宣传推广工作，做好移动阅读平台分站建设的技术实现和服务支持，截至2017年底，分站总数达到327个；推广工程移动阅读平台系统二期上线。

（三）开展数字资源建设

加强联建统筹管理。开展2017年度第二批联建项目申报与评审。开展联建资源终验工作。完善联建资料科学存档与管理。强化标准规范建设与业务指导，截至2017年12月底，完成系统平台调试和资源部署40余馆次，建设政府公开信息整合服务平台地方分站30个。推广工程累计共完成政府信息数据1503万条、元数据仓储数据56.36万条、唯一标识符数据34.12万条，采集网站1.46

万个，数字化图书 451.9 万页、报纸 33.29 万版、民语图书 1.5 万页、公开课 9404 节、专题 3 个。

进一步提升普适性数字资源服务利用。新订少儿资源“妙趣手工坊”“少儿期刊”。续订“世界历史文明连环画”“ARTBASE 艺术图片库”“中少动画资源库”“维普中文科技期刊”。继续开展少数民族地区数字文化帮扶工作。截至 2017 年 12 月底，通过数字图书馆专用网络，推广工程面向全国各级公共图书馆提供的资源内容包括 13 万种中文图书、1.22 万种中文期刊、300 种报纸、27 万张图片、15 万首音频音乐、5000 个英语微视频、150 小时科普视频、100 种工具书、1470 种连环画、1600 集少儿动画、1600 余集少儿绘本、370 集少儿视频等。其中，馆外访问资源比重达 74%。加强资源宣传和绩效评价，按月度开展资源使用统计。

重点推进推广工程数字资源整合服务。推广工程数字资源整合检索平台——“网络书香资源检索平台”上线运行，元数据整合数量超过 100 万条，初步实现我国公共图书馆数字资源一站式检索。面向全国各地各级图书馆开展平台部署，截至 2017 年 12 月底，全国共有 68 家图书馆完成平台部署。

（四）举办宣传推广活动

春节期间，推广工程联合 448 家图书馆开展网络书香过大年活动，线上线下参与活动总量高达 130 万人次。“六一”期间，联合全国 297 家图书馆举办“童音诵古韵 · 经典有新声”2017 年全国少儿诗词在线诵读活动，收到 7121 名用户提交的 9721 首作品，吸引全国 20 余万人参与。

积极响应文化部开展的“春雨工程”活动，协调宁夏、新疆生产建设兵团、云南三地筹备、策划 2017 年度网络书香阅读推广活动。截至 2017 年底，三地活动依次展开，培训、展览及体验活动吸引大批读者到馆参与。

推进“网络书香 · 基层图书馆帮扶计划”，促进图书馆服务均等化。面向首批 9 个试点地区，开展进社区、进校园、进部队等精准帮扶活动，推广“基层数字图书馆”服务平台，捐赠触摸屏、实体图书及数字阅读卡。培训近 500 位基层文化干部，累计发放数字阅读卡 2 万余张。

开展“网络书香 · 基层图书馆帮扶计划”首批试点地区文化帮扶活动

策划“十三五”时期推广工程建设与发展巡展，截至 2017 年底已完成山西太原、宁夏银川、江苏镇江等地巡展。

开展世界读书日公开课直播，线上观看近 3000 人次。借助互联网每周开展一次图书馆公开课直播，方便全国读者获取公开课资源。共直播 32 期 52 场。协调 25 家省级图书馆进行直播连通和测试，进一步扩大直播覆盖范围。

借助工程微信公众号推送工程资源与服务，推送主题推文45期116条，截至2017年底用户近4万人。在《中国文化报》开设“扫码读书”专栏，推介移动阅读平台资源，共发布9期。完善工程网站建设，更新栏目、资源与服务内容，制作4个专题网站。

配合各项重大活动在《中国文化报》发表专版1篇、专栏2篇、文化部网站发布专题4个，中国经济网、新浪网等主流媒体报道和转载新闻3篇；发表《国家图书馆通讯》4篇，国图简报1篇；督促各地宣传员供稿，全年通过推广工程网站编发各类新闻25篇。

（五）深化培训工作

截至2017年12月，举办“一带一路”资源建设、宣传推广联络员、系统平台建设及服务、少儿图书馆资源建设、新媒体资源建设、馆长培训、参考咨询、联合编目、网络书香宣传推广、馆员研修等推广工程各类培训18期，培训学员1833人次，其中21世纪海上丝绸之路数字图书馆建设培训班受到业界关注，被《中国文化报》报道。开展推广工程网络书香讲坛在线培训6期，在线观看100346人次，以公开课的形式制作精品课程2期。继续推进推广工程教材编撰，召开教材编撰专家评审会1期；为地方馆开展培训提供国家图书馆师资39人次。为了更好地改进馆员研修，在全国范围内针对200余名往期学员开展专门性调研。通过调研可以看出，77%的学员经培训可以独立承担项目工作，并且64.39%的学员曾经就所学课程相关项目指导过本馆或者本区域内的业务工作，培训效果逐步显现。

21世纪海上丝绸之路数字图书馆建设培训班

四、国家图书馆国家文献战略储备库项目

国家图书馆国家文献战略储备库（以下简称“战略储备库”）项目自2011年申报以来，得到

中央领导集体的高度重视，也得到文化部、国家发展和改革委员会等部委的大力支持。经过多年的不懈努力，项目于2015年11月获得正式立项，被列入国家“十三五”规划重点文化设施建设工程。2015年第33次馆务会通过战略储备库项目可行性研究阶段实施方案，同年确定可行性研究报告编制单位。自2016年起，国家图书馆全面开展战略储备库项目可行性研究工作，与河北省承德县通力合作，稳步推进各项工作，取得一系列重要进展，包括项目用地收储、岩土工程初步勘察、规划条件确定及市政配套规划设计；与河北省承德县人民政府签订战略合作意向书和项目用地协议；赴国内9家、国外4国8家机构实地调研，了解同类项目建设经验，研究确定战略储备库功能定位及总体业务规划；落实文化部党组指示精神，与承德县人民政府就项目市政配套设施规划、建设情况及责任清单进行协商，确定项目市政配套的“七通一平”工作，落实双方工作分工和进度安排；完成建筑设计招标第一阶段设计方案和技术建议征集评审。在此基础上，2017年国家图书馆继续推进战略储备库项目前期各项工作。

（一）完成工程设计招标工作

2—3月，国家图书馆在战略储备库项目建筑设计招标第一阶段设计方案和技术建议征集的基础上，继续推进招标第二阶段工作，按照国家现行招投标法律法规，委托中介代理机构开展招标工作，确定中标设计单位中国建筑设计院有限公司及其设计方案。随后，国家图书馆与中国建筑设计院有限公司展开工程设计合同谈判洽商工作，双方于5月签订《国家图书馆国家文献战略储备库建设工程设计合同》。

（二）完成项目各专项评估及报批工作

国家图书馆会同战略储备库项目节能评估、环境影响评价、社会稳定风险分析评估、防洪影响评价等咨询单位推进各项专项评估工作，基建工程办公室全年多次赴石家庄市、承德市和承德县，沟通协调相关各方面，办理各专项评估报批手续，配合评审单位完成报告审查。截至2017年12月底，已经办理完成战略储备库项目节能评估、环境影响评价、社会稳定风险分析评估、防洪影响评价相关报批手续，取得各审查机关批复。

（三）完成项目可行性研究报告正式稿编制及上报工作

2017年上半年，国家图书馆推进战略储备库项目可行性研究报告正式稿的编制及上报工作，会同可行性研究报告编制单位、设计单位进行多轮讨论、修订、完善；同时多次组织业务管理处、研究院、信息技术部等相关部处进行沟通商讨，听取并吸收各方面意见和建议；同文化部、国家发展和改革委员会、河北省各级政府加强沟通和配合。项目可行性研究报告于5月编制完成，经第24次馆务会审议通过，正式向文化部上报《国家图书馆关于报送国家图书馆国家文献战略储备库建设工程可行性研究报告的请示》。

（四）协调配合各方面推进项目可行性研究报告审批工作

国家文献战略储备库建设工程项目可行性研究报告专家评审意见沟通会

7月中下旬，在副馆长孙一钢带领下，国家图书馆配合文化部和评审单位踏勘战略储备库项目现场，并组织可行性研究报告专家评审会。会后，国家图书馆会同设计单位、可行性研究报告编制单位，结合国家图书馆实际需求对可行性研究报告进行再次核算及调整，补充完善可行性研究报告，多次与承德县人民政府沟通，取得建设地下车库规划设计依据，同时向文化部和评审单位做好解释和回复。

8月下旬，国家图书馆会同可行性研究报告编制单位、设计单位与文化部财务司基建处和评审单位再次进行沟通。根据专家评审意见和沟通成果，国家图书馆于9月初向文化部上报《国家图书馆关于再次报送国家图书馆国家文献战略储备库建设工程可行性研究报告的请示》，上报项目总建筑面积为72308平方米，总投资为104068万元；比初审规模增加5015平方米，比初审投资增加13187万元；比立项批复规模增加11418平方米，比立项批复投资增加25422万元。

项目可行性研究报告通过文化部审核后，于10月中旬报送国家发展和改革委员会获得正式受理。11—12月，国家图书馆继续配合国家发展和改革委员会推进可行性研究报告最终审批工作。在召开专家评审会、得到专家提问及建议后，基建工程办公室组织开展对专家提问的答复工作。国家图书馆多次召集可行性研究报告编制单位、设计单位及馆内相关部处、承德县有关部门进行讨论和任务分解分工，对专家提问进行答复，推动审批工作向前迈进。

国家发展和改革委员会评审专家实地调研战略储备库选址

（五）征求各方意见推进项目设计方案论证和优化工作

在确定战略储备库项目设计方案的基础上，国家图书馆多轮次与设计单位进行磋商讨论，进一步做好设计方案论证和优化工作；针对设计方案中的建筑风格及其功能特殊性与国内消防相关规范规定之间存在的矛盾冲突问题，基建工程办公室于6—8月多次赴承德市与承德市消防部门进行当面沟通协调，拟采用消防部门组织专家评审会方式解决此问题；于4月先后两次组织召集馆内业务相关部处、设计单位、可行性研究报告编制单位等召开设计方案讨论会；于 10 月底分两场次分别组织召集各部处领导及员工代表和离退休老干部，召开项目设计方案汇报会；同时制作项目介绍展板在员工食堂陈列，征求全馆范围员工的意见和建议，将各方面的优秀反馈意见和建议吸取进设计方案的优化成果，将方案优化引向完善。

（六）与承德县人民政府共同推进项目前期各项工作

2017 年，国家图书馆先后多次赴承德县向承德县委、县人民政府介绍项目设计招标情况、设计方案以及国家图书馆相关工作安排，了解县人民政府关于 2017 年项目“七通一平”工作安排和进展情况，并推进项目各专项评估工作；就项目供电方案、市政配套设施、环境影响评价、节能评估、防洪影响评价等相关事宜与县委、县人民政府共同落实，取得《承德县人民政府关于国家文献战略储备库建设工程项目“七通一平”工作详细内容的函复》。

五、《中华传统文化百部经典》编纂项目

2017 年，《中华传统文化百部经典》编纂项目在中宣部、文化部等部门的支持指导下，以习近平总书记关于传承和弘扬中华优秀传统文化的系列重要讲话精神为指导，以社会主义核心价值观为引领，以“激活经典、熔古铸今、立足学术、面向大众”为目标，以当代眼光审视和解读古代典籍，全面深入贯彻落实中共中央办公厅、国务院办公厅印发的《关于实施中华优秀传统文化传承发展工程的意见》精神，精心组织、认真筹划，取得阶段性成果。

（一）主要工作进展

2017 年，《百部经典》编纂项目共召开中宣部领导专题调研会议 1 次，编纂委员会会议 6 次，首批图书出版、审订工作会议 4 次；策划并举办相关展览 1 场。截至 2017 年底，《中华传统文化百部经典》共确定 5 批 64 种书目。其中，首批图书《周易》《尚书》《诗经》《论语》《孟子》《老子》《庄子》《管子》《孙子兵法》和《史记》等 10 种，于 9 月底正式出版发行。

（二）重要工作会议

1.《中华传统文化百部经典》首批图书编纂工作第二次研讨会议

1 月 10 日，《中华传统文化百部经典》首批图书第二次研讨会在国家图书馆召开。《百部经典》编纂委员会副主任委员、国家图书馆馆长韩永进，部分编委及相关同志出席会议。首批图书中《孟子》撰稿人，中国人民大学国学院副院长、教授梁涛；《墨子》撰稿人，山东大学中文系教授姜宝昌参加会议。会议特邀中国社会科学院文学研究所研究员谭家健，中国人民大学哲学院教授孙中原，清华大学历史系暨思想文化研究所教授廖名春，北京大学哲学系教授王中江，北京

大学中文系教授常森、吴国武，北京交通大学人文社会科学学院教授孔德立等列席。与会人员对《孟子》和《墨子》两部书样稿展开进一步讨论，提出修改意见，并达成共识：一是丛书应代表学界共识，而不只是反映作者一家之言；对众家说法应择善而从，尽量不要批驳他人，引发争论；从书内部说法应相互协调，尽量统一。二是提炼经典思想时，要注意传统文化与当代社会的对接方式，不要简单地将传统文化“现代化”，要注意分寸。三是《百部经典》作为面向大众的普及读物，一定要兼顾学术性与通俗性，要达到准确、简明、通俗、典雅的要求。四是原典要信实可靠，重视版本传承，校勘处理要符合学术规范。五是要保持体例的稳定性，体例可以细化完善，但不宜再“打破”重来。

2.《中华传统文化百部经典》编纂委员会第八次会议

3 月 3 日，《中华传统文化百部经典》编纂委员会第八次会议在国家图书馆召开。《百部经典》编纂委员会主任委员、中央文史研究馆馆长袁行霈，副主任委员、国家图书馆馆长韩永进，部分编委和相关同志参加会议。

会上，韩永进传达了中央《关于实施中华优秀传统文化传承发展工程的意见》和年前领导同志看望袁行霈先生时的讲话精神。与会人员讨论并确定《〈中华传统文化百部经典〉审订组工作制度》和“首批书目审订组推荐人选”。袁行霈强调审订专家要参考《〈中华传统文化百部经典〉编纂体例》与《〈中华传统文化百部经典〉书写条例》审订书稿等事项。

《中华传统文化百部经典》编纂委员会第八次会议

3.《中华传统文化百部经典》编纂工作调研会议

为进一步落实刘奇葆同志 2016 年 4 月 8 日视察国家图书馆和 2017 年春节期间看望袁行霈先生时的讲话精神，全面推进《百部经典》编纂工作，3 月 9 日上午，中宣部副部长景俊海到国家图书馆进行工作调研，听取汇报、检查首批图书样稿，对推进下一步编纂工作进行安排。中宣部文艺局巡视员、副局长孟祥林，国家图书馆馆长韩永进，文化部公共文化司副司长陈向红，以及中宣部文艺局、文化部公共文化司和国家图书馆《百部经典》编纂工作办公室有关同志参加会议。

会议听取韩永进关于《百部经典》编纂工作进展情况的汇报。景俊海对编纂工作提出以下几点要求：一是深入领会《关于实施中华优秀传统文化传承发展工程的意见》核心要义，用意见精神指导编纂工作。深入领会刘奇葆同志4月8日讲话精神。编纂工作要加强对核心理念、中华传统美德、中华人文精神的体现，把优秀传统文化与社会主义核心价值观的内在联系阐释出来。把握“两创”方针，适应学术研究情况和当代发展需要，进行必要的梳理。二是一些具有当代价值、符合现实需要、适应人们需求的经典，可考虑吸纳到《百部经典》书目当中。打通古今，萃取精华，赋予新意；坚持普及经典、学以致用，用大众化的解读方式进行阐发。三是强化审订专家、出版单位责任，形成规范化、标准化、制度化管理，确保高质量编纂、高质量出版。四是精心做好首批书稿，科学安排工作流程，确保10月1日之前保质保量推出。五是提前抓好下一批书目筹备工作，同步推进，有序衔接。中宣部文艺局与国家图书馆加强工作对接，做好协调保障工作。

4.《中华传统文化百部经典》首批图书审订工作会议

3月15日，《中华传统文化百部经典》首批图书审订工作会议在国家图书馆召开。《百部经典》编纂委员会主任委员、中央文史研究馆馆长袁行霈，副主任委员、国家图书馆馆长韩永进及中国中医科学院研究员余瀛鳌、清华大学思想文化研究所研究员钱逊等部分首批图书审订专家参加会议。国家图书馆出版社相关编辑及《百部经典》编纂办公室工作人员出席会议。

会上，韩永进向与会专家介绍《百部经典》编纂项目情况，指出本阶段工作的重点是开展书稿审订，确保首批图书的质量。袁行霈围绕审订工作制度，向与会专家说明工作重点。与会专家对审订工作展开讨论，一致认为《百部经典》的编纂符合当代社会需求，具有重要意义，力争保时保质地完成编委会委托的审订工作。

5.《中华传统文化百部经典》编辑出版事宜讨论会议

4月6日，《中华传统文化百部经典》编辑出版事宜讨论会议在国家图书馆召开。《百部经典》编纂委员会主任委员、中央文史研究馆馆长袁行霈，副主任委员、国家图书馆馆长韩永进，编委、国家图书馆副馆长张志清，编委、中华书局编审许逸民，外聘编辑代表国家图书馆出版社编审孙彦、上海大学出版社编审邹西礼、浙江古籍出版社副编审况正兵、中华书局编辑吴麒麟，国家图书馆出版社社长方自金、副社长殷梦霞及《百部经典》责任编辑，《百部经典》编纂工作办公室人员出席会议。

会上，国家图书馆出版社汇报《百部经典》的编辑审稿流程、封扉与版式设计的进展情况。与会专家就此展开讨论。综合与会专家的意见，袁行霈对出版设计工作提出要突出《百部经典》的“经典”性等原则，并对封扉、版式提出具体要求。韩永进强调，《百部经典》编辑出版工作人员要认真学习《关于实施中华优秀传统文化传承发展工程的意见》等相关文件；要牢牢把握项目的定位；要把握好丛书内容与形式的关系；要充分吸收与会专家的意见和建议，进行总结、消化，并落到实处。最后，韩永进表示，《百部经典》的编辑出版工作聚集全国优秀力量，代表全国编辑出版的最高水平，国家图书馆定举全馆之力，配合编纂委员会共同做好丛书的编辑出版工作。

6.《中华传统文化百部经典》编纂委员会第九次会议

5月8日，《中华传统文化百部经典》编纂委员会第九次会议在国家图书馆召开。《百部经典》

编纂委员会主任委员、中央文史研究馆馆长袁行霈，副主任委员、国家图书馆馆长韩永进，部分编委，国家图书馆出版社编辑代表和相关同志参加会议。

会上，韩永进传达了列席4月11日下午中宣部部务会时，刘奇葆和黄坤明等中央领导以及中宣部领导对《百部经典》编纂工作的关心，指示要求：要下大力气写好导读，靠导读读懂经典，连通古今；书稿到一定程度后，要通过召开座谈会等形式听一下各方面读者的意见。与会人员对《百部经典》第四批书目进行讨论，确认并重申以下选目原则：《百部经典》只选中国人的著作，翻译的作品一概不收；“一目一书”的编纂原则，即每部书独立成册，避免几部书合为一册。此次会议还讨论了图书的封面、版权页、扉页设计等问题。

7.《中华传统文化百部经典》编纂委员会第十次会议

6月6日，《中华传统文化百部经典》编纂委员会第十次会议在国家图书馆召开。《百部经典》编纂委员会主任委员、中央文史研究馆馆长袁行霈，副主任委员、国家图书馆馆长韩永进，部分编委，《百部经典》编纂工作办公室主任张洁，国家图书馆出版社社长魏崇、编辑代表和相关同志参加会议。

编委会听取张洁关于首批图书审订情况与近期工作进度的汇报。与会人员围绕书名、封面内容等展开讨论并达成共识。同时，编委会决定将《法书要录》和《黄帝四经》补入第四批书目（共11种），并确定其中9种图书撰稿人。

8.《中华传统文化百部经典》首批图书审订出版工作会议

7月6日，《中华传统文化百部经典》首批图书审订出版工作会议在北京香山饭店召开。《百部经典》编纂委员会主任委员、中央文史研究馆馆长袁行霈主持会议，与会者有副主任委员、国家图书馆馆长韩永进，部分编委，以及部分解读人和审订者。《百部经典》编纂工作办公室主任张洁、国家图书馆出版社社长魏崇等参会。

《中华传统文化百部经典》首批图书审订出版工作会议

张洁向与会人员报告2016年4月8日项目正式启动以来的工作情况。与会人员对《孙子兵法》《尚书》《周易》《庄子》《管子》《史记》六部书稿逐一进行讨论，并达成共识：第一，坚持既定体例。书稿中不符合体例之处，须依照《〈中华传统文化百部经典〉编纂体例》《〈中华传统文化百部经典〉书写条例》修改。第二，强调导读、点评的重要性，请解读人吸收审订专家和编委们提出的建议，再做修改。避免偏颇，守正出新。第三，对于学界尚存争议的问题，要多“交流讨论”；对于学界尚无定论的问题可采取两说或众说并存的做法；对于那些无关紧要而又容易引发诘难的观点，可以回避。

9.《中华传统文化百部经典》编纂委员会第十一次会议

8 月 16 日，《中华传统文化百部经典》编纂委员会第十一次会议在国家图书馆召开。《百部经典》编纂委员会主任委员、中央文史研究馆馆长袁行霈，副主任委员、国家图书馆馆长韩永进，部分编委，国家图书馆出版社编辑代表和相关同志参加会议。

《中华传统文化百部经典》编纂委员会第十一次会议

会上，与会人员对《百部经典》凡例、首批图书排序、图书原著者标注方式、节选标注方式、卷首书影说明体例等事宜进行讨论并达成共识，首批图书将按《周易》《尚书》《诗经》《论语》《孟子》《老子》《庄子》《管子》《孙子兵法》《史记》进行排序。此外，会议还讨论了第五批书目相关事宜。

10.《中华传统文化百部经典》编纂委员会第十二次会议

10 月 24 日，《百部经典》编纂委员会于国家图书馆召开第十二次会议，总结首批图书编纂工作经验，并对今后工作做出规划。《百部经典》编纂委员会主任委员、中央文史研究馆馆长袁行霈，副主任委员、国家图书馆馆长韩永进，部分编委，国家图书馆出版社代表和相关同志参加会议。

会上，韩永进传达刘奇葆同志对首批 10 部图书顺利出版的重要批示精神和对今后工作的指示：刘奇葆同志希望再接再厉、总结提高，各位专家把后续书目编精编好，有关部门继续做好组织协调工作，加大图书推广力度，努力把中华传统文化传承好弘扬好。与会人员根据试制书的出版情况，围绕如何完善工作流程、编纂体例、审订制度发表意见并形成共识，首批图书正式发行时间定在 11 月 15 日。

11.《中华传统文化百部经典》编纂委员会第十三次会议

11 月 28 日，《中华传统文化百部经典》编纂委员会第十三次会议在国家图书馆召开。《百部经典》编纂委员会主任委员、中央文史研究馆馆长袁行霈，副主任委员、国家图书馆馆长韩永进，部分编委，国家图书馆出版社编辑代表和相关同志参加会议。

会上，与会人员讨论并确定第五批图书（9 种）解读人及第二批和第三批部分图书（14 种）审订专家名单。会议建议制定更为详细的审订工作条例，责由编纂工作办公室进一步修改，提交下次编委会讨论。建议将《书写条例》修改为《撰写格式》。袁行霈表示：选择合适的解读人是工作的重中之重，因此要更加审慎；工作中要加强和解读人的沟通；审订工作条例要进一步完善，对于未达到要求的书稿，编委会保留退稿权。同时他指出，首批图书的出版获得多方肯定，但不能自满，从撰稿、审稿、编辑到印刷出版都要精益求精，每一批书都要有所改进，力争做到更好。韩永进指出，遴选每一位解读人都要力求达到品行端正、学术水准高、对《百部经典》编纂思想领会透彻三个标准。

（三）举办“激活经典　熔古铸今——《中华传统文化百部经典》首批图书出版”展览

12 月 25 日，“激活经典　熔古铸今——《中华传统文化百部经典》首批图书出版”展览在国家图书馆总馆北区二层大厅开展。此次展览由国家图书馆主办，国家图书馆《中华传统文化百部经典》编纂工作办公室和国家图书馆出版社承办，旨在通过文字、图片，展示《百部经典》编纂工作自启动以来的发展过程和所取得的阶段成果，扩大《百部经典》的影响力，推动社会掀起一股读经典、学经典的热潮。展览共由 7 个版块组成，分别是前言、文化自信、阶段成果、群英荟萃、大事记、精心组织、敬请期待。其中，“阶段成果”展示首批 10 种图书的部分精彩内容；“群英荟萃”体现《百部经典》“聚名家之力，集百家之长”，展现顾问、编委、首批图书解读人和审订人的风采；“大事记”旨在呈现项目自 2014 年前期调研阶段至图书正式出版期间重要时间节点的重要事件；“精心组织”说明《百部经典》“一个平台、七条战线”的工作格局和科学规范的工作流程；“敬请期待”展示《百部经典》部分后续书目和已确定的解读人。

“激活经典　熔古铸今——《中华传统文化百部经典》首批图书出版”展览

六、《鲁迅手稿全集》编辑出版项目

《鲁迅手稿全集》编辑出版项目是由文化部会同国家文物局组织实施，国家图书馆具体承办的一项国家重点文化出版项目。该项目于 2017 年 6 月正式启动，计划 2018 年完成《鲁迅手稿全集》初稿并初步建立图片数据库，于 2019 年底完成出版工作。

（一）出版的意义

鲁迅先生是 20 世纪中国的伟大作家，新文化运动的旗手，左翼文化运动的盟主，中国现代文学的开山巨匠。其作品包括杂文、短篇小说、评论、散文、翻译作品和书信等，对于五四运动以后的中国文学产生深刻的影响。鲁迅先生以其对恶势力不屈的斗争精神而被誉为民族脊梁，他的斗争精神和民族气节，曾得到毛泽东主席的大力赞誉和提倡。对于鲁迅作品及思想的价值，习近平总书记也多次谈到要从中汲取营养并加以继承和发扬。此次《鲁迅手稿全集》的出版，将进一步唤起社会对鲁迅精神的继承与重视，也对弘扬民族精神、传承民族优秀文化有着重要的现实意义。

（二）出版工作启动

6 月 23 日上午，文化部会同国家文物局，在国家图书馆文会堂召开《鲁迅手稿全集》编辑委员会暨专家委员会第一次会议，编辑出版工作正式启动。文化部党组书记、部长雒树刚，文化部党组成员、国家文物局局长刘玉珠，国家文物局党组成员、副局长关强以及中宣部、文化部、国家文物局相关司局负责同志出席会议。国家图书馆、北京鲁迅博物馆、上海鲁迅纪念馆等全国鲁迅手稿收藏单位的代表及鲁迅研究专家参加会议。会上，雒树刚对出版工作提出明确要求。

《鲁迅手稿全集》编辑委员会暨专家委员会第一次会议

（三）项目组织与机构

成立《鲁迅手稿全集》编辑委员会，由雒树刚担任编委会主任，杨志今、刘玉珠担任编委会副主任。编辑委员会主要负责审议编辑出版工作中的重大事项，对项目总体方案进行审定，指导各项目参与单位开展工作，负责书稿终审，对工作进度和对工作质量进行把关等。

成立《鲁迅手稿全集》专家委员会，由韩永进担任专家委员会主任，黄乔生担任专家委员会副主任，成员主要由项目参与单位及高校、社科院等研究机构中的鲁迅研究专家担任。专家委员会主要负责确定《鲁迅手稿全集》收录范围、编辑体例、成书规模、出版形式等事项，并为编纂过程中出现的相关问题提供指导意见，参与书稿审读等。

编委会下设办公室，设在国家图书馆，负责全书编辑出版的具体工作。国家图书馆常务副馆长陈力担任办公室主任，具体成员由项目各参与单位相关人员组成。办公室负责编委会日常工作开展，编辑委员会和专家委员会指导性意见落实，组织相关会议，协调项目各参与单位配合工作，监督出版单位的工作进度和工作质量。

（四）项目目标成果

此次出版《鲁迅手稿全集》将以全面收藏鲁迅手稿为目标，力争将海内外收藏机构和个人手中的鲁迅手稿全部纳入，收录总页数预计达到 2 万余页。编纂工作将总结改进之前相关出版物编辑体例上存在的问题，使之更加科学合理。著录工作将会对每件文献著录名称、创作年代、尺寸、页数、来源等信息详细注明。收录范围与编辑体例将参考和吸收之前已出版的各类出版物可借鉴之处，分为文稿编、日记编、书信编、译稿编、辑校古籍编、辑校金石编、附编共 7 大类，并依据各编特点进行编排和次序等方面的调整。为了更好地还原手稿原貌，此次出版将按照原稿影印，彩色印刷，全书共计 50 册，16 开精装，使读者可以更为清楚地了解鲁迅的写作过程，并可欣赏鲁迅的书法风格。与此同时，为满足广大研究者和读者的查阅需求，还将开发一套高质量的图片数据库，可通过手稿名称等关键词检索相应图片。

（五）项目阶段成果

9 月 6 日，《鲁迅手稿全集》编辑委员会办公室主任、国家图书馆常务副馆长陈力主持召开《鲁迅手稿全集》编纂工作专家座谈会。会上，各与会专家着重对实施方案中编辑体例、收录范围、著录细则、出版方式、进度安排等问题进行充分讨论，进一步细化《全集》编辑出版的实施内容，为日后具体工作的开展提供依据。

12 月，由国家图书馆出版社、文物出版社共同完成全国鲁迅手稿各存藏单位收藏情况统计与核实工作。同时，着手开展鲁迅手稿图片扫描工作，为建立《鲁迅手稿全集》图片数据库做好各项准备。

七、国家传统文化典籍整理工程

为系统整理和深入挖掘国家传统文化典籍资源，梳理和萃取中华传统文化中的思想精华，赋予其新的时代内涵，使中华传统文化典籍真正“活起来”，让优秀传统文化在新的时代条件下不断发扬光大，经财政部批准，国家图书馆于 2017 年启动实施国家传统文化典籍整理工程。

（一）工程简介

1. 指导思想

以习近平同志传承弘扬中华优秀传统文化系列重要讲话精神为指导，深入贯彻中共中央办公厅、国务院办公厅《关于实施中华优秀传统文化传承发展工程的意见》要求，积极发挥国家图书馆在传承弘扬中华优秀传统文化中的作用，统筹协调、形成合力，坚持创造性转化和创新性发展，不断增强中华优秀传统文化的生命力和影响力，使典籍中所蕴含的历史智慧服务当代、创造中华文化新辉煌。

2. 建设目标及实现路径

（1）建设目标

充分发挥国家图书馆的馆藏资源优势和文献整理专业能力，联合全国各级各类图书馆、博物馆、档案馆、纪念馆等典籍收藏机构，带动地方政府和高校、科研院所等研究机构，吸引出版社、企业等社会力量，共同开展全国传统文化典籍的整理、揭示、研究、出版和宣传推广，搭建全国传统文化典籍资源的共建、共知、共享平台，形成一批专题文献系统整理研究成果和地方文献系统整理研究成果，为相关领域学术研究和促进地域文化传承发展提供文献支撑，为解决现实问题提供历史借鉴。

（2）建设路径

拟按“一横一纵”两条路径同时推进。“一横”即对典籍按专题进行系统整理。选择与国家内政外交重大关切或与百姓民生联系紧密的专题，开展典籍的系统整理、揭示与研究。“一纵”即对典籍按地域进行系统整理。选择若干历史文化悠久且对文献整理有积极性的地区，对其地方性典籍进行系统整理、揭示与研究。

3. 建设内容

（1）主要工作

①编制典籍目录

对专题典籍和地方典籍进行全面调查、收集和系统梳理，编制专题典籍联合目录和地方典籍联合目录。

②整理出版典籍丛书

在全面系统整理传统文化典籍的基础上，按照一定的体例和选目标准，精选部分有代表性的、价值较高的典籍，采用多种方式出版专题典籍系列丛书和地方典籍系列丛书。

③建设典籍数据库

对重点典籍、濒临损毁的珍贵典籍以及流失海外的孤本典籍进行数字化，对相关信息进行加工处理，建设典籍数据库和基于典籍内容的关联知识库，面向社会公开发布，实现中华文化典籍资源的共建、共知、共享。

④组织开展典籍整理研究

与研究机构合作，对地方典籍和专题典籍深入研究，形成研究综述或研究报告。

⑤开展典籍整理宣传推广

围绕典籍整理与研究的成果，通过举办地方和专题典籍系列展览或讲座，以线上线下相结合的方式进行宣传，振兴地方乡邦文化，普及专题基本知识，引导社会经典阅读风尚，推动典籍整理工作的深入开展。

（2）选题方向

根据已有文献积累及其整理现状，结合当前情况，围绕以下方向策划具体选题，成熟一个启动一个：

①中外关系文献整理与研究

中外关系文献反映自古以来中国与周边国家，以及与欧洲、非洲、美洲等国家和地区之间的外交、经济、文化方面的交流，包括中国边疆文献、“一带一路”文献等。对其进行系统整理与研究，可为当前我国的政治外交以及开展与世界各国的经济、文化交流提供文献依据。

②近代文献整理与研究

近代文献包括近代以来至中华人民共和国成立以前形成的、反映旧民主主义革命和新民主主义革命不同历史阶段革命历程的各类文献，其中比较重要的有反映鸦片战争、太平天国运动、洋务运动、戊戌变法、义和团运动、辛亥革命、五四运动、北伐战争、中国工农武装斗争、抗日战争、解放战争等重大历史事件的文献。对其进行系统整理与研究，可为深入研究革命发展规律、开展革命传统的宣传教育提供史料基础。

③考古文献整理与研究

考古文献是在考古过程中发现的各类文献，包括地下出土的简帛、文书、墓志（拓片）、壁画，以及反映墓葬形制、器物、雕塑、建筑、碑刻等的图像资料（照片、拓片）。对其进行系统整理与研究，可为丰富和深化我国历史、文化研究提供新的资料。

④非遗文献整理与研究

非遗文献是记录、积累、传播和继承非物质文化遗产知识的文献，涉及非物质文化遗产的各个门类，文献载体类型多样。对其进行系统整理与研究，有助于非物质文化遗产的保护、利用、传承、研究和发展。

⑤地方文献整理与研究

地方文献记载了地方的历史、地理、物产、风俗和人物，包括地方志、家谱、名人文集、传记资料等。对其进行系统整理与研究，不仅可为地区经济、文化发展提供借鉴，对于探讨中央与地方关系、国家治理地方策略也有参考意义。

4. 组织实施

采取工程自主规划和公开申报相结合的方式。一方面，由工程自主规划若干重大选题，根据选题情况由国家图书馆独自承担，或与有关机构、有关地区联合实施；另一方面，工程公布选题方向，接受地方或相关机构的项目申报，经专家评审，典籍整理策划小组审批后列入项目选题计划，纳入工程统一管理，统一标准，统一出版。

工程将充分利用中华古籍保护计划、民国时期文献保护计划、中华再造善本工程、数字图书馆推广工程、全国图书馆文献缩微复制中心等已建平台及已有相关成果，统筹协调，资源共享。同时，在经费使用上保持项目的独立性，专款专用。

（二）工程进展（截至 2017 年底）

1. 前期调研及立项

2016 年 4 月，国家图书馆成立国家图书馆典籍整理策划小组，对中华人民共和国成立以来我国文献典籍整理工作，特别是各地区近年来的文献典籍整理工作进行全面调研，并在调研基础上提出策划立项新的典籍整理项目的建议。2016 年 7 月，国家图书馆正式向文化部并通过文化部向财政部提交“国家传统文化典籍整理工程”项目策划材料与预算。2017 年，项目正式获批立项。

2. 确定工程建设方案及首批选题

2017 年 4 月，国家图书馆根据财政部批复意见，起草《“国家传统文化典籍整理工程”实施方案》（以下简称《实施方案》），该方案在 5 月 23 日的国家图书馆典籍整理策划小组 2017 年第 1 次工作会议上讨论通过，自此“国家传统文化典籍整理工程”正式启动。根据《实施方案》，以“先易后难，急用先做”为原则，2017 年首批启动以下 4 个选题子项目：

（1）中国海疆珍贵历史文献整理与研究

本选题计划从国家图书馆等藏书单位宏富的馆藏中精选出海疆珍贵历史文献影印出版。具体包括：面向国内外图书馆、档案馆、博物馆及相关学术研究机构调研中国海疆文献收藏、整理和研究情况，重点调研古籍、民国文献中的海疆文献及相关研究文献；在前期调研工作的基础上，影印出版《中国海疆珍贵历史文献丛刊》。丛刊收录我国历代海疆沿革、海防政策、我国对领海的有效管辖、海上交通、海上贸易、与海上各国各地区关系、历代先民对我国海疆的发现命名、开发经营、海疆所发生的重大历史事件等相关资料。分为总论、黄海、东海、南海四辑。收录文献上起古代，下迄 1949 年中华人民共和国成立。所选文献以国家图书馆馆藏版本为主。

（2）武昌首义文献整理与研究

本选题全面收集整理武昌起义相关文献，进行专题整理和研究。一是进行文献普查，编制文献目录。广泛调查国内外各藏书机构、档案机构等武昌起义图书、期刊、报纸、档案、手稿、照片、传单、海报以及声像等资料的存藏情况，编纂《武昌首义文献总目提要》，编制书名、人名索引，为相关研究提供便利。二是开展文献整理，编辑文献丛刊。在普查文献史料、编纂目录索引的基础上，选取稀见、重要的文献予以影印整理，出版《武昌首义文献丛刊》，视普查情况，可按文献、档案、函电、传记、回忆录、日记、照片等分类影印整理。三是举办公益展览，开展专题讲座。围绕武昌首义这一主题，以展览、讲座等形式对武昌首义相关的稀见、关键文献及重要研究成果进行社会展示和发布。

（3）中国石刻资料征集、整理与研究

本选题主要对石刻资料开展征集、整理与研究，通过调查图书馆藏石刻拓片，以及存世石刻和出土墓志石刻等资料，编制《中国石刻拓片总目》《新出土墓志目录》，分类编纂《中国石刻资料汇编》，并建设“中国石刻资料数据库”。

（4）“一带一路”文献整理与研究

本选题全面收集整理丝绸之路相关文献，涉及记载或内容述及丝绸之路的全部相关文献，不仅包括历史档案等纸本文献，还包括碑刻等文献载体；既涵盖记载丝绸之路的古代历史文献，也包括以丝绸之路为研究内容的近现代文献资料；搜集范围方面，路上丝绸之路主要以陕西、甘肃、新疆的丝路沿线地区为主，海上丝绸之路主要以泉州、广州和宁波地区为主。选题内容主要包括三个方面：一是进行文献普查，编纂《丝绸之路文献总目丛书》；二是开展文献整理，编辑出版“丝绸之路文献汇编”，同时可将某些特别的文献加以汇编，形成“丝绸之路文献丛书”；三是筹建“丝绸之路文献数据库”。

3. 实施首批 4 个选题子项目

2017 年 6—7 月，4 个子项目陆续启动实施，分别召开专家论证会，确定实施方案，开展本选题相关资料的征集整理。

武昌首义文献整理与研究项目专家论证会

年度掠影

【国家图书馆（国家古籍保护中心）与四家大型公共图书馆联合在线发布古籍数字资源】

2月28日，国家图书馆（国家古籍保护中心）与上海图书馆、天津图书馆、浙江图书馆、云南省图书馆等4家单位在国家图书馆联合在线发布古籍数字资源，免费服务大众阅览和学术研究。国家图书馆副馆长、国家古籍保护中心副主任张志清，天津图书馆馆长李培，浙江图书馆馆长徐晓军，云南省图书馆馆长王水乔，上海图书馆历史文献部主任黄显功，以及国家文物鉴定委员会主任委员傅熹年，上海图书馆原馆长、上海市政府参事吴建中，北京大学教授廖可斌，中华书局总编辑助理张继海，全国人大代表、贵州民族大学图书馆馆长卢云辉，著名藏书家韦力等专家学者和十余家媒体代表出席活动。

此次国家图书馆（国家古籍保护中心）联合上海图书馆、天津图书馆、浙江图书馆、云南省图书馆共同发布的古籍数字资源多达1万余部，其中：国家图书馆“中华古籍资源库”在首批已发布1.1万部善本古籍影像资源的基础上，第二批发布古籍资源6000余部，包括从宋元到明清不同时代的各类型版本，总量达到1.7万部，是国家图书馆最精华、最有价值的馆藏古籍资源，已发布数量约占国家图书馆所藏善本古籍的60%；上海图书馆此次发布第三批3000种家谱数字化资源，在线家谱总数达到6000种；天津图书馆在线发布馆藏古籍影像1000部，以明清刻本为主，包括特色馆藏宝卷等；浙江图书馆发布古籍影像25部，全部为入选《国家珍贵古籍名录》的馆藏珍贵古籍；云南省图书馆在线发布馆藏古籍影像157种，包括大理国写本文献《护国司南抄》、元官刻大藏经《大宝积经》等一批馆藏代表性文献。

【举办第三期全国碑帖编目与鉴定研修班】

4月10日，国家古籍保护中心主办、国家图书馆古籍馆承办的第三期全国碑帖编目与鉴定研修班在国家图书馆举办。国家图书馆副馆长、国家古籍保护中心副主任张志清，国家图书馆古籍馆副馆长陈红彦，国家古籍保护中心办公室主任助理王红蕾，国家图书馆研究馆员冀亚平等与28名来自全国各地古籍收藏单位的学员参加开班仪式。张志清做总结，他介绍

第三期全国碑帖编目与鉴定研修班

近年来碑帖普查和培训工作取得的进展，以及国家古籍保护中心举办的历次碑帖编目、鉴定和传拓培训班情况，总结前两期碑帖编目培训班的成果，强调碑帖编目工作人才培养的迫切性。故宫博物院研究员施安昌、北京大学中国古代史研究中心副研究馆员史睿等为学员讲授碑帖鉴定和石刻编目中的文献检索等理论课程。

2015—2016 年，国家古籍保护中心已连续举办两期碑帖编目与鉴定培训班。在前两期培训中，都以重庆图书馆珍藏的碑帖拓本为教学实例，完成整拓著录 2100 余张、剪裱本著录 800 余种。此期培训以国家图书馆藏珍贵拓片著录为教学内容，以“师生研修”为教学模式，通过集中研修，不断积累经验，用以推广并解决实际问题，目的在于建立一支覆盖全国、面向省级保护中心的老中青相结合的古籍保护专家队伍，全面提升我国古籍保护工作水平。

【《国学基本典籍丛刊》走进高校】

《国学基本典籍丛刊》是国家图书馆出版社从 2016 年开始倾力打造的一套丛书，是“中华古籍保护计划”的重要成果，也是国家古籍保护中心贯彻落实党的十九大精神，推动中华优秀传统文化创造性转化、创新性发展的重要举措。2017 年，国家古籍保护中心通过举办“中华优秀传统文化宣传推广活动”，已先后向北京大学、南开大学、天津大学、山东大学、四川大学高校学子捐赠《国学基本典籍丛刊》，让传统经典走进高校，让更多的青年学子感受中华优秀传统文化的熏陶。活动中，国家图书馆馆长、国家古籍保护中心主任韩永进，国家图书馆常务副馆长陈力等馆领导还为高校学子做“铸就中华文化新辉煌”“坚定文化自信　建设文化强国”“国家图书馆的资源与服务”等主题讲座，进一步拉近高校学子与图书馆典藏资源的距离，加深青年学生们对中华优秀传统文化的了解与热爱。

向天津大学学子赠送《国学基本典籍丛刊》

【国家图书馆（国家古籍保护中心）召开国家图书馆传承中华优秀传统文化出版座谈会】

5 月 23 日，由国家图书馆（国家古籍保护中心）主办的“讲好国图典籍故事——国家图书馆传承中华优秀传统文化出版座谈会”在国家图书馆召开。来自国家图书馆、中国社会科学院、北京大学、清华大学图书馆、山东大学、《光明日报》、中华书局、国家图书馆出版社、上海远东出版社等单位的十余位专家学者参加座谈会。国家古籍保护中心办公室主任林世田主持座谈会。国家图书馆馆长助理、研究院院长汪东波，国家图书馆出版社、上海远东出版社相关负责人分别介绍国家图书馆出版社出版的《中国珍贵典籍史话丛书》《国学基本典籍丛刊》和上海远东出版社出版的《国家图书馆善本掌故丛书》。与会专家就所出版的丛书进行讨论，为推进国家图书馆（国家古籍保护中心）珍贵典籍出版、推广建言献策。

【国家图书馆（国家古籍保护中心）启动《赵城金藏》重要历史资料抢救性摄录工作】

7 月 6 日，由国家图书馆（国家古籍保护中心）主办的《赵城金藏》重要历史资料抢救性摄录工作媒体座谈会在国家图书馆召开。来自国家图书馆（国家古籍保护中心）、临汾市文化局、临汾市非物质文化遗产保护中心等相关单位的十余位专家学者参加座谈。国家图书馆副馆长、国家古籍保护中心副主任张志清主持座谈会。著名文化学者、国家高级编导、资深电视艺术家葛芸生和中国企业文化研究院原副秘书长、原太岳区第二地委书记史健（李维略）哲嗣李万里，以及国家图书馆研究馆员李际宁分别介绍此次《赵城金藏》重要历史资料抢救性摄录工作开展相关筹划情况和《赵城金藏》的发现过程，以及抗战中八路军保护和抢救《赵城金藏》的感人事迹。临汾市文化局局长董凤妮就《赵城金藏》的保护和当地历史文化发掘的融合工作设想发表讲话。与会专家就《赵城金藏》重要历史资料抢救性摄录工作进行讨论，为推进此次摄录工作建言献策。

《赵城金藏》重要历史资料抢救性摄录工作媒体座谈会

工作组于 7 月 10—25 日赴山西太原、临汾、运城等 6 个地市，到有关地区党史办、档案局收集抗战时期中国共产党领导抗日武装抢救《赵城金藏》的档案、史料等有关内容和资料，抢救性拍摄现存碑铭、寺院、遗址、遗迹。此次拍摄全程近2000公里，逾20个市县，走访各类单位、机构近30家，采访相关知情人50余位，取得许多重要发现。8月11日，召开《赵城金藏》珍贵史料调查工作报告会，公布摄录工作阶段性成果。通过此次抢救性摄录，国家古籍保护中心初步形成一份全面、系统、可靠的历史资料，对《赵城金藏》的传承保护和学术研究具有重要意义。

【国家古籍保护中心举办第一期全国道教古籍修复技术培训班】

8月14日，由文化部、国家宗教事务局指导，国家古籍保护中心、中国道教协会主办的第一期全国道教古籍修复技术培训班开班仪式在北京白云观中国道教学院举行。国家宗教局副局长蒋坚永，文化部公共文化司副司长陈彬斌，国家图书馆馆长、国家古籍保护中心主任韩永进，中国道教协会副会长兼秘书长张凤林，中国道教协会副会长黄信阳道长等出席开班仪式。开班仪式由黄信阳主持。张凤林、韩永进、陈彬斌、蒋坚永分别致辞。培训班邀请国家图书馆修复专家张平和胡玉清授课，通过理论授课和修复实践相结合的方式，以道教古籍为修复对象，讲授古籍修复的理念和基本技法的理论知识，以及古籍装帧形式、古籍修复配制纸、染纸、染线、淀粉提取与糨糊制作、修补书叶等古籍修复基本技法。来自全国各省（区、市）道教协会、各道教院校和古籍存藏量较大的道观负责人共29人参加此次培训班。培训为期14天，旨在培养一批掌握古籍修复技术的专业人才，为抢救和保护好道教文化遗产奠定坚实的人才基础。

第一期全国道教古籍修复技术培训班

【国家古籍保护中心举办第一期全国佛教古籍修复技术培训班】

8月29日，第一期全国佛教古籍修复技术培训班开班典礼在四川省成都市文殊院香园举行。国家宗教事务局一司副司长张廷仕、国家古籍保护中心办公室主任林世田、国家古籍保护中心办公室主任助理王红蕾、中国佛教协会驻会副会长宗性法师、中国佛教协会秘书长刘威、成都文殊院首座宏琳法师等参加开班典礼。此次培训班由文化部及国家宗教事务局指导，国家古籍保护中心、中国佛教协会共同主办，成都文殊院承办，9月29日结束。培训内容为古籍修复基础理论、书画修复与装裱技能实践、古籍装帧与修复技能实践，由王红蕾、故宫博物院徐建华、天津图书馆万群、重庆图书馆许彤、四川省图书馆袁东钰、成都杜甫草堂欧萍等资深专家授课。学员主要为来自佛教团体、佛教院校、重点寺院等古籍存藏单位长期从事佛教古籍管理和修复的出家法师，共30人。

第一期全国佛教古籍修复技术培训班

【国家古籍保护中心举办“尊师重教，修学研艺——敦煌遗书保护学艺传承活动”】

9月8日，国家古籍保护中心在国家图书馆稽古厅举办“尊师重教，修学研艺——敦煌遗书保护学艺传承活动”。国家图书馆副馆长、国家古籍保护中心副主任张志清，国家图书馆古籍馆副馆长陈红彦，国家级非物质文化遗产古籍修复项目传承人、国家图书馆研究馆员杜伟生，国家图书馆古籍馆研究馆员李际宁，国家古籍保护中心办公室主任林世田，国家图书馆副研究馆员刘波，以及来自社会各界的相关专家和公众参加此次活动。活动由张志清主持并致辞，陈红彦、杜伟生、李际宁、林世田、刘波先后发言，向参加活动的来宾和观众介绍国家图书馆敦煌遗书保护与修复相关工作。之后，张志清为陈红彦、杜伟生、李际宁、林世田、刘波等专家颁发聘书，聘请其成为中华古籍保护计划人才培养工作培训教师。此次活动旨在表彰参与中华古籍保护计划的专家、学者、非遗技艺传人，激励他们继续为全国古籍保护人才培养事业做出贡献。

【国家古籍保护中心举办第二届古籍保护学科建设研讨会】

9月14日，由国家古籍保护中心主办，天津师范大学、天津图书馆、天津古籍出版社承办的第二届古籍保护学科建设研讨会在天津召开。来自中国社会科学院研究生院、北京大学、复旦大学、中山大学、南京艺术学院等高等院校、科研院所及天津图书馆、辽宁省图书馆、浙江图书馆、山东省图书馆等29家单位的相关负责人、专家学者共50余人出席会议。中国社会科学院研究生院、天津师范大学图书馆、中山大学图书馆、复旦大学图书馆、南京艺术学院、金陵科技学院与南京市莫愁中等专业学校7家单位围绕古籍保护学科建设做主题发言；国家图书馆、山东省图书馆、上海图书馆等古籍收藏单位也就各自古籍保护人才培养及用人需求等进行经验交流，各单位对古籍保护专业硕士基础课程设置和促进专业硕士就业问题达成共识。

【国家古籍保护中心举办第一届文献保护与修复研究生论坛暨古籍保护人才培养模式研讨会】

11月15—17日，由国家古籍保护中心、中山大学资讯管理学院、中山大学图书馆共同主办的第一届文献保护与修复研究生论坛暨古籍保护人才培养模式研讨会在中山大学资讯管理学院召开。来自国家古籍保护中心、天津图书馆、广东省立中山图书馆、北京大学图书馆等古籍保护人才培养单位、古籍保护机构的专家与师生共70余人出席会议。

会议分为研究生论坛、古籍保护人才培养模式专题座谈以及研究生交流会3个环节。来自复旦大学、天津师范大学、南京艺术学院、山东艺术学院和中山大学的10位研究生分别就古籍整理研究、古籍保护与修复研究的相关议题展开两场论文汇报。来自各古籍保护硕士研究生培养单位的学生代表汇报了所在院校理论课程与实践课程的学习体会。针对学生代表的反馈情况和学科建设现状，参会专家就文献保护与修复高级人才培养的模式、文献保护与修复硕士生课程的模块设计、实践课程的实施方式与教学方案等议题展开座谈，在有关古籍保护一级学科建设思路、古籍保护人才培养经费扶持方式、标准化实验室建设、统一课程设计、统编教材等问题上提出富有建设性和可行性的方案。

【国家古籍保护中心举办“孔子·儒学·儒藏——儒家思想与儒家经典名家系列讲座”】

11月29日，由国家古籍保护中心和北京大学《儒藏》编纂与研究中心联合主办的“孔子·儒学·儒藏——儒家思想与儒家经典名家系列讲座”在国家图书馆正式开幕。开幕仪式由国家图书馆副馆长、国家古籍保护中心副主任张志清主持。国家图书馆馆长、国家古籍保护中心主任韩永进，北京大学副校长、《儒藏》工程首席专家王博，北京大学教授楼宇烈，北京大学《儒藏》编纂与研究中心学术委员会主任李中华，山东省曲阜市文物局局长孔德平，以及国家图书馆、北京大学《儒藏》编纂与研究中心、北京大学出版社相关领导和工作人员，高校研究生及读者近100人参加仪式。在开幕式后的首讲中，楼宇烈以“儒家文化与中华民族复兴”为题，深入阐述儒家文化的理念与实践，探索中华民族伟大复兴的精神根基和文化内涵。

此次名家系列讲座先后邀请楼宇烈、孙钦善、牟钟鉴、李中华、安平秋、陈来、王博、魏常海、景海峰、郭齐勇等知名学者来到国家图书馆做专题讲座，引导大众走近儒家经典，更加详尽地了解儒家学说的发端、发展，更加深刻地体会孔子及其思想对当代中国和世界文化的重要意义。通过此次讲座，国家图书馆、北京大学《儒藏》编纂与研究中心、孔子博物馆三方形成“孔子展览＋儒家讲座”的合作模式，这是落实十九大报告关于“推动中华优秀传统文化的创造性转化、创新性发展”这一要求的重要举措。

【国家古籍保护中心举办郑振铎先生铜像揭幕仪式暨学术研讨会】

12 月 23 日，新中国文物、古籍保护事业的奠基人郑振铎先生铜像揭幕仪式在国家图书馆举行。国家文物局党组副书记、副局长顾玉才，国家图书馆馆长韩永进、副馆长张志清，福州市长乐区宣传部长郑子毅，福建省图书馆副馆长叶建勤，谢辰生、傅熹年、孙机、李致忠、程毅中等专家学者 40 余人与会，北京大学教授郑春开代表郑振铎先生家人出席。

郑振铎先生铜像揭幕仪式暨学术研讨会

2017 年初，福州市长乐区委、区政府代表郑振铎先生家乡人民，向国家图书馆（国家古籍保护中心）捐赠资金，为郑振铎先生制作铜像。国家图书馆委托南京艺术学院雕塑家尹悟铭进行设计，并在铜像制作完成后举行揭幕仪式。仪式上，顾玉才、韩永进、郑子毅、郑春开等共同为铜像揭幕，尹悟铭、郑春开、谢辰生、李致忠等专家分别致辞。

【举办“不忘初心　砥砺奋进——国家图书馆藏革命历史文献精品展”】

1 月 19 日，由国家图书馆主办的“不忘初心　砥砺奋进——国家图书馆藏革命历史文献精品展”在国家典籍博物馆第十展厅正式开展。展览选取 80 余种最具代表性的馆藏精品文献作为展品，包括早期《资本论》译本、不同时期的《中国共产党章程》及《毛泽东选集》早期版本等众多珍贵史料，涵盖普通古籍、新善本、保存本。在充分借鉴历次馆藏红色文献展的基础上，此次展览重新编排整理，共分为“东方的觉醒——马克思主义在中国传播与中国共产党的创建”“思想的光辉——中国共产党章程”“打铁还需自身硬——不断加强党的建设”“从左翼文艺到人民文艺——服务人民，百花齐放”四个部分，分别关注中国共产党的诞生、党章、党的建设和党领导的文艺工作。从文献史料角度重温党走过的近一个世纪的伟大历程，总结历史的经验与教训，为实现中华民族的伟大复兴贡献一份智慧与力量。

国家图书馆历来重视革命历史文献的收集、整理、研究与利用，致力于挖掘和弘扬革命文化的深刻价值，积累了大量珍贵革命历史文献。此次展览还设置观众互动体验区、视频播放区和党史阅读区，分别以入党誓词、红色影视资料和中国共产党学习资料为核心。站在新的历史起点上，回顾过去艰苦卓绝又光荣不朽的革命历程，解读革命历史，铭记革命精神，传承革命文化，国家图书馆责无旁贷。

“不忘初心　砥砺奋进——国家图书馆藏革命历史文献精品展”

【国家图书馆与中国第二历史档案馆签署合作共建战略框架协议】

4 月 11 日，国家图书馆与中国第二历史档案馆合作共建战略框架协议签约仪式暨民国时期文献整理出版项目专家评审会在国家图书馆举行。仪式上，国家图书馆常务副馆长陈力、中国第二历史档案馆馆长马振犊分别代表两馆签署合作共建战略框架协议。中国社会科学院近代史研究所所长王建朗、北京大学历史学系教授王晓秋、中国人民解放军军事科学院军事历史和百科研究部部长曲爱国、南开大学日本研究院院长宋志勇等专家见证签约。

国家图书馆是国家文献信息资源总库，中国第二历史档案馆是集中典藏民国时期历届中央政府及直属机构档案的中央级国家档案馆。本次合作将充分利用双方丰富馆藏和人才优势，结合国家社科基金抗日战争研究专项工程项目的实施，在日本战犯档案整理、日本对华调查档案资料整理、抗日阵亡将士档案调查、滇西抗战档案等抗战文献的整理、研究及人才培养等方面进一步开展系统化合作，共同推进民国时期文献和档案资料的征集、整理、保护、研究与开发利用。在 2016 年度国家社科基金抗日战争研究专项工程首批立项的 20 个项目中，国家图书馆主持或参加的项目共 5 个，其中作为第一牵头单位负责的“日本战犯审判文献征集、整理与数据库建设”以及“日本对华调查档案资料整理和数字化”2 个项目都已开题。第二历史档案馆直接参与了以上 2 个项目的研究，这为双方进一步合作打下良好基础。

同日，2017 年民国时期文献整理出版项目专家评审会举行。与会专家对来自全国 37 家文献收藏单位的 82 份项目申报书逐一进行评审，重点加强对革命历史文献、抗日战争文献、对日战犯审判文献和近代日本对华调查文献相关项目的推进力度。自 2013 年起，国家图书馆面向全国组织申报民国时期文献出版项目，形成“民国时期文献资料丛编”“抗日战争文献史料丛编”等六大出版系列，取得重要成效。

【民国时期文献保护计划宣传推广活动在重庆举办】

5月24日，由国家图书馆、中国图书馆学会及重庆市文化委员会联合主办，重庆图书馆、重庆市图书馆学会承办的“民国时期文献保护计划宣传推广活动——重庆站”系列活动在重庆图书馆拉开帷幕。国家图书馆民国时期文献保护工作办公室主任马静、中国图书馆学会副秘书长仲岩、重庆市文化委员会公共文化服务处处长文科、重庆图书馆副馆长兼重庆市图书馆学会秘书长王宁远，以及来自重庆地区图书馆的80余名民国时期文献相关工作人员出席活动。

本次宣传推广活动由“民国时期文献保护计划系列展览”和“民国时期文献工作研修班”两个主板块组成。展览主要介绍民国时期文献保护计划目前取得的主要成果和进展情况，同时以视频方式展示远东国际军事法庭庭审记录，还原历史真相，受到观众的一致好评。研修班主要针对重庆民国时期文献相关工作人员开展，由马静讲授“民国时期文献保护计划概况”，国家图书馆研究馆员朱芊、刘小玲分别讲授“民国资料、图书的标引”和“民国图书的著录”，国家图书馆副研究馆员延卫平、田周玲分别讲授“全国联合编目系统民国时期图书联机上载与馆藏编制”和“民国时期文献的保存保护”。本次研修班专门增加民国时期文献保存保护方面的内容，希望能对各收藏单位在民国时期文献的抢救和保护方面提供一些帮助。教师授课理论结合实际，案例丰富，讲解细致。本次活动的成功举办有利于向社会公众普及民国时期文献保护与保存的理念，加强民国时期文献专业人才队伍建设，不断提高相关工作能力，有力推动未来重庆地区民国时期文献保护工作的深入开展。重庆站是2017年“民国时期文献保护计划”宣传推广活动第一站。

民国时期文献保护计划宣传推广活动——重庆站

【全国图书馆民国时期文献编目工作研修班在南京举办】

6月7—8日，由国家图书馆、中国图书馆学会、江苏省文化厅主办，南京图书馆、江苏省图书馆学会承办的全国图书馆民国时期文献编目工作研修班在南京图书馆举办。中国图书馆学会副理事长吴建中，江苏省文化厅副厅长、江苏省图书馆学会理事长裴旭，南京图书馆党委书记韩显红出席启动仪式，南京图书馆副馆长全勤主持启动仪式。来自全国公共图书馆、高校图书馆等近130名业务骨干参加培训。吴建中、裴旭分别在致辞中强调民国时期文献保护工作的重要意义。研修班上，国家图书馆研究馆员韩华介绍民国文献基本情况、史料价值和现实意义、保护工作的紧迫性等。国家图书馆专家朱芊、刘小玲、田周玲、延卫平分别以“民国时期图书标引中应注意的问题”“民国时期图书著录”“民国时期文献的保存保护”“全国联合编目系统民国时期图书联机上载与馆藏编制”为题授课。研修班结束后，南京图书馆组织学员参观该馆国学馆、古籍修复中心、惠风书堂等。通过实地参观，学员们感受到民国时期文献酸化严重，文献保护工作任重而道远，加强民国时期文献的抢救与保护意义重大。

【民国时期文献保护计划宣传推广活动在宁夏举办】

6月22日，由国家图书馆、中国图书馆学会和宁夏回族自治区文化厅联合主办，宁夏图书馆学会、宁夏回族自治区图书馆承办，宁夏师范学院图书馆协办的“民国时期文献保护计划宣传推广活动——宁夏站”系列活动在宁夏固原拉开帷幕。国家图书馆民国时期文献保护工作办公室主任马静、宁夏回族自治区文化厅公共文化与非物质文化遗产处副处长万亚平等领导和嘉宾出席活动启动仪式并致辞。仪式由宁夏图书馆学会理事长、宁夏回族自治区图书馆馆长韩彬主持。来自宁夏全区各图书馆的80余名民国时期文献相关工作人员参加本次活动。活动由“民国时期文献保护计划系列展览”和“民国时期文献保护工作研修班”两个板块组成。展览介绍民国时期文献保护计划目前取得的成果，同时以视频方式展示远东国际军事法庭庭审记录，还原历史真相，受到观众一致好评，展览随后在宁夏回族自治区全区巡展；研修班主要针对宁夏各图书馆民国时期文献相关工作人员开展，马静讲授“民国时期文献保护计划概况”，国家图书馆授课老师刘小玲、朱芊、延卫平、任珊珊分别讲授“民国图书的著录”“民国资料、图书的标引”“全国联合编目系统民国时期图书联机上载与馆藏编制”“民国时期文献的保存保护”。

国家图书馆和中国图书馆学会首次在西北地区举办民国时期文献主题活动，旨在进一步宣传推广民国时期文献保护与保存的理念，展示相关工作取得的成果。活动的举办对于加强当地民国时期文献专业人才队伍建设，提高工作能力，推动宁夏民国时期文献保护工作的进一步开展起到积极作用。

【民国时期文献保护计划宣传推广活动在云南举办】

12月6日，由国家图书馆、中国图书馆学会、云南省文化厅主办，云南省图书馆、云南省图书馆学会承办的“民国时期文献保护计划宣传推广活动——云南站”在云南省图书馆启动。国家图书馆民国时期文献保护工作办公室主任马静、云南省图书馆馆长王水乔、授课专家以及来自云南省公共图书馆、高校图书馆等相关单位的100余名业务骨干参加活动。云南省图书馆学会秘书长金美丽主持启动仪式。王水乔、马静先后致辞。启动仪式结束后，学员们参观“民国时期文献保护计划系列展览”，展览以文字、图片、视频等形式介绍民国时期文献保护计划已经取得的成果和目前工作进展情况。

民国时期文献编目工作研修班是本次宣传推广活动的重要组成部分。马静介绍民国时期文献保护计划各项工作开展情况。国家图书馆专家朱芊、刘小玲、延卫平、田周玲分别以“民国时期图书标引中应注意的问题”“民国时期图书著录”和“全国联合编目系统民国时期图书联机上载与馆藏编制”“民国时期文献的保存保护”为题授课。在交流环节中，王水乔和曲靖市沾益区图书馆周玫辰分别介绍本馆民国文献收藏、整理和保护情况。

【“日本对华调查档案资料整理和数字化”与“日本战犯审判文献征集、整理与数据库建设”项目】

国家图书馆参与国家社科基金抗日战争研究专项工程中“日本对华调查档案资料整理和数字化”与“日本战犯审判文献征集、整理与数据库建设”两个项目，通过对海外机构和馆内外相关文献的周密调研，获取大量翔实的一手资料。2017 年，“日本战犯审判文献征集、整理与数据库建设”项目提交调研报告 2 份、馆藏外文相关文献目录 1 份（336 种 1832 册 / 卷）和拟征集外文文献清单 49 份（数据 48667 条）；“日本对华调查档案资料整理和数字化”项目提交调研报告 2 份，整理日文书目清单 36 份（数据 27135 条）。

【数字图书馆推广工程春节阅读活动精彩纷呈】

2017 年春节期间，国家图书馆联合全国 32 家省级馆、202 家市级馆和 214 家县级馆开展 2017 年“网络书香过大年”活动。活动内容包括线上有声电子贺卡、在线摄影征集和趣味闯关答题，线下主题展览和虚拟现实体验。线上活动访问量超过 16 万次，全国各馆活动相关的微信微博阅读总量超过 70 万次，读者留言 2 万余条。全国线上线下活动参与量突破 130 万人次，为历年活动之最。

借助“网络书香过大年”活动的开展，全国各图书馆策划一系列丰富多彩的数字图书馆推广活动：上海图书馆面向中老年读者群体，开办“教爸爸妈妈使用数字图书馆”的培训活动，深受读者欢迎；河南省少儿图书馆开展“创 e 书 DIY”活动，通过“教—学—做—藏”的完整演示，教授读者制作电子书的技巧；广西壮族自治区图书馆推出“指尖上的图书馆”阅读推广活动，引导读者利用手机等移动终端进行数字阅读；北京市西城区少儿图书馆开展“少儿智慧空间体验”活动，让孩子们在互动性强的体感智能学习中提升创新与科学素养；新疆昌吉回族自治州呼图壁县图书馆在元宵节开展线上“点福灯”活动，以 HTML5

数字图书馆推广工程 2017 年“网络书香过大年”活动

线上游戏的形式，倡导绿色环保庆元宵。各地图书馆组织的这些精彩活动，既丰富“网络书香过大年”的文化内涵，也扩大活动的辐射范围，让更多公众能享受到数字图书馆的优质服务。

【协助文化部完成2016年度公共数字文化工程实地考核工作】

根据《文化部公共文化司关于开展2016年度公共数字文化工程实地考核工作的通知》（公共函〔2017〕4号），为提高公共数字文化建设和管理的科学化、规范化水平，促进工程建设更为科学、有序、高效地开展，2017年3—4月，文化部面向全国开展公共数字文化工程实地考核工作，成立包括文化部主管司局领导、业界专家及国家图书馆、文化部全国公共文化发展中心领导和相关人员在内的16个工作组，赴全国各省实地考核。国家图书馆牵头其中8个工作组，通过“看、听、查、访”，主要考核省级文化行政部门贯彻落实《文化部公共数字文化工程管理办法》情况，2016年度推进公共数字文化资源建设、平台建设、服务推广等方面落实情况，本地区公共数字文化工程社会效益发挥和群众满意度情况，并撰写总结报告提交至文化部。

【数字图书馆推广工程新媒体培训班在上海举办】

3月21—24日，由国家图书馆主办、上海市文广局人才培训交流中心承办的数字图书馆推广工程新媒体培训班在上海举办。来自全国48家公共图书馆的90余位新媒体建设与服务相关工作人员参加此次培训。随着《中华人民共和国公共文化服务保障法》《关于实施中华优秀传统文化传承发展工程的意见》等法规和文件相继出台，为图书馆服务提出更高的要求，也为图书馆发展提供更为广阔的发展空间。本次培训针对中华优秀传统文化传承在新媒体领域的发展，邀请华东师范大学教授探讨文化传统与传播中的新媒体技术应用；国家图书馆相关项目负责人介绍移动阅读平台和公开课直播项目建设情况；上海图书馆、长沙图书馆分享在新媒体建设中的经验和创新性成果，为图书馆提供案例参考。培训结束后，学员们到上海图书馆进行现场教学。

【全国少儿图书馆数字阅读推广培训班在北京举办】

4月19—22日，由国家图书馆主办的全国少儿图书馆数字阅读推广培训班在北京中央文化管理干部学院举办，来自全国22个省65家少儿馆的77名馆长及相关工作人员参加培训。此次培训班是推广工程继2015年少儿培训班后举办的又一场少儿专题培训，也是以阅读推广为主题的首场培训。在信息化、网络化、数字化的时代背景下，“互联网+”的理念渗透到社

全国少儿图书馆数字阅读推广培训班上学员在热烈讨论

会生活各个领域，如何更好地贴近少年儿童阅读需求，培养其学习能力，是此次培训班课程设计的主要方向。来自中国青少年研究中心、北京师范大学、首都图书馆、河北大学、中国少年儿童新闻出版总社的5位老师，分别以“少儿数字阅读现状调查”“数字化时代的儿童阅读”“少儿图书馆空间设计理念”“国外公共图书馆暑期阅读活动的设计”“少儿读物数字化出版现状与趋势”等主题做专题讲座；温州市少年儿童图书馆以该馆阅读推广案例进行经验交流与分享。此次培训不仅让学员开阔眼界，了解数字化转型下少儿阅读的前沿科技，而且还理论联系实践，解决诸多实际问题。

【21世纪海上丝绸之路数字图书馆资源建设培训班在福建泉州举办】

5月16—19日，由国家图书馆主办，福建省图书馆、泉州市图书馆承办，中国图书馆学会“一带一路”工作委员会协办的21世纪海上丝绸之路数字图书馆资源建设培训班在“海丝重镇”福建泉州举办。此次培训班是学习贯彻习近平总书记在“一带一路”国际合作高峰论坛上的重要讲话精神，落实国家“一带一路”倡议而举办的首期图书馆行业内培训，也是国家图书馆在数字图书馆推广工程实施成果的基础上，结合“一带一路”国家战略开展的一次开阔视野的培训，并按照“21世纪海上丝绸之路”和“丝绸之路经济带”两个主题分别举办。共有来自“海上丝绸之路”沿线11个省、自治区67家图书馆的81名工作人员参加培训。作为首期培训，此次培训班主要设计了“一带一路”建设——从经济强国到文化自信、“一带一路”与中华文化走出去，以及国家图书馆、福建省图书馆和海南省图书馆“一带一路”建设实践等课程，探讨图书馆对中华优秀传统文化传承发展的纽带作用，并深入数字资源建设领域，以网络资源采集、专题资源库建设等方式对资源进行深度挖掘和全方位展示，使学员们进一步加强对“一带一路”整体概念的认知与理解，明晰图书馆服务“一带一路”建设的思路。除专题讲座、经验分享外，还安排现场教学，通过实地教学，学员们近距离感受海上丝绸之路在泉州这个“丝路起点”发展的时代脉络。

【数字图书馆推广工程举办“童音诵古韵 · 经典有新声”2017年全国少儿在线诗词诵读活动】

“六一”儿童节之际，由数字图书馆推广工程主办、全国各级公共图书馆协办的“童音诵古韵 · 经典有新声”2017年全国少儿在线诗词诵读活动正式启动，面向全国6—12岁的小朋友在线征集优秀的古典诗词诵读作品。活动依托数字图书馆推广工程优质数字资源，旨在通过诵读形式让广大少年儿童感受中国古典诗词

“童音诵古韵 · 经典有新声”2017年全国少儿在线诗词诵读活动

的魅力，强化其对中华优秀传统文化的理解与学习，提升少年儿童的人文与信息素养，共同推动全民阅读和书香社会的建设。国家图书馆通过数字图书馆推广工程微信公众号，联合全国297家省、市、县级图书馆共同开展，相较去年第一届参与图书馆增加111家。活动共收到全国7121名用户提交的9721首作品，吸引全国20余万人参与。借助活动热度，推广工程面向活动关注对象每周针对性推介精品资源，通过微信推文介绍“国图公开课”“移动数字图书馆”“推广工程音乐资源库”和“掌上国图”等栏目的图书和音频资源，内容涉及亲子沟通、家庭教育、古典诗词鉴赏、诵读技巧等主题，得到用户好评。

【数字图书馆推广工程系统平台建设及服务专题培训班在重庆举办】

6月13—16日，由国家图书馆主办、重庆文化艺术职业学院承办、重庆图书馆协办的数字图书馆推广工程系统平台建设及服务专题培训班在重庆举办。国家图书馆、重庆图书馆和重庆文化艺术职业学院相关领导出席开班仪式。来自全国47家副省级以上公共图书馆的93位数字图书馆建设相关工作人员参加此次培训。为更好地满足读者的服务需求，提升推广工程的服务效能，于2017年上半年集中完成统一用户管理系统、数字资源唯一标识符系统、移动阅读平台及资源整合服务平台等相关系统平台的提档升级。国家图书馆组织这些系统升级工作中的核心技术骨干作为此次培训班的师资团队，紧密围绕系统平台的升级与服务等内容授课。在培训方式上，除专题讲座外，还安排学员上机环节，理论与实践并举，切实解决业务难题。

【数字图书馆推广工程2017年省市级馆长培训班在三地举办】

9—12月，数字图书馆推广工程2017年省市级馆长培训班按区域分别在山西太原、宁夏银川和江苏镇江举办。作为2017年推广工程培训工作中的重点工作，此次培训由国家图书馆主办，相关省、市级图书馆基层文化队伍培训基地承办。共有300余位省、市级图书馆馆长参加培训。为进一步贯彻落实《文化部“十三五”时期公共数字文化建设规划》，此次培训主要围绕“十三五”时期的

数字图书馆推广工程2017年省市级馆长培训班（中部地区）

推广工程建设组织课程，在明确“十三五”时期推广工程整体建设思路和发展战略的基础上，从技术平台、资源建设、服务推广等方面对“十三五”时期推广工程各项工作进行全面部署。此外，通过经验交流、分组讨论和现场教学等环节，各馆代表对本地数字图书馆“十三五”时期建设与发展畅所欲言，并为推广工程下阶段各项工作建言献策。

【“春雨工程 · 网络书香”数字图书馆阅读推广活动】

为响应文化部、中央文明办开展的“春雨工程”号召，加强对边疆民族地区数字文化服务的援助力度，2017 年下半年，数字图书馆推广工程先后在宁夏回族自治区同心县、新疆生产建设兵团、云南省大理白族自治州举办“春雨工程 · 网络书香”数字图书馆阅读推广活动，为边疆民族地区公众带去丰富多彩的资源与活动，让当地读者更好地体验数字阅读的便捷和乐趣。系列活动包括“印象数字图书馆”体验区展览、读者及图书馆员培训、赠送实体及数字资源等内容。“印象数字图书馆”体验区融合多媒体终端、交互设备体验等手段，集知识性、互动性、趣味性、实用性于一体。观众通过展板和志愿者的生动讲解，能够充分了解数字图书馆、数字图书馆推广工程的建设成果及提供的各类资源与服务；通过参与“书墙扫码赢奖品”“我心中的数字图书馆”活动，充分激发利用数字图书馆查阅信息、获取知识的兴趣。培训活动或邀请阅读推广领域的资深专家为公众授课，鼓励边疆民族地区群众享受数字阅读、提高阅读素养，引导读者充分利用数字图书馆查阅信息、获取知识，或邀请业务专家为当地图书馆的数字图书馆从业人员授课，从建设理念与专业技能上切实提高当地图书馆从业人员数字图书馆业务水平，进而提高边疆民族地区基层图书馆的资源和服务能力。此外，国家图书馆专门遴选 3 万册图书赠予三地基层图书馆，充实基层图书馆馆藏，使其能够更快更好地为基层群众提供服务。

“春雨工程 · 网络书香”数字图书馆阅读推广活动新疆生产建设兵团站现场

【“网络书香 · 基层图书馆帮扶计划”完成全国首批试点地区文化帮扶活动】

国家图书馆于 2016 年启动“网络书香 · 基层图书馆帮扶计划”，明确要“通过对扶贫对象、扶贫重点、扶贫方式的精准化，真正提升贫困地区数字图书馆建设能力”的工作思路。2017 年，国家图书馆联合当地省级和县级图书馆，陆续在宁夏海原，河北平山和围场，陕西富平和丹凤，四川剑阁、甘孜、汶川和茂县 9 个全国首批试点地区开展 27 场丰富多彩的文化帮扶活动。工作人员走进当地县馆、乡镇综合文化站和村级农家书屋，手把手教当地群众如何使用系统平台和手机 APP 获取丰富的数字资源；培训基层文化干部近 500 人，通过这些“数字文化火炬手”，将资源和服务送到当地学校师生、消防官兵和村民手中，累计发放读者卡 2 万余张。

国家图书馆打造的“基层数字图书馆”平台汇集满足各类基层群众需求的 2000 册图书、200 种期刊和 3000 集视频，共约 1.5TB 数字资源，支持移动终端、触屏和电脑多终端访问。资源类型有图书、期刊、视频等，资源适用对象包括少儿、老人、农民等。资源内容有农林牧渔、医药健康、创业就业等，除满足当地群众日常文化生活外，还针对各类群体的学习、技能提升以及致富理财等方面需求提供精准服务，受到当地用户的普遍欢迎。举办此次帮扶活动，一方面促进优质资源与服务在贫困地区的快速推广和普及，另一方面也在当地公众中更新了理念，吸引公众将图书馆作为获取知识和技能的信息来源，也在一定程度上推动当地形成阅读和自我提升的学习氛围，为当地民众的脱贫致富提供知识和智力支持。

【举办“十三五”时期数字图书馆推广工程建设与发展巡展】

截至 2017 年底，国家图书馆分别在山西太原、宁夏银川、江苏镇江三地举办“十三五”时期数字图书馆推广工程建设与发展巡展。巡展对“十三五”时期数字图书馆推广工程工作思路与重点工作进行全面展示，并围绕“创新、融合、增效、超越”4 个关键词做进一步阐述。“创新”展示以先进技术为支撑的公共数字文化服务新模式；“融合”展示公共文化服务体系的互联互通和相互支持，深化系统性、整体性、协同性，实现信息的交互、共享、兼收并蓄；“增效”展示公共数字文化服务效能的提升；“超越”则提出对工程未来发展的期望。展览以图文并茂的形式，同时与多媒体视频展播、互动游戏、虚拟现实体验等互动相结合，呈现“十三五”时期重要战略机遇期推广工程的建设思路。

“十三五”时期数字图书馆推广工程建设与发展巡展宁夏站现场

【数字图书馆建设援藏项目】

2017 年，为进一步做好西藏自治区数字图书馆建设，全面提升西藏各级图书馆的数字资源馆藏保有量和服务能力，保障援藏项目前期推送数字资源连续性，在充分调研西藏各级图书馆现有软硬件条件、网络环境和用户需求的前提下，国家图书馆继续面向西藏自治区图书馆及西藏各地区图书馆开展数字资源共享工作。在数字图书馆推广工程统一资源配置基础上，对前期已推送的援藏项目数字资源进行数据更新，累计更新 200 种中文数字期刊 2016 年度全年数据，期刊类型包含党政、时事、军事、管理、财经、文摘、文学、情感、家庭、健康、时尚、娱乐、科技、教育等方面，均可原版原貌阅读。因西藏各级图书馆的网络条件不同，数据更新采用移动硬盘及本地镜像两种方式推送。

【数字图书馆推广工程 2017 年度商购资源配置工作】

2017 年度更新 4 个数据库。其中，电子期刊以硬盘封装形式更新县级基层图书馆及乡镇文化服务站 200 种期刊 2016 年度数据，并获赠 240 种期刊 2014—2016 年度数据；艺术图片新增 14.5 万，主要包含中国绘画、书法、陶瓷艺术、玉石珠宝、古董珍玩等单元；许可授权 1470 种“世界文明史”数字连环画；远程访问授权 1.4 万种期刊，采购量比 2016 年增长 86.5%。以上资源除硬盘封装电子期刊外，均授权全国省市级公共图书馆（含国家图书馆）局域网及馆外合法授权用户提供服务。

【《鲁迅手稿全集》编辑委员会暨专家委员会第一次会议在国家图书馆召开】

6 月 23 日，《鲁迅手稿全集》编辑委员会暨专家委员会第一次会议在国家图书馆文会堂召开。编辑出版启动会议于上午举行，文化部党组书记、部长雒树刚，文化部党组成员、国家文物局局长刘玉珠，国家文物局党组成员、副局长关强等领导出席会议。国家图书馆、北京鲁迅博物馆、上海鲁迅纪念馆等全国鲁迅手稿收藏单位的代表及鲁迅研究专家参加会议。

文化部财务司司长赵雯主持会议。国家图书馆馆长、党委书记韩永进作为《鲁迅手稿全集》编辑出版专家委员会主任，对工作思路和安排等编辑出版工作做整体汇报。鲁迅文化基金会副理事长兼秘书长、鲁迅长孙周令飞先生既作为学者又作为家属对《鲁迅手稿全集》编辑出版工作给予充分肯定与大力支持，也代表家属提出愿望。专家委员会委员王锡荣研究员代表与会专家做发言，高度肯定编辑出版《鲁迅手稿全集》的意义，并对出版工作提出建议。随后，刘玉珠对弘扬鲁迅精神在编辑出版工作中所起到的重要作用进行论述，对鲁迅手稿编辑工作提出要求。

最后，雒树刚做总结发言，并对《鲁迅手稿全集》编辑出版工作提出明确要求。第一，充分认识全面整理出版《鲁迅手稿全集》的重要意义。学习和发扬鲁迅精神，回顾和弘扬革命文化传统，对于坚定文化自信、补足精神之钙具有重要意义。第二，统筹规划，打造精品。编辑整理鲁迅手稿，要坚持为人民服务、为社会主义服务的根本方向，以引导人民树立和坚持正确的历史观、民族观、国家观、文化观为目标。国家图书馆作为《鲁迅手稿全集》编辑出版的牵头单位与重要收藏单位，要做好协调工作，尽最大可能向社会推出完整的鲁迅手稿。同时，要做好出版经费的使用与监督管理。第三，创新思路，有效传承。充分吸收以往出版成果的经验，拓宽文献整理思路，运用新媒体技术，实现形式、内容的有机结合与资源共享。

文献整理与编辑出版

- 古籍整理
- 民国文献整理
- 文献数字化
- 学术期刊编辑出版
- 年鉴编辑出版
- 专业文献编辑出版
- 年度掠影

文献整理与编辑出版

一、古籍整理

（一）善本古籍

2017 年，积极申报国家传统文化典籍整理工程，古籍馆策划的“中国石刻资料征集、整理与研究”“‘一带一路’文献整理与研究”“武昌首义文献整理与研究”等入选，并被确定为“中国石刻资料征集、整理与研究”“‘一带一路’文献整理与研究”的牵头部门，逐步落实相关的策划实施等（参见“重点文化工程及项目”之“国家传统文化典籍整理工程”）。“馆藏王阳明文献典籍普查、复制与研究”项目是近年国家图书馆组织开展的重大文献整理与出版项目，2017 年是项目开展的关键一年，全年完成高仿书的制作并交付阳明文化中心，编制普查目录，与阳明文化中心完成篇目索引 4897 条。

以《赵城金藏》高仿复制、《孟子文献集成》《清代诗文集珍本丛刊》等为代表的数十个出版项目，将众多馆藏珍贵文献化身千百，便利学界；通过挖掘馆藏，编纂出版《佳联赏析》，以弘扬传统楹联文化，打造国家图书馆精品；8 册《善本掌故》以通俗、严谨的语言讲述馆藏善本特藏背后的故事。

（二）普通古籍

馆藏普通古籍的整理，涵盖传记文献、史籍史料、书目版本、文学艺术、方志地理、哲学宗教、综合文献等方面。

传记文献方面：①《国家图书馆藏稿钞本年谱汇刊》（全 3 册）。国家图书馆十分重视年谱的收藏，1999 年曾编纂出版《北京图书馆珍本年谱丛刊》一书。该书可视为《北京图书馆珍本年谱丛刊》的接续之作，收录稿抄本年谱 19 种，其中善本 6 种、普通古籍 13 种；稿本 7 种、抄本 12 种。谱主年代上起后汉，下讫晚清。因其罕存稀见，该书收录的这批年谱具有独特的文献与版本价值。②《上海图书馆藏稿钞本日记丛刊》（全 86 册）。收录上海图书馆藏稿抄本日记 67 种，涉及范其骏、潘祖荫等 47 人，所选日记兼顾作者的不同身份和日记的多种类型，其中人物有朝廷高官如潘祖荫、王际华等，文化名流如何绍基等；日记有工作日记、读书日记、出使日记、养病日记，以及综合的记事日记等，且大多数为孤本存世，价值重大。

史籍史料方面：①《哈佛燕京图书馆藏古籍珍本丛刊 · 史部》（全 50 册）。该丛刊精选哈佛燕京图书馆藏史部珍本文献 62 种，其藏量均在 3 部以内，其中明刻本 7 种。最优者为难得一见的稿抄本文献 37 种，主要是档案类文献，包括契约文书、公牍、职官册、奏稿等，如《豫东公牍》《先福奏折底稿》《漕粮漕运奏稟》，还包括一些珍贵的名人日记和年谱，如《李仪日记》《绳其武斋自纂年谱》等。该书是海外珍本文献回归的又一重要成果。②《中国古代农书文献集成》

（全 20 册）。收录国家图书馆所藏的 70 余种涉及农业方面的图书，该书编排沿用传统分类，分为综论、耕作、防灾、作物、农桑、园艺和牧养等 7 部分，每部分均收录有若干具有代表性的作品，可以为相关领域的研究者提供丰富的研究资料。其一，从版本而言，所选作品中有不少都是传世罕少、以往学界难得一见的珍稀善本，如明万历刻本《致富全书》、明万历刻本《植品》、明万历二十二年刻本《新刻马书》等；其二，从内容而言，所选作品基本涵盖传统农业的方方面面，如种植谷物、农田水利、捕蝗驱虫、种棉植橡、养蚕树桑、养花育草、饲养家畜等。

书目版本方面：《国家图书馆藏稀见书目书志丛刊》（全 28 册）。该书是国家图书馆出版社与图书馆界合作编辑的《著名图书馆藏稀见书目书志丛刊》系列之一，收录国家图书馆所藏稀见书目 72 种，所选之书以善本为主，兼及普通古籍；版本类型以稿抄本为主，兼及刻本。

文学艺术方面：①《郑振铎藏珍本戏曲文献丛刊》（全 70 册）。该书收录国家图书馆所收藏的郑振铎藏曲中善本、珍本部分合计 108 种。其中这些戏曲绝大部分为元明清时期的传奇与杂剧善本，不少版本此前从未影印出版过，如清代《鹦鹉梦记》《御炉香》稿本、《三星圆》刻本、《御香亭》清素堂本等。此次将这批珍贵版本汇集出版，既反映西谛藏曲的情况，又有助于学界对古代戏曲的深入研究。②《清代诗文集珍本丛刊》（全 600 册）。这是 2017 年国家出版基金项目，收录国家图书馆收藏的清代诗文集珍本 1300 余种。其中有大量名家稿抄本、精刻本、批注本，每一种文献都选取足本，以期为研究者提供完备可靠的资料。该书按作者生卒年依次排列，对个别无法查到确切时间的，则参照《清人诗文集总目提要》《清人别集总目》予以排序。该书彩色扫描、原灰影印，最大程度保留书的原貌，对虫蛀朽蚀、残损比较严重的版本，都先经过古籍修复专家精心修复后再进行扫描，以确保文献完整、品相精良。

方志地理方面：①《天一阁藏历代方志汇刊》（全 850 册）。囊括天一阁所藏的 515 部、3273 册历代方志，规模宏大。这套《天一阁藏历代方志汇刊》的特色主要体现在：第一是馆藏收录全。出版基于天一阁博物馆对现有馆藏方志的全面普查，收录囊括馆藏全部 515 种方志。方志所反映的年代自宋元，至明清、至民国，前后跨度达 500 余年。第二是涵盖地域全。从地域空间来看，收录全国 20 多个省、区、直辖市的方志，涵盖全国绝大部分地区。第三是体例类型全。在《天一阁藏历代方志汇刊》中，宋元方志的图经遗风，明代方志的广采文献，清代方志的训诂考辨，民国方志的古今结合，均能体现。第四，明代方志凸显珍贵。天一阁方志的一个显著特点，就是保存了大量明代方志。据记载，天一阁曾藏明代方志 435 种，比《明史 · 艺文志》还要多，而现存 289 种，其中有 172 种是各地现存最早的志书；164 种在《中国地方志联合目录》和《台湾公藏方志联合目录》中均为仅见之本，具有极高的文献价值，为文献研究和新方志的修撰提供重要的第一手资料。同时，这些明代方志中，还有一批明抄本，如弘治《偃师县志》、正德《新乡县志》、嘉靖《钧州志》等，都是在当时得不到刻本的情况下用蓝格棉纸抄录的，保存至今尤为珍贵。②《雄安新区旧志集成》（14 函 75 册）。收录雄安新区旧方志 14 种，起自明嘉靖十六年（1537）《雄乘》，终于民国十九年（1930）的《雄县新志》，是雄安新区旧方志的集大成之作。此书用传统印刷工艺，宣纸印刷，线装函套装订，印制作工艺精湛，是传统工艺与现代印刷技术的完美结合。③《国家图书馆藏样式雷图档 · 圆明园卷续编》（全 12 函）。本项目为国家图书馆所藏样式雷图档中圆明园卷的第二部分，汇辑初编未收录的圆明园的九州清晏、长春园、万春园三部分景区新建、修缮、改建、内檐装修、河道疏浚、山体切削、绿化植被、室内室外陈设等工程方面的图档800余件。既有景点规划设计图、踏勘草图、建筑平面图、建筑立面图，又有室内室外装修图，这些图档多为道光、咸丰、同治朝所绘。

哲学宗教方面：《道藏集成：第一辑》（全108册）。该书与现有的各类道藏相比，充分尊重前人编纂与出版之道藏，合理借鉴和吸收其长处。一是收集的道教文献规模空前。既有《正统道藏》《万历续道藏》《道藏辑要》等已成定本的历史上的道藏文本，还有明清以来新产生和新发现的各类道教文献。同时还对历代类书、丛书、志书、道教艺术与文学作品、文物资料等进行分类、整理和编纂。二是全部采用原版影印的形式，以求存真。三是除对《正统道藏》《万历续道藏》《道藏辑要》《扬善半月刊》《仙道月报》等保留原刊样式及分类法外，对其他文献按照现代学术要求进行重新分类（如教义、仪轨、方法、史传等）和版式处理，使传统文献以更清晰的面貌呈现给广大读者和道藏收藏者。

综合文献方面：①《德国柏林民族学博物馆藏〈永乐大典〉》（全4册）。该书系德国柏林民族学博物馆（Ethnologisches Museum）藏《永乐大典》，共计4册7卷，即卷903—904、1033、4908—4909及13189—13190，内容分别为寒山诗、金诗故事、小儿证治、事韵、燕国等。②《中国古籍珍本丛刊·东北师范大学图书馆卷》（全90册）。该书是“十二五”国家古籍整理重点图书出版规划项目——《中国古籍珍本丛刊》系列之一，收录东北师范大学图书馆收藏的珍本古籍79种。其中：经部文献19种，包括《新刊周易纂言集注》《象考疣言》等；史部文献20种，包括《新刊通鉴集要》《云南戎事志》等；子部文献6种，包括《大学演义补编述》等；集部文献34种，包括《金二木诗集》《淇竹山房集》等，许多是只藏于东北师范大学图书馆的孤本文献，具有重要的版本价值和史料价值。

此外，还整理出版《史记文献选辑》（全20册，社会科学文献出版社），收录国家图书馆藏史记文献《史记索隐》《史记题评》《史记考要》《史记考证》《史记拾遗》5种，其中既包括稀见史记版本，也有珍贵相关考证研究成果，对于史记及相关研究具有重要的文献价值，其抄本书写精美，兼具书法审美价值。

二、民国文献整理

2017年，民国文献开发力度继续加大，开发包括民国文献资料丛编、抗战及对日战犯审判文献等。

民国文献资料丛编方面：①《浙江省政府公报：一九二七 — 一九四九》（全200册）。《浙江省政府公报》于1912—1949年间出版，前后合计约8800期，达20万页以上。其规模之巨，在民国时期各类公报当中亦十分罕见。《浙江省政府公报》卷帙浩繁，各大图书馆均无完备收藏，比较分散，且数量不多，严重影响学者对其的利用。有鉴于此，国家图书馆出版社以浙江图书馆馆藏为基础，加以多方补配，将全部公报分辑影印出版。2016 年已推出第一辑《浙江省政府公报：一九一二 — 一九二七》，包括《浙江军政府公报》《浙江公报》，共计 126 册；此次将其余《浙江省政府公报》一并推出，是为第二辑，共计 200 册，为读者的完整利用和研究这一大型史料提供极大便利。②《民国时期经济统计资料续编》（全 30 册）。该书是《民国时期经济统计资料汇编》的续编。民国时期，出于对中国国情的了解与改良社会的需要，中国的统计体制逐步建立，官方、民间都开展了大量的调查统计工作，编印完成卷帙浩繁的各类经济统计资料，涉及经济发展与变迁的方方面面，为民国史研究提供数据支持，具有很高的史料价值。该书在正编的基础上继续整理，共收录经济方面的统计资料 100 余种，既包括各地的建设统计、农业统计、工商业统计、贸易统计、财政金融统计、交通统计等，还包括国民政府主计处等部门编纂的统计期刊。这些资料采用当时较为先进的调查、统计方法，反映民国时期中国经济发展变化的风貌，为当代学者研究近代中国经济变迁提供重要资料。③《民国时期禁烟禁毒资料汇编》（全 50 册）。该书收录民国时期图书、期刊 89 种，主要包括民国政府禁烟工作报告、颁布实施的禁烟禁毒法令、禁烟宣传资料、禁烟期刊等内容，所涉地域广泛，从多个角度反映民国时期禁烟禁毒运动的开展情况，不仅涉及立法、宣传以及具体的禁政举措，还涵盖禁种、禁运、禁售、禁吸鸦片等多个环节，为相关研究提供丰富翔实的资料支撑，既裨益于禁烟禁毒研究，也体现对当下社会问题的强烈关照。

抗战及对日战犯审判文献方面：①《建川博物馆藏侵华日军日记》（全 5 册）。该书收录建川博物馆藏两名侵华日军新罗实藏、平井正男在中国期间所记述的日记，记录其在中国的作战情况、所见所闻、战争感受、与家人的书信联系等情况，反映其所在部队的侵略活动，包括扫荡村庄、虐杀中国人、设置慰安所等罪行，是日军侵华的铁证。该书是民国时期文献保护计划和国家社科基金项目“建川博物馆馆藏二战时期侵华日军日记的整理、翻译与研究”的重要成果。②《侵华日军战犯徐州审判档案汇编》（全 2 册）。该书收录二战后由徐州绥靖公署审判日本战犯的相关档案。包括以下 4 部分内容：徐州绥靖公署军事法庭审判日本战犯档案，包括徐州绥靖公署成立、检举战犯通告，军事法庭审判长、检察官履历，日本战犯侦查移送书，日军罪行证据，判决书正本（涉及战犯计 21 人）等；接收敌伪产档案，接收的既有日军上缴的军备器械，还有敌伪在徐州的产业，日本在徐所建设施、所筹物资主要为酒精、肉食、糖、香烟、造纸、粮食、木材、金融机构、机场、矿场等；日俘日侨韩侨遣送档案，包括徐州审判后，有关遣送、留用日俘、日侨和韩侨的各种文件、命令等；徐州审判战犯剪报资料，主要内容是当时报刊上刊登的有关徐州审判的文章的剪报。

三、文献数字化

（一）善本古籍数字化

完成世界数字图书馆第 9 批选目工作，确定 14 种，完成第 4 批 10 种、第 6 批 10 种、第 7 批 17 种的英文校对；中日韩图书馆项目完成前 500 条数据的选目工作。国际敦煌项目（IDP）全年数字化敦煌卷子 359 件，数据库上传图像 10290 幅。撰写“华夏记忆”频道 FLASH 脚本。配合普通古籍数字化二期项目，提归书 2436 种 11622 册；配合验收工作，联系下载并整理相应数据；规划普通古籍数字化三期，提交拟扫描目录。完成馆藏民语古籍数字化方案编制工作，开展馆藏各民族文字古籍精品数字化前期目录整理、统计工作，根据国家古籍保护中心办公室规划要求再次调整选目，与数字资源部商讨、修改《少数民族文字古籍数字资源加工标准》。

（二）“国家社科基金抗日战争研究专项工程”有关项目

1. 日本对华调查档案资料整理和数字化项目

该项目于 2016 年立项，由典藏阅览部主要负责。2017 年，对国内外近代日本对华调查资料收藏情况进行广泛调研。这些调研主要包括以下 3 个方面：①对国家图书馆藏日本对华调查档案资料的摸底与调研，对实体文献进行摸排，整理馆藏目录，撰写初期调研报告；②对国内其他收藏单位相关资料收藏情况进行调研并撰写调研报告；③通过登录相关机构的官网，对日本主要收藏机构有关文献收藏情况进行调研并撰写调研报告。撰写项目中期检查材料，派出调研组到南京、辽宁、四川、重庆等地调研相关文献收藏情况，并撰写调研报告及工作汇报；确定数据著录规范和格式。项目已通过中期审核。

2. 日本战犯审判文献征集、整理与数据库建设项目

开展该项目报刊资料的查找和整理工作，查阅和整理《新闻报》《益世报》《申报》《市民日报》等报刊，撰写相关调研报告。

3. 抗战文献专题目录数据库项目

该项目由中国社会科学院近代史研究所牵头，国家图书馆承担相关工作。项目首次以抗战文献为主体，通过系统的核查与梳理，制定统一标准、全面整合，建设包括图书、期刊、报纸、档案等文献体裁在内的专题目录，并建设目录和全文影像数据库，目标是建立起一个规模大、功能全、开放性的学术资料库。2017 年，典藏阅览部开展该项目报纸、期刊部分的书目数据整理工作，制作期刊篇名数据 1500 条、报纸 100 种，并提交相关调查报告；赴南京、四川、重庆、云南、广西等地，调研当地档案馆、图书馆的抗战文献收藏情况。

（三）中国记忆项目收集录音带数字化

2017 年，依据馆内相关标准规范编制并完善《中国记忆项目收集录音带数字化加工规范操作细则》，对专题资源建设过程中所收集的盒式录音带进行数字化，第一批共完成 328 盘录音带保存级、服务级 2 种版本的数字化及相应对象数据、元数据的加工。

（四）数字出版项目

完成“中国历史文献总库”的平台整合建设；完成“中华再造善本数据库”（二期）、“民国时期文献资源总库 · 图书”（三期）建设；初步完成“国家古籍资源数据库”建设；完善“中国历史人物传记资源数据库”“中国传统文化图典资源库”；继续建设“抗日英烈名录数据库”等。

四、学术期刊编辑出版

（一）《中国图书馆学报》

2017年，学报编辑部完成中文刊1—6期编辑出版发行工作，审稿1040篇，发文50篇；完成英文年刊的组稿、翻译、审校、编辑和出版工作。通过国家图书馆国际交换组，发行至世界300个国家和地区的国家图书馆及相关地区的图书馆。

在栏目和选题策划方面，编辑部策划召开"《中国图书馆学报》选题策划会暨第三届青年学术论坛"，并整理刊发相关学术研究成果；为纪念"《中国图书馆学报》创刊六十周年"，每期刊发一至两篇特约论文，梳理、回顾、展望中国图书馆学研究与图书馆事业的发展；同时整理编辑《〈中国图书馆学报〉创刊六十周年文选（1957—2017）》和《图书馆员论文撰写与投稿指南》。在选题策划、学术期刊国际化、网站建设等方面取得实质性突破。网站建设方面，正在回溯1979年以前的旧刊，以及民国时期的相关资源，查缺补漏，完成后拟发布到网站上供读者查阅；启动"图书情报学学术资源库"模块，海外部分资源已经整理完成并上传网站，定期更新补充，以摘要的形式推介海外图情领域重要著作，供学界参考交流。

《中国图书馆学报》连续多年被评为全国优秀图书馆学期刊。在北京大学《中文核心期刊要目总览（2014年版）》、南京大学《中文社会科学引文索引来源期刊目录（2014—2015年）》、中国社会科学院《中国人文社会科学核心期刊要览（2013年版）》及武汉大学《中国学术期刊评价研究报告（2015—2016年）》中均居图书馆、情报与文献学类期刊第一位，还被国际上许多著名的检索期刊如《乌利希国际期刊指南》《图书馆文献》和《最新连续出版物题录》等收录。2012年成为首批获得国家社科基金资助期刊之一。2014年11月，中国社会科学院中国人文社会科学评价中心发布的《中国人文社会科学期刊评价报告（2014年）》中，《中国图书馆学报》入选全国人文社科顶级期刊，并在所有人文社会科学顶级期刊中排名第五。2015年3月，《中国图书馆学报》在第四届《中国学术期刊评价研究报告（武大版）（2015—2016）》中，被中国科教评价网、武汉大学中国科学评价研究中心、武汉大学图书馆评为"RCCSE中国权威学术期刊（A+）"。《中国图书馆学报》被《中国学术期刊（光盘版）》电子杂志社有限公司、清华大学图书馆、中国学术文献国际评价研究中心评为"2015中国国际影响力优秀学术期刊"。

《中国图书馆学报》2017年全6期

（二）《国家图书馆学刊》

《国家图书馆学刊》2017 年全 6 期

《国家图书馆学刊》是由文化部主管、国家图书馆主办，国内外公开发行的图书情报专业学术刊物，主要面向国内外图书馆、大专院校及科研单位的广大图书情报专业工作者。是《中文社会科学引文索引》（CSSCI）来源期刊，《中文核心期刊要目总览》收录期刊，入选“中国人文社会科学核心期刊要览”“‘中国人文社会科学综合评价AMI’核心期刊”“复印报刊资料重要转载来源期刊”。

2017 年，《国家图书馆学刊》全年来稿 1500 多篇，刊发 83 篇，另刊登“业界动态”23 条。主要栏目有“专题研究”“政策与法规研究”“管理与服务”“资源建设”“信息组织”“技术应用”“文献保护”“图书馆史研究”等。为充分反映图书馆学研究与图书馆事业发展重点，本年度围绕“图书馆普通员工职业胜任力研究”“图书馆阅读研究与实践”“基本公共文化服务均等化”“新阅读、新推广”“公共图书馆法”等组织专栏进行探讨和研究。

（三）《文献》

《文献》创刊于 1979 年，是文化部主管、国家图书馆主办的国家一级学术性刊物。内容以披露国家图书馆的丰富馆藏与其他公私家典藏的、国内外新发现的、具有重要价值的各种古、近代文献资料及其研究成果为主。着重发表古文献学及训诂学、校勘学、目录学、版本学、辨伪学、辑佚学等研究论文，重视海外汉学研究进展。2017 年，《文献》共出版 6 期，刊发各类稿件 101 篇。《文献》利用“古文献学微刊”“古代小说网”等多个较为成熟的微信公众号发布《文献》各期目录和内容摘要，成效显著，有更多学者对已刊发文章给予高度关注。另外，《文献》在本年度继续加强栏目集中化的运作，力求每期成规模地揭示同类文献，更好地为学术界服务。因此，在 2017

《文献》2017 年全 6 期

年第 2 期开设 4 个栏目、第 6 期开设 3 个栏目，集中刊发“域外汉籍”“中外文化交流”“信札整理”等研究文章，方便学者阅读利用。

五、年鉴编辑出版

（一）《中国图书馆年鉴》

《中国图书馆年鉴 2017》全面反映 2016 年中国图书馆事业发展状况。正文采用分类编辑法。设立纪事、专文、图书馆事业、学术研究与活动、法律法规与政策性文件、专业文献、统计资料、年度大事记、图书馆活动图辑、索引 10 个栏目。其中“纪事”栏目重点反映《中华人民共和国公共文化服务保障法》颁布、《全民阅读“十三五”时期发展规划》发布、《关于推进县级文化馆、图书馆总分馆制建设的指导意见》发布、中国文化中心数字图书馆上线、高校图书馆助力“双一流”建设开展活动等年度内在全国图书馆界产生较大影响的事件；“专文”栏目重点登载图书馆空间再造与创客空间建设、国内外图书馆学研究热点等年度热点问题。

《中国图书馆年鉴 2017》

2017 卷共收到原始稿件 180 万字，图片 311 幅；最终定稿 130 万字，图片 184 幅。

（二）《国家图书馆年鉴》

《国家图书馆年鉴 2017》全面记录国家图书馆在 2016 年的工作全貌，系统、准确地反映国家图书馆 2016 年各项事业的发展情况，为读者了解和研究国家图书馆提供基础数据和资料。全书共分为综述、特别记载、基础业务工作、服务工作、国家数字图书馆建设、重点文化工程、文献整理与开发、学术与科研、编辑与出版、对外交流与合作、机构与人员、设施建设与安全保卫、党建与群团活动、统计资料、重要文件选编、媒体报道、年度大事记、综合索引 18 个栏目。2017 卷全书共计 56 万字，图片 119 幅，统计表 29 个。

《国家图书馆年鉴 2017》

六、专业文献编辑出版

国家图书馆出版社2017年度出书371种，比去年同期增长16.3%。其中：新版书251种，比去年同期增长2.4%；重印书120种，比去年同期增长62.16%。全年销售额收入稳步增长，发货码洋16173万元（不含《中华再造善本》），比去年同期增长2%。

（一）重点图书的出版

2017年，《中华传统文化百部经典》首批10部图书出版（参见“特别记载”之“《中华传统文化百部经典》首批图书出版”）；《鲁迅手稿全集》编辑出版启动（参见“重点文化工程及项目”之“《鲁迅手稿全集》编撰项目”）；《全国古籍普查登记目录》出版《辽宁省图书馆古籍普查登记目录》《复旦大学图书馆古籍普查登记目录》等19种目录；策划申报的“中华古籍保护计划”出版项目中，《日本藏中国古籍总目》正式启动，《孔府档案》开始编纂，《国学基本典籍丛刊》出版《宋本说文解字》等28种138册，重印《宋本论语集注》等8种25册，走进北京大学、天津师范大学、南开大学、天津大学、四川大学等多所著名高校；策划、申报并承担民国时期文献保护计划项目36种，出版《中国社会科学院近代史研究所藏“满铁剪报”类编：第二辑》《东亚同文书院中国调查手稿丛刊续编》等12种780册；《中华再造善本续编 · 总目提要》正式出版；“中国珍贵典籍史话丛书”出版《〈广舆图〉史话》等4种。出版“十二五”国家重点图书出版规划项目《中国古籍珍本丛刊》2种（东北师范大学图书馆卷、保定市图书馆卷）、《著名图书馆藏稀见书志书目丛刊》2种（国家图书馆卷、南京图书馆卷）；出版“十三五”国家重点图书出版规划项目《中国京剧百部经典外译丛书》11种（第三辑、第四辑）；出版国家出版基金项目《图书馆情报学概论》《清代诗文集珍本丛刊》；出版国家古籍整理出版资助项目《普林斯顿大学图书馆藏中文善本书目》《上海图书馆藏稿钞本日记丛刊》《历代赋学文献辑刊》；出版国家社科基金后期资助项目《中国图书馆史》（参见“特别记载”之“《中国图书馆史》发布座谈会”）《知识学研究》。

（二）申报项目和参评奖项

1. 申报“十三五”国家重点图书出版规划增补项目

获得批准4项：《中国共产党党报党刊史料丛编（1920—1949）》《中华传统文化百部经典》《清代进士传录》《日本藏中文古籍总目》。

2. 申报其他重点项目

申报2017年度国家出版基金项目，获得批准3项：《清代诗文集珍本丛刊》《中国社会科学院近代史研究所藏“满铁剪报”类编（第一、二辑）》《图书馆情报学概论》。

2017年度国家古籍整理出版资助4个项目获得资助：《德国柏林民族学博物馆藏〈永乐大典〉》《古本戏曲丛刊七集》《国家图书馆藏样式雷图档 · 圆明园卷续编》《清代家集丛刊续编》。

《中国京剧百部经典外译系列（第五辑、第六辑典藏版）》申报入选中国文艺原创精品出版工程（二期）项目。

《知识学研究》《纳博科夫文艺理论与当代西方文论》获 2017 年国家社科基金后期资助项目出版安排。

数字出版项目获奖资助 2 项：“地方历史文献数字出版资源整合与平台建设”入选 2017 年度新闻出版改革发展项目库项目并获文化产业发展专项资金支持；“珍贵古籍的全面整理与开发”申报中央文化企业国有资本经营预算支出项目并获资金支持。

3. 优秀图书评奖

《文献为证：钓鱼岛图籍录》获第六届中华优秀出版物奖图书提名奖；《国家图书馆藏样式雷图档 · 圆明园卷初编》荣获 2016 年度全国优秀古籍图书奖一等奖，《古本戏曲丛刊六集》《续藏书纪事诗》获二等奖；《国图绘本花园 · 你看见我的蛋了吗》入选科技部 2017 年全国优秀科普作品；《国图日历 · 2018 · 修身养德》获第三届广州国际文物博物馆版权博览会“优秀文化产品传承奖”。

《国家图书馆藏样式雷图档 · 圆明园卷初编》

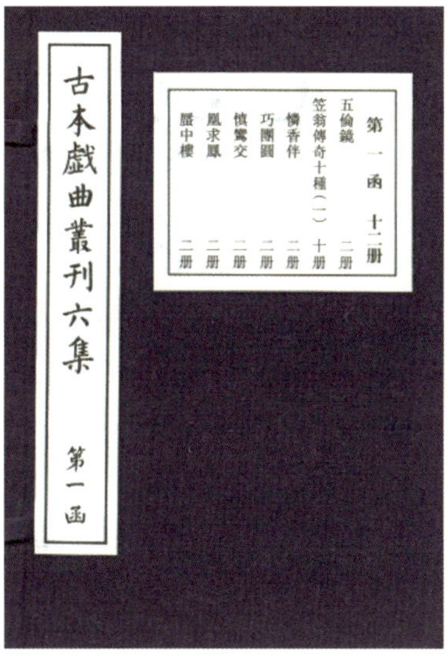

《古本戏曲丛刊六集》

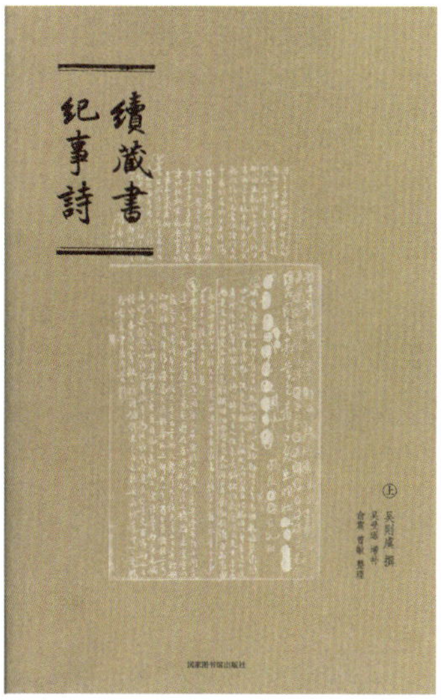

《续藏书纪事诗》

年度掠影

【中国记忆项目出版《风雨平生——冯其庸口述自传》】

2017年1月，作为“中国记忆口述史”丛书的新成员，《风雨平生——冯其庸口述自传》一书由商务印书馆正式出版。该书为著名文史学家冯其庸先生口述，由国家图书馆中国记忆项目中心访问整理，经冯先生5次修改最终定稿，并附大量图片。该书文笔生动，深入浅出，图文并茂，是一部韵味悠长的口述自传，更是一幅真实再现中国近百年社会变迁的历史长卷。本书以口述自传的形式，简明而生动地叙述冯其庸先生90多年来所经历的风风雨雨和他所开辟的学术道路。冯先生不仅是主持校订《红楼梦》而为一代红学大家，而且还创建中国人民大学国学院，提出“大国学”新概念，十赴新疆，三上帕米尔高原，穿越米兰、罗布泊、楼兰、龙城、白龙堆、三陇沙入玉门关，查实玄奘自于阗回归长安的最后路段。他重视文献记载，重视地面遗迹的调查，重视地下发掘的新资料，三者互相印证，才做定论。这一颇有心得的学术路径在其口述自传中得到充分的展示。该书获得2017年3月中国图书评论学会“中国好书”、2017年度中国出版集团“中版好书”等称号。

《风雨平生——冯其庸口述自传》

【《国家级非物质文化遗产代表性传承人抢救性记录十讲》出版】

2017年6月，《国家级非物质文化遗产代表性传承人抢救性记录十讲》正式出版。2016年8月29日至9月2日，文化部非物质文化遗产司在国家图书馆举办国家级非物质文化遗产代表性传承人抢救性记录工作培训班，该书以此次培训班10位授课专家的讲稿为基础编辑而成。这些讲稿从传承人抢救性记录工作中的学术要求、操作规程、文献收集、文稿编辑、成果整理和编目等各个方面进行详细介绍，内容涵盖非遗学、影像人类学、口述史学、文献学、电影学等多个学科，既有理论上的指导，又有实际的操作方法，具有较强的针对性和实用性，对非物质文化遗产影像资料采集和口

《国家级非物质文化遗产代表性传承人抢救性记录十讲》

述史工作都有一定的参考价值。

【孔府档案编纂研讨会在曲阜召开】

2月15—16日，由国家图书馆出版社、曲阜市文物局联合举办的“孔府档案编纂研讨会”在曲阜开幕，国家图书馆副馆长、国家古籍保护中心副主任张志清，山东省档案局副局长苏东亮，曲阜市领导刘晓林、杨晓东及文物部门有关领导以及来自全国文献档案和编辑出版领域的专家30余人参会。与会专家、领导到孔府文物档案馆实地查看曲阜市所藏的孔府档案。围绕孔府档案的整理挖掘、编目著录、档案数字化及研究开发展开讨论，旨在集思广益，绘好蓝图，共同推进孔府档案编纂工作，全面提升孔府档案整体保护利用水平。

孔府档案现存9000余卷，近30万件，数量浩瀚、内容丰富、文体繁多、年代持续、体系完整，堪称中国文献档案的典范。孔府档案按时间顺序分为明代档案、清代档案和民国档案，来源确切、内容真实，涉及政治、经济、文化、思想、宗族等社会生活的各个层面，全面记述衍圣公府这一世袭贵族兴亡的历史概况，具有很高的历史文化价值，是非常宝贵的历史文化遗产。2016年，孔府档案成功入选《世界记忆亚太地区名录》，其价值在世界范围得到认可。在国家图书馆（国家古籍保护中心）的支持下，“国家古籍保护中心中华优秀传统文化实践基地”在曲阜挂牌，孔府文献保护利用有了战略框架，包括孔府档案在内的孔府文献全面纳入“中华古籍保护计划”。本次研讨会的举办更是将战略推向行动的一次有益实践，国家图书馆出版社和曲阜市文物局将在孔府文献的出版利用方面展开紧密合作，计划利用4年多时间，科学、合理、高效地影印出版全套孔府档案。

孔府档案编纂研讨会

【《古本戏曲丛刊七集》编纂启动】

2月24日，中国社会科学院文学研究所和国家图书馆出版社在国家图书馆古籍馆联合召开《古本戏曲丛刊七集》编纂座谈会。国家图书馆出版社社长方自金、副社长殷梦霞，社科院文学所所长刘跃进，梅兰芳纪念馆馆长刘祯，中国艺术研究院图书馆典藏部暨古籍部主任俞冰，祝晓风、吴书荫、郭英德、郑志良、李玫、李芳、戴云等专家学者出席。方自金首先介绍国家图书馆出版社的出版情况。刘跃进提出这套丛书至九集为止，希望在2019年完成项目。吴书荫指出郑振铎先生生前本是有庞大的出版计划，在做完《古本戏曲丛刊》这个项目外，还有清代杂剧、戏曲选本的出版计划。郭英德指出古籍整理工作是没有穷尽的，六集留下来的遗憾，七集要尽量补齐。李玫、戴云、刘祯、郑志良、俞冰也发表自己的看法。殷梦霞最后总结此次会议形成的意见。

【第七届数字出版博览会“图书馆数字化资源共享分论坛”举行】

7 月 13 日上午，第七届数字出版博览会“图书馆数字化资源共享分论坛”在北京国际会议中心第二会议厅举行。此次分论坛以“挑战与创新：互联网时代下的数字图书馆建设”为主题，由社会科学文献出版社和国家图书馆出版社联合主办。中国新闻出版研究院副院长范军出席分论坛并致辞。社会科学文献出版社副社长谢炜主持此次分论坛。分论坛上，国家图书馆出版社数字出版部副主任李强做“国家图书馆出版社历史文献数字化的探索与实践”的主题演讲，以国家图书馆出版社已上线的“中华再造善本数据库”“民国图书数据库”“中国历史人物传记资源库”为背景，介绍数据库资源建设的相关情况，并总结建设过程中的经验教训。人民大学图书馆副馆长、Balis 中心主任刘春鸿，国家图书馆中文数字资源采访组组长冷熠，社会科学文献出版社数字出版分社数字编辑刘姝等依次做相关主题的演讲。

第七届数字出版博览会“图书馆数字化资源共享分论坛”

【地方文献整理与出版研讨会在四川召开】

8 月 1 日，乐山师范学院和国家图书馆出版社联合举办的“地方文献整理与出版研讨会”在四川省乐山市召开。上海图书馆、天津图书馆、南京图书馆、广西壮族自治区图书馆、金陵图书馆、嘉兴市图书馆、肇庆市图书馆等公共图书馆，浙江大学图书馆、中山大学图书馆、吉林大学图书馆、暨南大学图书馆等高校图书馆，以及北京师范大学、湖南师范大学、河北大学、安阳师范学院、衢州学院、天津社会科学院的专家学者近 30 人参加会议。乐山师范学院副院长杜学元、国家图书馆出版社总编辑殷梦霞代表主办方致辞，并希望与会专家就《嘉州文献丛书》的编纂制作问题建言献策。国家图书馆出版社副社长葛艳聪主持会议。会议围绕“地方文献整理开发与出版”主题展开，与会专家进行深入讨论，就共同关心的问题交换意见和看法。

【中华优秀传统文化资源建设与全民阅读推广研讨会在甘肃张掖召开】

8 月 10 日，由国家图书馆出版社和张掖市图书馆、甘州区图书馆共同主办的“中华优秀传统文化资源建设与全民阅读推广研讨会”在甘肃省张掖市召开。国家古籍保护中心办公室主任林世田，全国重点图书馆、博物馆、阅读推广领域的专家学者、当地文化名人及学者共 70 余人参加会议。张掖市甘州区委常委、宣传部部长张洪清主持会议。林世田，甘州区委副书记、区长王韶华分别致辞。林世田和殷梦霞向张掖市图书馆捐赠图书，包括《国学基本典籍丛刊》在内，总价 10 余万元。开幕式结束后，宁夏大学人文学院院长胡玉冰教授做题为“经典阅读与传承”的主旨报告。会议围绕“地方文献资源抢救保护与整理出版”“全民阅读与少儿绘本推广”两个主题进行研讨，国家图书馆出版社副社长葛艳聪主持会议。

【《畿辅通志》《雄安新区旧志集成》《保定旧志集成》3套志书发布】

《畿辅通志》《雄安新区旧志集成》《保定旧志集成》3套志书发布

8月23日上午，《畿辅通志》《雄安新区旧志集成》《保定旧志集成》出版发布会暨地方文献整理研讨会在河北省保定市举行。会议由国家图书馆出版社、保定市地方志办公室、保定市新莲池书院联合主办，来自中国社会科学院、中国地方志指导小组办公室、河北省地方志办公室、河北省社会科学院、天津图书馆、河北省图书馆、河北大学等单位的60余名专家学者参加会议。保定市人大常委会主任、市地方志指导委员会主任马誉峰出席会议，国家图书馆出版社编辑总监廖生训、保定市新莲池书院院长郑新芳做主旨报告。

3套志书共包含93部地方志。其中，《畿辅通志》记录京津冀及周边地区的历史文化；《雄安新区旧志集成》记录雄安新区的历史文脉；《保定旧志集成》囊括《保定府志》和各县《县志》，是保定历史的缩影。3套志书的出版，标志着保定市旧志整理工作取得阶段性成果，将为整个河北省的相关工作起到引领作用。

【国家图书馆出版社获选“中国图书海外馆藏影响力出版100强”】

8月24日，在第24届北京国际图书博览会的“2017中国图书海外馆藏影响力报告发布会”上，国家图书馆出版社荣膺“中国图书海外馆藏影响力出版100强”称号，排名从去年的第85位上升至第15位，进入海外图书馆系统品种数高达282种。

由中国出版传媒商报社、北京外国语大学·中国文化走出去效果评估中心·国际新闻与传播学院联合主办的《中国图书海外馆藏影响力研究报告》，从2012年开始已连续发布6届。报告坚持以海外图书馆系统收藏中文图书的书目数据为基础，追踪以汉语言为载体，包含中国政治、经济、文化等方面内容的中文出版物在全球的流通轨迹，勾勒出中华文化在当今世界的传播范围。国家图书馆出版社坚持专业出版方向，整理影印中文古籍等各种稀见历史文献，编辑出版图书馆学和信息管理科学著译作以及出版各种书目索引等中文工具书，编辑出版各种文史著作和传统文化普及读物。此次获评“中国图书海外馆藏影响力出版100强”，说明不仅在国内，而且在海外，国家图书馆出版社产品也获得认可，具有一定的影响力。这也从一个侧面反映出，国家图书馆出版社是中国文化走出去这一事业的重要参与者。

【《民国时期话剧杂志汇编》首发式在上海举行】

11月9日，《民国时期话剧杂志汇编》首发式在上海举行。来自中国艺术研究院、上海戏剧学院、浙江大学、南京大学、华南师范大学、澳门大学、台湾艺术大学，以及日本、加拿大等高校和科研机构的海内外学者100余人参加会议。《民国时期话剧杂志汇编》由中国艺术研究院研究员田本相先生担纲主编，上海戏剧学院、上海图书馆共同编纂，国家图书馆出版社出版发行，是为纪念中国话剧诞生110周年推出的大型话剧文献汇编。收录民国时期（兼清末）具有重要价值的话剧杂志161种，影印出版。该书的出版，为百年话剧相关课题研究提供资料支撑，是话剧诞生110周年的重要礼物，兼具历史意义和现实意义。

《民国时期话剧杂志汇编》首发式

【《清代家集丛刊续编》出版】

11月26日，《清代家集丛刊续编》出版座谈会在南京大学国际会议中心举行，来自中国社会科学院、北京大学、中国人民大学、首都师范大学、安徽大学、复旦大学、南京师范大学、南京大学、上海图书馆、南京图书馆等单位的30多位专家学者参会。该续编由南京大学文学院徐雁平教授编纂，国家图书馆出版社出版发行，是2017年国家古籍整理出版专项经费资助项目。全书201册，遴选178种较为重要的清代家集，进一步丰富清代家族文学和家族文化研究的数据，供学者研究使用。全书以中国现行行政区划编排，各省市之下，大致按成书时间排序。为便于读者了解和检索，专门编制1册索引，与徐雁平教授撰写的提要合为1册。

家集是家族性文学总集，有时也收录少量集部以外的著述，在目录著录中通常收入集部的总集类，或者收入单列的丛书类。主编徐雁平教授长期关注清代文学与文化及清代文献学，并于2015年与张剑研究员合作主编出版《清代家集丛刊》201册。

学术与科研

- 科研项目
- 学术成果
- 博士后科研工作站
- 图书馆事业发展研究与图书馆政策研究

学术与科研

一、科研项目

（一）立项情况

国家图书馆2017年度获准立项国家社科基金项目4项，资助经费80万元；获准立项文化部文化艺术智库项目1项。馆级课题立项项目19项，资助经费共计33.5万元。（参见“统计资料”之四“科研立项与结项”）

（二）结项情况

2017年共结项47项。其中馆级项目40项、部级项目1项、国家社科基金项目6项。（参见“统计资料”之四“科研立项与结项”）

二、学术成果

2017年度国家图书馆员工正式发表的成果包括著作类（包括参与编撰等）20部，论文374篇。

文津出版基金资助3部著作，资助经费9万元。①苏健的《国家图书馆同人著述研究（1909—1949）》。该书在总结同人学术成就的基础上，考察他们从事学术研究的时代特征，客观评定他们在民国时期学术史上的地位。书中还回顾特定历史时期国家图书馆的办馆政策、学术交流的氛围、获取文献资料的机遇等学术研究的条件，为当前图书馆开展学术研究与人才培养提供一个示范。书稿材料、史实全面，结构系统，语言平实，对于相关领域研究有较高的参考价值。②马学良的《明代内府刻书研究》。该书以中国雕版印刷史上极为重要的明代内府刻本为研究对象，系统、深入地研究了明代内府刻书的历史背景、刻书动因与内容、刻书机制与流程、刊刻数量、刻书的时间分布规律、内府刻本的用途等问题，揭示内府刻书的本质与内在规律，总结内府刻本的特征，发掘内府刻书的价值，对明代内府刻书进行评价和定位。③毛雅君主编的《国家图书馆业务规范》。该书围绕图书馆采、编、阅、藏、参的全业务流程，按工作性质和工作流程分别编写，包括文献采选工作、文献编目工作、读者服务工作、文献库房管理工作、参考咨询工作、数字资源建设工作、文献缩微复制工作、信息化工作、文献保护与修复工作和其他工作共10部分。特别针对当前信息化高速发展、数字图书馆建设蓬勃开展的图书馆业务发展新特点，制定数字资源建设、电子出版物采选等业务工作规范，覆盖当前图书馆几乎所有业务工作范畴。

三、博士后科研工作站

2017 年，国家图书馆博士后科研工作站（以下简称“工作站”）紧密围绕图书馆事业发展重点，积极开展学术研究，完善内部管理机制，各项工作均取得稳步发展，一个科研与业务相互促进、科研与人才培养相互支撑的良性互动机制正在形成。

（一）完善工作站管理制度

2017 年，工作站围绕工作实践需要，继续对《国家图书馆博士后科研工作站管理办法》等工作站规章制度进行梳理和检查，进一步完善工作站管理制度。

（二）博士后进出站及日常管理情况

工作站发布 2017 年招生简章，收到 14 份进站申请书，分两批组织进站面试，最后确定招收 2 名 2017 级博士后人员；组织完成 1 名博士后出站；组织召开 2 场出站鉴定会和 2 场中期考核会；办理 1 名 2015 级博士后延期出站。

2015 级博士后出站鉴定会

（三）在站博士后人员基本情况

截至 2017 年底，工作站共有合作导师 10 人，主要研究方向包括图书馆事业发展战略研究、文献信息组织、数字图书馆、古籍题跋整理与研究、古典文献学研究和善本书志与古籍保护。已出站人员 22 人，在站研究人员 6 人。

在站博士后人员中：2015 级 2 人，2016 级 2 人，2017 级 2 人；古典文献学 3 人，图书馆学 3 人；全职 2 人，兼职 4 人；女 5 人，男 1 人。

（四）博士后基金申报与资助情况

2017年，工作站积极组织在站博士后申报第61批博士后面上资助项目等科研项目，获批面上资助二等项目1项。

（五）博士后科研及学术交流情况

2017年，工作站在站博士后共发表论文10余篇，参加学术研讨会10余人次。组织博士后在馆内开展学术报告4场，反响良好。

2016级博士后讲座

四、图书馆事业发展研究与图书馆政策研究

（一）图书馆事业发展研究

1. 组织开展图书馆事业中长期规划研究

组织编制规划文本。其中，编制《国家图书馆“十三五”规划纲要》“起草说明”，就规划中涉及的重要发展指标的测算提供说明文本，并根据馆务会和职代会意见完成规划文本修改，于2017年3月正式印发。受文化部公共文化司委托编制《“十三五”时期全国公共图书馆事业发展规划》，起草规划编制说明和主要指标测算说明，并根据文化部及有关各方面意见修改完善，最终形成送审稿上报，于2017年7月初正式发布。开展《国家图书馆出版社三年规划》研制。

受文化部公共文化司委托开展两项规划支撑研究。其中《全国公共图书馆事业发展“十三五”规划支撑研究报告》共计13.5万字，被评为“全国文化系统2017年度十佳调研报告”；《全国古籍保护工作“十三五”规划支撑研究报告》共计6.7万字，被评为“全国文化系统2017年度优秀调研报告”。

征集整理《图书馆行业中长期战略规划选编（续编）》，对国内各主要图书馆的“十三五”规划和国外同时期主要规划进行汇编，为图书馆界提供研究与规划编制参考资料，已完成初稿并交付出版。

编辑整理《“十三五”规划资料汇编》，共计三辑，分别收录由国家图书馆或挂靠国家图书馆的组织机构制订和发布的规划，以及中宣部和文化部等发布的与国家图书馆事业发展密切相关的13份规划，作为工作参考资料。

2. 组织开展图书馆事业发展研究

组织编纂《国家图书馆年鉴》和《中国图书馆年鉴》（参见“文献整理与编辑出版”之“年鉴编辑出版”）。

组织编撰《中国图书馆事业发展报告》（蓝皮书）。其中《中国图书馆事业发展报告·数字图书馆卷》于1月正式出版；《中国图书馆事业发展报告·少年儿童图书馆卷》于7月正式出版；《中国图书馆事业发展报告·“十二五”时期事业发展综合卷》完成撰写与统稿，并交付出版；《中国图书馆事业发展报告·图书馆标准化卷》于10月召开启动会。

《中国图书馆事业发展报告·数字图书馆卷》

《中国图书馆事业发展报告·少年儿童图书馆卷》

《中国图书馆事业发展报告·“十二五”时期事业发展综合卷》统稿会

参与文化部《公共文化服务蓝皮书（2015—2016）》综述撰稿，对2015—2016年度我国公共文化领域推进全民阅读和传承弘扬中华优秀传统文化情况进行梳理总结，撰稿近1万字。

组织编纂《国家图书馆概论》，为国家图书馆建设“国内最好，世界领先”图书馆提供参考借鉴，目前修改稿已基本完成，约35万字。

在文化部财务司的支持和指导下，继续组织对我国公共图书馆事业发展的年度数据进行汇总整理和分析，编制完成《2016年全国公共图书馆事业发展基础数据概览》。

组织编纂《中国大百科全书》第三版“图书馆事业”分支条目，共联络馆内外一百余位专家，完成216个条目撰稿与审校。

开展全国各省公共图书馆事业发展情况调研。梳理各省省情、公共文化事业以及公共图书馆事业发展情况，已完成31个省的公共图书馆事业发展报告初稿。为文化部“砥砺奋进的五年”大型成就展提供素材，共提供图书馆事业发展相关照片73张。

受文化部公共文化司委托，承担乡镇综合文化站服务效能抽查工作项目和乡镇综合文化站专题调研项目，根据项目工作需要，组织召开4次项目会议，参会专家42人次。

（二）图书馆政策研究

1. 开展立法支撑研究

开展《中华人民共和国公共图书馆法》（以下简称《公共图书馆法》）立法支撑研究。先后受文化部、国务院法制办公室、全国人大委托，分别就国内外图书馆事业发展历史与现状、国内外图书馆立法概况、现代社会公共图书馆功能作用、民办图书馆发展情况及立法问题、图书馆与全民阅读、图书馆与数字服务、国家图书馆职能等重点问题开展专题研究，提供研究报告及参考资料20余份，约9.8万字，为《公共图书馆法》出台做出历史性贡献。特别是围绕“国家图书馆入法”问题，与有关部门进行多次深入细致的沟通交流，提供立法建议，10月20日，全国人大法制工作委员会专门就“国家图书馆入法”来国家图书馆进行调研时，提供详尽的汇报材料，为较为圆满地解决国家图书馆与公共图书馆的关系及在法律文本中的表述做出积极贡献。

组织《公共图书馆法》解读工作。《公共图书馆法》出台后，参与全国人大组织的《〈中华人民共和国公共图书馆法〉释义》编纂工作，同时，受文化部公共文化司委托，组织业界专家，编纂《〈中华人民共和国公共图书馆法〉解读》《〈中华人民共和国公共图书馆法〉学习问答》，初稿已完成。

2. 提供重要政策建议及报告

根据文化部等上级主管部门的要求，就《中华人民共和国文化产业促进法（征求意见稿）》《全民阅读促进条例（送审稿）》等法律法规的制定，以及国际标准《信息与文献　国家图书馆质量评价》提出意见和建议。

就图书馆领域的重点工作开展调研，向有关部门提交研究报告。包括：开展《公共图书馆总分馆业务规范》调研；整理《国家知识产权战略实施十周年评估图书馆自查报告》；开展国内外图书馆理事会制度建设调研，完成《国内副省级以上公共图书馆理事会建设情况调研报告》《国外主要国家图书馆法人治理结构调研报告》《国外图书馆立法中有关理事会/委员会规定情况》等。

就国家图书馆重点工作开展调研，向有关部门提交研究报告及相关政策建议。研制《国家图书馆关于贯彻落实〈关于实施中华优秀传统文化传承发展工程的意见〉的实施意见》《国家图书馆两地三处馆舍的文献布局及业务功能研究报告》《国家图书馆贯彻落实〈公共文化服务保障法〉的报告》等。

3. 对相关政策文件及行业发展动态进行搜集整理和研究

面向图书馆管理者和政府主管部门领导，跟踪报道国内外图书馆相关政策制度发布情况和图书馆事业发展实践动态信息，全年组织编发《图书馆决策参考》4 期、《业界动态》29 期。其中，《图书馆决策参考》2017 年第 1 期以 2017 年“两会”公共文化有关议案提案为主题，获雒树刚部长批示。

编辑整理系列政策研究资料，包括《〈公共文化服务保障法〉条文及解读》《关于政治文化的资料汇编》《2016 年公共文化相关法律政策选编》，共计 70 余万字。

（三）数字图书馆研究

2017 年，跟踪最新信息技术，结合相关业务，深入研究数字图书馆发展方向，探索新技术在数字图书馆中的应用。全年共完成 2 期数字图书馆发展研究专报、8 期数字图书馆技术动态。《图书馆信息资源整合研究》专报研究和分析了当前主流的信息资源整合方式，了解和掌握当前主要的基于信息资源整合的服务与应用，开展信息资源整合理念、技术与手段的研究与创新，以实现知识服务的最终目标；《图书馆人工智能应用研究》专报指出图书馆是信息技术理论与应用研究的前沿战场，人工智能已被列为图书馆新技术趋势之一。人工智能时代的到来，将驱使图书馆进一步提供基于用户信息行为数据挖掘分析的需求感知与传递、知识生成与发现、服务策略创建与调整、用户反馈与优化等服务，从而实现向“以数据智能计算为中心”的智能图书馆的根本转变。

对外交流与合作

- 赴国外及台、港、澳地区交流
- 国外及台、港、澳地区重要来访
- 国外及台、港、澳地区合作项目
- 年度掠影

对外交流与合作

一、赴国外及台、港、澳地区交流

2017 年全年出境访问共计 21 批 59 人次。其中，重要出境访问 10 批 35 人次。主要包括：6 月 8—15 日，常务副馆长陈力率团访问厄瓜多尔和西班牙国家图书馆等多个机构，并与厄瓜多尔国家图书馆签署合作备忘录；6 月 12—16 日，副馆长魏大威率团赴日本访问，与日本出版贩卖株式会社签署第 8 期合作协议及 2 个附属备忘录；8 月 16—22 日，副馆长孙一钢率团赴波兰参加第 83 届国际图联大会及卫星会议；9 月 13—23 日，馆长韩永进率团赴白俄罗斯、毛里求斯及南非国家图书馆等机构进行访问，并与毛里求斯国家图书馆签署合作意向书；10 月 23 日至 25 日，副馆长孙一钢等 2 人赴我国澳门参加中文文献资源共建共享合作会议第十一次理事会会议；11 月 14 日至 21 日，副馆长李虹霖率团赴日本国立国会图书馆进行两馆间第 36 次业务交流。

组织业务部门人员出境访问共计 11 批 24 人次，活动主要为参加国际会议、展览及馆员交流活动。以参会为主的活动共 5 批，包括：赴德国参加 ISOTC171 年会并调研脱酸设备，赴法国参加国际图联第 15 届馆际互借与文献提供会议，赴摩洛哥参加国际出版物刊号管理组织中心主任会议，赴我国台湾参加第四届玄览论坛学术研讨会，赴我国澳门参加中文名称规范联合协调委员会第十五次会议。以参加展览为主的活动共 4 批，包括：赴美国汉庭顿图书馆接收撤回参加《园林 · 艺术 · 商业：中国木刻版画》展览的馆藏善本、古籍 12 件，赴美国参加 2017 年美国图书馆协会年会暨展览会，赴俄罗斯参加第 30 届莫斯科国际图书展，赴德国参加第 69 届法兰克福书展。以馆员交流为主的活动共 2 批，包括赴日本出版贩卖株式会社进行业务交流以及赴新加坡国家图书馆管理局开展馆员交换项目。

二、国外及台、港、澳地区重要来访

2017 年全年接待来访共计 45 批 354 人。其中，重要来访团组包括：美国哈佛大学燕京图书馆馆长郑炯文，芝加哥大学图书馆馆长周原，斯坦福大学图书馆馆长迈克 · 凯勒，哥伦比亚大学图书馆总馆长安 · 桑顿，芝加哥大学教授吴嘉勋，夏威夷大学曼欧亚校区馆长莫妮卡 · 高希，爱思唯尔公司国际出版商协会主席、全球学术高级副总裁米歇尔 · 科曼，爱书会代表团，日本岩波书店总编辑马场公彦，东京农业大学教授那须雅熙，日本出版贩卖株式会社社长平林彰一行，韩国首尔大学奎章阁院长李相灿一行，德国歌德学院马里恩 · 多姆，英国国家图书馆董事会主席布莱克斯通一行，挪威文化大臣琳达 · 霍夫斯塔德 · 海勒兰女士，白俄罗斯国家图书馆馆长斯捷潘诺维奇一行，乌兹别克斯坦大使达尼亚尔 · 库尔班诺夫 · 扎夫达托维奇一行，秘鲁国家图书馆副馆长德尔菲娜 · 列戈一行，新加坡通讯及信息部兼卫生部部长徐芳达一行，斯里兰卡锡兰报业集团副总经理苏巴施一行，伊中友协青年委员会主任穆罕默迪一行，加拿大多伦多大学图书馆馆长乔晓勤一行，卡塔尔国家图书馆馆长索哈尔 · 瓦斯托一行，哈萨克斯坦国家图书馆馆长查纳特 · 赛义杜马诺夫 · 图拉洛维奇一行，缅甸宗教文化部历史研究与图书馆司司长吴昂民一行，英国国家图书馆馆员萨拉 2 人，以色列艾莉贝斯公司总裁温斯坦一行，德国马克斯 · 普朗克学会科学史研究所图书馆馆长艾斯特 · 陈一行，塔吉克斯坦国家图书馆馆员等多个代表团。

此外，我国台湾汉学研究中心副馆长吴英美等 2 人、台湾澄定堂藏书第四代传人都中谋、台湾公共咨询图书馆馆员蔡蕙霞、台湾文化界青年代表团、香港律政司专员庄绮珊一行、香港岭南大学港澳实习生代表团、澳门驻京办事处主任康伟等 2 人、澳门大学图书馆副馆长王国强等多个团组来访交流。

三、国外及台、港、澳地区合作项目

2017 年，配合国家“一带一路”发展战略，举办第 25 届亚洲及大洋洲地区国家图书馆馆长会议和第 2 届中国与阿拉伯国家图书馆及信息领域专家会议 2 个国际会议；加强与南美洲、非洲地区的联系，与厄瓜多尔、毛里求斯等国家图书馆签署合作协议；积极关注国际图书馆界动态，参加国际图联大会等国际会议；做好常规业务交流，合理安排业务部门出境访问活动。完成重要合作项目如下：

（一）举办第 25 届亚洲及大洋洲地区国家图书馆馆长会议

5 月 17—18 日，第 25 届亚洲及大洋洲地区国家图书馆馆长会议在国家图书馆举行。会议主题为“构建可持续发展的区域性国家图书馆网络”，来自亚洲及大洋洲地区约 20 个国家图书馆的 30 余位代表出席会议。会议期间，与会代表介绍各馆最新的发展成就，分享各馆在开展国际合作方面的实践和经验。国家图书馆做题为“构建推动区域性交流与合作——以中国国家图书馆为例”的专题报告。此外，与会代表研究了由中方提出的优化亚大会议组织和管理机制的建议，该建议得到代表广泛认可，对于推动亚大会议的可持续发展具有重要意义（参见“特别记载”之“第 25 届亚洲及大洋洲地区国家图书馆馆长会议”）。

（二）中阿图书馆合作项目

继 2014 中国—阿拉伯国家图书馆馆长论坛、2015 首届中国与阿拉伯国家图书馆及信息领域专家会议之后，2017 年 5 月 24 日，由文化部支持、中国国家图书馆举办的“第 2 届中国与阿拉伯国家图书馆及信息领域专家会议”在北京举行。文化部对外文化联络局局长谢金英，中国国家图书馆馆长韩永进，阿盟秘书处领导及阿拉伯国家及阿盟秘书处的十余名馆长、官员、专家，以及国内图书馆界的十余名馆长出席活动。本次会议是文化部“丝绸之路系列文化论坛”活动之一，也是中阿图书馆界又一次盛会。会议主题为“中阿图书馆资源的共知共建与共享”，与会代表围绕各馆在文献资源建设、信息资源组织揭示、图书馆建设发展等方面的情况做交流；就各馆在信息社会中如何推动共知、共建和共享，促进图书馆与信息技术的关联发展等问题进行探讨（参见“特别记载”之“第2届中国与阿拉伯国家图书馆及信息领域专家会议”）。

为推动我国和阿拉伯国家“一带一路”战略合作，中国国家图书馆与阿拉伯国家联盟秘书处开展中阿数字图书馆合作项目并就此项目多次召开工作会议。该项目拟遴选一批中华优秀文化资源，与阿方提供的资源进行整合，搭建中阿数字图书馆服务门户，实现双方资源的双语展示，促进双方文化交流。

（三）金砖国家图书馆联盟项目

2017年3月，金砖国家图书馆联盟由中国国家图书馆倡议成立。在文化部外联局的指导下，经过历时4个月的磋商，各方就举办论坛、合作办展、共建数字图书馆、古籍保护及资源共建共享等方面达成共识。7月6日，第二届金砖国家文化部长会议期间，馆长韩永进与巴西、俄罗斯、印度、南非等国家图书馆负责人共同签署《金砖国家图书馆联盟成立意向书》，标志着金砖国家图书馆联盟正式成立。9月，在韩永进访问南非期间，该国国家图书馆表达主办首届金砖国家图书馆馆长论坛的意愿。

（四）合作办展项目

4月21日，中国国家图书馆与英国国家图书馆联合举办的“从莎士比亚到福尔摩斯：大英图书馆的珍宝”展在国家典籍博物馆开展。此次联展是英国国家图书馆有史以来规模最大的国际项目之一（参见“特别记载”之“重大展览”）。

此外，完成2016年中国之窗赠书项目，最终确定41家海外图书情报机构为项目受赠单位；组织完成2017年“李炳穆交流合作奖”评选；承担国际图联保存保护中心中国中心、中文语言中心相关工作；组织外语志愿者培训工作及国际图联快报编译等文字资料翻译工作；负责汇集代表团活动总结、撰写外事活动通讯稿及编辑2017《交流通讯》；配合完成接收8名港澳大学生到馆实习工作。

年度掠影

【张志清会见韩国首尔大学奎章阁代表团】

1月11日，中国国家图书馆副馆长张志清会见来访交流的韩国首尔大学奎章阁院长李相灿一行。张志清表示愿意进一步加强国家图书馆与韩国中文古籍收藏机构的交流，在文献保存保护领域彼此借鉴经验，并在文献开发利用方面开展合作。双方还就中国古籍传统修复技术、善本书库保存环境、文献研究与服务等内容进行交流。奎章阁是收藏、管理和研究朝鲜时代王室档案和文献的研究机构，收藏24万余册件文献，包括从中国收集的6.8万余册中国古籍。

副馆长张志清会见韩国首尔大学奎章阁代表团

【韩永进会见挪威文化大臣琳达 · 霍夫斯塔德 · 海勒兰】

5月26日，中国国家图书馆馆长韩永进会见来访的挪威文化大臣琳达 · 霍夫斯塔德 · 海勒兰一行，副馆长魏大威参加会见。韩永进向来宾介绍中国国家图书馆的基本情况，回顾中挪图书馆交流的历史，并表示希望双方未来保持密切合作。随后，魏大威做题为“国家数字图书馆建设进展介绍”的报告，介绍本馆数字图书馆的发展情况。琳达 · 霍夫斯塔德 · 海勒兰表示，近年来中挪两国图书馆界交流成果显著，2014年挪威国家图书馆向中国归还无声电影《盘丝洞》的拷贝，为两国文化的友好合作增加新的内容，希望以两国图书馆界合作为契机，继续推动中挪文化交流。会见结束后，代表团一行参观国家典籍博物馆。

【白俄罗斯国家图书馆馆长向国家图书馆赠书并签署合作协议】

5月29日，中国国家图书馆馆长韩永进会见白俄罗斯国家图书馆馆长莫图利斯基・罗曼・斯捷潘诺维奇并接受白方赠书，双方共同签署两馆合作协议，副馆长孙一钢参加活动。韩永进表示，十分荣幸此次可以接受白方赠送的整套白俄罗斯印刷创始人、人文主义者弗朗齐斯科・斯科琳娜遗留书籍的影印文本。中国国家图书馆十分重视与白俄罗斯国家图书馆的交流与合作。此次两馆签署的《中国国家图书馆与白俄罗斯国家图书馆合作协议》，体现双方在文化项目支持、图书出版、数字图书馆合作等方面达成共识。斯捷潘诺维奇表示，希望中、白两馆今后在双方合作协议的指导下，增加人员互访和业务交流活动，不断探寻新的合作契机，将友好合作关系长期保持下去，为两国图书馆事业的共同进步做出不懈努力。

【陈力率团访问厄瓜多尔、西班牙】

6月8—15日，中国国家图书馆常务副馆长陈力率团访问厄瓜多尔和西班牙，先后参访两国国家图书馆、公共图书馆、大学图书馆等。在厄瓜多尔访问期间，陈力与厄瓜多尔国家图书馆馆长签署《中国国家图书馆与厄瓜多尔国家图书馆合作备忘录》。根据备忘录内容，双方今后将在文献保存保护与推广、资源数字化、人员培训、出版物交换、合办展览与讲座等领域开展合作。签约仪式后，代表团参观该馆并举行座谈，双方分别介绍各自图书馆基本情况，并就相关业务工作进行深入交流。

在西班牙马德里，代表团参访西班牙国家图书馆，并与该馆馆长和业务人员进行深入的业务交流，参观该馆馆舍及馆史展，详细了解该馆馆藏及古籍文献修复情况；代表团还参访西班牙索菲亚王后艺术中心图书馆和康普顿斯大学图书馆。在西班牙巴塞罗那，代表团访问加泰罗尼亚图书馆，参观该馆馆舍和特色藏品，并进行深入的业务交流；代表团还参访圣家堂图书馆。

常务副馆长陈力率团访问西班牙国家图书馆

【魏大威率团访问日本】

6 月 12—16 日，中国国家图书馆副馆长魏大威率代表团一行 5 人应邀赴日本进行访问。访日期间，魏大威代表中国国家图书馆与日本出版贩卖株式会社平林彰社长正式签署双方第 8 期合作协议，并出席新闻发布会。会后，魏大威参加中日双方共同举办的出版社答谢会活动，我驻日使馆文化参赞陈诤、东京中国文化中心主任石永菁、日本各出版社代表等参加活动。自 1982 年起，中国国家图书馆与日本出版贩卖株式会社即达成合作协议，在中国国家图书馆开设“日本出版物文库阅览室”。根据合作协议，日本出版贩卖株式会社每年无偿寄赠 8000 至 10000 册最新出版的日文图书。这些图书为中国读者了解日本提供便利。

副馆长魏大威与日本出版贩卖株式会社签署合作协议

代表团之后访问日本国立国会图书馆，与该馆新任馆长羽入佐和子进行正式会谈，双方回顾近年来交流的情况并表达进一步加强合作的意愿。会见后，代表团系统地调研日本国立国会图书馆数字图书馆建设情况。此外，代表团还访问日本北海道大学图书馆、札幌市立中央图书馆等机构，进一步密切与日本图书馆界的联系。

【金砖国家图书馆联盟正式成立】

2017 年 3 月，中国国家图书馆倡议成立金砖国家图书馆联盟。在文化部外联局的指导下，经过历时 4 个月的磋商，各方就举办论坛、合作举展、共建数字图书馆、古籍保护及资源共建共享等方面达成共识。7 月 6 日，第二届金砖国家文化部长会议在天津举行，中国文化部部长雒树刚、俄罗斯文化部部长弗拉基米尔 · 梅津斯基、印度文化部部长马赫希 · 夏尔马等人出席会议。金砖国家文化部长会议是金砖国家合作框架下的重要部长级会议。在此次会议期间，中国国家图书馆馆长韩永进与巴西文化部国际推广司司长阿当 · 穆尼兹、俄罗斯国家公众历史图书馆馆长米哈耶 · 阿法纳耶夫、印度国家图书馆馆长阿兰 · 库马尔 · 沙克拉伯蒂、南非艺术和文化部代理总司长加拉德 · 武西特巴 · 恩迪玛在金砖国家文化部部长们的见证下，共同签署《金砖国家图书馆联盟成立意向书》，标志着金砖国家图书馆联盟正式成立。

【孙一钢率团参加第 83 届国际图联大会】

8 月 16—22 日，应国际图联邀请，中国国家图书馆副馆长孙一钢率代表团一行 4 人参加在波兰弗罗茨瓦夫市举行的第 83 届国际图联大会及卫星会议。本届大会主题为“图书馆、团结、社会”，安排各类会议总计约240余场，来自140个国家的代表参会。会前，中国国家图书馆为来自世界各地的华人参会代表举办“中文代表预备会”，详细介绍国际图联发展的最新动向以及第83届国际图联大会各专业组的会议情况。会议期间，孙一钢参加国际图联亚洲和大洋洲地区专业组常委会、关联数据环境下国际图联标准的应用专业会议、国家图书馆馆长会议等，与各国图书馆高层就图书馆界热点问题进行探讨。中国国家图书馆还组织多场双、多边会谈，包括与新西兰国家图书馆馆长麦克努特探讨战略储备库等领域的合作内容，与美国蒙大拿大学图书馆馆长张沙丽及OCLC代表艾瑞克·鲁比克先生就中美图书馆合作会议的继续推进进行会谈，参加中日韩数字图书馆项目三方交流会，与新加坡国家图书馆管理局总裁梁宝珠、副总裁郑爱清会面等活动。

副馆长孙一钢率团赴立陶宛、波兰参加第83届国际图联大会

会前，代表团于8月16—18日赴立陶宛维尔纽斯市参加国际图联家谱与地方志专业组、亚洲大洋洲地区专业组及信息技术专业组共同举办的国际图联大会卫星会议，就家谱与地方志的数字化、口述历史等方面的内容与参会代表进行深入探讨。代表团还访问立陶宛国家图书馆，与该馆馆长古德斯卡斯进行会谈并达成签署合作协议意向。

【韩永进率团访问白俄罗斯、毛里求斯、南非】

9月13—23日，中国国家图书馆馆长韩永进率领代表团一行5人应邀赴白俄罗斯、毛里求斯及南非访问。在访问白俄罗斯期间，代表团参加“白俄罗斯图书印刷500年”及白俄罗斯国家图书馆成立95周年庆祝活动，并与白俄罗斯国家图书馆馆长斯捷潘诺维奇会谈，就落实双方合作协议等问题交换意见。参会期间，代表团还会见阿塞拜疆国家图书馆馆长塔希洛夫和吉尔吉斯斯坦国家图书馆馆长巴卡舍瓦，探讨未来的合作意向。

在毛里求斯期间，代表团访问毛里求斯国家图书馆，与馆长拉莫斯座谈，双方分别介绍各馆的近况，并就今后合作进行深入交流。随后，韩永进与拉莫斯在中国驻毛里求斯使馆大使孙功谊、毛里求斯艺术和文化部部长鲁蓬等人的见证下共同签署《中国国家图书馆与毛里求斯国家图书馆合作意向书》。双方今后将在高层互访、人员培训、文献编目、图书保存与保护、馆藏数字化等领域开展合作。代表团还访问毛里求斯中国文化中心，驻毛里求斯使馆文化参赞兼文化中心主任松雁群向代表团介绍文化中心概况以及中心图书馆共建的相关情况。

在南非期间，代表团访问南非国家图书馆，与馆长拉里碧－赛美拉等人进行业务交流，双方探讨谅解备忘录的修改意向，并一致同意在合适的时间签署新的备忘录。双方还商谈2017年7月在金砖国家文化部长会议上签署的《金砖国家图书馆联盟成立意向书》执行情况，南方表达主办2018年金砖国家图书馆馆长论坛的意愿。代表团还对该馆图书装订、保存、数字化和纸张脱酸等工作进行调研。随后，代表团到访南非国家图书馆开普敦分馆和图书中心，听取相关负责人对阅读推广项目和少儿服务等方面的介绍，对该馆的组织结构和业务分工有更全面的了解。此外，代表团还参访开普敦大学图书馆。访问期间，代表团拜访中国驻南非使馆，与公使李松、文化参赞郑文进行会谈。

白俄罗斯、毛里求斯、南非三国文化背景不同，图书馆发展各具特色。此次访问对于了解世界各国图书馆界发展状况，取长补短，交流互鉴，推动中国国家图书馆业务发展具有重要意义，同时也为今后“丝绸之路图书馆联盟”的建立奠定良好的基础。

【韩永进会见哈萨克斯坦国家图书馆馆长并签署合作协议】

10月10日，中国国家图书馆馆长韩永进会见来访的哈萨克斯坦国家图书馆馆长查纳特 · 赛义杜马诺夫 · 图拉洛维奇一行，副馆长孙一钢参加会见。韩永进对图拉洛维奇馆长一行来访表示欢迎。他指出，中国国家图书馆十分重视与哈萨克斯坦国家图书馆的交流与合作。此次两馆共同签署的合作协议体现双方在两国文化遗产研究、图书出版、数字图书馆等方面开展合作达成的共识。图拉洛维奇表示，希望中、哈两馆今后在双方合作协议的指导下，增进人员互访和业务交流活动，探索合作出版图书的可能性，将友好合作关系长期保持下去。会见结束后，图拉洛维奇代表哈萨克斯坦国家图书馆向中国国家图书馆捐赠图书，双方共同签署《中国国家图书馆与哈萨克斯坦国家图书馆合作备忘录》。

馆长韩永进会见哈萨克斯坦国家图书馆馆长查纳特 · 赛义杜马诺夫 · 图拉洛维奇一行

【中国国家图书馆与韩国国立中央图书馆进行第 20 次业务交流活动】

11 月 6—13 日，韩国国立中央图书馆代表团一行 5 人由数字资源部部长李炯虎率领，到中国国家图书馆进行两馆间第 20 次业务交流活动。中国国家图书馆馆长韩永进、常务副馆长陈力分别会见李炯虎一行，文化部外联局局长助理王晨出席会见。中方回顾两馆业务交流的历程，对中韩两馆通过长期的交流与合作取得的业务成果表示肯定，并希望今后两馆间能够继续深入开展多种形式的业务交流，通过具体合作项目带动两馆业务的携手发展。韩方表示，中韩两馆的业务交流历史悠久，多年来双方针对不同的主题进行深入交流，富有成效，韩方愿意通过交流继续分享彼此的经验。双方还以报告、研讨形式分别就数字资源建设与服务、图书馆服务现状与创新等内容进行深入探讨，交流内容充实，促进彼此业务工作的相互了解和借鉴。常务副馆长陈力、副馆长张志清参加交流活动。代表团还访问北京大学图书馆、首都图书馆、上海图书馆等机构。

中国国家图书馆与韩国国立中央图书馆于 1997 年建立定期交流机制，通过 20 年的合作，两馆不断增进相互了解，推动图书馆界的区域合作，树立良好的合作典范。

【李虹霖率团访问日本国立国会图书馆】

11 月 14—21 日，中国国家图书馆副馆长、国家典籍博物馆常务副馆长李虹霖率团赴日本国立国会图书馆，开展为期 8 天的中日两国国家图书馆第 36 次业务交流活动。双方就过去一年的总体工作以基调报告形式做交流，随后又分别就“日本国立国会图书馆的活动实绩评价”“日本国立国会图书馆的研究开发”和“中国国家图书馆‘十三五’发展规划纲要”“中国国家图书馆科技创新服务”等主题进行详细介绍以及深入研讨。交流期间，代表团参观日本国立国会图书馆东京总馆、国际儿童图书馆和关西馆，并访问国立公文书馆、东京国立博物馆、奈良大学图书馆、奈良县立图书情报馆等机构，针对图书馆业务培训、文献库房建设管理、图书馆后勤服务工作等进行重点了解，并与有关机构就合作举办文化展览、专题文献开发等事宜进行沟通。

中国国家图书馆与日本国立国会图书馆的定期交流迄今已经开展 36 年，两馆间相互了解不断加强，交流内容不断深化，为图书馆界的国际合作树立良好典范。

副馆长李虹霖率团赴日本国立国会图书馆进行业务交流

机构与人事管理

- 中央国家机关事业单位养老保险制度改革
- 人才队伍建设工作
- 机构设置与调整
- 干部管理
- 职称评审

机构与人事管理

2017 年是党的十九大胜利召开、进入新时代的起始年，是巩固发展“十三五”良好开局的关键年。国家图书馆以推动事业发展为核心，稳步推进事业单位养老保险改革工作，全面落实“三定”方案，调整优化组织机构，不断加强管理干部队伍和专业技术人才队伍建设，为促进国家图书馆事业的长期可持续发展提供坚实保障。

一、中央国家机关事业单位养老保险制度改革

2017 年，中央国家机关事业单位养老保险经办工作正式启动。根据上级政策要求及时间安排，国家图书馆积极制订实施方案，清查人员信息，制作上报数据，截至年末，已完成事业单位人员信息采集、首次参保登记、在职人员缴费基数申报、征缴信息确认及退休人员待遇支付核算确认等各项工作。上报 1503 名在职人员包含基本信息、缴费基数、职务级次在内的 31563 条数据；上报 940 名退休老人（即 2014 年 9 月 30 日之前办理退休的人员）包含离退时间、工作年限、退休级次在内的 20680 条数据；上报 125 名退休中人（即 2014 年 9 月 30 日之前参加工作但在此之后办理退休的人员）个人信息 4250 条数据；上报 1 名退职人员数据；核定 1066 名退休退职人员社保支付待遇信息 5330 条。基本完成事业单位养老保险制度改革的信息申报，养老保险并轨的准备工作完毕。

二、人才队伍建设工作

（一）扎实推进人才引进工作

完成应届高校毕业生招收工作。严格按照人力资源和社会保障部、文化部的政策要求，立足事业发展，紧扣人才需求，研究制订并上报《国家图书馆 2017 年度高校毕业生计划与岗位对接方案》。根据笔试成绩，经专家面试、外调审查、身体检查等程序，本年度共计接收应届毕业生 44 人。

按照国务院军转办的相关政策要求，国家图书馆积极推动落实军转干部接收工作。2017 年，共有 18 名军转干部通过报名资格审核，根据笔试、面试及考察结果，本年度接收军队转业干部 1 名，现已补充到保卫处紧缺岗位。

（二）人才选拔、培养和使用工作

积极做好优秀人才的选拔和推荐工作。2017年，国家图书馆获批享受2016年政府特殊津贴人员1人；入选2017年文化名家暨“四个一批”人才名单1人；继续担任全国新闻出版行业领军人才1人。

制订年度培训计划，以提升全员综合素质为核心，稳步推进全员培训工作，不断提高培训效果，广泛开展具有针对性的专题培训。共组织各类全员培训14场，参训员工1093人次。积极组织员工参加文化系统文艺工作者培训班，全年共参加19期，参训员工673人；截至2017年底，国家图书馆完成全部34期文艺工作者培训班的轮训工作，总计1234人参加轮训。组织选派11人参加文化部哲学社会科学工作者专题培训班，按照文化部文化科技司《关于委托相关直属单位开展哲学社会科学工作者专题培训的通知》要求，承办400人的“哲学社会科学工作者专题培训”。

鼓励员工参加在职学历、学位教育。全年共有7人申请报考在职博士研究生，7人申请报考在职硕士研究生。共有7人完成在职研究生学习，其中取得博士学位3人，取得硕士学位4人。

加强外事志愿者队伍建设。为保障第25届亚洲及大洋洲地区国家图书馆馆长会议、第2届中国与阿拉伯国家图书馆及信息领域专家会议成功举办，组织会务工作外语志愿者的选拔推荐工作，共选拔志愿者19人，完成相关会务工作，保障大会的顺利召开。组织完成文化部人事司关于推荐外语驻外后备干部人选工作。

积极开展业界交流与合作。全年共有来自福州市图书馆、韶山毛泽东图书馆、湖北省黄梅县图书馆、西藏图书馆等11名同人到国家图书馆以在岗学习、专题课程等方式进行交流、学习。

三、机构设置与调整

积极贯彻落实《文化部关于国家图书馆职责、内设机构及人员编制的批复》（文人函〔2016〕1123号）方案，印发《国家图书馆关于内设机构调整的通知》（国图人发〔2017〕11号），对全馆内设机构进行调整，调整后内设处级机构33个。（参见“国家图书馆内设机构设置图”）

四、干部管理

（一）加强干部队伍建设，做好干部聘任工作

为进一步加强干部队伍建设，推动全馆各项业务更好发展，经过充分的前期调研和酝酿，结合“三定”方案，严格按照干部聘任程序组织开展新一届处级干部聘任工作。完成33名正处级干部和36名副处级干部的聘任工作。国家图书馆管理干部队伍建设得到不断加强。

（二）严格干部监督管理机制，加强综合管理

根据中组部、文化部相关文件精神及要求，进一步加强干部监督工作，不断完善干部管理体系建设。深入贯彻落实修订后的《领导干部报告个人有关事项规定》和《领导干部个人有关事项报告查核结果处理办法》，严格按照修订后的规定要求开展2017年领导干部个人有关事项报告工作，完成34名处级及以上领导干部个人有关事项报告材料的填报、汇总和上报工作。

五、职称评审

按照文化部关于职称评审工作的统一部署，组织完成2017年度职称评审和推荐工作。本年度共有172人申报评审，其中有10人晋升正高级专业技术职称资格，50人晋升或转任副高级专业技术职称资格，通过晋升或转任中级及以下职称40人。完成99人职称初聘。

处级机构：33 个
科级机构：102 个

国家图书馆内设机构设置图

（2017 年 12 月 31 日）

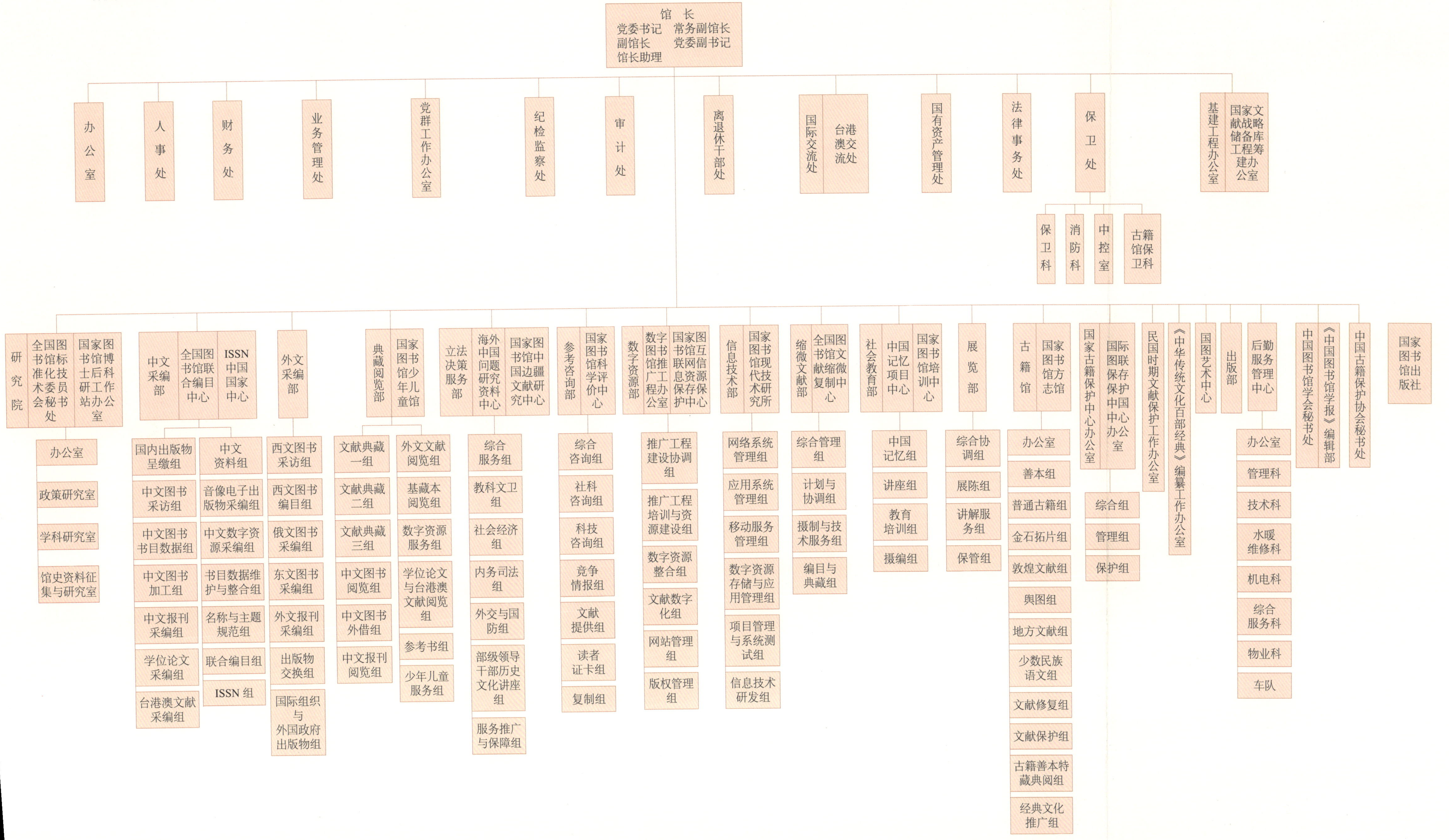

设施建设与安全保卫

- 基建工程
- 安全保卫
- 后勤服务保障
- 年度掠影

设施建设与安全保卫

一、基建工程

国家图书馆一期维修改造工程自2014年9月竣工投入使用以来，受到图书馆同人和广大读者的好评。2017年一期维修改造工程竣工结算进入收尾阶段，国家图书馆的主要工作是做好竣工结算审核和上报工作。

2017年，基建工程办公室根据国家图书馆一期维修改造工程竣工决算领导小组会议的精神和部署，会同工程造价咨询单位、监理单位和施工总承包单位，进行一期维修改造工程竣工结算第三轮核查，对结算资料进行梳理分析，解决存在的争议问题，完成一期维修改造工程竣工结算审核，配合财务处做好竣工结算审核和决算报告编报工作。

二、安全保卫

（一）治安工作

1. 重大活动安保任务

2017年，保卫处按照“统一思想、部门联动、信息共享、把好关口”的工作思路，圆满完成一系列重大安保任务。先后保障中央国家机关“青松风骨”书画展、“从莎士比亚到福尔摩斯：大英图书馆的珍宝”、第十二届文津图书奖颁奖暨“文化行走悦读海淀”2017年全民阅读主题系列活动、“传承与保护——山西寺观艺术暨文献展”暨文献捐赠、第25届亚洲及大洋洲地区国家图书馆馆长会议、第2届中国与阿拉伯国家图书馆及信息领域专家会议、谷建芬“新学堂歌”音乐会、“天将金石付斯人——清代金石学家陈介祺特展”、连家生书法展、“世界插画大展——国际安徒生奖（终身成就）50周年展”开幕式和展览、“钢铁长城——纪念中国人民解放军建军九十周年馆藏文献展”、总馆南区建成开馆30周年座谈会、全国人大法工委一行十九大期间来馆调研等大型展览和会议活动的安保任务。协助配合警卫局和公安部门做好中共中央政治局委员、军委副主席许其亮，中共中央政治局委员、中央统战部部长孙春兰，全国人大常委会副委员长沈跃跃，中宣部部长刘奇葆，全国政协原副主席黄孟复，国务院原副总理吴仪，全国人大常委会原副委员长顾秀莲等多名领导来馆参加各项活动的安保任务。高标准地完成12次部长讲座、48次押运古籍善本、58次文津讲坛及典籍文化讲座和“国家古籍保护中心成立十周年暨古籍保护出版数字化优秀成果展览”的安全保卫工作。

2. 日常安保工作

全年共处理读者故意滋事29起，协助派出所逮捕盗窃嫌疑人5名，查扣各类刀具160余把、打火机 2500 余个，协助接待室处理各类接待事项 526 起；捡拾并归还读者现金 6932.5 元、手机 11 部、电脑 6 台、各类证件 80 余张；配合警察、读者调取视频监控 180 余次，协助寻找走失儿童 21 人，紧急处置和帮助突发疾病读者 37 人。办理员工户籍工作 386 人次；办理 IC 卡丢失补办、变更权限、新增共计 185 人次；办理图书馆临时工出入证 37 张。

3. 安保人员培训工作

为增强国家图书馆安保人员应对突发事件的处置能力，保卫处先后 10 次对值班人员进行保卫干部值班培训、中控设备操作使用方法、水、火报警处置程序和方法等集中培训，提高值班人员的业务水平。针对保安流动性大的特点，开展“树立形象，为国图争光”“安全工作从我做起”等教育培训 7 次，召开安全工作专题会议 6 次，培训灭火器和消火栓的操作使用 4 次。制订应急处突培训计划，通过优化人员组成，普训特训相结合，公司主训、保卫处主考的方式，结合应急预案进行演练，提高应对突发事件的处置能力。

（二）消防安全工作

2017 年，召开消防安全专题会议 7 次，督促各部门开展节前自查 3 次。针对春节期间集中燃放烟花爆竹的特点，下发“春节期间防火告知书”，与 32 个部门签订安全责任书，制作悬挂警示横幅，成立处突小分队。全年坚持日常检查制度，累计参与查检 670 余人次，为馆区通道、阀组间、弱电间、强电间等重点部位更换通用锁芯 180 把、二级管理锁芯 156 把。对公共区域、办公场所开展安全巡查工作，杜绝使用明火、挤占消防疏散通道、封堵消火栓、遮挡消防指示标志等违章现象。4 月、9 月对国家图书馆南区建筑和北区建筑内的灭火器进行年度检修，对北区小院、皮炎所、金沟河、大柳树、舞蹈学院员工住宅楼的消防器具进行更换，共更换便携式灭火器 5900 余具。联系施工单位对馆区避雷设施进行升级改造，为皮研所、金沟河等家属楼加装避雷带，维修总馆、分馆锈蚀的避雷带，加装接闪器。

积极开展消防宣传。在遇到重要时段、敏感时段、特殊环境，利用《消防文摘》、消防安全会议、消防挂图、宣传横幅等形式进行宣传教育，全年下发《消防文摘》12 期 840 份，馆通讯刊发消防稿件 3 篇。利用集体办公特点，通过 OA 系统在网上交流互动、友情提示，全年发送消防文摘邮件达 1 万余份。

开展群众性消防教育。分层级分别对在职员工、安保人员进行培训教育。2017 年先后为典藏阅览部 200 余名员工做“国家图书馆应急反应及安全工作”的主题培训；为参考咨询部全体员工做“无危则安，无损则全”的主题讲座，指导该部 100 余名员工开展消防疏散演练，现场讲解灭火器、消防水带的使用方法并进行现场实操。利用保安人员集中训练的时间，讲解灭火器的操作使用方法、1—3 分钟消防实施方法等知识并进行实操培训。每周对微型消防站队员进行拉练，确保队员能在 3 分钟内穿戴灭火救援整备并到达预定地点；每月对微型消防站队员进行业务培训。邀请西城消防支队什刹海消防中队官兵，为古籍馆 100 多名员工讲解电动自行车充电的注意事项和办公场所、家庭消防安全常识，介绍火场安全逃生的技巧；现场体验区搭建逃生帐篷让员工进行疏散体验。

（三）安防设施建设与维护工作

全年通过日常巡视、现场检查、集中维护，发现消防报警系统253处消防探测器现场安装位置与施工移交图纸、中控室CRT图形显示点位图所描述的内容、信息不相符，4只烟感探测器没有接入消防报警系统，21处气体灭火控制盘线路故障，协助、督导维护方逐一进行纠改和维修。还解决18处视频监控系统摄像机IP地址与实际安装位置不相符的问题，纠改25处门禁系统门禁锁线路接续错误，排除视频存储服务器数据存储断点及周期缩短等故障，保证消防、安防系统的正常运行。根据西城区公安消防支队和《火灾自动报警系统设计规范》的要求，馆里投入28万元安装电气火灾监控系统，对电气线路电流、温度、故障电弧的监测，能够提前发出异常的警报并确定故障位置。对南馆区31个气体保护区控制系统及现场设备逐一进行测试，及时进行修复；对阅览室、展厅、库区、财务室、少儿馆、馆区周界等重点区域的视频监控、门禁系统、入侵报警设备进行逐点检测和维修，共维修、更换摄像机48个，调整维修门禁32处，检修安防报警设备12次。

全年共查火警或火警相关操作103人次，配合业务部门进行安防系统布、撤防操作2922次，完成重大节假日闭馆广播手动操作26次无差错，刻盘53张，累计提供监控数据61GB，办理和修改门禁卡数据521人次。

三、后勤服务保障

截至2017年12月，后勤服务管理中心在编员工86名，保障的馆舍面积约35万平方米，涵盖8大运行系统33项专业管理及服务保障工作。与过去相比，人员减少，任务增加，后勤服务保障工作的难度与日俱增。

2017年，进一步建立和完善后勤管理体制与运行机制，梳理、厘清各项规章制度，工作中解放思想，不断进取，以加强思想教育为切入点，以提高管理水平和职业素养为着力点，以做好后勤保障工作、为国家图书馆的正常运行保驾护航为目标，切实加强后勤保障能力，确保各项工作稳步开展，各系统设备平稳运行，服务质量和服务水平稳步提高。

（一）系统设备运行保障和日常维修工作

全年无重大设备事故，综合设备完好率达到96%以上。完成冬季供暖和中央空调保障任务。中央空调安全运行2860小时，恒温恒湿机运行保障8784小时；设备巡检732次；完成电力设备、书刊传送系统以及房屋、给排水等各种维修近4000次；安装、调整电话220部；完成全馆52000多次电话报修、查询服务。

（二）服务保障工作

完成“两会”期间的车辆保障及通信保障，国家领导人参观视察、高层讲座、馆长公开课等重要活动、会议的空调、医务、保洁、绿植摆放等各项服务保障工作；完成艺术中心演出及重大活动电力保障375次、车辆保障346次；开启节日照明28次。完成重大活动、会议车辆保障5200余台次，安全行驶29万余公里，无重大交通安全责任事故。组织对馆内26部直梯、5套滚梯及馆属宿舍的38部电梯进行逐一排查，发现问题立即整改，保证电梯安全运行。完成全馆员工健康体检和日常门诊服务，为各项活动提供医务保障26次。完成收发服务、饮用水保障等服务保障工作。

（三）行政管理工作

完成计划生育、爱国卫生、房屋管理、人防工程、馆区及宿舍区改造维修等行政管理工作，以及对员工食堂和物业公司的监督管理工作，多次安排员工食堂的食品与卫生工作，进行物业服务、设备运行以及安全管理等的抽查或不定期检查，对发现的问题督促整改，促进其服务水平的提升。

年度掠影

【开展春节前安全工作检查】

1月26日上午，春节前夕，馆长韩永进，常务副馆长陈力，副馆长魏大威、王军，馆长助理汪东波分别带队检查总馆南区、北区和古籍馆安全工作的部署与落实情况，并向一线员工送去新春祝福。韩永进在检查中要求工作人员务必严格遵守和执行国家图书馆各项安全管理规定，牢牢守住“安全”这条红线，特别是在放假期间，值班人员要时刻保持警惕，把安全工作放在首位。要加大巡查和检查力度，及时排除隐患，把安全事故扼杀在萌芽之中。要增强工作责任心，尽职尽责，确保新春佳节和谐、稳定。

春节前馆领导检查安全工作

【召开国家图书馆2016年度安全工作总结表彰会】

3月3日下午，国家图书馆2016年度安全工作总结表彰会在行政楼413会议室召开。馆长、党委书记韩永进出席会议，副馆长孙一钢出席会议并讲话。各部处主管安全负责人、安全员以及先进集体和先进个人代表近90人参加会议，保卫处处长赵建国主持会议。会上，孙一钢宣读《国家图书馆关于表彰2016年度安全保卫工作先进集体和先进个人的决定》，赵建国向大会做“国家图书馆2016年度安全保卫工作总结”，研究院、参考咨询部、国家古籍保护中心办公室、中国图书馆学会秘书处4个部处和保卫处中控室等15个科组被评为2016年度安全保卫工作先进集体，景申等57人被评为2016年度安全保卫工作先进个人。馆领导向获得表彰的先进集体和先进个人颁发奖牌及证书。

国家图书馆 2016 年度安全工作总结表彰会

【举办 2017 年度安全员培训】

根据年度培训计划安排，国家图书馆于 8 月 21—24 日在河北昌黎培训基地开展全馆安全员培训活动，40 余名安全员和义务消防队队长参加此次培训。培训中，消防科科长周道贵对 2017 年全馆开展的“创建安全单位”验收检查工作进行详细介绍，对日常安全工作中好的做法做经验交流，还结合安全工作实际，通过 3 个火灾视频案例，剖析讲解如何预防火灾、如何扑救初期火灾、在火灾中如何逃生等问题。此次培训还邀请北京有备科援科技有限公司的 3 位老师前来授课。他们围绕国内外最新应急救援知识、技能、装备进行介绍，并结合自身多年来的救援实战经验，详细介绍如何应对突发事件。除此之外，培训中还组织所有参训人员进行灭火实际操作训练。

【召开冬季防火安全工作会议】

11 月 21 日，国家图书馆在行政楼 413 会议室组织召开 2017 年度冬季防火安全工作会议。会议由保卫处处长赵建国主持，后勤服务管理中心副主任张海波、消防科科长周道贵、各部处主管安全工作的负责人及安全员参加此次会议。会上，张海波和周道贵对近期发生的顺义区某修理厂仓库的火灾情况以及 11・18 大兴区西红门新建村火灾调查进展情况进行通报，传达海淀区和紫竹院街道安全生产工作紧急会议精神，组织与会人员集体学习《消防安全责任制实施办法》，并且对冬季防火相关安全工作做重点部署。赵建国传达文化部有关工作要求，强调要加强安全检查，包括办公场所、库房、食堂、机房、宿舍等地点的用火用电和可燃杂物的堆放情况；要加强宣传教育以及消防设备设施的检查；明确具体的消防安全责任，严禁未经审批私自使用大功率电器。

【完成夏季防汛工作】

近年来极端天气频发。为确保国家图书馆顺利度过2017年汛期，后勤服务管理中心提前着手，多次召开工作会议，细化工作方案，明确责任分工，做好防汛预演，并集中对总馆北区大屋顶、总馆南区K、F、H栋玻璃天井和西小区2号楼等易发区进行全面防水检查和修复。先后对43处城区平房宿舍进行汛情维修，对上百台潜污泵逐台试车，确保汛期馆区没有发生任何房屋漏雨、路面积水、雨水井倒灌等问题。

检查和修复总馆北区大屋顶防水工程

【完成景观小院雨水系统改造】

2017年，先后对J栋南小院、B栋北小院进行雨水系统改造，封堵管道穿墙处的缝隙；夯实回填土，处理地势高差；修复并延长建筑物散水；在庭院周围建筑物的雨水管道最低点处设置雨水沟，将雨水引流至主雨水口内。最终解决景观庭院内夏季汛期降雨时形成积水，甚至雨水倒灌，影响善本库珍贵典籍善本安全等问题，确保强降雨时雨水能迅速排出。

【综合治理鼓楼西大街113号院】

鼓楼西大街113号院内筒子楼原为北京皮肤病研究所，后为解决国家图书馆职工住房问题，改建为员工宿舍楼，性质为公租房。因为建筑年代久远，加之转租、转借情况严重，人员密集、复杂等原因，各类杂物堆积，私搭乱建违法建设现象突出，存在巨大消防安全隐患，多年被列入西城区火灾隐患挂账场所，始终是国家图书馆消防安全的“心头刺”。后勤服务管理中心虽然通过加强宣传、节日巡逻值班等多种措施加以治理，但终因没有执法权等实际困难，收效不明显。11月23日，在多次协调和磋商下，在保卫处、离退休干部处和社教部三部门的积极配合下，由什刹

综合治理鼓楼西大街113号院

海街道综治办牵头，联合派出所、城管、房管所、防火办、保洁队、鼓西社区居委会，对该筒子楼及院内的消防安全隐患实施彻底的大排查、大清理、大整治专项行动。为巩固深化成果，后勤服务管理中心后续开展了公共设施修缮、转租转借房屋腾退等多项工作，彻底解决历史积弊。

【推进“北京市健康示范单位”评选】

2017 年，本着提升员工健康水平和生活质量的原则，积极推进“北京市健康示范单位”的评选。副馆长孙一钢挂帅、后勤服务管理中心牵头组建领导小组，制订工作方案，细化任务分工，监督具体工作落实。为了提升员工参与的积极性，在 OA 办公系统的电子论坛开设“健康专栏”，普及健康知识，提供健康指导，实时为员工解答计生、卫生等方面的疑问。为员工发放健康礼盒 6 件套（控油壶、限盐罐、BMI 尺、腰围尺等），设置宣传资料，帮助员工培养健康的饮食习惯。

在年度员工体检中，结合常见病发病特点，增加甲状腺彩超项目；为切实做好夏季防暑降温工作，为在编在岗员工发放防暑降温必备药品，受到馆内员工一致好评。

【完成两处宿舍区消防设施改造和外墙修补工作】

大慧寺、舞蹈学院两处馆属宿舍均为 20 世纪 80 年代建成，因建筑年代相对久远，部分消防设施自然老化、损坏，部分楼房外墙出现脱皮和渗水现象。特别是每年雨季给部分居民带来诸多不便，居民要求馆方出面修缮愿望较为强烈。但此方面修缮为大修，需向国管局申请公共维修基金，且需征得 2/3 以上的居民同意。2017 年，后勤服务管理中心工作人员耐心细致地做好全体业主思想工作，并积极咨询国管局申请政策和经费支持，最终完成对两处宿舍区的消防设施大修和外墙的修补工作，及时解决居民关心、事关民生的疑难问题。

【推进服务保障科研成果有效转化】

2017 年，后勤服务管理中心成立科技创新小组，对全馆机电设备运行中存在的问题进行科研选题和技术攻关。目前已完成“北区恒温恒湿系统改造”“南区夜景照明系统改造”等 4 项科研课题的申报，并纳入文化部三年滚动资金项目。国家图书馆运行保障维护调度中心已初具雏形，将尽快投入使用。

党建与群团活动

- 党建工作
- 纪检监察审计工作
- 工会工作
- 共青团工作
- 离退休人员服务与管理工作
- 年度掠影

党建与群团活动

一、党建工作

2017年，在文化部党组的正确领导和部直属机关党委的指导下，国家图书馆党委全面贯彻党的十八大和十八届三中、四中、五中、六中、七中全会精神，认真学习宣传贯彻党的十九大精神，以习近平新时代中国特色社会主义思想为指导，积极推进“两学一做”学习教育常态化制度化，贯彻全面从严治党要求，认真落实意识形态工作责任制，牢牢把握职能定位，使国家图书馆党组织在引领思想、统领发展、服务群众、凝聚人心、促进和谐方面的战斗堡垒作用不断强化，为推进国家图书馆事业发展提供强大政治动力和坚强保障。

（一）深入学习宣传贯彻党的十九大精神，增强党员“四个意识”（参见特别记载之“深入学习宣传贯彻党的十九大精神，用习近平新时代中国特色社会主义思想武装头脑、指导实践、推动工作”）

（二）扎实推进“两学一做”学习教育常态化制度化，落实全面从严治党各项要求

根据中央要求和文化部党组安排部署，馆党委在全馆范围内深入开展“两学一做”学习教育，推进“两学一做”学习教育常态化制度化，制订《馆党委关于推进国家图书馆“两学一做”学习教育常态化制度化的实施方案》。馆领导班子和馆党委带头开展学习，深入学习党章党规和习近平总书记系列重要讲话精神，特别是习总书记“7·26”重要讲话精神，以及习总书记关于社会主义文化事业建设的系列重要论述。2017年，中心组共组织专题学习会10次。馆领导班子中的党员干部分别讲授专题党课。强化意识形态责任制建设，增强广大党员员工网络安全和网络文明意识，规范党员干部网络言行。梳理相关制度，完善文化活动管理，进一步夯实意识形态责任基础。在全馆服务岗位开展“党员挂牌上岗”工作，引导党员进一步增强立足岗位发挥先锋模范作用的自觉，雒树刚同志给予批示并充分肯定。以“党员进社区”活动为契机，面向基层社区开展文化共建。认真完成党费核查补缴工作，落实中央党费收缴管理使用新政策，进一步完善党费管理使用。积极开展困难党员帮扶工作。组织完成全馆党组织和党员基本信息采集上报工作。

各党支部根据实际，策划实施许多各具特色、贴近实际的支部活动，受到党员欢迎。有的支部积极探索完善党员服务岗，彰显党员风采，受到文化部领导和读者的肯定与好评；有的支部组织青年党员走访离退休老党员，传承老党员的思想精神，使青年党员接受生动的“国图精神”教育；有的支部利用革命文献整理、展览策划等机会，组织党员了解国家图书馆红色馆藏，开展党史教育；有的支部举办读书活动，组织党员学习党的理论、学习业务知识。国家图书馆离退休老

党员在党支部组织下，为小读者讲故事，传承革命信念。

（三）以提升组织力为重点，强化党组织建设

不断健全党建工作责任制，明确馆领导班子成员中的党员领导干部主抓分管部门党建工作，部门主要负责同志负责部门党建工作的责任分工。坚持和改进党委委员参加馆务会听取中央及文化部文件精神传达机制，不断提高党委委员的思想政治素质，使其在国家图书馆事业发展中发挥更大作用。2017 年，馆党委委员列席参加馆务会共 26 次。召开馆领导班子年度民主生活会，深入查摆思想、工作等方面存在的不足，提出整改措施，认真推进落实。完善党建工作监督考核机制，以党政统筹思路组织开展年度党建述职评议考核工作，确保党建工作各项要求落到实处，推动党建工作和业务建设更好地融合互促。组织好十九大代表候选人推选工作，将推选工作作为党内政治生活实践和民主集中制教育的生动教材。开展国图馆属企业党建工作专项调研，并制订工作方案，进一步强化馆属企业党建工作。

进一步加强党委对党支部工作的领导，党委委员坚持双重组织生活制度，深入所在支部与党员交流思想，指导支部建设。强化支部责任意识，进一步严格和规范支部“三会一课”制度，引导支部不断创新工作思路。各党支部以推动“两学一做”学习教育常态化制度化为契机，组织开展支部组织生活会和党员民主评议，强化落实支部建设各项工作。依托“三会一课”制度，组织各类贴近部门实际的思想教育活动，支部书记普遍讲授了党课。各支部通过支部工作 APP 上传微党课，发布党员学习心得。

（四）加强党员教育管理，提升党员队伍素质

做好党员发展和管理工作，严格把握发展标准，坚持调控总量、提升质量，注重从管理及业务骨干中培养发展党员。按照年度党员发展计划，完成 10 名发展对象的党课培训，接收新党员 15 名，转正预备党员 18 名。组织党员干部参加上级党组织举办的专题培训，3 名党员干部参加文化部党校学习，1 名青年党员干部参加中央国家机关分校青年干部培训班，8 名党员干部参加 2017 年文化部系统基层党支部书记培训班，6 名党员干部参加 2017 年文化部直属机关新党员培训班，有效提升党员干部队伍思想理论水平。组织协调各党支部积极开展学习活动，通过参观展览、座谈会等形式推动党员教育活动深入开展。馆党委在“七一”前夕，举办系列主题教育活动，馆领导带头讲授党课，举办以“践行‘两学一做’要求，传承弘扬国图精神，为国图事业发展立新功”为主题的征文活动，全馆党员普遍受到一次“立足本职工作、充分发挥党员先锋模范作用”的教育。组织“七一”专项帮扶活动，为困难党员、群众送温暖，提升党员的归属感和凝聚力。将党员教育与“国图精神”培育和业务建设相结合，以国家图书馆总馆南区建成开馆 30 周年座谈会为契机，组织党员参加相关活动，增强党员特别是青年党员的职业荣誉感和认同感。

二、纪检监察审计工作

（一）组织召开党风廉政建设工作会议，部署全年党风廉政建设工作

在文化部召开2017年党风廉政建设工作视频会议之后，国家图书馆于4月25日组织召开2017年党风廉政建设工作会议。会议总结全馆2016年党风廉政建设工作，并对2017年全馆党风廉政建设工作进行部署。馆长、党委书记韩永进在会上就进一步推进全馆党风廉政建设和反腐败工作做重要讲话，副馆长、党委副书记、纪委书记魏大威做国家图书馆党风廉政建设工作报告。馆领导班子成员、党委委员、纪委委员、中层干部、党支部书记、党支部纪检委员80余人参加会议。会议向每位参会人员发放《国家图书馆贯彻落实中央八项规定精神规章制度汇编》，以便于在工作中遵照执行，严格贯彻落实。

（二）贯彻落实中央八项规定精神，坚持不懈抓好作风建设

1. 加强警示教育，完善制度建设，做好中央八项规定精神的贯彻落实

认真学习贯彻《中共文化部党组关于进一步贯彻落实中央八项规定精神的实施意见》，并结合国家图书馆工作实际，制定《国家图书馆关于进一步贯彻落实中央八项规定精神的实施意见》，为进一步做好中央八项规定精神贯彻落实提供制度依据。及时向全馆中层以上干部传达中央纪委《关于六起金融机构领导干部违反中央八项规定精神问题的通报》《中央国家机关纪工委关于七起违反中央八项规定精神问题的通报》等有关文件和情况通报精神，要求全体党员领导干部坚定不移、毫不松懈地贯彻落实中央八项规定精神。通过加强警示教育，完善制度建设，确保中央八项规定精神落实到位。

2. 重点抓好节日关口反“四风”工作

以元旦、春节、五一、端午、国庆、中秋等节日关口为重点，紧紧盯住作风领域出现的新变化新问题，及时发布节日反“四风”通知，严明各项纪律。通过加强节前宣传教育、节日期间监督检查，做好节日关口的反“四风”工作，切实保证中央精神和相关规定得到不折不扣贯彻执行，反“四风”工作在国家图书馆取得显著成效。

（三）贯彻落实上级机关各项工作安排和部署

按照驻部纪检组通知要求，参加文化部系统各单位纪检工作季度会商会，分别组织整理并汇报国家图书馆党风廉政建设工作情况、在贯彻落实意识形态责任制和文化活动政治导向管理方面的工作情况，以及国家图书馆推动全面从严治党工作向纵深发展等方面的情况，并落实好季度会商会的工作部署和要求。完成中央纪委驻文化部纪检组组长迟耀云有关国家图书馆党风廉政建设调研座谈工作，完成驻部纪检组有关国家图书馆中央八项规定贯彻落实情况调研座谈。按照文化部系统关于加强和规范问题线索管理处置工作的要求，认真做好线索处置情况的统计和报送工作。

（四）做好新任职干部廉政谈话工作

国家图书馆纪委积极做好新任职干部廉政谈话工作。今年国家图书馆处级干部聘任到期换届，按照干部任前廉政谈话有关规定，馆纪委书记对新聘任、新提任的各批次干部进行任前集体廉政谈话，共计3批次62名干部。要求大家在新的形势和任务面前，一定要保持清醒头脑，严格落实党风廉政建设和反腐败工作有关部署，严于律己，主动担当，不辜负组织和群众的信任与重托。

（五）有效开展监督，保障各项经济活动有序推进

1. 政府采购监督工作

按照国家图书馆相关规定，做好政府采购监督工作。全年共进行监督事项98项，其中：政府采购招投标相关事项48项（国家图书馆国家文献战略储备库建设工程建筑设计招标第二阶段评审、海外民国时期文献采访征集服务采购项目等）；数据库及设备采购等商务谈判27项（Scopus外文数据库、视听中心设备采购项目等）；废旧家具、废旧电脑设备等物资处置8项；舆图、新善本等古籍鉴定15项。

2. 审计工作

（1）发挥审计监督的核心职能。草拟《国家图书馆馆属企业负责人经济责任审计规定（征求意见稿）》，以完善、规范为着力点，不断强化制度体系建设。对5家馆属企业和国家图书馆出版社主要经营负责人开展经济责任审计，并根据审计结果就加强馆属企业和出版社监督管理提出意见，进一步加强对企业的监督管理，促进企业良好发展。对馆属企业和出版社2016年度的企业经营管理情况进行内部审计，并分别出具各企业2016年度内部审计报告，对于在内部审计中发现的问题积极调研并与相关部门和企业进行沟通。针对审计署跟踪审计报告中提出的问题制定措施，按照要求做好整改工作，并及时向文化部上报整改报告。对国家社会科学基金公共图书馆出版物国际交换研究项目的经费使用和管理情况进行结项审计，加强项目的监督管理，促进基金使用的规范化和科学化。

（2）配合文化部完成财务工作考评。通过财务考评工作，查找财务管理薄弱环节，增强风险防范意识，促进从被动接受监督检查向主动加强内部控制、强化内部管理转变，促进财务管理水平提升，进而带动整体管理水平的提升。

（3）开展预算绩效管理工作。配合文化部开展2016年度国家数字图书馆资源建设及服务经费项目绩效评价，加强预算支出管理。配合文化部开展2016年度文化部项目支出绩效自评工作，推进全过程预算绩效管理；开展2016年度国家图书馆所有二级项目（包含以前年度结转结余资金）的绩效自评工作。配合文化部开展2017年度项目支出绩效目标执行监控工作，建立绩效监控机制；开展2017年1—7月国家图书馆所有二级项目支出绩效目标执行监控工作。

（4）推动内部控制体系的建立健全与实施。完成财政部2016年度行政事业单位内部控制报告的填报、软件报送和佐证材料的收集工作。针对预算业务、收支业务、政府采购业务、资产管理、建设项目管理和合同管理6项经济业务，梳理业务流程，明确业务环节，根据馆内现有制度，确定风险点，并提出相应的风险防控措施，牵头相关部处开展内部控制经济活动业务流程图编制工作。

（5）配合财政部开展项目预算评估。根据财政部通知要求，文化部公共文化服务能力建设与保障项目纳入2017年项目预算评估范围，共涉及国家图书馆14个项目。根据要求，及时提供基础资料、业务资料和财务资料。通过此次为期近2个月的项目预算评估，对各项目预算编报和执行情况进行全面梳理，有助于规范全馆预算编报行为，提高预算编制质量。

（6）梳理2014年至今内部审计机构建设和工作开展情况，向文化部重点汇报审计监督、内部控制建设和绩效管理工作的开展情况，为科学规划下一步工作打下基础。

（六）妥善处理法律事务，提升法律服务水平

做好馆聘律师组织协调管理工作。为提高咨询服务效率，提前做好律师到馆咨询提醒服务，于每月底向馆内各部处发布下月律师到馆咨询安排。全年馆聘法律顾问有效开展合同审核，出具法律意见书，并按照规定定期到馆进行法律咨询，全年共审核合同1288件次，提出审核意见1488条，出具正式书面意见书56件。馆聘律师法律工作在控制法律风险、处理法律纠纷等方面对国家图书馆各项工作的顺利开展发挥重要作用。在律师的积极配合下，纪检监察处妥善处理涉国家图书馆的诉讼和纠纷共计12起，均取得胜诉或和解，有效维护国家图书馆的权益和社会声誉。

三、工会工作

2017年，国家图书馆工会在文化部直属机关工会和馆党委领导下，全面贯彻党的十八大和十八届三中、四中、五中、六中、七中全会精神，认真学习宣传贯彻党的十九大精神，以习近平新时代中国特色社会主义思想为指导，以推进国家图书馆民主管理和文化建设为抓手，积极调动员工爱岗敬业的劳动热情和工作积极性，开展一系列工作，充分发挥工会组织桥梁纽带作用。

（一）深入学习宣传贯彻党的十九大精神

按照中华全国总工会和部直属机关工会的部署要求，在馆党委领导下，结合国家图书馆实际和员工特点，及时制订国家图书馆工会组织学习党的十九大精神计划，通过专题学习、配发学习材料、举办座谈会等形式，组织引导全馆员工认真学习党的十九大精神，不断深化对习近平新时代中国特色社会主义思想深刻内涵的认识，引导全馆员工准确把握决胜全面建成小康社会、开启全面建设社会主义现代化国家新征程的目标，准确把握十九大对文化工作和工会工作提出的新使命新要求，以强烈的历史使命感和高度的政治责任感，自觉把思想和行动统一到十九大精神上来，把智慧和力量凝聚到贯彻落实十九大确定的各项决策部署与工作要求上来，不断提高全馆员工投身我国文化事业建设的自觉。

（二）推动民主管理，促进合力办馆

馆工会积极发挥职工代表大会在推进国家图书馆民主管理中的重要作用。召开国家图书馆第

二届职工代表大会第六次全体会议，审议并通过《国家图书馆“十三五”规划纲要》《国家图书馆2017年工作要点》《国家图书馆2016年度财务工作报告》，报告2016年提案审理落实情况。组织职代会代表围绕国家图书馆事业发展、员工工作、生活、福利等征集提案，并交付相关部门办理。制订2017年度“馆长—员工月度交流午餐会”工作方案，利用午餐时间在员工餐厅与员工代表交流沟通，听取基层员工意见建议。全年共举办7次交流会，馆领导分别与“年度服务标兵”获奖者、“第二届青年论坛”获奖代表、“两学一做”征文获奖代表、军转干部代表、2017年新入职员工代表等各方面员工代表在员工食堂共进午餐，轻松交流，有效增进馆领导与基层员工的沟通。

国家图书馆第二届职工代表大会第六次全体会议

（三）广泛开展群众性文化活动和全民健身运动

馆工会以活跃员工文化生活、促进单位文化建设、凝聚全馆员工力量为着眼点，开展丰富多彩的员工文体活动。第十二届员工运动会于5—10月举办，共设置比赛项目57个，包括竞技项目24个和趣味项目33个，累计参赛员工达2600余人次。以分工会为单位组织健步走、跳棋、五子棋、平板支撑等60余次丰富多样的群众体育活动，近4000人次参与。

国家图书馆第十二届员工运动会开幕式

针对特定人群开展形式多样的节日活动：“三八”妇女节，开展女员工健步走活动，进一步丰富女员工精神文化生活；“六一”儿童节，馆工会与少儿馆合作举办“六一”亲子活动，100多名员工携子女参加；“八一”建军节，组织全馆员工观看电影《建军大业》《战狼Ⅱ》，弘扬爱国主义精神。加强员工社团组织建设，足球俱乐部、乒乓球俱乐部等员工健身社团积极发挥自身优势举办健身活动。鼓励支持各分工会（基层工会）开展灵活多样的文体活动，专款资助各分工会开展文艺活动和迎新春员工联欢活动。

（四）关心群众生活，努力把工会建设成员工之家

馆工会努力发挥桥梁纽带作用，围绕民生问题，积极主动开展工作，不断提升服务水平。根据员工对健康体检的建议，在馆领导班子大力支持下，进一步丰富体检项目，保障员工健康。完善促进员工健康工作机制，增强员工健康意识，落实健康服务举措，2017年国家图书馆被授予“北京市健康示范单位”荣誉称号。结合员工关注热点，举办“海淀区义务教育阶段升学政策解读（幼升小、小升初）”专题讲座。会同相关部门联合海淀区紫竹院学区管理中心出版《探秘国家图书馆》课程教材。进一步加强母婴室、健身房等员工活动场所管理，2017年近20位女员工登记使用母婴室，健身房平均每月接待员工500余人次，员工活动室在社团活动、艺术节排练、老年大学教学中发挥积极作用，有力支持群众文体活动的开展。

坚持开展员工慰问和送温暖活动，给予当年罹患重病或生活出现特殊困难的员工切实帮扶，为有需要的员工申请中央国家机关央务助学经费、职工残疾子女补助；向中央国家机关工委、文化部工会等上级单位积极争取困难帮扶经费支持，慰问困难员工。

四、共青团工作

2017年，在馆党委和部直属机关团委的正确领导下，馆团委紧密围绕国家图书馆中心工作和青年工作实际，以强化对团员青年思想引领为主线，以加强团的队伍建设为核心，不断提高共青团工作科学化水平，推进国家图书馆共青团事业发展。

（一）发挥思想政治引领作用，积极开展党的十九大精神学习活动

按照馆党委统一部署，馆团委制订学习计划，组织开展团员青年学习十九大精神系列活动。开展“青春喜迎十九大 · 不忘初心跟党走”主题团日活动；组织开展团员青年学习宣传贯彻党的十九大精神座谈会，团干部代表、近两年入馆的新员工代表、青年业务骨干代表、走基层实践活动代表结合个人成长、业务工作等，分享交流学习体会；开展“践行新思想　拥抱新时代”专题组织生活会，不断增强团员青年“四个意识”、坚定“四个自信”，营造学习宣传贯彻十九大精神良好氛围；开展“迎新春 · 逐梦新时代”团员青年学习宣传贯彻党的十九大精神网络知识竞赛，引导团员青年原原本本、原汁原味学习党的十九大报告，准确把握大会精神实质；指导各支部结

合实际，丰富学习形式，推动大会精神学习全覆盖。

（二）贯彻上级指示精神，有效开展“一学一做”教育实践

按照团中央和部直属机关团委统一部署和要求，馆团委结合国家图书馆实际，开展“学习总书记讲话　做合格共青团员”教育实践活动（简称“一学一做”），制订实施方案，对全馆教育实践工作进行安排部署，推动贯彻落实。组织团员青年深入学习习近平总书记系列重要讲话精神和治国理政新理念新思想新战略，特别是关于共青团工作的重要论述，学习团章、团史和团内相关文件。在学习的基础上，围绕“如何做一名合格团员”积极撰写学习心得；组织广大团员聆听馆长、党委书记韩永进讲授专题党课；组织开展“我的青春我的梦”主题征文活动，共征集稿件80余篇。

（三）举办国家图书馆第二届青年学术论坛，助力青年岗位成长成才

围绕中心、服务大局，以“传承经典，锐意创新——中华优秀传统文化在互联网时代的传承发展”为主题举办第二届青年学术论坛，并以论坛主题开展学术征文活动（参见“年度掠影”之“举办国家图书馆第二届青年学术论坛”）。

国家图书馆第二届青年学术论坛

（四）注重典型示范引领，深化服务型团组织建设

组织开展2015—2016年度“五四”评选先进集体和个人的评优表彰工作，以立法决策服务部外交与国防组荣获“2015—2016年度全国青年文明号”为契机，强化典型示范宣传教育，辐射带动青年员工职业道德建设，推动岗位成才。加强支部组织建设，强化团内组织生活。规范团支部开展团员组织生活会和团员教育评议，年度内组织召开2次专题组织生活会；指导8个届满团支部完成换届选举工作；为团干部配发《习近平关于青少年和共青团工作论述摘编》《习近平讲故事》《中华传统文化百部经典》和“文津图书奖”获奖图书等书籍，加强团干部队伍政治思想和团务工作能力培养；做好年度团费收缴工作。

（五）培养团员青年“不忘初心”意识，广泛开展馆史馆情学习教育

组织开展“追慕先辈风范，传承国图精神”主题活动，以座谈、家访、清明节祭扫等活动为载体，引导团员深入了解梁启超、冯仲云、任继愈等先辈的高尚品格和光辉事迹。组织青年员工代表参加“国家图书馆总馆南区建成开馆30周年”座谈会、“鲁迅与图书馆”分享交流会，带领40余

位新员工参观“册府千载 于兹为盛——国家图书馆总馆南区建成开馆30周年纪念展”，向团支部发放《国家图书馆年鉴》《国家图书馆馆长传略》等学习材料，强化团员青年对馆史馆情的了解。

（六）立足支部建强堡垒，不断激发支部活力

各团支部充分发挥核心引领作用，立足部门实际，结合团员青年思想多元、需求多元的特点，开展生动活泼、富有创造性的支部活动。中文采编部团支部成立“33号书房”微信公众号，信息技术部团支部推广关注“共青团中央”官方微信，充分运用多媒体平台，积极宣传团建工作；典藏阅览部团支部开展“文化强国，书香高校——国图服务推广校园行”馆藏宣传活动，实现青年员工对馆藏资源的了解与推广服务项目的双赢；参考咨询部团支部编印“一学一做”“十九大精神”主题征文专刊，强化思想宣传；展览部团支部开展“展青读享会”，交流分享策展心得、办展经验；职能联合、立法决策服务部、数字资源部、古籍馆、出版社等团支部以“五四”“七一”等节日为契机，组织团员青年参观北大红楼、鲁迅博物馆、抗日战争纪念馆等红色基地、展览馆，加强爱国主义教育；外文采编部、缩微文献部、社会教育部等团支部分别组织青年员工赴中国图书进出口总公司图书文献部、国家博物馆、“M地铁 · 图书馆”京港地铁公司总部学习座谈，交流分享阅读推广、文献保护等工作经验，开拓青年员工业务学习新途径。

（七）丰富文娱载体，凝聚青春正能量

组织团员青年参观“砥砺奋进的五年”大型成就展，引导广大青年全面了解党的十八大以来党和国家事业取得的瞩目成就；以团支部为单位开展读书交流会，打造学习型团支部；选派2名青年骨干参加文化部直属机关团委开展的“青春长征路，公共文化行”文化青年走基层实践调研活动；与首都机场团员青年座谈交流，开展读书共享会；开展迎新联谊活动和单身联谊会，增进青年之间的交流；组织开展“以旧换‘心’”送温暖活动，为内蒙古自治区乌兰察布市、贵州省遵义市等地捐书捐物。

五、离退休人员服务与管理工作

2017年，国家图书馆离退休服务与管理工作坚持“围绕中心，服务大局”的基本原则，抓住重点统筹兼顾，加强离退休干部思想建设和党支部建设，丰富老同志的精神文化生活，引导老同志凝聚和传播正能量，按照部门年度计划落实方案扎实推进老干部工作，保持老干部队伍的和谐稳定。

（一）狠抓落实基础服务

1. 离退休干部常规服务

截至2017年12月底，国家图书馆正式离退休员工1097人，包含离休员工46人、退休员工1051人。离退休干部处年度共接收新退休员工38人；为老同志办理就近就医医院及社区卫生服

务中心登记备案及变更手续 187 人次；为年满 80、90 周岁的老同志上门祝寿 17 人次，探视慰问住院及生病人员、特困人员等共计 163 人次；协助过世离退休员工家属办理后事 19 人次；完成发放年度医药补助 113 人次，共计 12.4 万元；发放独生子女费 30 人次，共计 30000 元；领取并发放文化部侨联给予离退休归侨慰问金 9 人次，共计 4500 元；为离退休女员工发放“三八”纪念礼品 638 份；协助老同志通过馆“法律咨询日”平台完成法律咨询 4 人；参加文化部离退休干部工作者业务培训 2 人；参加哲学社会科学工作者培训班 1 人；参加馆安全员培训 1 人。

2. 基层党建服务

截至 12 月底，离退休干部处党支部共有离退休党员 452 人，占离退休人员总数的 43%。年度共接收 13 名新退休党员的组织关系，发展 1 名退休预备党员转正。支部按照文化部党组及馆党委统一部署，重新核算每月党费应交标准；出台《离退休干部处党支部关于推进“两学一做”学习教育常态化制度化的实施方案》；提交年度党建工作述职评议考核工作报告、关于召开支部专题组织生活会和民主评议党员情况汇报、“两学一做”开展情况数据统计表、离退休党员数据统计表、“七一”专项帮扶登记表等；组织“畅谈十八大，建言十九大”座谈活动，在支部全体党员中开展主题征文，向文化部离退休干部局提交党员征文 17 篇；组织各党小组开展“迎七一”主题党日活动，开展困难党员群众帮扶活动；组织党员观看爱国主义教育影片《战狼Ⅱ》；传达学习《坚决把党中央重大决策部署落到实处》等文件；参加“加强网络安全建设，筑牢网络安全体系”专题党课；组织党员观看十九大开幕式及新任中央政治局常委见面会直播，加强对十九大精神的学习；与典藏阅览部党支部联合开展“老党员讲儿童故事”系列活动，传递老党员正能量；举行离退休干部党小组长及协管工作骨干培训，对党小组布局进行调整优化；应国家海洋局离退休干部局邀请，支部书记张艳霞前往国家海洋局机关党校，为机关离退休干部党建工作培训班授课，进行“一网五平台”支部工作法交流报告。

（二）组织做好重点工作

1. 春节团拜及节日慰问

2018 年 1 月 20 日，国家图书馆 2017 年离退休、统战人员新春团拜会在国图艺术中心举行。馆领导班子、各部处负责人和 700 余位离退休老同志、统战人员欢聚一堂，共庆新春佳节。常务副馆长陈力代表馆领导班子通报国家图书馆过去一年取得的成绩，对老同志为国家图书馆事业进步做出的贡献表达诚挚谢意。团拜会前夕，馆领导及各部处工作人

馆长韩永进春节前看望离休干部吴瀚

员深入离退休员工家中进行慰问，仔细询问他们的生活、身体情况，倾听意见和建议，并从老同志家庭收入、离退休金水平、医药费报销额度等实际出发，筛选出困难老同志并发放困难补助8万元，送去组织的关怀和温暖。中秋及重阳双节期间，国家图书馆离退休干部处共实地走访62位老同志，包括85岁以上离休干部、老馆长、老专家以及长期居住在敬老院的老同志，送去节日的祝福和问候。

2. 春秋游活动

4月26日、27日，国家图书馆组织400余名离退休员工分批前往灵慧山风景区开展春游活动；9月20日、21日，组织420余名离退休员工分批前往张裕爱斐堡国际酒庄开展秋游活动。春秋游活动严格贯彻馆领导“一定要高度重视安全工作”批示，离退休干部处多方实地踏勘，综合安全、地理位置、车程等多种因素选定景区，精心组织报名及出游工作；馆团委组织各部处团员青年参与敬老志愿服务，为出游活动保驾护航；后勤服务管理中心安排医务人员和应急车辆全程随行，保障活动顺利进行。

组织离退休员工前往张裕爱斐堡国际酒庄开展秋游活动

（三）全面推进文化养老

1. 离退休员工文化社团

国家图书馆推动银杏摄影之家、书香舞蹈队、夕阳红合唱团、卓越乒乓球俱乐部等老年社团开展多种形式的社团文化活动，丰富老同志精神文化生活。银杏摄影之家举办成立五周年摄影展并分别在国家图书馆、昌平圣学图书馆、凤山砂石厂社区巡展，与中国图书馆学会联合开展“阅读与成长”专题摄影定向征集活动，组织开展罗红摄影艺术馆采风外拍，与昌平圣学图书馆合作开展“最美阅读”主题摄影活动并向该馆赠送少儿读物 106 册。书香舞蹈队积极组织成员进行舞蹈课程学习训练，参加文化部老干部局迎春团拜会演出“荷花赋”，参加国家图书馆春节团拜会及紫竹社区文艺会演，参加“五月的鲜花”文艺展演，参加华夏保险京城杯歌舞大赛、海淀区第二届群众广场舞达人秀比赛。夕阳红合唱团依托老年大学声乐班进行日常学习训练，与馆青年合唱团、馆乐队联合举办庆祝建党 96 周年合唱活动。卓越乒乓球俱乐部做好招新工作，坚持组织会员开展日常训练，与河南省图书馆老干部乒乓球队进行友谊交流比赛。

2. 老年大学等文化平台

国家图书馆鼓励老同志参加老年大学学习，树立终身学习理念，协助文化部离退休干部局发布招生简章，文化部老年大学西区分校（国家图书馆）共开设 7 种课程 9 个班次，200 余位离退休员工参与课程学习；组织老同志参观故宫《千里江山图》等展览，提升艺术修养；组织老同志参加文化部迎接党的十九大摄影及书法比赛，提交摄影作品 85 幅、书法作品 3 幅，增进老同志之间的文化艺术交流。

年度掠影

【组织开展“七一”系列主题活动】

为庆祝党的生日，进一步增强国家图书馆广大党员在图书馆事业发展中建功立业的责任感和使命感，以优异成绩迎接党的十九大胜利召开，国家图书馆党委结合国家图书馆实际，组织开展系列主题活动。举办系列专题党课，进一步增强广大党员的党员意识和党性观念。“七一”前夕，馆长、党委书记韩永进，以“认真学习党章　严格遵守党章　做合格共产党员”为主题，讲授专题党课；其他馆领导班子成员中的党员干部也分别围绕强化党员“四个意识”、落实意识形态责任制建设等主题，在一定层面讲授专题党课。举办主题征文活动，引导广大党员深入总结学习收获，交流学习心得。征文活动以“践行‘两学一做’要求，传承弘扬国图精神，为国图事业发展立新功”为主题。活动共收到135篇征文，评选出获奖作品45篇。一等奖获奖征文在《国家图书馆通讯·七一专刊》上进行摘登。各支部以党日活动为载体，开展形式多样的党员教育活动。有的支部组织党员参观红色纪念场所，引导党员不断坚定理想信念；有的支部结合业务工作，组织党员参观文化机构，走访非遗传承人，增强党员文化自信；有的支部与服务对象所辖党组织开展联学联建，提高党员服务意识和服务能力。

【中央纪委驻文化部纪检组组长迟耀云到国家图书馆调研党风廉政建设情况】

2月8日，中央纪委驻文化部纪检组组长、文化部党组成员迟耀云一行到国家图书馆调研座谈党风廉政建设情况。馆长、党委书记韩永进，副馆长、党委副书记、纪委书记魏大威出席座谈会。办公室、人事处、财务处、业务管理处、党群工作办公室、纪检监察处、国有资产管理处等有关部门主要负责同志参加座谈交流。韩永进代表国家图书馆从国家图书馆基本情况、国家图书馆党风廉政建设主要工作、工作难点与体会、下一步工作部署4个方面做国家图书馆党风廉政建设工作汇报。迟耀云听取工作汇报，对认真落实全面从严治党主体责任提出明确要求。他强调，要充分认识全面从严治党的极端重要性和现实紧迫性，准确把握全面从严治党的基本要求、主要任务，坚持问题导向，坚持以上率下，党政主要负责同志要把全面从严治党作为应尽之责、分内之事，主动把全面从严治党的主体责任担当起来、落实下去，推动形成一级抓一级、一级压一级，层层传导压力、级级落实责任的工作局面。

【召开2017年国家图书馆党风廉政建设工作会议】

4月25日下午，国家图书馆召开2017年党风廉政建设工作会议。会议由副馆长、党委副书记、纪委书记魏大威主持，馆领导班子成员、党委委员、纪委委员、中层干部、党支部书记、党支部纪检委员80余人参加会议。会上，魏大威总结2016年国家图书馆党风廉政建设工作的基本情况，并对2017年工作进行部署。馆长、党委书记韩永进在会上就贯彻落实中央和文化部精神，进一步推进国家图书馆党风廉政建设和反腐败工作做重要讲话。韩永进对做好国家图书馆党风廉政建设和反腐败工作提出5点要求：一要牢固树立“四个意识”，坚决落实全面从严治党各项要求；二要强化党章党规党纪意识，把纪律和规矩挺在前面，要抓住领导干部这个“关键少数”；三要持之以恒抓作风建设，确保中央八项规定落地生根；四要积极运用“四种形态”，强化党员干部监督管理，关键在实践第一种形态上狠下功夫；五要强化责任担当，要进一步加强党风廉政建设责任制落实，层层传导压力，不断强化基层党支部的监督管理责任。会议还特别向每位参会人员发放《国家图书馆贯彻落实中央八项规定精神规章制度汇编》，以便于在工作中遵照执行，严格贯彻落实。

【召开纪委扩大会议学习贯彻党的十九大会议精神】

11月3日，国家图书馆纪委召开扩大会议，深入学习贯彻中国共产党第十九次全国代表大会精神，坚定不移地落实全面从严治党的战略部署。国家图书馆副馆长、党委副书记、纪委书记魏大威主持会议并发表讲话。馆纪委委员、各党支部纪检委员及纪检监察处全体同志共20余人参加会议。魏大威在讲话中对如何推进国家图书馆全面从严治党工作向纵深发展提出4点要求：一是要以十九大精神为指导，增强党规党章意识，把纪律和规矩挺在前面；二是深入落实“两个责任”，馆党委承担全面从严治党主体责任，馆纪委承担监督责任；三是要持之以恒抓作风建设，巩固拓展落实中央八项规定的精神成果；四是要不断提高纪检干部队伍执纪监督水平，强化对党员干部的监督管理。魏大威强调，全面从严治党，必须加强党的基层组织建设，要通过发挥党委核心领导和党支部的战斗堡垒作用，切实把全面从严治党主体责任扛起来，层层落实责任，级级传导压力，推动全面从严治党向基层延伸。参会的各纪委委员也结合十九大会议精神及工作中的体会逐一发言。

国家图书馆纪委扩大会议

【召开第二届职工代表大会第六次全体会议】

2月9日，国家图书馆第二届职工代表大会第六次全体会议在综合楼多功能厅召开。馆长、党委书记韩永进，常务副馆长陈力，副馆长、党委副书记、馆工会主席魏大威，副馆长张志清、王军、李虹霖，馆长助理汪东波及全馆职工代表参会。会议由魏大威主持。陈力代表馆班子就《国家图书馆2017年工作要点》做说明。汪东波代表馆班子做《国家图书馆“十三五”规划纲要》起草说明。财务处处长张军报告国家图书馆2016年度财务工作情况。馆工会副主席荣杰报告国家图书馆第二届职工代表大会第五次全体会议提案审理落实情况。与会代表审议并表决通过《国家图书馆“十三五”规划纲要》《国家图书馆2017年工作要点》和《国家图书馆2016年度财务工作报告》。

【开展“追慕先辈风范，传承国图精神”主题活动】

4月，馆团委组织开展“追慕先辈风范，传承国图精神”主题活动，通过座谈、家访和清明节祭扫等活动，引导青年团员了解老馆长梁启超、冯仲云、任继愈及与国家图书馆有深厚渊源的郑振铎先生的高风亮节、光辉事迹及未竟之事业，激励国图团员青年追寻前辈足迹，立身岗位，为国家图书馆事业再建新功。举行纪念梁启超先生座谈会，特别邀请梁先生哲嗣莅临现场交流，用平实质朴的故事追忆梁启超先生与图书馆的缘分，探索梁启超家族培养子女的独特方法，阐释家风魅力，教育和启示团员青年。各团支部青年分赴任继愈馆长之子任重、冯仲云馆长侄女冯淑文家中走访，深入了解老馆长在为人、治学方面的品行事迹及为国图事业做出的重要贡献。清明节前夕，团员青年前往植物园、八宝山人民公墓、万安公墓，为梁启超、冯仲云、郑振铎、任继愈等先生祭扫，通过祭扫活动铭记先生们的光辉事迹和人格魅力。

“追慕先辈风范，传承国图精神”纪念梁启超先生座谈会代表合影

【举办国家图书馆第二届青年学术论坛】

5月4日，由馆团委主办的以“传承经典，锐意创新——中华优秀传统文化在互联网时代的传承发展”为主题的国家图书馆第二届青年学术论坛在文会堂举行。馆长、党委书记韩永进，常

务副馆长陈力，副馆长、党委副书记魏大威，副馆长张志清出席论坛。国家图书馆部处主任和青年代表等100余人参加论坛。论坛前期，馆团委以论坛主题开展学术征文活动，共收到论文74篇，优秀论文集结出版。论坛活动中，学术征文获奖优秀代表和来自国家博物馆、上海图书馆的6位论坛主讲人做主旨发言，分享从公民文化权利与图书馆法制建设、阅读推广与社会公益、图书馆与公开课合作、手机导览观展等方面的研究成果和业务经验。本次学术论坛主题鲜明，内容丰富，激发青年创新意识，加强业界学习借鉴，开拓青年视野，助力青年成长成才，对激励青年员工立足岗位、钻研业务、提升业务素养、更好地服务图书馆事业发展起到积极推动作用。

国家图书馆第二届青年学术论坛之分组讨论

【关注员工子女教育】

5月27日，馆工会与少儿馆联合举办“六一”亲子互动活动，国家图书馆宝宝在家长的陪伴下参加“六一逗趣悦读会”“跳蚤小市场”等活动。馆工会与少儿馆已经连续3年为国家图书馆员工子女举办“六一”亲子活动。通过活动，不仅让孩子们在动手动脑中充分享受到成长的乐趣，感受着书香，更为年轻父母们带来育儿思路和方式上的启发，让父母陪着孩子度过一个愉快而有意义的节日。

“六一”亲子互动活动之“跳蚤小市场”

结合员工关注热点，举办“海淀区义务教育阶段升学政策解读（幼升小、小升初）”专题讲座。会同相关部门联合海淀区紫竹院学区管理中心出版《探秘国家图书馆》课程教材。

【举办国家图书馆第十二届员工运动会】

国家图书馆第十二届员工运动会之接力赛

9月9日，国家图书馆第十二届员工运动会在北京交通大学举行。文化部直属机关工会专职副主席、团委书记白海天，紫竹院街道办事处副主任王战欧，馆领导韩永进、魏大威、李虹霖、孙一钢出席开幕式。本届运动会以“科学运动、健康生活、快乐工作”为主题，共设置57个比赛项目，包括竞技项目24项和趣味项目33项。在运动会策划组织过程中，馆工会落实馆领导指示要求，广泛听取各分工会、相关员工社团的意见建议，对运动会赛制、项目设置等内容进行调整优化。同时调动各分工会力量，组成赛事工作组，确保各项赛事平稳推进。馆工会还向分工会（基层工会）核拨专项经费，鼓励各分工会（基层工会）结合本部门实际和员工兴趣，因地制宜地开展群众性健身活动。各分工会根据自身实际举办健步走、跳绳、踢毽子、五子棋、平板支撑等灵活多样的群众体育活动。足球俱乐部、乒乓球俱乐部等员工健身社团也积极发挥自身优势举办健身活动，吸引广大员工参与，共同营造浓厚的健身氛围。自5月起，相继举办跳长绳团体赛、五人制足球赛、羽毛球团体赛、踢毽子团体赛、乒乓球团体赛、趣味比赛、广播操团体赛等一系列比赛项目，共计2600余人次参与各项赛事，充分体现全面健身的理念，展现全馆员工健康向上的精神风貌，进一步提升全馆员工的凝聚力和荣誉感。

【召开群团工作座谈会学习贯彻党的十九大精神】

12月，国家图书馆兴起学习宣传贯彻党的十九大精神的热潮。为响应馆党委号召，国家图书馆工会、团委分别组织召开工会会员和团员青年学习贯彻党的十九大精神座谈会。大家畅谈学习贯彻十九大精神的深刻体会，并结合自身工作岗位，就如何发挥自身力量，坚定文化自信，推动社会主义文化繁荣兴盛进行座谈。馆领导出席会议并做重要讲话。与会人员一致表示，坚决维护以习近平同志为核心的党中央权威和集中统一领导，坚决维护习近平总书记在党中央的核心地位、全党的核心地位，坚决拥护十九

团员青年学习贯彻党的十九大精神座谈会

大做出的各项决策部署。要自觉以习近平新时代中国特色社会主义思想武装头脑，坚定不移跟党走，将学习成果转化为工作动力，满怀激情投入岗位工作，在促进图书馆事业发展中争当突击手、排头兵和生力军。

【举办离退休干部党小组长暨协管工作骨干培训班】

8 月 15—17 日，国家图书馆离退休干部党小组长及协管工作骨干培训班在昌黎培训基地举办。离退休干部党支部支委、党小组长、在职党员及老同志社团负责人等近 40 人参与培训。经过调查研究和长期酝酿，支部拟对既有党小组分组情况进行调整，进一步适应离退休干部党建工作新形势，优化党小组分布结构，提升工作效率。培训会上，支部组织与会人员对分组调整草案进行深入讨论，形成最终调整方案。会上还就离退休干部处党支部如何在新形势下更好地开展党建工作、服务广大党员群众交流工作经验。培训期间，支部组织党员瞻仰昌黎烈士陵园，向烈士纪念碑敬献花篮，对为国牺牲的烈士们致以崇高敬意。每位党员在党旗前举起右手，重温入党誓词，表示要不忘初心，做好党务工作，永做“退休不褪色，离岗不离党”的优秀共产党员。

统计资料

- 经费使用
- 国有资产
- 业务统计数据
- 科研项目
- 人员
- 馆内外奖励
- 出访和来访
- 部分会议、讲座、国图公开课、培训、展览
- 馆史档案资料

统计资料

一、经费使用

（一）购书经费

单位：万元

项目	经费	项目	经费
中文书	2617.35	联合国资料	90.00
西文书	3600.17	图书装订费	174.23
东文书	923.21	中文资料	41.05
俄文书	300.35	中文刊	301.68
交换书	439.81	外文刊	4339.53
港台书	505.67	港台报刊	160.90
善本特藏	35.00	中文报	46.31
学会论文	10.00	其他书	4.94
视听资料	57.87	地方文献	349.85
合计	13997.92		

（二）国家数字图书馆资源建设及服务经费

单位：万元

项目		经费
电子出版物	中文	751.00
	外文	2520.00
合计	3271.00	

二、国有资产

（一）简况

截至2017年12月31日，国家图书馆资产总量达到约601439万元，其中固定资产约353521万元、流动资产约29785万元、对外投资约2390万元、无形资产约26121万元、其他资产约189622万元（主要为国家图书馆一期和二期在建工程资产价值等）。固定资产中，图书文物约301608万元，房屋构筑物约7890万元，车辆约434万元，通用办公设备约3168万元，办公家具约8845万元，其他固定资产约31576万元。

与2016年相比，2017年资产总量增加约18433万元，其中固定资产增加约14582万元、流动资产减少约1506万元、对外投资保持不变、无形资产增加约4369万元、其他资产增加约988万元。

（二）政府采购

2017年，国家图书馆严格执行政府采购的各项法律法规，全年政府采购预算28839.20万元，节约资金1327.84万元，资金节约率为4.60%。

国家图书馆政府采购总额27511.35万元，其中：货物类为17518.55万元，占采购总额的63.68%，与上年保持一致；服务类为9992.80万元，占采购总额的36.32%，与上年保持一致。

国家图书馆政府集中采购规模为2554.70万元，占采购总规模的9.29%，其中货物类2464.62万元、服务类90.08万元；分散采购规模为24956.65万元，占采购总规模的90.71%，其中货物类15053.94万元、服务类9902.71万元。

在国家图书馆视听服务中心建设过程中，国有资产管理处本着厉行节约的原则，对可利用旧设备积极组织调剂，对确需新购的家具设备，与使用部门共同协商合理控制采购数量，并安排专人实施采购，保质保量完成各项保障工作，确保视听服务区按期向读者提供服务。共计采购家具350余件、设备220余件，采购金额180余万元。

（三）馆属企业

馆属企业营业总收入（含国家图书馆出版社）由2016年的20978万元增长至2017年的22932万元，增长9.31%，上缴占用费（经营责任书）由2016年的4253万元增长至2017年的4626万元，增长8.77%，企业业务发展呈现平稳快速增长趋势。

协调馆属企业对外业务拓展，培育馆属企业业务新增长点。北京北图文化发展中心完成淮安文化中心托管外包项目的合同签订及属地子公司的设立工作。国图书店成立图书馆事业部，承接图书馆业务外包服务，包括图书馆建设咨询、方案设计、图书编目加工上架等，现已逐步打开市场。国图酒店圆满完成各项会议接待任务。国图艺术中心积极开展公益演出项目，提升行业形象，扩大影响范围。馆属企业实现经济效益和社会效益有效结合。

制订馆属企业经营和业务保障用车制度改革方案，促进馆属企业各项事务规范化管理。按照馆属企业经营和业务保障用车制度改革指导原则，制定《馆属企业经营和业务保障用车制度改革方案》，于2017年第56次馆务会获得通过，加强馆属企业的车辆管理，完善馆属企业车管管理制度。

三、业务统计数据

1. 各类文献登记总量 613565 种 2995174 册 / 件，登记册 / 件与 2016 年相比减少了 2.31%。

2. 各类文献编目加工总量为 594295 种 1289476 册 / 件，编目加工种数与 2016 年相比减少了 1.75%。

3. 正式入藏各类文献 611205 种 1226225 册 / 件，与 2016 年相比减少 4.09%；非正式入藏各类文献 590302 册 / 件，与 2016 年相比减少了 5.82%。

4. 截至 2017 年底，馆藏总量为 37686187 册 / 件。

5. 接待到馆读者 5839292 人次，与 2016 年相比增加了 3.54%。

6. 全馆流通书刊 25557962 册次，与 2016 年相比增加了 3.24%。

7. 国家图书馆网站年访问量为 91313.9 万次，与 2016 年相比减少了 30.4%。月平均访问量为 7609.49 万次，日平均访问量为 250.18 万次。

8. 各类咨询 104.92 万件，与 2016 年相比增加 0.45%。其中一般咨询 103.96 万件，与 2016 年相比增加了 0.49%。

9. 办理读者证卡 37.61 万个，其中实体证卡 21.40 万个、虚拟办证（网络实名注册）16.21 万个。实体证卡与 2016 年相比减少了 8.58%。

10. 培训、讲座、参观、展览等各项活动共接待读者 174.54 万人次，与 2016 年相比增长 12.51%；其中：举办展览 20 场，123.09 万人次；开办公益性讲座 568 场，6.98 万人次；组织培训 254 批，12.76 万人次；接待参观 3563 批，10.90 万人次；举办演出 1618 场，20.82 万人次。

11. 截至 2017 年底，数字资源总量达 1603.87TB，与 2016 年相比增加 280.52TB。其中馆藏特色数字化资源 1102.24TB，外购数据库 157TB，网络导航和网络资源采集 175.95TB，征集数字资源 162.44TB，电子报纸呈缴 6.24TB。资源内容主要包括电子图书 3787588 种 4268332 册，电子期刊 55882 种，电子报纸 3164 种，学位论文 7064178 篇，会议论文 6573228 篇，音频资料 1137907 首，视频资料 161276 小时。

12. 截至 2017 年底，外购数据库共计 255 个，包括中文数据库 127 个、外文数据库 128 个。

外购数据库类型及数量

数据库类型	中文库数量（个）	外文库数量（个）
全文数据库	63	82
文摘 / 索引数据库	15	22
数值 / 事实数据库	29	17
多媒体数据库	17	0
工具型数据库	3	2
复合型数据库	0	5
合计	127	128

13. 截至 2017 年底，已发布数字资源的内容单元主要包括：电子图书 3612448 种，发布率 95.4%；电子期刊 55722 种，发布率 99.7%；电子报纸 2869 种，发布率 90.7%；学位论文 5126345 篇，发布率 72.6%；会议论文 6573228 篇，发布率 100%；音频资料 682279 首，发布率 60.1%；视频资料 70604 小时，发布率 44.3%。

注：以下表中报纸入藏量按合订册统计。

2017 年各类文献入藏明细表（正式馆藏）

	文献类别	种数	册 / 件数	上年册 / 件数	增长率 %
图书	中文普通书	251876	565903	577310	−1.98
	台港图书	19733	20660	20907	−1.18
	盲文图书	810	1794	0	——
	线装书	12812	14512	12507	16.03
	中文图书总计	285231	602869	610724	−1.29
	西文图书	50870	53087	53694	−1.13
	俄文图书	7000	7041	7039	0.03
	日文图书	15302	15503	18690	−17.05
	东文图书	4753	5088	4806	5.87
	外文图书总计	77925	80719	84229	−4.17
	图书总计	363156	683588	694953	−1.64
期刊	中文期刊	10542	202038	209413	−3.52
	台港期刊	813	7922	9187	−13.77
	中文期刊总计	11355	209960	218600	−3.95
	西文期刊	4274	33633	34881	−3.58
	日文期刊	1382	11310	10862	4.12
	俄文期刊	779	6509	7596	−14.31
	东文期刊	104	1077	1782	−39.56
	外文期刊总计	6539	52529	55121	−4.70
	期刊总计	17894	262489	273721	−4.10
报纸	中文报纸	1452	5150	8055	−36.06
	台港报纸	84	1804	1808	−0.22
	中文报纸总计	1536	6954	9863	−29.49
	外文报纸总计	65	4280	0	——
	报纸总计	1601	11234	9863	13.90

（续表）

	文献类别	种数	册／件数	上年册／件数	增长率％
特藏专藏	善本	2	7	186	−96.24
	外文善本	78	123	618	−80.10
	新善本	256	415	181	129.28
	精装精印	33	35	67	−47.76
	金石文献	415	578	1819	−68.22
	手稿	534	1005	1612	−37.66
	舆图	0	0	0	——
	画片	0	0	0	——
	照片	0	0	0	——
	民语文献	6465	10203	14898	−31.51
	学位论文	184283	184283	186843	−1.37
	敦煌资料	384	585	3805	−84.63
	地方文献	295	1314	11717	−88.79
	图书馆学资料	——	577	513	12.48
	联合国资料	808	1289	1196	7.78
	中文资料	8396	8635	8650	−0.17
	特藏专藏总计	201949	209049	232105	−9.93
缩微文献	缩微平片	12630	26891	30300	−11.25
	缩微胶卷	29	353	0	——
	缩微文献总计	12659	27244	30300	−10.09
音像资料	中文音像资料	8130	24576	22225	10.58
	外文音像资料	3265	3425	3955	−13.40
	音像资料总计	11395	28001	26180	6.96
电子文献	电子文献总计	2551	4620	11368	−59.36
正式入藏文献总计		611205	1226225	1278490	−4.09

到馆读者人次、文献流通册次统计表

	人次	册次
1月	391369	1590811
2月	405622	1960547
3月	445792	2114450
4月	478547	2026449
5月	438053	1880859
6月	482993	2056803
7月	582883	2942038
8月	732560	3058996
9月	501433	2113758
10月	482906	1988512
11月	448867	1895476
12月	448267	1929263
合计	5839292	25557962

各阅览室与服务点接待读者人次统计表

阅览室及服务点名称	读者人次	阅览室及服务点名称	读者人次
OPAC检索(南区)	34430	OPAC检索(北区)	37220
人工复制（南区）	42426	人工复制（北区）	6437
自助复制（南区）	6746	自助复制（北区）	7408
缩微文献阅览室	7493	中文图书阅览区	1822184
保存本（综合阅览室）	6777	工具书区（北区）	387449
基藏本（综合阅览室）	156839	中文图书借阅区	330038
工具书（综合阅览室）	35063	中文报刊区（期刊）	130681
基藏外文图书外借出纳台	66037	中文报刊区（报纸）	95766
台港澳文献阅览室	49279	学位论文阅览室	44945
外文文献第一阅览室	71170	中国少数民族语文阅览室	8177
外文文献第二阅览室	28675	数字共享空间（集中区）	270369

（续表）

阅览室及服务点名称	读者人次	阅览室及服务点名称	读者人次
外文文献第三阅览室 国际赠书阅览室 日本出版物文库阅览室	10819	数字共享空间（分散区）	27505
年鉴　新方志阅览室	14925	数字共享空间（手持阅读）	16874
善本特藏阅览室	6660	少年儿童图书馆	339859
敦煌吐鲁番资料研究中心	2546	复制服务（古籍馆）	953
国际组织与外国政府出版物阅览室	3843	普通古籍阅览室（古籍馆）	10632
海外中国问题研究资料中心	4574	家谱旧方志阅览室（古籍馆）	3308
法律参考阅览室	5793		
总计	4093900		

咨询工作统计

单位：件

	一般咨询	代检索课题	编制文献	年累计
党和国家领导	0	0	11	11
中央国家机关	7	3	1761	1771
重点科教单位	1382	4095	3578	9055
一般读者	1038219	36	140	1038395
年累计	1039608	4134	5490	1049232

国际互借工作统计表

项目	借出资料	借入资料
人次	115	308
册次	115	636
复印（件）	62	319
拒绝（件）	53	192

读者证卡统计

单位：个

证卡名称		本年证卡	累计（实体/虚拟）
人工办证	成人读者卡	28873	2658745
	少儿读者卡	3287	
自助办证	读者卡	181852	
虚拟办证	实名注册	162043	1510394
合计		376055	4169139

四、科研项目

（一）立项科研项目

项目类别	编号	项目名称	申请人	经费（万元）	研制时间
社科基金后期资助	17FZS062	敦煌祭文整理研究	赵大莹	20	2017-12-31
社科基金后期资助	17FTQ006	汲古阁汇纪	苏晓君	20	2017-12-31
社科艺术学一般项目	17BA012	二王尺牍汇编辑校	卢芳玉	20	2022-12-31
社科基金一般项目	17BTQ030	公共图书馆文化治理功能、效应及提升机制研究	张收棉	20	2020-06-30
文化部文化艺术智库项目	17zk04	现代公共文化服务体系中的公共数字文化建设与服务研究	魏大威	0	2020-07-31
馆级	NLC-KY-2017-01	全国馆藏大数据整合揭示与应用研究	王　洋	5	2020-05-31
馆级	NLC-KY-2017-02	美国国家档案馆藏日本在华暴行文献调研	雷　亮	2	2019-02-28
馆级	NLC-KY-2017-03	推荐书目编制方法的比较研究	郝嘉树	2	2019-08-31
馆级	NLC-KY-2017-04	非正式出版革命回忆史料的整理与研究	黄炜宇	2	2019-02-28
馆级	NLC-KY-2017-05	国家图书馆馆藏《红楼梦》版本研究	李　晶	2	2018-12-31

（续表）

项目类别	编号	项目名称	申请人	经费（万元）	研制时间
馆级	NLC-KY-2017-06	“丝绸之路经济带”中亚五国国家图书馆事业发展状况研究	李金涛	2	2018-12-31
馆级	NLC-KY-2017-07	国家图书馆馆藏滇西抗战资料整理与研究	徐　辉	2	2018-12-31
馆级	NLC-KY-2017-08	国家图书馆藏清后期中亚文献研究	张超亚	1.5	2018-02-28
馆级	NLC-KY-2017-09	国家图书馆藏蒙古族学者著藏文古籍研究	王建海	2	2018-12-30
馆级	NLC-KY-2017-10	乙酸和糠醛对纸张加速老化的影响	龙　堃	2	2019-05-30
馆级	NLC-KY-2017-11	图书冷冻杀虫操作过程及优化研究	孟晓红	2	2018-12-31
馆级	NLC-KY-2017-12	西夏文献修复保护项目	刘建明	2	2019-12-30
馆级	NLC-KY-2017-13	当前主要发达国家之国家图书馆最新战略规划文本比较分析及其特点	章　遥	1	2019-02-28
馆级	NLC-KY-2017-14	近十年来我国政策文件中的图书馆标准研究	杨　凡	1	2018-10-31
馆级	NLC-KY-2017-15	以馆藏印谱文献补正《中国印学年表》	宋　凯	1	2018-12-31
馆级	NLC-KY-2017-16	古籍修复质量验收标准辅助图释	侯郁然	1	2019-07-01
馆级	NLC-KY-2017-17	国家图书馆藏约园藏书研究	樊长远	1	2018-12-31
馆级	NLC-KY-2017-18	塑料薄膜封装对纸质文献耐久性的影响	闫智培	1	2018-12-30
馆级	NLC-KY-2017-19	馆藏民族传统体育项目古籍整理与研究	李　慧	1	2019-07-01

（二）结项科研项目

项目类别	编号	项目名称	负责人	经费（万元）	鉴定时间
社科基金一般项目	12BTQ003	我国公共图书馆服务体系政策保障研究	申晓娟	15	2017-12-11
社科基金重点项目	13ATQ002	图书馆面向残疾人的服务模式与规范研究	陈　力	30	2017-11-21
社科基金一般项目	12BTQ058	数字出版物呈缴制度研究	吕淑萍	15	2017-09-19
社科基金青年基金	11CTQ002	馆藏资源元数据的语义描述及关联网络构建研究	成　全	15	2017-03-14
社科基金后期资助	14FTQ003	中国图书馆史	韩永进	35	2017-02-28
社科基金成果文库	16KTQ044	中国古代图书史	陈　力	0	2017-03-01
文化部科技创新项目	2013kjcxxm10	基于云计算的古籍数据库建设技术研究	方自金	0	2017-01-15
馆级	NLC-KY-2015-25	规范控制在资源发现与获取系统中的适用性研究	张　红	2	2017-11-17
馆级	NLC-KY-2015-38	国家图书馆RFID标签识别误差分析与研究	周华琼	1	2017-10-09
馆级	NLC-KY-2014-29	国家图书馆读者辅导工作服务成效评估体系建设及其在服务模式创新中的应用研究	翟　蓉	1	2017-10-09
馆级	NLC-KY-2015-33	PRESSoo的中文化及其影响研究	赵　敏	1	2017-10-09
馆级	NLC-KY-2015-13	数字环境下出版物交换工作框架研究	杨士丽	2	2017-10-09
馆级	NLC-KY-2015-41	基于MOOC的数字图书馆推广工程在线培训模式研究	郭　炯	1	2017-10-09
馆级	NLC-KY-2015-28	地方图书馆特色资源整合及服务模式研究	童忠勇	2	2017-09-25

（续表）

项目类别	编号	项目名称	负责人	经费（万元）	鉴定时间
馆级	NLC-KY-2015-34	RDA视角下国家图书馆外文资源GMD的解构与重构	张　璇	1	2017-09-22
馆级	NLC-KY-2014-26	馆藏东南亚华文报纸保存状况及利用率调查研究	谢　远	1	2017-09-15
馆级	NLC-KY-2014-09	昇平署曲本研究	王维若	1	2017-08-15
馆级	NLC-KY-2014-02	国家图书馆数字资源存储体系研究	王乐春	5	2017-07-20
馆级	NLC-KY-2014-37	国家图书馆藏《德格版〈甘珠尔〉目录》研究	王建海	1	2017-07-11
馆级	NLC-KY-2012-39	清藏书家顾之逵研究	刘　鹏	1	2017-06-02
馆级	NLC-KY-2012-41	国家图书馆藏《春秋经传集解》版本源流	梁葆莉	1	2017-06-02
馆级	NLC-KY-2014-38	国家图书馆藏清代西藏方志整理与研究	柳　森	1	2017-06-01
馆级	NLC-KY-2012-24	国家图书馆的甲骨收藏与研究	赵爱学	2	2017-06-01
馆级	NLC-KY-2014-11	国家图书馆藏甲骨的缀合校勘研究	胡辉平	2	2017-06-01
馆级	NLC-KY-2012-40	国家图书馆藏《宋元诗》六十一种研究	张　波	1	2017-04-26
馆级	NLC-KY-2015-01	海外存藏日本战争罪行文献资料调研	雷　亮	2	2017-05-17
馆级	NLC-KY-2012-60	信息可视化在图书馆信息检索系统中的应用研究	石　慧	1	2017-05-16
馆级	NLC-KY-2014-21	海外中国文化中心图书馆建设及运营模式探讨	武学良	1	2017-04-26
馆级	NLC-KY-2014-18	对国家图书馆学术研究的一个断代史的考察	苏　健	2	2017-04-25
馆级	NLC-KY-2015-12	《国家图书馆外文文献资源RDA本地政策声明暨书目记录操作细则》编制研究	罗　翀	2	2017-04-20

（续表）

项目类别	编号	项目名称	负责人	经费（万元）	鉴定时间
馆级	NLC-KY-2014-33	公共图书馆政府公开信息增值服务研究	赵荣荣	1	2017-03-31
馆级	NLC-KY-2015-42	抗战时期沦陷区图书馆研究——以伪北平图书馆为例	何　隽	1	2017-03-29
馆级	NLC-KY-2016-37	国家图书馆藏民国禁烟禁毒文献整理与研究	齐午月	1	2017-03-29
馆级	NLC-KY-2015-37	国家图书馆读者焦虑实证研究	杨　靖	1	2017-03-29
馆级	NLC-KY-2014-04	民间文献资源特色馆藏建设研究	黄炜宇	2	2017-02-28
馆级	NLC-KY-2014-05	实体出版物对应电子版本呈缴研究——以图书对应电子版本为例	赵志刚	2	2017-02-28
馆级	NLC-KY-2014-31	基于用户分析的国家图书馆微博服务研究	李　健	1	2017-02-28
馆级	NLC-KY-2012-25	甲骨加固的实验研究	田周玲	2	2017-02-28
馆级	NLC-KY-2012-54	纳米纤维素对老化文献纸张的加固性能研究	易晓辉	1	2017-02-28
馆级	NLC-KY-2012-55	古籍书库空气微生物生长情况调查	任珊珊	1	2017-02-28
馆级	NLC-KY-2012-56	采用气相色谱—质谱联用技术测定古籍函套中的有机化合物	龙　堃	1	2017-02-28
馆级	NLC-KY-2012-43	社交网络在数字图书馆服务中的应用研究	平　安	1	2017-02-06
馆级	NLC-KY-2012-50	数字资源共建共享中的版权管理及风险防范研究	邱奉捷	1	2017-02-06
馆级	NLC-KY-2012-53	图书馆引进数据库（全文类）单体评价体系研究与实践	申庆月	1	2017-01-19
馆级	NLC-KY-2012-15	基于文献计量的科研评价指标体系研究——以科技领域为例	谢桂苹	2	2017-01-12
馆级	NLC-KY-2012-16	公共文化服务领域的网络舆情特征及分析方法研究	王　磊	2	2017-01-05
馆级	NLC-KY-2012-12	国家图书馆立法决策服务机构知识库管理规范及应用模式研究	毛　瑞	2	2017-01-05

五、人员

（一）2017 年馆领导名单

姓名	职务名称
韩永进	馆长、党委书记兼国家古籍保护中心主任、国家典籍博物馆馆长
陈　力	常务副馆长（正局级）
魏大威	副馆长、党委副书记兼纪委书记
张志清	副馆长兼国家古籍保护中心副主任
李虹霖	副馆长兼国家典籍博物馆常务副馆长
孙一钢	副馆长
陈　樱	副馆长
汪东波	馆长助理兼研究院院长（副局级）

（二）2017 年处级干部名单

部处	职务名称	姓名	备注
办公室	主任	苏品红	
人事处	处长	王青云	
财务处	处长	张　军	
	副处长	李红霞	
	副处长	刘婷婷	
业务管理处	处长	毛雅君	
	副处长	孙伯阳	
	副处长	张　玮	
	副处长	廖永霞	
党群工作办公室	主任	荣　杰	
	副主任	张红霞	
纪检监察处	处长	陈荔京	
	副处长	王正元	
	纪检监察员（副处级）	乔淑锦	

（续表）

部处	职务名称	姓名	备注
审计处	处长	安　洁	
	副处长	尹存喜	
离退休干部处	处长	张艳霞	
	副处长	孙　乐	
国际交流处（台港澳交流处）	处长	张　煦	
国有资产管理处	副处长	郝丽萍	
保卫处	处长	赵建国	
	副处长	张明亮	
基建工程办公室	主任	王六长	
	副主任	卢　希	
研究院	院长	汪东波	兼任
	副院长（正处级）	申晓娟	
	副院长	王雁行	
	《文献》常务副主编（副处级）	张廷银	
	《国家图书馆学刊》常务副主编（副处级）	陈清慧	
中文采编部	主任	王　洋	
	副主任	刘　瑛	
外文采编部	主任	顾　犇	
	副主任	罗　翀	
典藏阅览部（国家图书馆少年儿童馆）	主任兼国家图书馆少年儿童馆馆长	王志庚	
	副主任兼国家图书馆少年儿童馆副馆长	黄　洁	
	副主任	刘博涵	
	副主任	陈慧娜	
立法决策服务部	主任	李春明	
	副主任	白云峰	
	副主任	田贺龙	
参考咨询部	主任	王　磊	
	副主任	李翠薇	
数字资源部（数字图书馆推广工程办公室）	主任	曹　宁	
	副主任	吕淑萍	

（续表）

部处	职务名称	姓名	备注
信息技术部（国家图书馆现代技术研究所）	主任	谢　强	
	总工程师（正处级）	邢　军	
缩微文献部	主任	李晓明	
	副主任	张　阳	
	副主任	王　浩	
社会教育部	主任	汤更生	
展览部	主任	辛　璐	
	副主任	顾　恒	
	副主任	张立朝	
古籍馆	馆长	张志清	兼任
	副馆长（正处级）	陈红彦	
	副馆长（副处级）	谢冬荣	
	副馆长（副处级）	萨仁高娃	
国家古籍保护中心办公室	主任	林世田	
民国时期文献保护工作办公室	主任	马　静	
《中华传统文化百部经典》编纂工作办公室	主任	张　洁	
国图艺术中心	主任	吕慧军	
	副主任	侯　宁	
出版部	主任	方自金	
	总编辑	魏　崇	
	副主任	葛艳聪	
后勤服务管理中心	主任	曹　伟	
	副主任	张海波	
中国图书馆学会秘书处	秘书长	霍瑞娟	
	副秘书长	仲　岩	
	《中国图书馆学报》副主编	卓连营	
中国古籍保护协会秘书处	秘书长	梁爱民	

（三）人员结构

单位：人

人员总数		
	在编员工	1511
	离退休人员	1097
	2017年进馆人数	45
	2017年离馆人数	63（其中退休39人，调出21人，去世3人）
性别结构		
	男	554
	女	957
部处科组管理人员		
	处级	70
	科级	253
年龄结构		
	30岁及以下	420
	31—40岁	570
	41—50岁	207
	51岁及以上	314
专业技术职务结构		
	正高级职称	69
	副高级职称	423
	中级职称	738
	初级职称	169
学历结构		
	博士学历	85
	硕士学历	693
	本科学历(硕士学位)	72
	本科学历	474
	专科及以下学历	187

六、馆内外奖励

（一）馆内奖励

2017 年度先进集体名单

1. 获得 2017 年度国家图书馆先进集体的部处

党群工作办公室　　研究院　　展览部

2. 获得 2017 年度国家图书馆先进集体的科组

保卫处保卫科
中文采编部联合编目组
外文采编部西文图书采访组
典藏阅览部数字资源服务组
立法决策服务部综合服务组
参考咨询部社科咨询组
数字资源部推广工程培训与资源建设组
信息技术部项目管理与系统测试组
缩微文献部综合管理组
社会教育部讲座组
古籍馆文献保护组
国家古籍保护中心办公室综合组
后勤服务管理中心水暖维修科

2017 年度国家图书馆服务标兵名单

孙保珍（中文采编部联合编目组）
李跃进（外文采编部国际组织与外国政府出版物组）
杨洪森（典藏阅览部基藏本阅览组）
唐　睿（典藏阅览部中文图书阅览组）
李　雪（典藏阅览部中文报刊阅览组）
郑庆元（典藏阅览部学位论文与台港澳文献阅览组）
季　业（典藏阅览部少年儿童服务组）
屈　凯（典藏阅览部参考书组）
唐　龙（典藏阅览部中文图书外借组）
龚海青（典藏阅览部外文文献阅览组）
徐　燕（立法决策服务部综合服务组）
尹汉超（立法决策服务部外交与国防组）
蔡成普（参考咨询部社科咨询组）
袁　浩（参考咨询部科技咨询组）

吴　杨（参考咨询部综合咨询组）
石　巍（参考咨询部文献提供组）
戴　维（参考咨询部竞争情报组）
韩　萌（数字资源部推广工程培训与资源建设组）
高　宏（信息技术部应用系统管理组）
何彦平（缩微文献部综合管理组）
王春丽（社会教育部摄编组）
黄　静（社会教育部讲座组）
朱　莺（展览部讲解服务组）
常荩心（古籍馆敦煌文献组）
杨秀齐（古籍馆古籍善本典阅组）

2017年度创新奖项目名单

1. 实体资源馆藏管理与服务平台（中文采编部、数字资源部）
2. 国家图书馆RDA本地化实施项目（外文采编部）
3. 国家发展和改革委员会“发改书吧”建设项目（立法决策服务部、中文采编部、信息技术部、数字资源部、参考咨询部、国图书店）
4. 武警部队数字图书馆建设（信息技术部）
5. 全国图书馆文化创意产品开发联盟（展览部）
6. 孔府文献保护与推广项目（国家古籍保护中心办公室、展览部、古籍馆、国家图书馆出版社）
7. 中华古籍普查文化志愿服务行动（中国古籍保护协会秘书处）

2017年度“馆长特别奖”获奖名单

1. 第六次全国县级以上公共图书馆评估定级工作（中国图书馆学会秘书处）
2. 视听服务中心建设工作（业务管理处、典藏阅览部、国图艺术中心、中文采编部、外文采编部、国有资产管理处、后勤服务管理中心）
3. “从莎士比亚到福尔摩斯：大英图书馆的珍宝”和“从《诗经》到《红楼梦》——那些年我们读过的经典”联展（展览部、国际交流处、古籍馆、社会教育部、保卫处）
4.《中华传统文化百部经典》首批图书编纂出版（《中华传统文化百部经典》编纂工作办公室、国家图书馆出版社）
5. 举办第25届亚洲及大洋洲地区国家图书馆馆长会议和第2届中国与阿拉伯国家图书馆及信息领域专家会议（国际交流处、典藏阅览部）

（二）馆外奖励

序号	获奖单位	奖项名称	授予单位
1	国家图书馆	2016年度文化信息工作先进单位	文化部办公厅
2	国家图书馆	《全国公共图书馆事业发展“十三五”规划》支撑研究报告被评为全国文化系统2016年度十佳调研报告	文化部办公厅
3	国家图书馆	《全国古籍保护“十三五”规划纲要》支撑研究报告被评为全国文化系统2016年度优秀调研报告	文化部办公厅
4	国家图书馆	国家图书馆外文文献资源建设调研报告被评为全国文化系统2016年度优秀调研报告	文化部办公厅
5	国家图书馆	2017年度文化部政府网站群建设先进单位(年度最佳奖、专项领先奖)	文化部办公厅、文化部网络安全和信息化领导小组办公室
6	国家图书馆	2017年度文化部政府网站群绩效评估“在线服务领先奖”“年度最佳奖”	文化部办公厅、文化部网络安全和信息化领导小组办公室
7	国家图书馆	“国家图书馆”微信公众号入选第二届“大众喜爱的50个阅读微信公众号”	中国新闻出版传媒集团、中国全民阅读媒体联盟
8	国家图书馆	出版物《国家图书馆藏样式雷图档·圆明园卷初编》荣获2016年度全国优秀古籍图书奖一等奖	中国出版协会、古籍出版工作委员会
9	国家图书馆	“样式雷”立体书荣获第十四届“北京礼物”旅游商品大赛优秀奖	北京市旅游发展委员会
10	国家图书馆	作品“《庆赏昇平》之AR大圣归来”荣获第十四届“北京礼物”旅游商品大赛铜奖	北京市旅游发展委员会
11	国家图书馆	北京市健康示范单位	北京市爱国卫生运动委员会、北京市卫生和计划生育委员会
12	国家图书馆	海淀区2017年度交通安全先进单位	北京市海淀区交通安全委员会

（续表）

序号	获奖单位	奖项名称	授予单位
13	国家图书馆	第三届广州国际文物博物馆版权博览会“最佳人气奖”“最佳展示奖”	广州国际文物博物馆版权博览会组委会
14	国家图书馆	《国图日历·2018·修身养德》在第三届广州国际文物博物馆版权博览会中被授予“优秀文创产品传承奖”称号	广州国际文物博物馆版权博览会组委会
15	国家图书馆	“翰墨书香智能书法文具盒”作品在第三届广州国际文物博物馆版权博览会中被授予“十大优秀文创产品创意奖”称号	广州国际文物博物馆版权博览会组委会
16	国家典籍博物馆	第二十届北京国际图书博览会最佳人气奖	北京国际图书博览会办公室
17	立法决策服务部外交与国防组	2015—2016年度全国青年文明号	共青团中央等22个单位
18	国家图书馆出版社	2016年度全国优秀馆配商评选·全国优秀馆配出版社	图书馆报
19	国家图书馆出版社	出版物《古本戏曲丛刊六集》荣获2016年度全国优秀古籍图书奖二等奖	中国出版协会、古籍出版工作委员会
20	国家图书馆出版社	出版物《续藏书纪事诗》荣获2016年度全国优秀古籍图书奖二等奖	中国出版协会、古籍出版工作委员会
21	国家图书馆出版社	出版物《文献为证：钓鱼岛图籍录》荣获第六届中华优秀出版物奖图书提名奖	中国出版协会
22	中国图书馆学会	2016年度科协系统统计调查工作优秀单位	中国科学技术协会计划财务部
23	中国图书馆学会	2017年度全国科普工作优秀单位	中国科学技术协会科学技术普及部
24	北京国图书店有限责任公司	作品“翰墨书香中小学生便携式习字用具”荣获第十四届“北京礼物”旅游商品大赛海淀区初赛一等奖	北京市海淀区旅游发展委员会

七、出访和来访

（一）出访

1 月 9—13 日，古籍馆副研究馆员程宏赴美国开展“园林 / 艺术 / 商业：中国木刻版画”展览撤展工作。

5 月 9—13 日，缩微文献部副主任张阳、缩微文献部综合管理组陈月婷、古籍馆文献保护组田周玲、古籍馆文献保护组张铭赴德国参加 ISO/TC171 年会并调研脱酸设备。

6 月 8—16 日，常务副馆长陈力、中文采编部主任王洋、中国图书馆学会秘书处秘书长霍瑞娟、民国时期文献保护工作办公室主任马静、典藏阅览部助理馆员孙正芳赴厄瓜多尔、西班牙访问并签署合作备忘录。

6 月 12—16 日，副馆长魏大威、财务处处长张军、社会教育部副主任廖永霞、国际交流处郝金敏、数字资源部陈瑜赴日本访问，与日本出版贩卖株式会社签署合作协议。

6 月 22—27 日，中国图书馆学会秘书处副秘书长仲岩、中国图书馆学会秘书处馆员傅嗣鹏、中国图书馆学会秘书处馆员余学玲赴美参加 2017 年美国图书馆协会年会暨展览会。

8 月 16—23 日，副馆长孙一钢、立法决策服务部主任李春明、典藏阅览部副主任黄洁、国际交流处馆员郭妮、外文采编部馆员王菲、典藏阅览部馆员陈小凡、助理馆员李洋、数字资源部助理馆员毛嘉瑞、社会教育部助理馆员张弼衎赴立陶宛、波兰参加第 83 届国际图联大会及卫星会议。

9 月 3—16 日，馆长助理汪东波随文化部组团参加 2017 年社区文化建设赴英国培训班。

9 月 4—8 日，出版社编辑总监廖生训赴俄罗斯参加第 30 届莫斯科国际书展。

9 月 13—23 日，馆长韩永进、业务处处长毛雅君、国际交流处处长张煦、办公室副研究馆员朱亮、国际交流处馆员谢天赴白俄罗斯、毛里求斯、南非国家图书馆访问。

9 月 18—27 日，常务副馆长陈力随全国政协组团赴格鲁吉亚、黑山、波斯尼亚和黑塞哥维那访问。

9 月 24—26 日，原馆长、第十二届全国人大代表詹福瑞赴韩国参加韩国东国大学学术交流活动。

9 月 25—29 日，副馆长孙一钢赴美国参加中美文化论坛。

10 月 3—7 日，参考咨询部文献提供组副研究馆员赵星赴法国参加国际图联第 15 届馆际互借与文献提供会议。

10 月 3 日—12 月 30 日，外文采编部馆员赵晖和典藏阅览部助理馆员刘弘毅赴日本出版贩卖株式会社进行业务交流。

10 月 10—14 日，国有资产管理处副处长郝丽萍、出版社行政总监王欢赴德国参加第 69 届法兰克福书展。

10 月 16—20 日，国家古籍保护中心办公室主任林世田、古籍馆副馆长萨仁高娃、数字资源部文献数字化组组长槐燕赴台湾参加第四届玄览论坛学术研讨会。

10 月 23—25 日，副馆长孙一钢、国际交流处处长张煦赴澳门参加中文文献资源共建共享合作会议第十一次理事会会议。

11月6—10日，中文采编部副主任刘瑛、研究馆员崔明明赴摩洛哥参加国际出版物刊号管理组织中心主任会议。

11月9—11日，中文采编部书目数据维护与整合组组长王彦侨、副研究馆员王广平赴澳门参加中文名称规范联合协调委员会第十五次会议。

11月5—25日，社会教育部副研究馆员曹丽萍、人事处副研究馆员杨海帆、参考咨询部副研究馆员黄伟杰、国有资产管理处馆员董雪磊赴新加坡进行业务交流。

11月14—21日，副馆长李虹霖、研究院副院长申晓娟、后勤服务管理中心主任曹伟、业务管理处副处长孙伯阳、立法决策服务部馆员姜婧赴日本国立国会图书馆进行业务交流。

（二）来访

1月11日，韩国首尔大学奎章阁院长李相灿等6人来访交流。

1月13日，美国哈佛大学燕京图书馆馆长郑炯文等2人来访交流。

1月16日，美国芝加哥大学图书馆馆长周原来访交流。

1月19日，日本岩波书店总编辑马场公彦来访洽谈合作事宜。

2月13日，德国歌德学院马里恩·多姆等2人来访交流。

3月9日，日本东京农业大学教授那须雅熙来访参观调研。

3月16日，澳门驻京办事处主任康伟等2人来访洽谈合作事宜。

3月22日，香港律政司专员庄绮珊等10人来访参观。

4月19日，爱思唯尔公司国际出版商协会主席、全球学术高级副总裁米歇尔·科曼来访洽谈合作事宜。

4月19日，英国国家图书馆董事会主席布莱克斯通来访并参加展览活动。

4月25日，美国爱书会代表团来访参观。

5月5日，日本友好出版贩卖株式会社副经理丸田、井上来访商谈签约事宜。

5月26日，挪威文化大臣琳达·霍夫斯塔德·海勒兰来访就数字图书馆合作进行交流。

5月29日，白俄罗斯国家图书馆馆长斯捷潘诺维奇来访，进行签约及赠书活动。

6月9日，乌兹别克斯坦大使达尼亚尔·库尔班诺夫·扎夫达托维奇来访交流。

6月9日，秘鲁国家图书馆副馆长德尔菲娜·列戈来访洽谈合作事宜并参观。

6月12日，新加坡通讯及信息部兼卫生部部长徐芳达来访参观。

6月12日，台湾澄定堂藏书第四代传人都中谋来访捐赠西文图书。

6月13日，香港岭南大学等8名港澳实习生来访参观。

6月20日，斯里兰卡锡兰报业集团副总经理苏巴施来访就文献数字化进行交流。

6月22日，香港大学等9名港澳实习生来访参观。

6月27日，埃及文化部等21名政府官员来访参观。

6月28日，美国斯坦福大学图书馆馆长迈克·凯勒等3人来访交流。

7月17日，美国哥伦比亚大学图书馆总馆长安·桑顿等6人来访交流。

7月25日，伊中友协青年委员会主任穆罕默迪等12人来访交流。

8月21日，台湾汉学研究中心副馆长吴英美等2人来访交流。

8月25日，美国芝加哥大学教授吴嘉勋来访交流。

8月25日，加拿大多伦多大学图书馆馆长乔晓勤等3人来访交流。

9月8日，台湾公共咨询图书馆馆员蔡蕙霞来访参观。

9月21日，澳门大学图书馆副馆长王国强来访交流。

9月25日，卡塔尔国家图书馆馆长索哈尔·瓦斯托来访交流。

10月9日，哈萨克斯坦国家图书馆馆长查纳特·赛义杜马诺夫来访交流。

10月10日，缅甸宗教文化部历史研究与图书馆司司长吴昂民来访交流。

10月16日，英国国家图书馆馆员萨拉等2人来访交流。

10月17日，以色列艾莉贝斯公司总裁温斯坦等4人来访洽谈业务。

10月19日，日本友好贩卖株式会社社长平林彰等12人来访交流。

10月23日，美国斯坦福大学图书馆馆长迈克·凯勒来访进行业务交流。

10月24日，德国马克斯·普朗克学会科学史研究所图书馆馆长艾斯特·陈来访交流。

10月25日，美国夏威夷大学曼欧亚校区馆长莫妮卡·高希来访交流。

11月6日，韩国国立中央图书馆数字资源部部长李炯虎等5人来访交流。

11月23日，台湾文化界青年55人来访参观。

12月5日，塔吉克斯坦国家图书馆馆员2人来访交流。

八、部分会议、讲座、国图公开课、培训、展览

（一）会议

时间	会议名称	地点	备注
1月13日	数字图书馆推广工程2017年工作计划专家咨询会	北京	
2月28日	国家图书馆等五家单位古籍数字资源联合发布座谈会	北京	
3月21日	2017年中央补助地方数字图书馆推广工程建设项目（第二批）评审会	北京	
4月11日	国家图书馆与中国第二历史档案馆合作共建战略框架协议签约仪式暨民国时期文献整理出版项目专家评审会	北京	
4月27日	《书志》编委会议	北京	
4月27日	中国文献影像技术协会2017年第一次常务理事（扩大）会	北京	
5月16—19日	2017年全国公共图书馆技术部主任会议	四川成都	四川省图书馆、四川省古籍保护中心承办
5月17—18日	第25届亚洲及大洋洲地区国家图书馆馆长会议	北京	
5月23日	国家图书馆典籍整理策划小组2017年第1次工作会议	北京	
5月23日	讲好国图典籍故事——国家图书馆传承中华优秀传统文化出版座谈会	北京	
5月24日	第2届中国与阿拉伯国家图书馆及信息领域专家会议	北京	
5月25日	国家古籍保护中心成立十周年座谈会暨全国古籍普查登记工作会议	北京	
6月6日	《中华古籍总目》（天津卷）编纂工作会议	天津	天津市古籍保护中心承办
6月23日	《鲁迅手稿全集》编辑委员会暨专家委员会第一次会议	北京	文化部、国家文物局主办，国家图书馆承办
6月23日	海外中华古籍回归专家研讨会	北京	

（续表）

时间	会议名称	地点	备注
7月6日	《赵城金藏》重要历史资料抢救性摄录工作媒体座谈会	北京	
7月6—7日	2017年海峡两岸档案暨缩微学术交流会	甘肃敦煌	中国文献影像技术协会与中国档案学会、中华档案暨资讯微缩管理学会合办
7月25日	“全国石刻文献普查登记专项（田野碑刻抢救记录部分）”征求意见会	北京	
8月11日	《赵城金藏》珍贵史料调查工作报告会	北京	
9月13日	全国图书馆联合编目中心2017年度工作会议	宁夏银川	
9月14日	第二届古籍保护学科建设研讨会	天津	天津师范大学、天津图书馆、天津古籍出版社承办
9月26日	2018年中央补助地方数字图书馆推广工程建设项目（第一批）评审会	北京	
10月12日	国家图书馆总馆南区建成开馆30周年座谈会	北京	
10月12日	《中国图书馆史》发布座谈会	北京	
10月24日	“十三五”期间贵州少数民族古籍保护研讨会	贵州贵阳	贵州民族大学承办
10月27日	西南民族古籍保护工作座谈会	云南昆明	云南省古籍保护中心承办
11月16日	第一届文献保护与修复研究生论坛暨古籍保护人才培养模式研讨会	广东广州	与中山大学资讯管理学院、中山大学图书馆合办
11月24日	《日本藏中国古籍总目》编纂出版项目专家研讨会	北京	
12月11—12日	全国图书馆文化创意产品开发创新论坛暨优秀校企对接会	北京	全国图书馆文化创意产品开发联盟主办
12月20日	国家图书馆“食品药品安全决策信息研究”课题结题会	北京	与国家食品药品监督管理总局合办
12月23日	郑振铎先生铜像揭幕仪式暨学术研讨会	北京	

（二）讲座

时间	讲座名称	主讲人	备注
1月1日	汉画伏羲女娲图像知识的生成与检讨	贺西林	文津讲坛
1月7日	童蒙文化与两汉社会	张小锋	中国典籍与文化讲座之“童蒙文化”系列
1月8日	纪念周恩来总理逝世41周年：周恩来的大无与大有	顾保孜	文津读书沙龙
1月8日	中国和韩国关系：我在韩国当首任大使	张庭延	国图讲坛之“外交官亲历”系列
1月8日	晋唐绘画与疏密二体	罗世平	文津讲坛
1月12日	中国特色社会主义文化道路	陈宇飞	国图流动讲坛之“文化部机关干部自主选学”系列，与文化部人事司合办
1月14日	中华文化的人文精神	楼宇烈	部级领导干部历史文化讲座系列
1月14日	走进最真实的李叔同	苏泓月	文津读书沙龙
1月14日	欧洲形势与法国大选	孙海潮	国图讲坛之“外交官亲历”系列
1月15日	胡人的眼睛：唐诗与唐俑互证的艺术史	葛承雍	文津讲坛
1月18日	大国崛起与软实力建设	赵　磊	国图流动讲坛之“文化部机关干部自主选学”系列，与文化部人事司合办
1月21日	自作楹联速成法和对联书写技巧	倪进祥	文津讲坛
2月5日	自我建构的中国当代艺术	郑　工	文津讲坛
2月12日	中华民族的觉醒——从政治文化视角的考察	孙燕京	文津讲坛
2月12日	律诗语言艺术赏析	冯国华	国图讲坛之文津经典诵读
2月12日	书法的文化性	罗　杨	国图讲坛之艺术家讲坛
2月18日	中美新关系格局的挑战	崔立如	部级领导干部历史文化讲座系列
2月18日	民间文艺之乡建设与民间文化生态保护	王锦强	国图讲坛
2月18日	康雍乾盛世的兴衰实况与历史启示	李国荣	文津读书沙龙
2月19日	走向中国人的“生活美学”	刘悦笛	文津讲坛

（续表）

时间	讲座名称	主讲人	备注
2月25日	草原之声与华夏之诗：对中国古代长啸艺术的音乐学阐释与田野调查	范子烨	国图讲坛之文津经典诵读
2月25日	半亩山池半壁天——北京半亩园传奇	贾　珺	国图讲坛之“匠意营造：中国传统建筑”系列
2月25日	土司制度与土司文化	李世愉	中国典籍与文化讲座
2月26日	论中华民族的文化自信	张志和	文津讲坛
2月28日	纸质文物保护现状与发展趋势	张金萍	“中华古籍保护名师讲堂”系列讲座，南京艺术学院承办
3月6日	礼仪专家黄彩子谈女性礼仪	黄彩子	国图流动讲坛，与河北衡水中学合办
3月10日	中办、国办《关于实施中华优秀传统文化传承发展工程的意见》解读	吕明晰	国图流动讲坛之“文化部机关干部自主选学”系列，与文化部人事司合办
3月18日	敦煌莫高窟的价值及其现代文化角色	樊锦诗	部级领导干部历史文化讲座系列
3月19日	散文史上的周氏兄弟	温儒敏	文津讲坛
3月25日	什么是“道法自然”？老子哲学的真谛	王中江	文津讲坛
3月26日	从《女人相应》看佛陀的女性思想	程恭让	文津讲坛
3月26日	建筑文化中的三角形	方　拥	国图讲坛之“匠意营造：中国传统建筑”系列
3月26日	读书与人生	秦伯益	国图讲坛之科学家论坛“院士讲科普”系列
3月28日	中国的东北亚难题：中日、中韩和中朝的战略形势	时殷弘	国图流动讲坛之“文化部机关干部自主选学”系列，与文化部人事司合办
4月2日	禅宗的观念——精神自由与生活自在	魏光奇	文津讲坛
4月6日	古籍修复档案的制作	杜伟生	“中华古籍保护名师讲堂”系列讲座，南京艺术学院承办
4月6日	书画装潢的起源及款式	张旭光	“中华古籍保护名师讲堂”系列讲座，南京艺术学院承办
4月8日	二十四节气与清明文化	崔岱远	文津读书沙龙

（续表）

时间	讲座名称	主讲人	备注
4月8日	诗词之美，点亮人生	彭　敏	国图流动讲坛，与辽宁省图书馆合办
4月8日	承上启下继往开来——新君子人格与舒体书法	舒　安	国图讲坛之艺术家讲坛
4月8日	唐诗宋词之美	冷成金	文津讲坛
4月9日	诗人译诗：中国新诗的一种现代传统	王家新	文津讲坛
4月9日	墨学精华现代观	孙中原	文津读书沙龙
4月9日	聊聊中国的大写意：如何自豪地面对西方艺术	李　燕	国图讲坛之艺术家讲坛
4月14日	甲骨文的世界	朱凤瀚	国家典籍博物馆系列讲座
4月15日	阅读力——校园阅读怎么读	聂震宁	文津读书沙龙
4月15日	中国诗词大会的热播与中国优秀传统文化的复兴	莫道才	国图流动讲坛，与辽宁省图书馆合办
4月15日	21世纪文化战略的构想	张立文	文津读书沙龙
4月15日	孙子兵法的现代解读	黄朴民	国图流动讲坛，与福建省图书馆合办
4月16日	中医对生命的认知与健康维护	曹洪欣	部级领导干部历史文化讲座系列
4月22日	文学中的神圣人生	梁　鸿	国图流动讲坛，与福建省图书馆合办
4月22日	另一半中国文化	罗　杨	国图流动讲坛，与福建大学图书馆合办
4月22日	东坡“乌台诗案”新勘	巩本栋	文津讲坛
4月23日	唐五代童蒙教育中的经典教育	金滢坤	中国典籍与文化讲座之“童蒙文化”系列
4月26日	巧用纸浆补书机提高修复质效——以修复中山大学图书馆馆藏为例	肖晓梅	“中华古籍保护名师讲堂”系列讲座，南京艺术学院承办
4月28日	英国文学的翻译与中国文学的现代转型	陆建德	国家典籍博物馆系列讲座
5月1日	中国书画在世界	陈传席	文津讲坛
5月4日	中国经济社会发展新战略	许正中	国图流动讲坛之“文化部机关干部自主选学”系列，与文化部人事司合办

（续表）

时间	讲座名称	主讲人	备注
5月6日	“一带一路”建设与中东	刘宝莱	国图讲坛之“外交官亲历”系列
5月6日	英国脱欧下的欧盟前景	马振岗	国图讲坛之“外交官亲历”系列
5月19日	《罗密欧与朱丽叶》：文本、形式、意象	程朝翔	国家典籍博物馆系列讲座
5月20日	尽心知性：孟子哲学的精神	杨立华	部级领导干部历史文化讲座系列
5月20日	中国人口大数据状况与科学决策支持	王广州	科学家讲坛之“大数据专题研究”系列
5月21日	蔚县建筑遗产的思考：村堡、庙宇和民居	丁　垚	国图讲坛之“匠意营造：中国传统建筑”系列
5月21日	王维——盛唐的象征性符号	王志清	国图讲坛之文津经典诵读
5月21日	古典佛像的摄影创作——兼谈最有效的摄影学习方法	薛华克	中国典籍与文化讲座
5月21日	中国传统文化的思维方式	鲁洪生	文津讲坛
5月22日	壁上丹青，广胜流泉——山西洪洞广胜寺的壁画艺术	姜　帅	文津讲坛
5月23日	永乐宫与兴化寺元代壁画——以襄陵画师朱好古为中心	孟嗣徽	文津讲坛
5月24日	古籍保护与修复	童芷珍	“中华古籍保护名师讲堂”系列讲座，南京艺术学院承办
5月25日	中国的世界遗产	李跃进	2017年国家图书馆读者服务周系列讲座
5月28日	唐宋工艺美术菁华	尚　刚	文津讲坛
6月3日	欧洲美术传世经典——卢浮宫的镇宫之宝	司徒双	文津讲坛
6月3日	认识自己，永远美丽——女性健康与自我预防	谭先杰	文津读书沙龙
6月3日	外交官眼中的法国	孙海潮	国图讲坛之“外交官亲历”系列
6月3日	古琴梅庵派百年文化与古琴文化	王永昌	国家典籍博物馆系列讲座
6月7日	古书画特殊装池修复案例分析	吴林泉	“中华古籍保护名师讲堂”系列讲座，南京艺术学院承办

（续表）

时间	讲座名称	主讲人	备注
6月9日	圣贤的足迹　智者的启迪	杨金泉	“讲好中国典籍故事”系列讲座
6月10日	匠心·学问·灵感——论文学翻译的三位一体	黄燎宇	国图讲坛之“在文字间穿行”翻译家系列讲坛
6月10日	非物质文化遗产保护：国际性运动及其中国实践	安德明	2017年非物质文化遗产保护讲座月
6月10日	朝山：庙会的聚与散	岳永逸	文津讲坛
6月11日	洪昇《長生殿》的微言：董小宛入清宫	邓小军	文津讲坛
6月11日	百年风尚——旗袍文化与女性之美	龚航宇	国图讲坛之艺术家讲坛
6月11日	解读“一带一路”国际合作高峰论坛	王嵎生	国图讲坛之“外交官亲历”系列
6月11日	《庆赏昇平》话武生	赵永伟	中国典籍与文化讲座
6月14日	数字时代的有效阅读	朱先忠	国图流动讲坛，与天津泰达图书馆合办
6月16日	荀子人性论新解——论荀子的性恶心善	梁　涛	国家典籍博物馆系列讲座
6月17日	文化自信与中国传统教育精神	郭齐家	部级领导干部历史文化讲座系列
6月17日	世界网络空间安全态势	吕述望	国图讲坛之科学家讲坛
6月18日	中国古代神话传说与现代艺术	楼家本	国图讲坛之艺术家讲坛
6月18日	何为非遗？——《保护非物质文化遗产公约》解读	巴莫曲布嫫	2017年非物质文化遗产保护讲座月
6月18日	黄金之丘：贵霜帝国之前的大夏故宫“浴火重光”展所见世界文明的交融	郭　物	文津讲坛
6月21日	北京的古迹	齐吉祥	国图流动讲坛之“文化部机关干部自主选学”系列，与文化部人事司合办
6月24日	法国新小说如何来到中国——我译新小说	余中先	国图讲坛之“在文字间穿行”翻译家系列讲坛
6月24日	太阳活动和空间天气	汪景琇	科学家讲坛之“院士讲科普”系列
6月24日	文学活动的去精英化	陶东风	文津讲坛

（续表）

时间	讲座名称	主讲人	备注
6月25日	辉煌的紫禁城	晋宏逵	国图讲坛之“匠意营造：中国传统建筑”系列
6月25日	李白的诗歌理想与非凡创造	钱志熙	国图讲坛之文津经典诵读
6月29日	线下体验活动：燕京八绝	漆雕、象牙雕等非遗传承人	2017年非物质文化遗产保护讲座月
7月1日	希腊女人国传说在欧亚大陆的流传	张绪山	文津讲坛
7月2日	留守儿童的情感健康状况——基于大型全国家庭调查数据的发现	任　强	科学家讲坛之“大数据专题研究”系列
7月2日	比利时与中比关系发展	张援远	国图讲坛之“外交官亲历”系列
7月8日	非遗的活态保护、活态传承与活态发展	孙建君	2017年非物质文化遗产保护讲座月
7月8日	古典文化在中世纪的传承	陈志强	文津讲坛
7月9日	文本之内与文本之外——司马相如《天子游猎赋》的文本书写、知识来源与思想传播	孙少华	中国典籍与文化讲座
7月15日	元朝对中国历史发展的影响	张　帆	部级领导干部历史文化讲座系列
7月15日	谈文学翻译——以《局外人》和《红与黑》的翻译为例	郭宏安	国图讲坛之“在文字间穿行”翻译家系列讲坛
7月15日	中国皮影戏的历史、现状与传承发展	魏力群	2017年非物质文化遗产保护讲座月
7月15日	白居易《长恨歌》诗意解读与艺术欣赏	杜晓勤	国家典籍博物馆系列讲座
7月16日	维多利亚时代科学与大工业对人类文明的影响	李大光	文津读书沙龙
7月16日	《归来的马》——马头琴弦上的草原	贺西格	艺术家讲坛
7月16日	弥达斯神话与弗里吉亚考古	王以欣	文津讲坛
7月21日	非遗中的老北京	杨志刚、陈永昌、翟玉良、佟秀芬、李继宗、张　彦	2017年非物质文化遗产保护讲座月

（续表）

时间	讲座名称	主讲人	备注
7月22日	“不要与贵夫人来往”——古典晚期修道传统及其社会阶级分析	彭小瑜	文津讲坛
7月23日	古代希腊的民主政治	黄　洋	文津讲坛
7月23日	非遗视角下的中国传统体育文化	崔乐泉	2017年非物质文化遗产保护讲座月
7月23日	金砖五国之巴西	陈笃庆	国图讲坛之“外交官亲历”系列
7月28日	礼乐文化的历史依据与现代价值	刘　丰	国家典籍博物馆系列讲座
7月29日	非遗视野下的中国文化生态保护区建设与实践	陈华文	2017年非物质文化遗产保护讲座月
7月29日	用影像讲好中国故事	王　瑶	艺术家讲坛
7月30日	圣王与圣徒：乾隆时期的密教建筑营建	陈　捷	国图讲坛之“匠意营造：中国传统建筑”系列
7月30日	李商隐的感情世界	过常宝	国图讲坛之文津经典诵读
8月4日	穿越时空的对话——谈弹古琴打谱	李凤云	国家典籍博物馆系列讲座
8月5日	二十四节气与民俗	萧　放	2017年非物质文化遗产保护讲座月
8月5日	家风文化、家校公约、协同教育	齐大辉	国图讲坛之教育家讲坛
8月5日	紫禁城古建筑的营建思想与文化	周　乾	文津讲坛
8月6日	雕漆的前世今生	殷秀云	文津讲坛之“非遗大师”系列一
8月6日	汉字——中华民族文化自信的伟大基石	王永民	国图讲坛之科学家讲坛
8月6日	悠悠驼铃丝路情——解读“丝绸之路经济带”倡议的历史渊源及对接前景	周晓沛	国图讲坛之“外交官亲历”系列
8月7日	生活与艺术	翟欣建	艺术家讲坛
8月10日	我国国防建设的若干问题探析	焦国力	国图流动讲坛之“文化部机关干部自主选学”系列，与文化部人事司合办
8月11日	毛公鼎的收藏、研究与传拓	田永德	国家典籍博物馆系列讲座
8月12日	国学经典教育的意义和价值	徐　勇	国图讲坛
8月12日	21世纪的传统复兴与传统工艺振兴	陈岸瑛	2017年非物质文化遗产保护讲座月

（续表）

时间	讲座名称	主讲人	备注
8月12日	我们身边的篆刻艺术	骆芃芃	文津讲坛之“非遗大师”系列二
8月13日	古代希腊的英雄主义	朱孝远	文津讲坛
8月13日	传世家训与现代教育——《良训传家》新书演讲会	韩　昇	文津读书沙龙
8月13日	左琴右书——传统文人的生活状态	吴　钊	艺术家讲坛
8月13日	恢弘的气势，深厚的内涵——怎样看故宫	闫宏斌	国图流动讲坛，与辽宁省图书馆合办
8月19日	空间与形态——历史时期中外城市比较	李孝聪	部级领导干部历史文化讲座系列
8月19日	德国的经验：教育兴国和文化崛起	张　弢	文津读书沙龙
8月19日	京津冀协同发展新进展与雄安新区设立的重大意义	祝尔娟	科学家讲坛之“大数据研究”系列
8月20日	国之重器：青铜器的收藏与鉴赏	齐吉祥	艺术家讲坛
8月20日	与心灵对话——走出抑郁的低谷	姜　涛	科学家讲坛
8月20日	王维——盛唐的标志性符号	王志清	国图流动讲坛，与辽宁省图书馆合办
8月20日	西夏珍贵古籍今昔	史金波	中国典籍与文化讲座
8月24日	孔子的六张面孔	王德岩	国图流动讲坛，与民政部老干部局合办
8月26日	孕育城市化与活态非遗和谐共荣的生活世界	陈勤建	2017年非物质文化遗产保护讲座月
8月26日	中西文化及思维差异	卢秋田	国图讲坛之“外交官亲历”系列
8月26日	朱子的“格物游艺”之学与“中和”之美	张　毅	文津讲坛
8月27日	陶瓷微书的文化艺术特色及工匠精神	王芝文	文津讲坛之“非遗大师”系列三
8月27日	发现佛光寺和中国营造学社的历史贡献简述	梁　鉴	国图讲坛之“匠意营造：中国传统建筑”系列
8月27日	音义关系与上古文献解读	洪　波	国图讲坛之文津经典诵读
9月2日	非同寻常菲律宾——群岛之国	黄桂芳	国图讲坛之“外交官亲历”系列
9月2日	探秘航空母舰	焦国力	科学家讲坛

（续表）

时间	讲座名称	主讲人	备注
9月3日	金砖五国之印度	周　刚	国图讲坛之“外交官亲历”系列
9月3日	纪录片如何讲故事：以《舌尖上的中国》《极地》等为例	任长箴	国图讲坛
9月3日	中国玉文化的传承与发展	宋世义	文津讲坛之“非遗大师”系列四
9月6日	重读经典的启示	刘跃进	“讲好中国典籍故事”系列讲座
9月9日	重新认识商代玉礼器——以商代王后妇好墓玉器研究为例	朱乃诚	文津讲坛
9月10日	国绣文化·古韵今风	朱寿珍	文津讲坛之“非遗大师”系列五
9月10日	作家眼中的领袖世界	顾宝孜	国图流动讲坛，与辽宁省图书馆合办
9月10日	不知背景难说诗——结合创作背景赏析古典诗词	褚宝增	国图讲坛之文津经典诵读
9月10日	北京民俗的“远”与“近”	岳永逸	国图讲坛之“燕京梦华录”北京古都风物系列
9月15日	为什么要看安徒生奖的插画展——安徒生奖的插画展作品赏析	阿　甲	国家典籍博物馆系列讲座
9月15日	中国人的思维方式	楼宇烈	“讲好中国典籍故事”系列讲座
9月16日	国学、传统文化与当代教育	刘梦溪	部级领导干部历史文化讲座系列
9月16日	中国工匠探索创造的中国色彩文化	缪　维	艺术家讲坛
9月16日	琵琶艺术与生活	李叶丹	艺术家讲坛之“中国传统音乐赏析”系列
9月17日	信息安全意识、认识、共识	赵战生	科学家讲坛
9月17日	北京都城规划与历史沿革	王　南	国图讲坛之“燕京梦华录”北京古都风物系列
9月17日	皇家技艺——景泰蓝·艳冠群芳——大美于天下	张　颖	文津讲坛之“非遗大师”系列六
9月21日	中国传统文化与组织中的领导行为	王　辉	国图流动讲坛之“文化部机关干部自主选学”系列，与文化部人事司合办
9月22日	经典图画书的阅读价值与方式	陈　晖	国家典籍博物馆系列讲座

（续表）

时间	讲座名称	主讲人	备注
9月23日	旧京美食	李宝臣	国图讲坛之“北京传统文化”系列
9月23日	请历史记住他们——“两弹一星”研制带给我们的启示	何　林	科学家讲坛之“科学与中国”院士专家巡讲系列
9月23日	《理想国》与神话	张　巍	文津讲坛
9月24日	营造传统的发掘、更新与传承	穆　钧	国图讲坛之“匠意营造：中国传统建筑”系列
9月24日	大数据时代的小数据	郭洪伟	科学家讲坛之“大数据研究”系列
9月24日	《元朝秘史》的特征及版本流传	乌　兰	中国典籍与文化讲座
9月29日	回顾建军，不忘初心——中国军队90年发展历程总结	徐　焰	国家典籍博物馆系列讲座
10月1日	陈垣先生的史学思想与成就	周少川	文津讲坛
10月7日	最是书香能致远——阅读选择与幸福追求	徐　雁	文津讲坛
10月13日	关于京津冀协同发展的若干思考	祝尔娟	国图流动讲坛之“文化部机关干部自主选学”系列，与文化部人事司合办
10月14日	北京旧城历史文化价值新探	王　军	国图讲坛之“燕京梦华录”北京古都风物系列
10月14日	我国民族民间音乐的艺术价值与文化内涵	周青青	艺术家讲坛之“中国传统音乐赏析”系列
10月14日	比较文学的第三关系与东亚文学	张哲俊	文津讲坛
10月15日	在云端舞蹈——破译新诗经典的对策	罗振亚	文津讲坛
10月15日	诗与诗性思维	刘庆霖	国图讲坛之文津经典诵读
10月15日	斑斓阅读，走进艺术——多面的文艺复兴	赵国新	文津读书沙龙
10月21日	信息渠道得失谈：以宋代为例	邓小南	部级领导干部历史文化讲座系列
10月22日	阅读力——我们为什么要读书	聂震宁	国图流动讲坛，与辽宁省图书馆合办
10月28日	世界遗产与“一带一路”——《世界遗产视野下的“一带一路”》新书演讲会	刘庆柱、王开玺、吕　舟	文津读书沙龙

（续表）

时间	讲座名称	主讲人	备注
10月28日	巴黎圣母院——并立的两座丰碑	李玉民	国图讲坛之“在文字间穿行”翻译家系列
10月28日	“背叛”马孔多——我的学译点滴	范　晔	国图讲坛之“在文字间穿行”翻译家系列
10月28日	读书与人生	何建明	国图流动讲坛，与辽宁省图书馆合办
10月28日	秦汉思想与中华文明	蒋重跃	文津讲坛
10月29日	音乐艺术的魅力	于　海	艺术家讲坛
10月29日	海上丝绸之路重镇——古城泉州	杨昌鸣	国图讲坛之“匠意营造：中国传统建筑”系列
10月29日	故宫旧藏蒙古文古籍	春　花	中国典籍与文化讲座
11月3日	从孔庙藏书说开去	杨金泉	国家典籍博物馆系列讲座
11月4日	探秘古埃及	颜海英	文津读书沙龙
11月4日	“听，胡琴在唱歌”——如何运用歌唱法进行二胡演奏	闫国威	艺术家讲坛之“中国传统音乐赏析”系列
11月4日	藏书与文化传承——以苏常为中心	武秀成	文津讲坛
11月5日	中国古典文学思想的雅俗之辨	孙克强	文津讲坛
11月11日	柳青、皇甫村与80年代	程光炜	文津讲坛
11月11日	两弹一星的艰难辉煌及伟大精神——中国人民解放军的伟大光荣传统	王兆宇	国图讲坛之“不忘初心,牢记使命”系列
11月11日	文化大使梅兰芳与梅派艺术	秦华生	艺术家讲坛
11月12日	老字号与北京	袁家方	国图讲坛之“燕京梦华录”北京古都风物系列
11月12日	文学的责任与使命	艾克拜尔·米吉	国图流动讲坛，与辽宁省图书馆合办
11月12日	《说文》的魅力——与出土文献互动的《说文》研究	赵平安	文津讲坛
11月15日	一个修书匠的无悔人生	师有宽	“中华古籍保护名师讲堂”系列讲座，南京艺术学院承办

（续表）

时间	讲座名称	主讲人	备注
11月18日	中国传统法文化的历史地位与史鉴价值	张晋藩	部级领导干部历史文化讲座系列
11月18日	曾国藩成功智慧的现代启示	隋丽娟	国图流动讲坛，与福建省图书馆合办
11月18日	天之纹理——中国星座简介	徐　刚	文津读书沙龙
11月18日	人民子弟兵在抗日战争和解放战争的辉煌业绩——三湾改编和古田会议在我军建设中的伟大意义	王太和	国图讲坛之“不忘初心,牢记使命”系列
11月19日	被抹黑与被轻视的——南北朝诗歌的真相	程章灿	国图讲坛之文津经典诵读
11月19日	中国文化精神及其现代意义——以宋代士人精神为例	李春青	文津讲坛
11月24日	为世界和平，向珠峰致敬	陈宗烈	文津读书沙龙
11月24日	关于《杜甫集》的整理和阅读	谢思炜	国家典籍博物馆系列讲座
11月25日	岭南画派源流以及对时代的影响	欧豪年、胡　江	国家典籍博物馆系列讲座
11月25日	谈谈中国人的祖先崇拜	杨庆中	文津讲坛
11月26日	统计视角下的中国经济前景	杜子芳	科学家讲坛之“大数据研究”系列
11月26日	发现《燕然山铭》——浅谈这一发现的学术价值	辛德勇	中国典籍与文化讲座
11月26日	国学与人生	徐晓跃	“讲好中国典籍故事”系列讲座
11月28日	版本学和校勘学的相互关系	杜泽逊	“中华古籍保护名师讲堂”系列讲座，南京艺术学院承办
11月28日	中国传统建筑的文化自信	方　拥	国图流动讲坛之“文化部机关干部自主选学”系列，与文化部人事司合办
11月29日	儒家文化与中华民族复兴	楼宇烈	“孔子·儒学·儒藏——儒家思想与儒家经典名家”系列讲座，与北京大学《儒藏》编纂与研究中心合办
11月29日	诗为津梁，走近东坡	陈　洪	“讲好中国典籍故事”系列讲座
12月2日	斑斓阅读，走进历史——19世纪英国：现代转型与启示	韩敏中	文津读书沙龙

（续表）

时间	讲座名称	主讲人	备注
12月2日	说说唱唱的艺术——中国曲艺	蔡源莉	艺术家讲坛
12月2日	古代小说与文化中国	丁　夏	文津讲坛
12月3日	中国古代的砖文	朱天曙	文津讲坛
12月6日	孔子对中国文化的贡献及其评价	孙钦善	“孔子·儒学·儒藏——儒家思想与儒家经典名家”系列讲座，与北京大学《儒藏》编纂与研究中心合办
12月8日	花与蜜——从鲁迅藏品看鲁迅美术观	黄乔生	国家典籍博物馆系列讲座
12月9日	华侨华人与中华民族伟大复兴	吴小安	国图流动讲坛，与福建省图书馆合办
12月9日	北京中轴线申遗与世界文化遗产	吕　舟	国图讲坛之“燕京梦华录”北京古都风物系列
12月9日	书史钩沉——书法文献角度举例	寇克让	文津读书沙龙
12月9日	北京运河文化带及其文化遗产	郗志群	文津讲坛
12月10日	中国水墨画的现代变革与发展	陈池瑜	文津讲坛
12月13日	探寻儒学中的“普遍价值”	牟钟鉴	“孔子·儒学·儒藏——儒家思想与儒家经典名家”系列讲座，与北京大学《儒藏》编纂与研究中心合办
12月13日	化学与历史文化遗产保护	李玉虎	“中华古籍保护名师讲堂”系列讲座，南京艺术学院承办
12月15日	什么是宋明理学的真精神	廖可斌	“讲好中国典籍故事”系列讲座
12月16日	荀子人性论辨正	梁　涛	部级领导干部历史文化讲座系列
12月16日	见微知著——肝癌的微创治疗简介	刘　鹏	国图讲坛之“健康中国”系列
12月16日	体育摄影：定格激情的瞬间	杨　林	艺术家讲坛
12月17日	明理·得法·变通——学书法的几个基本问题	徐利民	国图流动讲坛，与福建省图书馆合办
12月17日	官式古建筑木作技艺介绍	李永革	国图讲坛之“匠意营造：中国传统建筑”系列
12月17日	浅谈数据、统计和人工智能	孙志猛	科学家讲坛之“大数据研究”系列
12月20日	诗经	李　山	国图流动讲坛之“文化部机关干部自主选学”系列，与文化部人事司合办

（续表）

时间	讲座名称	主讲人	备注
12月20日	儒学的核心价值及其基本精神	李中华	“孔子·儒学·儒藏——儒家思想与儒家经典名家”系列讲座，与北京大学《儒藏》编纂与研究中心合办
12月23日	当代诗的读法与写法问题探究	欧阳江河	国图讲坛之文津经典诵读
12月23日	什么是物理学——物理学的过去现在和未来，兼谈一般公民为什么要学物理	朱邦芬	科学家讲坛之“科学与中国”院士专家巡讲系列
12月23日	出土简帛记述的古代中国	邬文玲	中国典籍与文化讲座
12月24日	古典诗词典故承载的文化信息	斯舜威	国图讲坛之文津经典诵读
12月27日	儒学的发展历程及在近代中国的历史机遇	王　博	“孔子·儒学·儒藏——儒家思想与儒家经典名家”系列讲座，与北京大学《儒藏》编纂与研究中心合办

（三）国图公开课

时间	公开课名称	主讲人	备注
3月4日	诗经二十讲 第七讲　淳朴的农耕世界	李山	一书一课系列
3月4日	诗经二十讲 第八讲　农桑大韵律	李山	一书一课系列
4月1日	世界古代史　上古部分 第三讲　史前史：人类体制进化的简单过程	郭小凌	
4月1日	世界古代史　上古部分 第四讲　史前史：旧石器时代——原始狩猎和采集时代	郭小凌	
4月20日	“跨越时空的交响——中英文学对话”特别活动	陈力、卡罗琳·布雷泽、王宁	
5月18日	世界图书馆馆长访谈	科威特国家图书馆馆长、新西兰国家图书馆馆长等	业界公开课系列
5月20日	诗经二十讲 第九讲　宴饮诗中的上下和谐　（上）	李山	一书一课系列
5月20日	诗经二十讲 第十讲　宴饮诗中的上下和谐（下）	李山	一书一课系列
5月21日	心连广宇　志在苍穹——人类太空探索与中国航天之路 第三讲　改变世界的三种星——人造卫星巡礼	庞之浩	
5月21日	心连广宇　志在苍穹——人类太空探索与中国航天之路 第四讲　应用卫星的高明处——三类福星高照	庞之浩	
6月14日	国图公开课古琴公开课线下活动	周秦、丁承运等	
6月26日	诗经二十讲 第十一讲　战争诗篇中的家国情怀	李山	一书一课系列

（续表）

时间	公开课名称	主讲人	备注
6月26日	诗经二十讲 第十二讲　“厚别附远”的婚恋诗篇	李山	一书一课系列
7月22日	世界古代史　上古部分 第五讲　什么是文明	郭小凌	
7月22日	世界古代史　上古部分 第六讲　大河流域的早期文明：尼罗河流域的文明	郭小凌	
9月2日	盲人摸象戏曲谈 第一讲　悠久的梦想	吴江	传统艺术公开课系列
9月24日	诗经二十讲 第十三讲　西周后期的政治抒情诗	李山	一书一课系列
9月24日	诗经二十讲 第十四讲　幸福的家庭	李山	一书一课系列
9月24日	中国古代建筑文化与艺术 第一讲　何为中国建筑	王贵祥	传统艺术公开课系列
10月14日	诗经二十讲 第十五讲　“采诗观风”：广阔的文学触觉	李山	一书一课系列
10月14日	诗经二十讲 第十六讲　风诗的地域性	李山	一书一课系列
10月28日	诗经二十讲 第十七讲　风诗的古老文化面相	李山	一书一课系列
10月28日	诗经二十讲 第十八讲　同情婚变中的弱者	李山	一书一课系列
10月28日	心连广宇　志在苍穹——人类太空探索与中国航天之路 第五讲　灿烂辉煌的中国星——中国卫星大观	庞之浩	
10月28日	心连广宇　志在苍穹——人类太空探索与中国航天之路 第六讲　载人航天的大法宝——三器各有千秋	庞之浩	
10月29日	中国书法：从书写中生长的民族精神 第一讲　书法：凝聚中国文化的丰富信息	邱振中	传统艺术公开课系列
11月3日	中国古代建筑文化与艺术 第二讲　中国建筑的基本特征	王贵祥	传统艺术公开课系列

（续表）

时间	公开课名称	主讲人	备注
11月4日	盲人摸象戏曲谈 第二讲　是谁拥抱了谁	吴江	传统艺术公开课系列
11月11日	盲人摸象戏曲谈 第三讲　距离美　夸张和变形	吴江	传统艺术公开课系列
11月25日	中国古代建筑文化与艺术 第三讲　中国古代建筑简史	王贵祥	传统艺术公开课系列
11月25日	中国古代建筑文化与艺术 第四讲　中国古代建筑艺术风格史简说	王贵祥	传统艺术公开课系列
12月17日	世界古代史　上古部分 第七讲　大河流域的早期文明：两河流域的文明	郭小凌	
12月17日	世界古代史　上古部分 第八讲　大河流域的早期文明：印度河流域的文明	郭小凌	
12月28日	中国书法：从书写中生长的民族精神 第二讲　关于书法史的几个问题	邱振中	传统艺术公开课系列
12月28日	中国书法：从书写中生长的民族精神 第三讲　观看与体察	邱振中	传统艺术公开课系列

（四）培训

时间	培训项目	主讲人	培训地点	备注
3月3—31日	北京市2017年图书资料专业职称考试辅导班	朱芊、富平、刘小玲	北京	
3月13—24日	第十六期《全国古籍普查登记目录》审校人员培训班	吴格	江西南昌	江西省图书馆承办
3月16日	中国香文化	滕军	北京	馆内员工培训
3月20日—4月28日	第六期全国古籍修复技术与工作管理研修班	万群	陕西西安	陕西省图书馆承办
3月21—24日	2017年全国省级及副省级市公共图书馆参考咨询工作培训	黄长著、张薇、王磊、卢海燕、张莉、毛瑞	陕西西安	陕西省图书馆承办
3月21—24日	数字图书馆推广工程新媒体培训班	许鑫、童忠勇、宋姝、刘炜、龙耀华	上海	上海市文广局人才培训交流中心承办
4月10—21日	第十七期《全国古籍普查登记目录》审校人员培训班	吴格	云南昆明	云南省图书馆承办
4月10—28日	第三期碑帖编目与鉴定研修班	冀亚平等	北京	
4月17—22日	中国图书馆分类法与分类主题词表标引规则应用技能培训班	曹玉强	北京	
4月19—22日	全国少儿图书馆数字阅读推广培训班	孙宏艳、陈晖、邓菊英、赵俊玲、郑立新、潘芳	北京	中央文化管理干部学院承办
5月6日—7月1日	手工书画装裱培训班	刘建明	北京	
5月7—19日	第三期传拓技术培训班	邢跃华、李仁清	福建福州	福建省图书馆承办
5月8—19日	第十八期《全国古籍普查登记目录》审校人员培训班	吴格	四川成都	四川省图书馆承办
5月14—20日	RDA理论与实践——RDA本地政策声明详解及书目记录编制实操培训班	罗翀、蔡丹、赵丹丹、张璇	北京	

（续表）

时间	培训项目	主讲人	培训地点	备注
5月14日—6月25日	传拓基础培训班	袁玉红	北京	
5月16—19日	21世纪海上丝绸之路数字图书馆资源建设培训班	权衡、郑智明、李彤、吴建中、吕淑萍	福建泉州	泉州市图书馆承办
5月22—26日	中国机读目录格式编目员上岗资质培训班	贺燕	北京	
5月22—26日	中文普通图书编目工作培训班	刘小玲、朱青青、王广平	北京	
5月24日	民国时期文献保护工作研修班	马静、朱芊、刘小玲、延卫平、田周玲	重庆	与中国图书馆学会、重庆市文化委员会合办（民国时期文献保护计划宣传推广系列活动）
6月7—8日	全国图书馆民国时期文献编目工作研修班	韩华、朱芊、刘小玲、田周玲、延卫平	江苏南京	与中国图书馆学会、江苏省文化厅合办
6月9日	中国图书馆学会中央国家机关图书馆分会业务培训	刘兹恒、柯平、谢寿光	北京	中国图书馆学会中央国家机关图书馆分会秘书处主办，中央社会主义学院图书信息中心承办
6月11—24日	数字图书馆推广工程馆员研修培训班（第一期）	赵红、唐晶、徐辉	北京	
6月12—16日	信息时代图书馆读者服务工作培训班	郭斌、黄崑、马涛、赵俭、董曦京、刘庆才	北京	
6月13—16日	数字图书馆推广工程系统平台建设及服务专题培训班	童忠勇、牛现云、韩萌、薛尧予、高宏	重庆	重庆文化艺术职业学院承办
6月15日	心理健康与常见精神疾病的识别与应对	赵丞智	北京	馆内员工培训

（续表）

时间	培训项目	主讲人	培训地点	备注
6月21日	服务保障党的十九大网络安全自查工作主题培训	路龙惠	北京	
6月22日	庄子学派视野中的先秦思想世界	冯坤	北京	馆内员工培训
6月22日	民国时期文献保护工作研修班	马静、朱芊、刘小玲、延卫平、任珊珊	宁夏固原	与中国图书馆学会、宁夏回族自治区文化厅合办（民国时期文献保护计划宣传推广系列活动）
6月23日	数字文化遗产保护——互联网信息采集与长期保存	吕琳	北京	馆内员工培训
6月25日—7月1日	数字图书馆推广工程馆员研修培训班（第二期）	朱青青、刘伟、孟然、汪静、李云龙	北京	
6月26—30日	图书馆参考咨询业务案例解析培训班	赵红、刘素青、唐晶、程真、刘庆才	北京	
7月3—15日	第二期中华优秀传统文化推广培训班	张本义等	辽宁大连	大连白云书院承办
7月9—22日	数字图书馆推广工程馆员研修培训班（第三期）	王磊、戴维、运梅	北京	
7月10—14日	中文期刊与报纸的编目与管理培训班	杨静	北京	
7月11—14日	数字图书馆推广工程服务推广联络员培训班	邵燕、郭炯、戴元初、胡克非、朱树喜、杨瑞娴	辽宁沈阳	辽宁省艺术学校承办
7月16—29日	古籍修复基础培训班	刘建明	北京	
8月6—19日	古籍修复高级培训班	朱振彬	北京	
8月8日	习总书记在哲学社会科学工作座谈会上重要讲话精神解读	李新风	北京	馆内员工培训
8月9日	习近平总书记宣传文化工作系列讲话精神解读	李媛媛	北京	馆内员工培训

（续表）

时间	培训项目	主讲人	培训地点	备注
8月9日	不唯上不唯书，实事求是开拓和创新哲学社会科学研究	程萍	北京	馆内员工培训
8月13—25日	第一期全国道教古籍修复技术培训班	胡玉清	北京	北京白云观道教学院承办
8月14—18日	2017年图书馆业界新入职及转岗员工培训班	汤更生、陈红彦、郭斌、王媛、金龙、张新宇	北京	
8月19日—9月16日	传拓技艺培训班	袁玉红	北京	
8月24日	国内外开放获取的发展现状	魏蕊	北京	馆内员工培训
8月28日—9月29日	第一期全国佛教古籍修复技术培训班	徐建华等	四川成都	成都文殊院佛教学院承办
9月5—8日	2017年全国公共图书馆缩微技术培训班	李铭、宁波、马玉峰、杜文学、肖波、王东芹、杨靖、冯蕾	山东威海	中国文献影像技术协会、山东省图书馆、威海市图书馆承办
9月6日	重读经典的启示	刘跃进	北京	馆内员工培训
9月10—13日	国家级非物质文化遗产代表性传承人抢救性记录工作培训班	宋本蓉、赵红、司徒兆敦、田苗	北京	
9月10—20日	第五期全国少数民族古籍修复培训班	杨利群	云南昆明	云南省图书馆承办
9月12—14日	全国图书馆文化创意产品开发联盟成立暨图书馆文化创意产品开发培训班	马力、李玉佩、蒋名未、梦凰、邱丰顺、陈晓文、张立朝	北京	文化部指导
9月19—22日	全国图书馆决策咨询服务业务培训班	吴建中、杨玥、刘佳、曹旻、白云峰、张曙光、成鑫、刘雪丽	宁夏银川	中国图书馆学会中央国家机关图书馆分会、宁夏图书馆学会、宁夏回族自治区图书馆承办
9月20—23日	数字图书馆推广工程馆长培训班（中部地区）	曹宁、邢军、梁蕙玮、李静、童忠勇、邵燕、伍艺	山西太原	山西戏剧职业学院承办

（续表）

时间	培训项目	主讲人	培训地点	备注
9月24—27日	全国少儿图书馆资源建设培训班	蒋力、孙显斌、柯平、苗芳、刘炜、王子舟、窦立国	北京	中央文化管理干部学院承办
9月25—29日	《中国图书馆分类法(第五版)》标引规则应用技能培训班	朱芊	北京	
10月15日—12月24日	古籍修复基础培训班	朱振彬	北京	
10月17—20日	全国图书馆馆际互借与文献传递业务研修班	王大伟、靳茜、王燕、李翠薇、向青、孙保珍、吴政、汪丹	贵州贵阳	贵州省图书馆协办
11月4日—12月23日	手工书画装裱培训班	刘建明	北京	
11月6—10日	中国机读目录格式编目员上岗资质培训班	刘小玲	北京	
11月21—24日	数字图书馆推广工程馆长培训班（西部地区）	曹宁、薛尧予、韩萌、吕毅、钟晶晶、姜晓曦	宁夏银川	宁夏图书馆承办
11月28日—12月1日	丝绸之路经济带数字图书馆资源建设培训班	方铁、陈顺、张小贵、吕淑萍	云南昆明	云南省图书馆承办
12月4—7日	中国图书馆界重要人物专题资源共建工作培训班	周新国、王子舟等	北京	
12月5—8日	数字图书馆推广工程馆长培训班（东部地区）	曹宁、宋姝、韩萌、吴政、钟晶晶、邵燕、赵晟	江苏镇江	镇江市图书馆承办
12月6日	民国时期文献编目工作研修班	马静、朱芊、刘小玲、延卫平、田周玲	云南昆明	与中国图书馆学会、云南省文化厅合办（民国时期文献保护计划宣传推广系列活动）

（五）展览

时间	展览名称	地点	备注
全年	名家手稿展	北京	
全年	甲骨文记忆展	北京	
2014年9月9日—2017年4月9日	中国古代典籍简史展	北京	
2016年6月8日—2017年3月19日	“民族记忆　精神家园”国家珍贵古籍特展	北京	
2016年10月22日—2017年1月31日	甲骨文记忆展巡展	墨西哥	与墨西哥中国文化中心、中外文化交流中心合办
2016年11月16日—2017年7月16日	太古遗韵——中国古琴文化大展	北京	
2016年12月6日—2017年1月6日	且饮墨瀋一升——吴昌硕的篆刻与当代印人的创作	北京	与中国书法家协会、中国文艺评论家协会合办
2016年12月16日—2017年3月31日	再遇芥子园——近当代名家绘画作品展	北京	与中国美术家协会合办
2016年12月31日—2017年1月30日	册府千华——青海省藏国家珍贵古籍特展	青海西宁	青海省古籍保护中心承办
1月18日—5月6日	品书香　赏年俗——2017年国家图书馆年俗文化展	北京	北京市海淀区文化委员会协办
1月19日起	不忘初心　砥砺奋进——国家图书馆藏革命历史文献精品展	北京	
4月1—7日	迎接中国共产党第十九次全国代表大会胜利召开——青松风骨书画展	北京	中央国家机关美术家协会等主办
4月18日起	甲骨文记忆展巡展	西班牙	与马德里中国文化中心、中外文化交流中心合办
4月21日—6月21日	从莎士比亚到福尔摩斯：大英图书馆的珍宝	北京	与英国国家图书馆合办
4月21日起	从《诗经》到《红楼梦》——那些年我们读过的经典	北京	

（续表）

时间	展览名称	地点	备注
4月23日—5月9日	第十二届文津图书奖获奖图书展	北京	
5月16—30日	入古出新——当代著名篆刻家印章临创展	北京	与中国艺术研究院中国篆刻艺术院合办
5月18日—7月16日	大爱无疆——纪念路易·艾黎诞辰120周年文献展	北京	与新西兰国家图书馆合办
5月24日	民国时期文献保护计划成果展	重庆	与中国图书馆学会、重庆市文化委员会合办（民国时期文献保护计划宣传推广系列活动）
6月1日—8月28日	炫彩童年·中国百年童书展	山东潍坊	与潍坊市博物馆合办
6月9日	保护古籍　传承文明　服务社会——古籍保护、出版数字化优秀成果展	北京	
6月13—19日	纳西族史诗《黑白战争》连环画展	北京	与中共丽江市委、市人民政府合办
6月14—16日	全国公共机构生态文明宣传作品征集活动优秀作品展	北京	国家机关事务管理局主办
6月20—24日	书中识理　笔下传情——连家生先生诗文书法作品展	北京	与澳门潮属社团总会、澳门书法文化发展协会、澳门书法家协会合办
6月22日	民国时期文献保护计划成果展	宁夏固原	与中国图书馆学会、宁夏回族自治区文化厅合办（民国时期文献保护计划宣传推广系列活动）
6月27日—7月3日	潮起东海渔韵象山——国家级海洋渔文化（象山）生态保护实验区建设成果展	北京	与浙江省象山县人民政府合办
6月28日—8月27日	天将金石付斯人——清代金石学家陈介祺特展	北京	与潍坊市博物馆合办
7月27日起	甲骨文记忆展巡展	悉尼	与悉尼中国文化中心、中外文化交流中心合办
8月12日—11月19日	世界插画大展——国际安徒生奖（终身成就）50周年展	北京	与中信出版集团、上海京采文化创意有限公司合办

（续表）

时间	展览名称	地点	备注
8月15日—11月13日	钢铁长城——纪念中国人民解放军建军九十周年馆藏文献展	北京	
9月22日	册府千华——河南省藏国家珍贵古籍特展	河南郑州	河南省古籍保护中心承办
9月23日—10月7日	寸耕堂铭砚展	北京	与中国书法家协会、中央美术学院合办
9月28日起	圣贤的足迹　智者的启迪——孔府珍藏档案文献展	北京	与曲阜市人民政府、孔子博物馆合办
10月11日—12月13日	册府千载　于兹为盛——国家图书馆总馆南区建成开馆30年纪念展	北京	
10月13日	册府千华——贵州省藏国家珍贵古籍特展	贵州贵阳	贵州省古籍保护中心承办
10月18日	册府千华——四川省图书馆藏国家珍贵古籍特展	四川成都	四川省古籍保护中心承办
10月24日	册府千华——贵州省藏国家珍贵少数民族古籍特展	贵州贵阳	贵州民族大学承办
10月27日	册府千华——云南省藏国家珍贵古籍特展	云南昆明	云南省古籍保护中心承办
11月3日起	拈花——鲁迅藏中外美术典籍展	北京	与北京鲁迅博物馆（北京新文化运动纪念馆）合办
11月25日—12月24日	中国文化　两岸融通——欧豪年书画展	北京	与华冈博物馆欧豪年美术中心合办
12月1—18日	国币之尊　艺术之美——人民币硬币发行六十周年纪念展	北京	中国人民银行货币金银局主办，中国印钞造币总公司承办
12月6日	民国时期文献保护计划成果展	云南昆明	与中国图书馆学会、云南省文化厅合办（民国时期文献保护计划宣传推广系列活动）
12月25日起	“致敬经典·古韵弥新”文津经典诵读五周年回顾展	北京	
12月28日起	器用为尚——文房艺术与文人生活特展	北京	与安徽省文房四宝协会合办

九、馆史档案资料

2017年，不断提升日常档案管理能力，进一步加强对兼职档案员的业务辅导力度。本年一些部处文书调整频繁，新任兼职档案管理员业务不太熟练，为保证各部处归档质量，档案室加强对新任兼职档案员的业务指导和帮助。全年共提供辅导40余人次。

积极为各部处承担的重点业务工作和活动提供档案咨询，帮助查找相关档案。其中包括：为研究院提供国家图书馆南区建成30周年纪念活动相关档案；为国有资产管理处提供政府采购相关档案资料；为立法决策服务部部长讲座档案数字化项目提供档案咨询；为黄明信追思会提供视频档案资料。全年共提供档案咨询80余人次，提供档案271件。

完成2016年度档案的接收整理工作。为保证各部处2016年度档案归档工作的顺利进行，在对兼职档案员进行实际操作辅导的基础上，加大审核力度，及时指出问题并协调处理，使各部处2016年度档案的归档错误率明显减少。共接收档案25626件/张。

接收相关部处移交的历史档案。接收党办移交20世纪40—70年代历史档案286件，接收展览部展览用照片15箱，接收基建工程办公室预移交一期改造竣工图120卷、2887件，接收财务处1987—2005年票据档案361箱。

归档情况统计

档案类型	档案数量
文书档案	4794件
活动档案	487件
业务档案	833件
照片档案	19354张
实物档案	24件
刊物档案	103件
项目档案	31件
合计	25626件/张

重要文件选编

- 馆发文件目录
- 重要文件选编

重要文件选编

一、馆发文件目录

◇ 国家图书馆关于转发《中共文化部党组、中央纪委驻文化部纪检组关于做好2017年贯彻落实中央八项规定精神有关工作的通知》的通知
国图办发〔2017〕1号

◇ 国家图书馆关于颁发2016年度“馆长特别奖”的决定
国图办发〔2017〕2号

◇ 国家图书馆关于表彰2016年度先进集体的决定
国图人发〔2017〕3号

◇ 国家图书馆关于表彰2016年度创新奖项目的决定
国图人发〔2017〕4号

◇ 国家图书馆关于表彰2016年度服务标兵的决定
国图业发〔2017〕5号

◇ 国家图书馆关于表彰2016年度安全保卫工作先进集体和先进个人的决定
国图保发〔2017〕6号

◇ 国家图书馆关于2016年度全员考核情况的通报
国图人发〔2017〕7号

◇ 关于印发《国家图书馆2017年度工作要点》的通知
国图业发〔2017〕8号

◇ 关于印发《国家图书馆关于进一步贯彻落实中央八项规定精神的实施意见》的通知
国图办发〔2017〕9号

◇ 关于进一步精简文件简报和会议活动有关事项的通知
国图办发〔2017〕10号

◇ 国家图书馆关于内设机构调整的通知
国图人发〔2017〕11号

◇ 国家图书馆关于李春明等7人任职公示的通知
国图人发〔2017〕12号

◇ 关于印发《国家图书馆“十三五”规划纲要》的通知
国图办发〔2017〕13号

◇ 关于表彰2016年度宣传工作先进集体和个人的决定
国图办发〔2017〕14号

◇ 关于印发《国家图书馆车辆使用管理暂行办法》的通知

国图办发〔2017〕15号

◇ 关于印发《国家图书馆关于贯彻落实〈关于实施中华优秀传统文化传承发展工程的意见〉的实施意见》的通知

国图研发〔2017〕16号

◇ 国家图书馆关于张志清、孙一钢职务调整的通知

国图人发〔2017〕17号

◇ 国家图书馆关于苏品红等21人职务聘任的通知

国图人发〔2017〕18号

◇ 国家图书馆关于卢海燕不再担任处级职务的通知

国图人发〔2017〕19号

◇ 国家图书馆关于林世田职务聘任的通知

国图人发〔2017〕20号

◇ 国家图书馆关于李春明等7人职务试用聘任的通知

国图人发〔2017〕21号

◇ 国家图书馆关于魏崇、方自金职务调整的通知

国图人发〔2017〕22号

◇ 国家图书馆关于殷梦霞、葛艳聪职务聘任的通知

国图人发〔2017〕23号

◇ 国家图书馆关于2017年度职称评审工作的通知

国图人发〔2017〕24号

◇ 国家图书馆关于举办2017年哲学社会科学工作者专题培训班的通知

国图人发〔2017〕25号

◇ 国家图书馆关于魏崇职务聘任的通知

国图人发〔2017〕26号

◇ 国家图书馆关于王洋等10人任职转正的通知

国图人发〔2017〕27号

◇ 国家图书馆关于李红霞等22人职务聘任的通知

国图人发〔2017〕28号

◇ 国家图书馆关于张玮等5人职务聘任的通知

国图人发〔2017〕29号

◇ 关于公示2017年度高级专业技术职务任职资格评审结果的通知

国图人发〔2017〕30号

◇ 国家图书馆关于黄洁等23人任职公示的通知

国图人发〔2017〕31号

◇ 关于2017年度部处领导班子及全员年度考核工作的通知
国图人发〔2017〕33号
◇ 国家图书馆关于方自金、魏崇职务聘任的通知
国图人发〔2017〕34号

注：国图人发〔2017〕32号因分发范围限制，不列在本目录内。

二、重要文件选编

国家图书馆2017年工作要点

2017年是实施“十三五”规划的重要年，国家图书馆将继续全面贯彻落实党的十八大和十八届三中、四中、五中、六中全会精神，深入学习贯彻习近平总书记系列重要讲话精神，紧紧围绕“五位一体”总体布局和“四个全面”战略布局，秉承创新、协调、绿色、开放、共享的发展理念，坚持稳中求进，加强统筹协调，坚定文化自信，培育践行社会主义核心价值观，传承弘扬中华优秀传统文化，把牢方向导向，建设好社会主义意识形态的重要阵地，维护国家文化安全，推动中华文化“走出去”，以优异成绩迎接党的十九大胜利召开。

一、落实全面从严治党要求推动事业创新发展

深入学习习近平总书记系列重要讲话精神，武装头脑、指导实践。继续深入学习党的十八届六中全会精神，认真组织学习宣传贯彻党的十九大精神，不断加强党员思想政治教育，切实增强广大党员政治意识、大局意识、核心意识、看齐意识，在思想上政治上行动上同以习近平同志为核心的党中央保持高度一致。

完善党的建设与业务建设“两手抓、两加强、两促进”工作格局，全面贯彻文化部党组在听取我馆工作汇报时的指示精神、文化部领导在全国文化厅局长会上的讲话精神，以及文化部2017年党的工作会议精神，不断巩固拓展“两学一做”学习教育和中央国家机关工委专项巡视整改工作成果。落实好国家图书馆第三次党代会精神。做好党的十九大代表推选工作。进一步规范党内政治生活，严格落实“三会一课”、民主生活会、领导干部双重组织生活、组织生活会、民主评议党员、谈心谈话等组织生活制度。进一步完善党委议事决策制度，增强党政统筹力度，协调并进。进一步建强支部，不断激发支部活力，完善党建工作述职评议考核工作。将补缴党费与加强教育相结合，切实增强党员意识、提高党性觉悟。做好党员发展和管理，不断完善党员队伍结构。以党支部支委为重点，组织好党员和党务干部培训。

以落实党风廉政建设“两个责任”为抓手，推动党风廉政建设与全年业务工作同部署、同推进、同落实。认真落实纪检监察工作“三转”要求，聚焦监督执纪问责主业，把握运用监督执纪“四种形态”。深入贯彻落实中央八项规定精神，驰而不息地纠正“四风”，进一步做好信访举报工作，加大纪律审查力度，将作风建设不断引向深入。

二、积极贯彻落实“十三五”规划

抓住中华古籍保护计划、民国时期文献保护计划、国家文献战略储备库建设等若干重点工作被纳入《中华人民共和国国民经济和社会发展第十三个五年规划纲要》的重要机遇，贯彻落实国家规划和文化部“十三五”文化改革发展规划纲要，加紧完善和颁布实施《国家图书馆“十三五”

规划纲要》《中华古籍保护计划“十三五”时期规划纲要》等9个规划纲要，形成衔接配套的规划体系，制定务实有效的规划实施方案，狠抓规划落实。加强对规划实施的督查和评估，确保各项规划早实施、早见效，促进事业的全面创新发展。

三、积极推进国家文献战略储备库前期建设

进一步贯彻落实文化部领导关于国家文献战略储备库工程建设的指示精神，积极推进工程项目各项前期工作。明确功能定位，深入研究三个馆区的总体布局和利用规划，统筹考虑、总体设计，建立健全并严格遵守工程项目建设及管理程序。精心组织，按计划完成项目建筑设计招标，确定设计单位和设计方案，完成可行性研究报告的编制、上报及评审工作。力争完成初步设计及其概算编制、上报工作，做好施工图设计文件和工程量清单编制。开展项目施工监理、施工总承包招标，督促项目所在地政府完成项目“七通一平”相关工作。根据项目总体工作安排，做好配套业务工作的深化研究和落实，全面提升国家图书馆文献信息资源存藏保护能力。

四、统筹推进国家文献信息资源总库建设

统筹做好实体资源与数字、网络资源充分融合的现代馆藏体系建设，进一步增强对国家经济文化发展的文献支撑保障能力。跟踪出版行业发展趋势和服务需求，不断赋予总库建设新内涵。继续巩固出版物样本缴送成果，做好非正式出版物的采访入藏。加强对海外文献存藏、整理等情况的调查研究，继续开展中国学、边疆等重点学科、重点领域文献，周边国家和地区、国家宏观战略关切问题等文献采访与补藏工作。结合国家图书馆国家文献战略储备库建设，拓宽补藏渠道，有计划分步骤地开展文献保护抢救及系统补藏工作。有重点地加速数字资源建设，加快推进网络信息资源和活态记忆资源的采集保存与服务利用，加快“开放存取”资源的采集与服务。跟踪传统媒体和新兴媒体深度融合的发展趋势，探索研究新兴媒体资源保护与服务。加强音乐艺术类特色视听资源建设。加强馆藏资源利用评价和用户需求调研，完善文献信息资源建设评估体系。

五、拓展创新促进国家文献信息资源总目整合优化

推动基于内容的立体化、多元化、可视化知识网络建设，继续完善落实各类馆藏元数据的全面整合方案，促进馆藏资源的一站式检索、关联揭示与有效利用。继续推进RDA等国际性编目规则的应用测试。着手搭建关联数据注册平台，实现《中国分类主题词表》的关联数据发布服务。加快对批量补藏及海外征集文献资源的编目揭示，继续做好少儿图书馆基本藏书目录的编制工作，启动县级图书馆基本藏书目录编制，提升数据服务效能。着手乐谱等特色文献资源的编目规则编制。开展全国实体文献资源联合馆藏揭示平台建设，拓展国家书目的服务功能。加强数字资源生命周期管理，完善数字资源建设标准及元数据规范，加强数字资源、网络资源、音视频资源等类型文献信息资源的编目揭示与整合。深入开展知识组织与发现技术的跟踪研究与创新应用。

六、全面提升服务能力优化服务效能

加强专业能力建设，提升为国家立法决策服务的水平与效能。紧密结合党和政府决策亟需的重大课题和重点领域，开展前瞻性、针对性政策研究，加强与专业化国家级智库间的合作与交流，促进立法决策服务创新性应用，着力打造新型“智库”，全面提高面向国家立法决策的服务能力和研究能力。进一步加强海外中国问题研究资料中心、中国边疆文献研究中心建设，促进立法决策服务相关文献的收集与整理，提升为国家重大决策提供文献支撑保障的能力。继续办好“部级领导干部历史文化讲座”，不断扩大品牌影响力。

进一步深化面向重点科研教育生产单位的专业化服务。以建设国家图书馆科学评价中心为抓手，形成核心服务产品，为“大众创业、万众创新”提供支持，服务经济转型发展和世界科技强国建设。进一步统合业务资源，加强产品研发和业务推广，积极拓展以企业用户为代表的机构用户的服务。

坚持贯彻“以人为本”的服务理念，进一步优化服务布局。打造视听服务空间，满足视听资源服务需求，为非物质文化遗产、国图公开课、中国记忆等特色馆藏资源提供展示服务的阵地窗口。不断加强未成年人、老年人、残疾人和流动人口等特殊群体的适用服务建设，保障平等阅读权益。不断加强服务标准化、规范化，继续提高读者服务精细化水平，通过优质服务营造和谐文明阅览环境，提升读者阅读满足率，吸引读者走进图书馆，培育公众图书馆意识。

七、挖掘潜力加快社会教育服务体系建设

加强国家典籍博物馆建设，打造弘扬中华优秀传统文化新平台。不断开拓办展思路，创新展陈方式，充分挖掘馆藏资源，紧紧围绕国家内政外交重大活动以及重要时间节点，举办好中英文化交流展、孔子历史文化展、庆祝中国人民解放军建军90周年等重点展览，提高质量、打造精品。配合博物馆青少年教育试点经验和示范项目，继续做好与学校教育衔接。进一步加强讲解员等专业人才队伍建设，统筹规范志愿者服务管理，提升服务能力和服务质量。

加快以讲座、展览、阅读系列活动为主要手段的多元化、多层次的社会教育服务体系建设。进一步办好、办活国图公开课，优化服务平台，不断推出国家级精品课程。进一步挖掘国图艺术中心服务潜力，提升国家图书馆艺术素养教育能力。加强对文创产品开发的组织实施，拓宽文创衍生品线上、线下推广渠道。依托“文津图书奖”“M地铁·图书馆”“网络书香过大年”等品牌活动，加强宣传展示，扩大服务影响，弘扬中华优秀传统文化，促进全民阅读，提高图书阅读的吸引力和凝聚力，引导社会公众多读书、读好书，促进深度阅读。

八、扎实深入推进公共数字文化建设

加强对现代信息技术的跟踪研究和创新利用，提高科技研究成果转化，积极运用大数据、云计算、虚拟现实等新技术，引领数字图书馆科技创新，研究数字资源和新媒体服务统计方法，不断提升文化科技支撑水平。

深化数字资源共建共享，带动全国公共图书馆开展数字资源联合建设、集中揭示与统一调度。

加大优质数字资源向海外推送力度，为中国文化中心数字图书馆、世界数字图书馆等项目提供优秀数字资源。统筹数字图书馆推广工程实施，加大数字资源向贫困地区、边疆地区、特殊群体倾斜力度，致力消除信息鸿沟和地区差异，深化文化惠民服务实效。

引导数字阅读，助力书香社会建设。创新服务方式，提升用户体验，不断丰富移动互联网、全媒体服务内容，以“互联网+”思维促进数字图书馆服务的提档升级，打造国家图书馆服务品牌。继续做好数图体验服务。启动文献数字化中心的服务利用。加快数字资源长期保存介质研究，优化国家数字图书馆数字资源保存与灾备体系建设。切实做好网络信息安全工作。

九、加快实施“中华古籍保护计划”“民国时期文献保护计划”等重点文化工程

加强文献保存保护，加快实施中华古籍保护计划、民国时期文献保护计划。全面推进文献普查、征集整理、保护修复、公布服务等工作，加强人才队伍建设，使中华优秀传统文化能够继往开来、永续传承。继续推进国家级古籍修复中心建设，加速近现代文献脱酸保护技术研发与推广，建设形成国家古籍保护人才培训基地、古籍修复技艺传习中心（附设传习所）、高等院校（科研院所）、志愿者服务“四位一体”的人才培养体系。加速推进“海外中华古籍调查暨数字化合作项目”与海外民国时期文献征集工作，深入开展调研，有重点地加快海外存藏中华珍贵历史文献资源的揭示与回归。做好“国家社科基金抗日战争研究专项工程”项目的组织实施，加快抗日战争史料，特别是革命根据地史料等文献的抢救性挖掘保护和整理揭示。继续组织古籍文献、民国时期文献整理出版与研究工作，促进保护成果转化利用。

大力推进“中国记忆”项目，配合国家级非遗代表性项目代表性传承人抢救性记录工程等国家重点文化工程，加强统筹，不断塑造品牌特色。不断提升记忆资源的建设、整合、揭示与服务规范化。启动实施“国家传统文化典籍整理工程”，继续做好《中华传统文化百部经典》编纂工作，揭示中华优秀传统文化、革命文化、社会主义先进文化的独特价值和有机联系，全面推动优秀传统文化的挖掘阐发、保护弘扬、传播推广和融合发展。

十、进一步发挥行业创新引领作用

充分发挥国家图书馆在全国公共图书馆服务体系建设中的示范引领作用，打造业界发展和服务创新示范高地。深入贯彻落实《公共文化服务保障法》，丰富公共文化产品和服务供给，增强人民群众文化获得感。继续做好事业发展研究与政策研究支撑，配合推进公共图书馆立法以及古籍保护条例等行政法规的制定实施。

继续推进全国公共图书馆文献保障体系建设，推动全国各级公共图书馆资源和服务共建共享。不断强化与各级各类图书馆和其他公共文化机构的联系与合作，通过组织实施重点文化工程，进一步发挥中国图书馆学会、中国古籍保护协会等行业组织作用，加强对地方图书馆业务工作的指导和培训。做好文化志愿服务工作，加强志愿服务制度建设与志愿者招募和管理，推进公共文化设施学雷锋志愿服务示范单位建设。加强文化援建工作，配合完成援疆、援藏、春雨工程等基层文化援建工作项目，组织优秀师资面向全国图书馆开展馆员培训，丰富公共文化产品供给，推动

城乡基层文化资源建设，为农村及偏远地区图书馆事业发展提供支持，助力国家“精准扶贫”。

进一步加强与博物馆、文化馆、档案馆等其他公共文化服务机构和文献存藏单位的协调合作与资源共享，继续探索吸引社会资本和社会力量参与图书馆文献保护、社会教育、宣传推广、文化创意产品开发以及2017年中国图书馆年会等工作。

十一、进一步促进中华文化国际影响力的提升

积极开展国际交流合作，全面提升国家图书馆国际地位和影响力。积极履行国家图书馆代表国家执行有关对外文化协定、开展对外文化交流的职能，参与有关国际组织和行业组织的活动，不断拓展与国外图书馆的合作领域和合作范围，努力争取更多国际图书馆界话语权。配合“一带一路”战略，筹建“丝绸之路国际图书馆联盟”和“丝绸之路数字图书馆”，筹办“一带一路”展览。策划举办丝绸之路图书馆馆长论坛、第25届亚洲及大洋洲地区国家图书馆馆长会议、第2届中国与阿拉伯国家图书馆及信息领域专家会议、中日韩数字图书馆业务交流会等重要国际会议，开展图书馆专业培训活动。贯彻落实中央港澳工作会议精神，配合文化部继续做好港澳大学生文化实践等工作；不断加强与台湾汉学研究中心、香港中央图书馆、澳门中央图书馆等机构的交流，促进共同发展。筹划建设世界文化之窗专题阅览区，展示我馆与世界各国图书馆文化交流成果。加强和文化部外联局合作，积极配合海外中国文化中心图书馆建设，协助配备图书资源，完善数字图书馆建设，做好人员与服务保障工作。

十二、不断完善人才培养、科研进步、业务发展的支撑促进体系

落实好国家图书馆“三定”方案，加强组织机构建设，为促进我馆事业发展提供强有力的组织保障。完善干部选拔任用和监督管理机制，加强管理干部队伍建设。立足事业发展，紧扣人才需求，不断完善人才引进机制，扎实推进人才引进工作。以高层次人才和青年拔尖人才队伍建设为重点，努力建设一支政治素质良好、专业技术精湛、业务成就突出的优秀文化人才队伍。健全和完善有利于促进事业发展的人才培养体系。

着力构建学术创新、方法创新、管理创新的科研创新体系，营造科研创新的良好氛围。加强重点领域研究，积极争取国家级科研项目，以项目促进科研、业务建设和事业发展。加强科研项目管理，采取匿名评审与专家鉴定相结合的方式，优化科研成果质量评价机制。结合国家科技管理体制改革，完善科研项目经费管理方式，形成科研激励机制。强化对科研成果的总结和共享，切实将科研成果转化为实际生产力。

十三、全面提高综合管理水平

切实从严治馆，全面提高从严管理水平。做好绩效自评和绩效评价，推进绩效管理工作。加强内部审计制度建设，不断健全内部控制体系建设。深入贯彻落实财政部、文化部的相关财务制度，坚持深化改革。围绕全馆重点工作和中期财政规划科学组织预算申报。严格执行相关规定，加强预算管理。不断拓宽创收渠道，开源节流，降本增效，做好创收工作的统筹管理。按照国家

统一部署，做好机关事业单位工作人员养老保险制度改革工作。在馆属企业集中财务管理的基础上，进一步加大培训力度，提高财务人员基础业务能力及财务管理水平。继续推动审计工作向事前控制和事中监督转变。

进一步加强国有资产精细化管理，强化政府采购招标内控机制，完善馆定集中采购流程，加强政府采购需求和履约验收管理。研究藏品类资产入账管理，进一步夯实资产基础工作。做好文创企业经营平台筹建，坚持社会效益与经济效益相统一原则，推动馆属企业规范经营、提升效益，增强长远发展能力和对馆方回报能力。

强化安全意识、底线意识，做好各项安全管理和保障工作。要从确保国家文化安全的高度，强化安全管理。不断完善规章制度，重点抓好全员安全教育、安全培训、安全检查和安全主体责任的落实，不断提高消防“四个能力”建设水平和员工的反恐防恐意识，提高实际操作和应急处置能力。继续做好重要展览、重大活动和重要节日的安全保卫任务。做好技防设备设施维护和保养；不断强化保卫队伍建设，细化对保安公司的监督管理工作，提高保安服务水平。加大日常巡视检查力度，及时发现和解决各类安全隐患，确保全年无安全责任事故。

做好各项行政管理和后勤保障工作，完成一期维修改造相关决算工作，着力解决南区改造工程各项遗留问题，确保全馆水、电、暖、热力和空调、传送等系统设备及车辆安全正常运行。做好总馆北区数据中心机房和四库全书库空调改造工程各项相关工作。加强对物业公司的监督管理，提升物业服务水平。继续做好全馆信息化建设规划，加强项目建设统筹整合。保障计算机机房稳定运行，确保馆内各项业务高效开展。落实责任，加强应用系统和信息化项目统筹管理，做好非物质IT资产管理。完成一期网络调优工作，提高全馆网络稳定及信息安全的管理保障水平。

进一步加强宣传工作，紧跟传统媒体和新兴媒体深度融合趋势，遵循新闻传播规律和新媒体发展规律，以“准”“新”“微”“快”为重点，不断提升宣传工作能力，为我馆发展创造良好的舆论环境。

十四、营造和谐向上的事业发展氛围

充分发挥工会、共青团组织的桥梁纽带作用，引导群团组织发挥更为积极的作用。召开国家图书馆第四次工会会员代表大会暨第三届职工代表大会，不断提升民主管理水平。进一步调动分工会积极性，广泛开展全民健身运动和群众性文娱活动，促进员工身心健康。办好国家图书馆第十二届员工运动会。加强团组织建设，召开共青团国家图书馆第九次代表大会。创新共青团工作的形式和载体，促进团青工作交流，进一步增强团组织的吸引力和凝聚力。

加强和改进离退休服务与管理工作，创新服务思路，丰富服务载体，提升服务质量，积极引导离退休老同志凝聚和传播正能量，努力发挥老同志在国图发展建设中的积极作用。关心和支持老年社团活动，办好老年大学，促进文化养老。

国家图书馆关于进一步贯彻落实中央八项规定精神的实施意见

为进一步严格落实中央八项规定精神，持之以恒加强作风建设，按照《文化部办公厅关于印发〈中共文化部党组关于进一步贯彻落实中央八项规定精神的实施意见〉的通知》要求，结合国家图书馆工作实际，特制定如下实施意见。

一、增强纪律意识，筑牢拒腐防线

1. 牢固树立“四个意识”。结合“两学一做”学习教育，深入学习贯彻党的十八大和十八届三中、四中、五中、六中全会精神和习近平总书记系列重要讲话精神，教育引导广大党员干部进一步坚定理想信念、保持对党忠诚、树立清风正气、勇于担当作为，切实增强政治意识、大局意识、核心意识、看齐意识，在思想上政治上行动上同以习近平同志为核心的党中央保持高度一致。

2. 坚定不移推进全面从严治党。贯彻落实《中国共产党党章》《中国共产党廉洁自律准则》《中国共产党纪律处分条例》《中国共产党问责条例》《关于新形势下党内政治生活的若干准则》《中国共产党党内监督条例》，按照中央关于全面从严治党的战略部署，认真履行全面从严治党主体责任，加大执纪和问责力度，推动作风建设取得新成效。

二、坚持问题导向，改进调查研究

3. 注重调研实效。要围绕国图事业发展的重点、难点，深入基层和业务一线，密切联系群众，准确全面了解情况，为决策提供参考，切实做到重大问题无调研不决策。每次调研要有明确主题，少搞面上综合调研，避免走马观花等形式主义的调研，一般要形成书面调研报告。坚持问题导向，下基层调研要注重研究和解决实际问题，找准问题关键点。实行首问责任制，强化责任和担当意识，真正解难题、办实事。

4. 改进调研作风。出京调研须履行书面报批程序，批准后方可组织实施。要轻车简从，馆长出京调研，陪同的中层干部一般不超过 3 人，调研组人员一般不超过 6 人；馆领导班子其他成员出京调研，陪同的中层干部一般不超过 2 人，调研组人员一般不超过 4 人。部处负责同志带队的调研，调研组人员一般不超过 3 人。要深入群众，与基层和一线工作人员直接沟通，力求了解真实情况，取得第一手材料。要加强统筹协调，简化调研安排，内容、时间相近的调研活动，尽量合并开展或错开时间，减轻接待单位或部门压力。

三、严格控制各种会议活动，切实改进会风

5. 严控会议活动数量。严格把关，可开可不开、缺少实质内容的坚决不开；内容相近、人员交叉的会议活动，能套开的尽量套开。对必须举办的会议活动，要明确主题，充分准备，注重实效。严格执行《国家图书馆举办会议、展览、培训、讲座相关活动的规定》《国家图书馆举办会议、展览、培训、讲座相关活动规定的补充通知》《关于进一步加强国家图书馆举办各类活动管理工作的通知》的相关规定，坚持会议活动的计划编报审批制度、组织实施前的“一事一报”制度

及相关备案制度。未经批准，各部处不得以国家图书馆名义或部处名义对外举办活动，不得擅自将党和国家领导人、文化部领导以及国家图书馆馆领导列入活动组织机构进行宣传，不得擅自开展全国性、涉外、涉港澳台文化活动。

6. 改进会议形式。要开短会、开解决问题的会议，不开泛泛布置工作和提要求的会议。积极利用现代通信和技术手段改进会议形式。

7. 严格办会纪律。严格按照有关规定选择会议召开场所，参会人员以在京单位为主的会议不得到京外召开，不得到党中央、国务院明令禁止的风景名胜区召开会议。严格执行《文化部会议费管理办法》和《国家图书馆会议费管理实施细则》的相关规定，控制会议费支出范围和支出标准。严禁组织会议代表旅游和与会议无关的参观，严禁以任何名义发放或收受纪念品。

四、精简各种文件、简报，切实改进文风

8. 减少文件数量。凡是法律法规已有明确规定的不再重复发文，已全文公开播发的不再印发文件。凡是能够通过电话沟通解决的坚决不发文，能通过信息渠道报送的不通过文件报送。控制发文规格，能以职能部处名义印发的，不以国家图书馆名义印发。

9. 控制简报数量。以馆名义编发、上报文化部的简报原则上只保留《国家图书馆简报》《党委工作简报》《〈中华传统文化百部经典〉编纂工作简报》。

10. 提高文件简报质量。严格控制文字篇幅，避免空话套话、形式主义，切实做到精炼、务实、管用。上报文化部及领导同志个人的公文，原则上不超过2000字；普发性文件一般不超过3000字，每期简报一般不超过2000字。印发文件、编发简报须严格执行《国家图书馆公文处理办法》，履行报批程序。

五、规范因公临时出国（境），提高文化交流实效

11. 从严出国（境）管理。进一步从严出国（境）管理，坚持因事定人原则，从实际工作需要出发，科学合理安排出国（境）团组，不得安排照顾性和无实质内容的一般性访问。严格控制出国（境）团组数量、人数、访问国家数和在外停留天数，严格执行司局级领导干部出访相关规定。严格控制出访团组经费，严格执行国家规定的支出范围和标准。

12. 严守外事纪律。根据《国家图书馆因公出国（境）管理办法》内容要求，严守外事纪律，严禁利用职权擅自安排因私出国（境）亲属参加国（境）外公务，严禁持因私证件出国（境）执行公务。严禁携带配偶、子女及其家属同行。出访期满后不得私自逗留，返回后要在规定时间上交有关证照。

13. 严格执行信息公开和出访报告制度。因公临时出国（境）团组应按规定进行事前和事后公开。出访前按照规定对出访任务、人员、路线、天数进行公示，召开行前会，明确外事纪律和出访任务。出访后及时报送出访报告和实际执行情况。实行事前批准事项与实际执行情况比对机制，对因公临时出国（境）实施全程监管，对违规行为依法依规严肃处理，并追究有关人员责任。

六、改进新闻报道，严格文稿发表

14. 规范新闻报道。馆领导班子成员的公务活动，要根据工作需要、新闻价值和社会效果决定是否报道，确需报道的，一般不超过800字，并严格配发涉及馆领导的照片。多报道业务工作重点、亮点，减少对个人的报道和一般性新闻。

15. 严格领导干部文稿发表。未经批准，馆领导班子成员不得发表政论类署名文章，不得公开出版讲话文稿汇编，不得举办个人作品展览，不得对外发贺信、贺电、题词、题字。

七、厉行勤俭节约，禁止铺张浪费

16. 规范津补贴和劳务费发放。严格奖励性补贴、加班补贴、交通补贴等工作补贴管理，规范津补贴发放范围，不得擅自提高津补贴标准，不得违规自定薪酬，严禁超标准、巧立名目滥发津补贴、奖金和实物。厘清工会活动费用和财政资金，保障党员干部按规定享有正常的福利待遇。发放劳务费应严格执行相关制度，严格履行财务审批程序，按照规定的支出范围和标准发放，不得擅自提高劳务费发放标准，不得违规自定名目发放劳务费。

17. 节俭安排公务接待。严格执行《国家图书馆国内公务接待管理办法》相关规定，严格控制国内公务接待审批和接待标准。国内公务接待不得张贴悬挂标语横幅，不摆放花草绿植。严格控制接待标准，不得组织营业性娱乐、健身场所活动，不得将休假、探亲、旅游等活动纳入国内公务接待范围。外事接待方面，结合外事工作的政治性和政策性特点确定礼宾规格，遵照国际惯例和对等原则，注意规模适度和节俭务实。邀请外宾来访、参会等过程中，严格执行文化部外宾接待经费管理办法的有关规定，合理安排住宿、宴请、参观等活动。在未获得批准或授权的情况下，不擅自向外方发出邀请或做出承诺。严格控制公务接待费支出，严格执行规定的支出范围和支出标准，不得用公款报销与公务无关或支付应由个人负担的费用，不得向企业摊派、转嫁公务接待费用。

18. 完善公务用车使用管理。严格执行中央公务用车管理规定，落实国家图书馆公务用车制度改革，修订车辆使用规定，加强车辆日常管理。不得换用、借用、占有下属单位或其他单位和个人的车辆，不得接受企事业单位和个人赠送的车辆，不得违反用途使用或固定给个人使用机要通信等公务用车。严禁公车私用、私车公养。严禁既领取公务交通补贴，又违规乘坐公务用车。严格限定公务交通补贴发放人员和范围，并按部门额度严格控制业务交通费用。

19. 严格办公用房使用管理。切实执行《党政机关办公用房建设标准》，从严核定办公用房面积，巩固办公用房清理整改成果，完善办公用房分配、使用、维修改造和管理程序，办公用房使用分配方案要由馆领导班子集体讨论决定，并在单位内部公示。严禁超标准装修、豪华装修等情况。严格履行部分附属用房的出租审批手续。

八、严格职业操守，坚持公私分明

20. 规范专业研究行为。国家图书馆党员干部从事专业研究不得利用职权为个人专业研究谋取私利，不得用公款办个人展示活动或将个人展示活动费用转嫁给相关部处，不得在出版作品、展示个人成果时，接受有利害关系的单位或个人赞助。

21. 规范公务行为。未经批准，各级干部不得擅自出席各类剪彩、颁奖、奠基仪式、开闭幕式和庆祝会、纪念会、表彰会、博览会，不得擅自以公职身份参加纯私人性质的文艺演出、展示、研讨活动。

22. 坚持公私分明。要廉洁自律，克己奉公，清白做事，干净做人。国家图书馆党员干部参加馆里组织的各类项目的评审、论证、鉴定和验收活动，不得领取报酬；从事检查调研、会议讲话等公务活动时，不得以讲课费、劳务费等名义领取报酬；因工作需要在馆外兼职，应当经馆方批准并报文化部备案，不得领取兼职报酬和补贴。严禁借公务差旅之机旅游或者以公务差旅之名变相旅游。

九、加强监督检查，强化责任追究

23. 落实“两个责任”。各级党组织要切实负起全面从严治党主体责任，党员领导干部特别是主要负责人还要负起领导责任，把落实中央八项规定精神作为严肃的政治任务，以上率下，层层抓好落实，强化措施，强力推进。各级纪检组织要认真履行监督责任，对容易发生“四风”问题的关键环节、关键岗位，采取切实有效的措施，强化监督检查。

24. 清理规章制度。相关部处要对照党内法规和国家法律法规，对照中央八项规定精神，对有关作风建设的规章制度定期进行清理，及时修订完善。要总结实践经验，建立健全各项配套制度，提高制度的执行力。

25. 强化责任追究。要把纪律和规矩挺在前面，实践好监督执纪“四种形态”，及时提醒，抓早抓小，做到防微杜渐、防患于未然；对顶风违纪者发现一起，严肃查处一起，越往后执纪越严，形成有力震慑；对有影响的典型案例，点名道姓通报曝光。加强问责工作，对“四风”问题突出的部门和党组织，要加大责任追究力度，推动中央八项规定精神在我馆落地生根。纪检监察处牵头，会同有关部处对《意见》执行情况开展监督检查。

本意见自 2017 年 3 月 14 日起实施。

国家图书馆“十三五”规划纲要

为贯彻落实党和国家关于加快构建现代公共文化服务体系，建设社会主义文化强国的战略部署，明确国家图书馆事业发展的主要目标和重点任务，促进国家图书馆事业实现新的突破，建设“国内最好、世界领先”的图书馆，根据《中华人民共和国国民经济和社会发展第十三个五年规划纲要》《国家“十三五”时期文化发展改革规划纲要》《文化部“十三五”时期文化发展改革规划》和《全国公共图书馆事业发展“十三五”规划》，制定本规划。

序言

“十二五”时期，在文化部党组的正确领导下，国家图书馆领导班子和馆党委带领全馆干部员工，坚持以马克思列宁主义、毛泽东思想、邓小平理论、“三个代表”重要思想、科学发展观为指导，深入学习贯彻习近平总书记系列重要讲话精神，积极围绕传承弘扬中华优秀传统文化的要求，顽强拼搏、开拓创新，不断提高业务发展水平，扩大服务范围，提升服务效能，圆满完成《国家图书馆“十二五”规划纲要》确定的主要目标和任务，事业发展再上新台阶。

基础设施建设取得新突破，总馆南区维修改造工程竣工，典籍博物馆建成开放，国图艺术中心和综合服务楼投入使用，国家图书馆国家文献战略储备库项目获批立项；资源规模持续增长，馆藏3,518.15万册件，数字资源1,160.98TB；资源组织与管理能力不断增强，国家书目建设启动，“文津”搜索系统上线，元数据集中仓储2.8亿条；分层服务体系进一步完善，数字图书馆服务覆盖宽带互联网、移动通信网和广播电视网，到馆读者2,154.90万人次，文献流通12,607.11万册次，网站点击56.83亿页次，解答咨询430.76万件，举办活动2,906场；国家重点文化工程成效凸显，中华古籍保护计划、民国时期文献保护计划顺利实施，数字图书馆推广工程稳步推进；人才队伍结构更加优化，本科及以上学历占员工总数84.4%，高级职称人员占27.2%；科研综合实力不断增强，申报立项省部级以上项目34项，申请国家专利14项，获批国家标准和行业标准10项，建立文化部重点实验室1个；在国内外图书馆事务中的话语权进一步提升，跨地区、跨系统的图书馆交流与合作深入推进，重点业务领域合作平台逐步成熟，广泛参与国际图书馆事务，与重点国家和地区间的务实合作不断拓展；党的建设与业务建设两手抓、两促进、两加强的格局不断巩固，全面从严治党责任充分履行，党风廉政建设成效显著。国家图书馆基础业务、读者服务、研究能力、管理保障进一步夯实，社会影响力持续扩大，为“十三五”时期事业发展奠定了坚实基础。

“十三五”时期是全面建成小康社会的决胜阶段，是建设社会主义文化强国的重要时期，也是构建现代公共文化服务体系的关键阶段，国家图书馆事业发展面临新的机遇与挑战。

“四个全面”和“五位一体”战略布局进一步明确，传承和弘扬中华优秀传统文化，培育和践行社会主义核心价值观，实现中华民族伟大复兴的“中国梦”等一系列重大战略相继提出，文化在经济社会发展及政治外交大局中的战略地位显著提高，国家图书馆作为国家级文化重镇，需要围绕国家战略积极作为。建设世界科技强国，推进“一带一路”战略实施，促进全民阅读，也需要国家图书馆发挥独特作用。

党中央、国务院提出“到2020年基本建成覆盖城乡、快捷高效、保基本、促公平的现代公共文化服务体系”，图书馆是现代公共文化服务体系的重要组成部分，国家图书馆作为全国图书馆事业发展的排头兵，需要在促进公共文化服务普遍均等方面积极发挥示范引领作用。

科技发展对文化建设的影响日益加深，文化与科技融合发展的态势进一步凸显，大数据、云计算、物联网、移动互联网、人工智能等信息技术快速发展，数字出版与网络出版迅速增长，传统媒体与新兴媒体深度融合，“互联网+”对信息的产生、传播与利用方式带来革命性影响。国家图书馆作为国家重要信息基础设施，在培育数字图书馆服务新业态方面大有可为。

经济社会的快速发展和信息需求的快速增长，推动了图书馆事业的跨越式发展，对国家图书馆研究实践经验，丰富理论成果，破解发展难题，为各级图书馆提供业务指导，引领全国图书馆事业发展提出了更高要求。图书馆行业开放共享、融合拓展、合作创新的发展理念日益普及，在资源拥有与开放获取、信息组织与知识服务、文献储存与保障利用、空间重塑与职能拓展、技术创新与智能服务等方面呈现出新的发展趋势，为国家图书馆明确发展方向、优化发展路径、提升发展水平提供了可资借鉴的经验。

在新的历史时期，国家图书馆必须以新理念、新路径为引领，明确目标，把握机遇，迎难而上，努力开拓事业发展新局面。

一、指导思想与发展目标

（一）指导思想

高举中国特色社会主义伟大旗帜，全面贯彻落实党的十八大和十八届三中、四中、五中、六中全会精神，以马克思列宁主义、毛泽东思想、邓小平理论、“三个代表”重要思想、科学发展观为指导，深入贯彻习近平总书记系列重要讲话精神和治国理政新理念新思想新战略，切实增强政治意识、大局意识、核心意识、看齐意识，紧紧围绕统筹推进“五位一体”总体布局和协调推进“四个全面”战略布局，牢固树立和贯彻落实创新、协调、绿色、开放、共享的新发展理念，顺应经济社会发展环境和人民群众精神文化需求的变化，秉持“传承文明，服务社会”的办馆宗旨，继承和发扬百年国图精神，以传承和弘扬中华优秀传统文化为主线，为加快构建现代公共文化服务体系，推动国家创新发展，实现中华民族伟大复兴的“中国梦”做出新的更大贡献。

（二）总体目标

履行好国家图书馆作为国家古籍保护中心、国家典籍博物馆、国家文献信息资源总库（国家总书库）、国家书目中心、全国图书馆信息网络中心和全国图书馆发展研究中心的职能，努力将国家图书馆建设成为“国内最好、世界领先”的图书馆，成为传承和弘扬中华优秀传统文化的重要基地，成为支持和推广全民阅读的主要阵地，成为国家经济社会发展的新型智库，成为创新创业的知识中心，成为业界发展和服务创新的示范高地，成为联结各类信息服务机构的开放平台。

（三）主要目标

今后五年的主要目标是：

——文献信息资源综合保障能力进一步增强。接受出版物缴送的工作制度进一步完善，适应出版形势和数字化服务方式的多渠道文献采选、补藏机制较为成熟，馆藏文献信息资源的学科、载体、语种结构更为优化，重点馆藏的保存保护和异地灾备条件显著改善，覆盖重点国家、重点地区、重点领域的文献信息资源保障体系更加完备。

——文献信息资源的集成化整合效能进一步提高。以国家文献信息资源总目建设为重点，馆藏各类型文献的统一揭示更加深入，覆盖全国县以上公共图书馆的联合馆藏建设基本完成，对各类新型资源整合揭示技术的研究应用能力进一步增强。

——文献信息资源的研究整理与展示利用水平进一步提升。以传承和弘扬优秀传统文化为重点，面向国家经济社会发展重点领域和重大关切的专题文献整理与研究工作形成一定规模，古籍保护修复、整理出版与研究利用水平全面提升，中华珍贵典籍文化展示、传播与研究平台逐步完善。

——支撑国家创新发展的多元分层服务体系进一步完善。以建设国家新型智库为重点，面向国家重要法律法规和政策制定的立法决策服务能力显著增强，面向经济社会和科学技术发展重点领域的知识服务水平显著提升，面向“大众创业、万众创新”的综合信息服务平台基本形成。

——支持公民终身学习的服务网络进一步健全。以促进和支持公众自我学习、自我涵养为重点，基于讲座、展览、培训、阅读推广活动、艺术鉴赏及文化创意产品研发的立体化社会教育服务网络进一步健全，“国图公开课”“文津图书奖”等文化教育活动品牌的社会影响进一步提高，面向全民阅读的服务支撑体系建设更加完备。

——基于现代信息技术的公共文化服务效能进一步强化。数字图书馆“一云一库一网”建设任务基本完成，传统业务与数字图书馆业务进一步融合发展，服务于社会公众学习、工作、研究与休闲娱乐的公共数字文化空间进一步优化，通过网络向公众提供的资源和服务内容更加丰富，渠道更加多样，手段更加便捷。

——在国内外图书馆事务中的话语权和影响力进一步凸显。围绕“一带一路”国家战略，依托重大文化工程和双边、多边合作项目，与其他图书馆和信息机构之间的开放交流与合作机制进一步完善，与周边国家、重点地区和相关国际组织的务实合作不断深化，对现代公共文化服务体系建设和提升中华文化国际传播力、影响力的积极作用进一步发挥。

——人才队伍建设与科学研究工作进一步加强。以事业发展和业务工作需求为导向，多渠道、多层次选人用人机制进一步健全，人才队伍进一步优化，围绕事业发展和业务工作重点领域的研究工作取得突破性进展，研究成果的转化利用效率不断提高，开放合作的研究平台不断完善，业务工作、科研工作和人才培养进一步实现有机结合与良性互动。

——综合管理能力和保障能力进一步稳固。综合管理的科学化、规范化程度显著提升，行政管理与业务管理机制进一步创新，安全保卫与后勤保障水平不断提高，业务流程进一步理顺，适应事业发展和社会需求的新型业务格局逐步完善。

——党建工作科学化规范化水平进一步跃升。从严治党主体责任全面落实，党风廉政建设成效显著，各级党组织作用充分发挥，党员队伍思想政治水平和业务工作能力不断提高，党建工作为事业发展提供坚强组织保障、纪律保障和思想保障。

（四）重点发展指标

指标名称	发展目标
馆藏文献资源总量	4000万册（件）
馆藏数字资源总量	1800TB
年接待到馆读者数量	500万人次
年网站访问量	15亿页次
手机门户年读者点击量	8000万次
年解答参考咨询量	90万件
年举办讲座展览数量	300场次
年业界培训数量	50场次

二、加强国家文献信息资源总库建设，进一步提升文献信息资源保障能力

按照国家文献信息资源总库建设的总体要求，促进实体资源、数字资源、网络资源和活态记忆资源充分融合的现代馆藏体系建设，不断完善实体馆藏与虚拟馆藏的协调互补机制，使馆藏资源内容更加丰富，结构更加合理，国家图书馆作为世界中文文献和国内外文文献最大藏家的地位进一步巩固，对国家经济社会创新发展和政治外交重大关切的文献支撑保障作用进一步增强。

（一）完善馆藏发展政策

根据国内外信息环境及出版市场发展变化情况，对国家文献信息资源总库的建设原则和采选方针进行研究与必要的调整完善，修订《国家图书馆文献采选条例》，赋予“中文求全，外文求

精”新的时代内涵。研究制定馆藏资源建设中长期发展规划，重点加强数字资源建设规划。探索建立重点文献专藏制度。完善馆藏资源建设的专家咨询制度、绩效评价制度和用户需求反馈制度。

（二）加强多渠道文献信息资源采集与管理

加强出版物样本缴送管理，根据馆藏发展政策，采取多种措施提高国内正式出版物、博士学位论文和博士后出站报告等法定缴存出版物的入藏完整率。加强民族文字文献、古籍特藏、民国时期文献、家谱资源、地方志、珍贵历史资料、名人手稿、非正式出版物、海外华人史料等的采访收集。完善文献补藏规划，建立私人珍贵书籍寄存制度，拓展文献补藏渠道和方式，重点开展对遗散海外的中华珍贵典籍和民国时期文献的数字化和缩微补藏。

（三）加强重点领域文献信息资源保障体系建设

加强重点学科领域、重点专题领域文献的采访与征集，逐步形成对中国学、边疆海疆文献信息资源的有效保障。加强重点国家和地区文献的采访与征集，逐步形成对周边国家和地区、与国家重大战略关系密切的国家和地区文献信息资源的有效保障。

（四）推进数字资源建设与保存工作

加快数字资源建设，特别是馆藏特色数字资源建设。围绕中央加强网络安全和信息化建设重大战略部署，结合国家图书馆资源建设整体规划，进一步明确网络信息资源采集的目标、原则、内容与方法，推动建立全国统筹、分工协作的网络资源采集、保存与共享利用机制，逐步实现对国家经济社会发展重点领域和重大事件网络资源的全面采集与保存。

（五）建设“中国记忆”资源总库

以“中国记忆”项目为依托，探索建立以各类专业信息资源保存机构为实施主体，全社会共同参与的国家记忆资源共建共享机制，逐步形成针对活态记忆资源建设和服务的标准体系，加快对各种形式民族记忆资源的搜集、整理、保存和利用，进一步扩大国家总书库文献资源入藏范围。

（六）推进海外珍贵文献调查与补充入藏

依托“中华古籍保护计划”“民国时期文献保护计划”等重点项目，进一步推进海外中华珍贵典籍和民国时期文献的调查摸底，与海外存藏机构在目录编制、文献数字化加工与整合利用、保护修复等方面开展合作，积极探索以文献实体、影印出版、缩微复制、数字化版权使用等方式促进海外中华珍贵典籍和民国时期文献的回归与补充入藏。

专栏1：国家文献资源总库馆藏拓展

（一）国家互联网信息保存与利用工程

联合国内重点文化保存机构，在全国范围内构建分级分布的中文网络信息资源采集与保存体系，全面系统地采集和保存国内互联网信息资源，有重点地采集和保存国际网络信息资源，规范网络资源专题数据库建设，逐步实现重要网络信息资源的长期保存。

（二）“中国记忆”项目

坚持抢救性、代表性、前瞻性原则，以口述史料与影像史料为特色，以中国现当代重大历史事件、典型代表人物、优秀文献典籍、重点热点话题，以及各类非物质文化遗产等为主要内容，联合各级各类文化、教育、研究机构，社会团体及个人，搭建开放互连的合作平台，依据统一的标准规范，有选择地采集和制作专题资源，建设“中国记忆资源总库”，通过出版、展览、网络服务等方式推进活态记忆资源的利用，逐步实现对民族记忆的系统搜集、整理、保存和利用。

（三）海外中华古籍调查暨数字化合作项目

加强海外中华珍贵典籍文献的调查摸底，促进与各有关国家和地区文献收藏机构的共建共享和古籍领域专业人才的合作培养，联合编制中华珍贵典籍文献目录，推动遗散海外的中华珍贵典籍文献的整理与影印出版，积极探索以数字化、缩微等形式补充馆藏，提供利用。

三、加强国家文献信息资源总目建设，进一步提升各类型资源的深度加工与整合揭示能力

优化馆藏文献信息资源目录体系，促进所有载体类型文献信息资源书目记录的全覆盖，加强各类型文献信息资源的统一检索与整合揭示，深入开展知识组织与发现技术的跟踪研究与创新应用，全面推进国家书目和全国图书馆联合馆藏目录建设。

（一）加强馆藏文献信息资源的编目加工

密切跟踪国际编目理论、方法和技术的发展变化，积极推进RDA等国际性编目规则的研究应用，进一步提升书目数据质量，加强数字资源、网络资源、活态记忆资源等新兴载体类型文献信息资源的编目，实现馆藏各类型元数据和海内外中文文献目录数据的集中仓储和统一管理。

（二）推进基于知识关联的资源整合

深层次整合文献信息资源，逐步实现馆藏信息资源组织揭示重点从文献层转向内容层和关系层，建立基于内容的立体化、多元化知识网络，全面提升专题知识服务能力。面向经济社会发展重点领域和政治外交重大关切，有计划、有针对性地开发建设特色专题知识库群。积极应用大数据技术，加强对用户行为数据的挖掘与分析，不断提升资源整合对用户个性化信息需求的针对性与适应性。

（三）提供高质量资源统一检索与发现服务

完成对各类馆藏元数据的全面整合，加强与主流商用元数据仓储检索平台的深入合作，推进外购数据库元数据的底层收割的统一检索。开展基于知识关联的资源整合，依托“文津”搜索系统和数字图书馆推广工程，全面推进用户身份的统一认证和单点登录，提供对国家图书馆馆藏文献乃至全国公共图书馆馆藏文献的统一检索与发现服务。

（四）构建全国图书馆文献信息资源元数据集中仓储

按照“共知、共建、共享”的建设思路，进一步推进中国国家书目和全国图书馆联合馆藏目录建设，逐步实现全国各级各类图书馆纸质文献、缩微文献、数字资源、网络资源及活态记忆资源等各类型文献资源元数据的集中登记与协同共享，并力争实现海外中文古籍目录数据的集中仓储。

专栏2：中国国家书目建设

充分发挥国家书目中心作用，依托全国联合编目系统，不断加强各级各类图书馆之间的书目合作与共享，加快推进数字化国家书目系统建设。积极探索将非正式出版物、数字资源、网络资

源、活态记忆资源等纳入国家书目系统，逐步实现国家书目对各类型文献信息资源的广泛覆盖，提升国家书目收录内容的系统性与完整性。

四、加强专业能力建设，为中央和国家机关立法决策提供智力支持

全面提高面向国家立法决策的文献保障能力、服务能力和研究能力，加强立法决策服务的针对性、前瞻性和专业性，力争通过五年的努力，将国家图书馆建设成为支持国家立法决策的新型智库。

（一）提升面向立法决策的文献保障能力

依托馆藏文献，加强立法决策服务相关文献的收集与整理工作，特别是依托海外中国问题研究中心、中国边疆文献研究中心，切实为国防、外交等国家重大决策提供文献支撑，使国家图书馆成为具有较高保障能力和保障水平的立法决策文献信息资源基地。

（二）完善立法决策服务机制

充分发挥国家图书馆国情咨询顾问委员会和国家图书馆国情咨询专家委员会的作用，建立对国家政治外交大局变化的快速响应机制，与国务院各部委建立有效的信息沟通和日常联系机制，加强部委分馆建设，围绕国家政治、经济、文化、社会和生态等重点领域和重大问题提供热点研判和及时服务响应。

（三）健全全国立法决策服务网络

依托全国省级公共图书馆决策咨询服务协作平台，通过合作共建、资源共享、交流研讨，完善与各省级公共图书馆之间的立法决策联合服务机制，建立立法决策服务知识库，为各级图书馆服务地方立法决策提供有效支持。

（四）提升立法决策研究支撑能力

紧密围绕党和政府决策急需的重大课题和重点领域，开展前瞻性、针对性、储备性政策研究，特别是针对经济社会发展中的热点问题开展国家战略文献的整理研究，大力加强与专业性国家级智库间的合作与交流，为党和国家工作大局提供专业化文献信息服务。

专栏3：部级领导干部历史文化讲座

以提升领导干部文化自信和治国理政能力为目标，着眼于优化知识结构、拓宽全球视野、增强战略思维能力，结合国家重点工作及社会热点问题规划选题。深化讲座内涵，提升综合服务能力，基于“互联网+”环境创新讲座服务，为领导干部提供更为便捷的学习渠道和资源获取途径，使专家学者的智慧服务于部级领导干部的工作决策。规范讲座管理，丰富讲座内容，挖掘讲座潜力，进一步扩大品牌影响力。

五、强化科研支撑与公共文化服务，不断提高服务效能

面向重点教育科研生产单位提供主动性、针对性、专业化服务，不断创新服务理念，培育公众阅读习惯，积极拓展社会教育职能，进一步优化服务布局，提高全方位、全媒体、多品种的服

务能力。

（一）加强面向科技创新的服务

逐步加强覆盖全国的文献信息资源保障体系建设，依托国家图书馆科学评价中心，开发新的信息分析与服务产品，进一步拓展面向重点教育、科研机构与企业的参考咨询服务。跟踪国家重大战略领域、重点建设项目和重要创新工程需求，提供针对性服务。为中小企业和社会公众创新创业提供工具、空间、文献与咨询服务。

（二）完善多元化社会教育服务体系

依托“国图公开课”，不断推出国家级精品课程，为公众提供高品质终身教育资源。整合讲座与展览资源，办好“文津书院”，建立“讲习”制度，丰富社会教育活动内涵，提升品牌影响力。依托国图艺术中心，拓展艺术教育职能，提升艺术普及与鉴赏服务水平。

（三）拓展全媒体服务

积极利用现代信息技术，通过网络进一步拓展服务半径，为更广泛的社会公众提供信息服务。完善新媒体服务策略，针对不同网络平台的特点，及时调整与优化服务形式与服务内容，通过社交平台了解读者需求，主动推送服务。提供高质量音视频鉴赏服务。

（四）深化全民阅读服务

依托4·23世界读书日、全国图书馆服务宣传周，策划举办全民阅读活动。依托“文津图书奖”，评选、推荐优秀阅读资源。依托数字图书馆推广工程创新阅读服务形式，利用现代信息技术为公众提供随时随地、方便快捷的国家图书馆阅读服务。

（五）加强面向特殊群体的服务

加强对少年儿童图书馆事业发展的研究，依托国家图书馆少年儿童馆，充分发挥对全国各级图书馆少年儿童服务的示范带动作用。加强针对老年人、未成年人、残疾人、流动务工人员等特殊群体的适用资源建设，拓展面向不同人群的图书馆服务，帮助其更好地融入社会。

（六）优化馆区服务格局

根据创新创业服务、音视频资源服务等需求，开辟专门空间，优化馆区环境、空间布局和服务格局，为到馆读者提供更好的阅读体验和学习氛围。挖掘空间潜力，通过现代化展陈手段，多角度展示馆藏文献典籍和文化创意产品，宣传优秀传统文化和百年国图精神。密切跟踪信息服务领域设施设备、软件工具的发展进步，为用户提供体验式服务。

专栏4：服务效能提升

（一）国家图书馆科学评价中心

开展科学评估业务研究和规划，整体提升国家图书馆服务国家科研决策、科研管理和科技创新的能力与水平，为科技创新提供文献支撑与信息服务，面向科研和企业用户提供学术影响力评价、科技项目查新、技术分析报告、行业（产业）发展报告和舆情监测分析报告等服务和产品。

（二）“国图公开课”项目

以弘扬中华优秀文化为核心，依托馆藏文献资源，结合经济社会发展和公众学习生活，建立健全课程策划、设置、制作及发布管理机制，统一课程建设标准，整合馆内外优秀讲座资源和各类型公共数字文化资源，不断推出满足多元化需求、形式多样的国家级精品课程，为公众提供高品质终身教育资源。不断完善公开课服务平台，实现线上线下相结合的用户管理和用户服务。

（三）文津图书奖

进一步完善工作机制，拓宽参评渠道，鼓励读者参与，争取社会力量支持，搭建作者、读者、学者、出版者、图书馆的沟通平台，按照“公开、公平、公益”的原则，评选出适宜大众阅读的、读者喜爱的优秀图书，培养和引导公众阅读兴趣与倾向，为家庭藏书和图书馆藏书提供参考，通过多种途径开展宣传推广活动，发挥图书馆服务全民阅读、倡导读书、组织读书的作用，营造作者写好书，出版社出好书，读者读好书的社会氛围。

六、搭建基于云计算和大数据的业务支撑平台，进一步提升信息化能力

利用大数据、云计算、物联网等新技术，推进数字图书馆一体化网络建设，以用户需求为导向加强数字资源的联合建设、集中揭示与统一调度，提升公共数字文化服务能力。

（一）推进数字图书馆“一云一库一网”建设

依托“数字图书馆推广工程”，积极开展国家公共文化信息服务基础设施云、中华文化资源总库和国家公共文化信息综合服务网络建设，形成资源规模优势，为社会公众提供基于全媒体的数字图书馆资源与服务，逐步实现国家公共文化信息一站式服务。

（二）加强技术平台支撑能力建设

建设基于云存储、云服务和大数据的技术平台，提升信息设施管理水平，实现对各类型海量数据的有效管理、存储、分析和利用。加强业务管理系统对新的信息管理和服务环境的适应性研究与调整，完善业务统计平台，提高系统平台的运行性能和访问速度，为各项业务工作提供强有力的技术保障。

（三）提高基于大数据的数据分析和服务能力

加强对经济社会发展进程中各类海量数据资源的采集与保存，充分发掘数据所含的信息价值，为开展专业化知识信息服务提供数据支持。对内部业务工作和读者服务过程中产生的大量数据进行发掘与整理，特别是对有关馆藏文献信息资源利用和读者信息行为的各类数据进行挖掘与分析，为馆藏发展政策和用户服务政策调整提供数据支持。

（四）提高信息化管理水平

做好全馆信息化建设规划，加强设施设备和技术平台的智能化管理，建立较为完善的信息安全管理机制，全面推进信息服务系统的建设和应用，提升业务管理自动化水平和馆务信息化水平，实现传统业务自动化管理系统和数字图书馆管理系统间的互联互通，推动图书馆业务和服务全流程的数字化、网络化管理。

专栏5：数字图书馆推广工程

立足国家“互联网+”战略，积极开展“一云一库一网”建设，建立面向基层、互联互通的

数字图书馆服务网络。加快数字资源建设与整合，形成优质文化资源库群，构建面向移动终端、贯通线上线下的服务模式，提升资源建设水平和服务效能。依托海外中国文化中心推广数字图书馆建设成果，在世界范围内广泛宣传优秀中华文化与中国现代化建设成就。

七、加强文献保存保护，深入挖掘馆藏文献价值

结合国家图书馆在文献收藏、保护、整理与开发利用方面的优势，采取多种创新手段，全面推动优秀传统文化的挖掘阐发、保护弘扬、传播推广和融合发展。

（一）进一步改善文献存藏条件

依托“国家图书馆国家文献战略储备库”建设，进一步完善馆藏文献存藏布局，逐步形成本地与异地保存相结合的重要文献信息资源的全面储备。调整优化书库空间布局，重点推进普通古籍书库、特藏书库等的升级改造，加强数字资源长期保存设施设备的配置与保障，力争到“十三五”末，使全馆各类文献库房基本达到国家标准要求，特藏书库的设施设备达到国际一流水平。

（二）切实履行国家古籍保护中心职能

依托“中华古籍保护计划”，联合全国各类古籍存藏、研究机构和专家学者，推动完善古籍保护政策制度，进一步健全全国古籍保护协调工作机制和分级保护机制，加强古籍保护人才队伍培养，力争在“十三五”时期基本完成全国古籍普查工作，全面提升我国古籍普查登记、保护修复、整理出版与研究利用水平。

（三）推进民国时期文献保护工作

依托“民国时期文献保护计划”，在全国推动建立民国时期文献的保存保护工作机制，力争“十三五”期间，在民国时期文献保护技术上有所突破，使民国时期文献的保护状况实现较大改观。收集、整理和出版一批有影响的民国时期专题文献，使其更好地服务于当代经济社会发展和学术研究需要。

（四）办好国家典籍博物馆

加强典籍博物馆理论研究，逐步建立适应国家图书馆职能定位的国家典籍博物馆建设机制。依托馆藏资源优势，策划精品展览，开发文创产品，通过流动展览、巡回展览、交换展览等方式，延伸展览空间，结合展览主题开展培训、讲座等系列活动，使国家典籍博物馆成为有影响力的展陈、研究、宣传、推广中华优秀典籍文化的公共服务机构。

（五）推进文献整理研究和出版利用

以馆藏中华优秀文化典籍为依托，围绕培育和践行社会主义核心价值观的要求，结合国家政治外交关切、经济社会发展需要和社会公众关注热点，推进文献整理与研究，整理出版一批有重要应用价值和社会影响的专题文献。

（六）加强缩微复制工作

依托全国图书馆文献缩微复制中心，探索创新统筹建设与自主建设并举的全国文献缩微工作机制。联合全国各级公共图书馆，开展特色文献缩微抢救工作，推进珍贵文献资源的缩微化

长期保存进程，扩大缩微文献入藏范围，拓展缩微文献入藏方式，完善国家缩微母片库建设，“十三五”时期实现年入藏量300万拍。推动数字缩微工作，开展缩微文献整理出版，建立缩微文献服务网络，进一步提升缩微文献服务能力。

专栏6：文献保存保护与馆藏整理开发

（一）国家图书馆国家文献战略储备库建设项目

开展项目可行性研究论证，基本完成国家文献战略储备库基础设施建设，调整完善国家文献信息资源总库的总体规划和业务布局，充分利用数字化、缩微复制、影印出版等手段，以同城灾备和异地灾备相结合的方式，实现国家重要战略文献的长久、安全保存。

（二）中华古籍保护计划

基本完成全国古籍普查登记工作，完善分级保护制度，继续开展《国家珍贵古籍名录》和全国古籍保护重点单位评审工作，加强少数民族文字古籍保护。改善古籍存藏环境，实施国家珍贵古籍专库（专架）管理。加强古籍修复中心建设，推进古籍修复用材安全、文献脱酸等研究，继续实施“天禄琳琅”等修复项目。促进古籍文献的整理利用，推进中华古籍数字资源库建设，编纂出版《中华古籍总目》分省卷，推动《中华再造善本》（三编）《中国古籍珍本丛书》等整理出版工作。推进中华优秀传统文化实践基地建设，加强对古籍保护成果的宣传推广和展示利用。

（三）民国时期文献保护计划

逐步完善民国时期文献保护工作机制，在全国范围内开展民国时期文献的普查登记，完善全国民国时期文献联合目录检索平台系统，编制民国时期文献总目。拓展征集范围，探索合作机制，开展海内外民国时期文献的征集与合作开发。加强文献研究、开发与利用，推进文献史料的整理出版。建成一批高质量的民国时期文献专题资源库，建立文献信息资源整合和揭示平台，为学界和公众利用资源提供便利。加强民国时期文献原生性保护力度，推进文献保护技术研究。做好宣传推广工作，为民国时期文献保护工作营造良好舆论氛围。

（四）《中华优秀传统文化百部经典》编纂项目

以中华优秀传统文化典籍为依托，以具有永恒的价值理念为主线，以与当代文化相适应、与现代社会相协调的思想文化资源为切入点，解读一批、整理一批、根据现实需要编撰一批典籍，形成有多个具有学术性、知识性和普及性相结合的系列丛书，使之成为中华优秀传统文化传承体系的重要内容。

（五）中华优秀传统文化典籍精品展陈项目

依托国家典籍博物馆，以馆藏中华优秀传统文化典籍精品为基础，围绕重大历史事件、重大社会关切、重大文化项目及国家图书馆事业发展重要领域，深入挖掘馆藏，策划组织精品展览。进一步拓展合作领域，加强与有关文博单位的合作，探索引入国际优质展览资源的有效机制。通过对中华传统文化典籍、实物的现代化、创造性展陈和阐发，展示中华文化的独特魅力，拉近优秀传统文化与社会公众的距离，打造宣传和展示中国典籍文化的国家级窗口。

（六）国家传统文化典籍整理工程

联合全国各级各类图书馆等相关机构，共同开展中国传统文化典籍的整理、揭示、研究、出版和宣传推广，搭建全国优秀传统文化典籍资源的共建、共知、共享平台。选择若干与国家内政外交和百姓民生联系紧密的专题，编制专题典籍联合目录，建设专题典籍数据库，整理出版专题典籍丛书，编制专题研究报告。为各地开展地方性典籍整理提供支持。

八、切实发挥行业示范引领作用，推动现代公共文化服务体系建设

充分发挥国家图书馆在全国图书馆事业发展中的示范引领作用，加强与各级各类图书馆和其他公共文化机构的联系与合作，共同推进现代公共文化服务体系建设。

（一）积极推动现代公共文化服务体系建设

加强对现代公共文化服务体系，特别是图书馆服务体系的理论研究及技术应用探索，通过组织实施重点文化工程、开展文献信息资源联合建设与联合服务、组织优秀师资面向全国图书馆开展馆员培训等多种方式，带动省、市、县及广大基层图书馆的发展，特别是为农村及偏远、贫困地区图书馆事业发展提供支持，推动图书馆行业在构建现代公共文化服务体系中发挥积极作用。

（二）逐步完善信息资源共享网络与联合服务机制

依托全国联合编目中心，以全国图书馆馆藏文献元数据集中仓储为基础，推动实现全国各级公共图书馆馆藏各类文献信息资源的统一揭示、统一检索和联合服务。依托全国省级公共图书馆决策咨询服务协作平台、全国图书馆参考咨询协作网、政府公开信息服务平台、国家少年儿童数字图书馆、中国残疾人数字图书馆等联合服务平台，实现各平台间的互联互通，共同构建覆盖全国的公共图书馆联合服务网络。

（三）发挥学术交流平台作用

充分发挥全国图书馆发展研究中心职能，继续提升我馆主办的《中国图书馆学报》《国家图书馆学刊》《文献》等学术性刊物的学术水平和行业影响力，通过组织学术研讨、开展业务交流、策划科研项目、编纂研究报告等多种形式，广泛组织学界和业界专业力量，围绕图书馆事业发展重点领域和重大问题展开深入研究和探讨。

（四）大力支持行业组织发展

加强对中国图书馆学会、中国古籍保护协会、中国文献影像技术协会、全国图书馆标准化技术委员会、全国文献影像技术标准化技术委员会等的支持，为行业组织履行职能提供人员、经费、业务等各方面保障，促使其更好地在行业发展中发挥作用。

（五）积极开展跨界交流与合作

继续加强与高等院校图书馆、科研院所图书馆等各类型图书馆之间的资源共享与协同服务，拓展与博物馆、文化馆、档案馆等公共文化服务机构的统筹协调与资源共享，积极参与信息生产、组织、加工、传播和利用各环节的互动与合作，探索与相关行业间建立资源互补、互利共赢的合作机制。

九、积极开展国际交流合作，进一步提升国际影响力

积极履行国家图书馆代表国家执行有关对外文化协定、开展对外文化交流的职能，参与有关国际组织和行业组织的活动，不断拓展国际合作领域和合作范围。

（一）策划开展国际交流活动

配合中国对外文化交流合作的总体战略，特别是“一带一路”国家战略，主动策划国际交流活动，巩固和加强与周边国家、重点地区国家图书馆间的双边与多边交流机制，筹建丝绸之路国际图书馆联盟和丝绸之路数字图书馆，推动申办国际图联大会，办好亚大地区国家图书馆馆长会议，在国家对外文化交流总体框架下不断加强中国图书馆事业的对外宣传与推广，推进中华文化的对外传播与交流。

（二）推动实施务实合作项目

充分发挥图书馆在传播中国精神、弘扬中国价值、传承中华文化方面的独特优势，围绕典籍展览展示、文献保护利用、资源共建共享、人才培养交流等领域，联合国内外文化机构与文献信息机构，有针对性地参与或组织策划国际合作项目。通过建立图书馆联盟、建设信息共享与服务平台等方式，推进与世界主要国家和地区有影响力的大馆之间的务实合作。积极配合海外中国文化中心图书馆建设，协助配备图书资源，完善数字图书馆建设，做好人员和服务保障工作。

专栏7：国际交流与合作

（一）丝绸之路国际图书馆联盟

联合丝绸之路国内段各省市图书馆，通过联盟的方式，逐步与丝绸之路沿线其他国家图书馆建立长期战略合作关系和定期交流互访机制，共同策划合作项目，在文献信息资源的共建共享、丝路文献的保存保护与开发利用、丝绸之路数字图书馆建设、专业技术人才培养、学术交流与业务培训等领域开展广泛深入合作，带动沿线各国图书馆事业共同进步，为促进沿线各国、各民族文化交流传播做出积极贡献。

（二）海外中国文化中心图书馆

配合文化部外联局，联合部分有条件的省、市级公共图书馆，为海外中国文化中心图书馆提供图书文献采选与加工、图书馆自动化系统建设、图书馆业务培训与现场指导等服务，推进海外中国文化中心数字图书馆建设，结合国家外交大局，有针对性地推送特色鲜明、内容丰富的中华文化优秀数字资源，通过线上线下多种方式举办展览、讲座等文化活动，加强中华优秀传统文化在海外的传播推广，提升中华文化的国际影响力。

十、加强科学研究，提高事业发展的科学化与专业化水平

提高学术影响力，进一步实现科研工作与业务建设的融合发展和良性互动，力争在“十三五”时期，将国家图书馆建设成为在图书馆界有较大影响力的图书馆发展研究中心和重要的公共文化政策研究基地。

（一）健全科研管理机制

完善科研管理制度，建立对科研项目的动态跟踪管理机制。充分发挥国家图书馆学术委员会对科研项目选题、立项、研究和验收等全过程的监督和指导作用。依托高等院校等研究机构，进一步完善开放研究机制，在重要领域探索建立核心研究团队。建立科学的科研成果评价机制。

（二）加强重点领域研究

充分发挥国家图书馆在文献分类编目、立法决策服务、参考咨询服务、阅读推广服务、文献保存保护、古籍整理、文献展陈服务、数字图书馆建设等业务领域的优势，加强对相关理论、技术和方法的研究，形成一批在行业内有广泛影响，能够指导各级各类图书馆业务实践的重要研究成果，围绕事业发展需要，加强对国家公共文化政策、图书馆事业发展政策的跟踪研究，积极为有关法律法规和政策制定提供研究支撑。

（三）促进科研成果转化利用

加强科研项目选题规划与评审，重点支持与业务工作和事业发展需求关系密切的选题研究，鼓励各部门围绕业务工作实际需要组织开展研究活动。充分发挥国家图书馆“文津”出版基金的作用，加强对科研成果出版的支持。探索建立国家图书馆机构知识库，鼓励馆内科研成果以多种形式实现共享利用。

十一、加强队伍建设，培育适应事业发展需要的人才队伍

进一步完善国家图书馆人才引进、培养、聘用及评价激励机制，优化岗位管理制度，提升人力资源使用效率，打造一支规模适当、结构合理、储备充足，较好适应事业发展需要的人才队伍。

（一）健全多元化选人用人机制

进一步完善高校应届毕业生招聘与面向社会公开招聘相结合的员工录用制度，重点引进数字图书馆建设、信息技术研发、古籍保护与修复、展览展示与创意设计等领域亟需专业技术人才和重要管理岗位人才。探索传统技艺传承人才队伍建设的有效路径。进一步完善社会化用工机制，提升外包业务管理水平，加强志愿者队伍建设与管理，广泛吸引志愿者参与图书馆服务，发展壮大志愿服务队伍。

（二）强化员工在岗培训

进一步完善分层分类培训机制，结合岗位需要，有针对性地组织开展多样化的培训活动，广泛开展基础业务知识和基本业务技能培训，为员工接受专业继续教育创造条件。在文献采访与编目、古籍保护与修复、参考咨询服务等重点业务岗位，探索建立多种形式的人才培养机制，发挥高级职称人员和业务骨干的“传帮带”作用，推进各重点领域人才梯队建设。

（三）加强领军人才培养

引进与培养相结合，围绕我馆事业发展重点领域与重大问题建设核心研究团队，加强领军人才培养，为中青年业务骨干开展业务研究与学术研究创造有利条件，依托博士后科研工作站吸引人才开展研究，逐步培养若干在国内外有一定行业影响力的高端人才。

（四）加强岗位管理

根据事业发展环境变化和职能拓展要求，适时调整组织机构，优化岗位设置，创造鼓励员工岗位成才的制度环境，建立科学的岗位考核与人才评价制度。

十二、增强事业发展活力，夯实事业发展基础

根据中央关于文化体制改革的要求，深化内部体制机制改革，进一步提高管理水平，推动形成责任明确、行为规范、富有效率、服务优良的运行机制，营造良好的事业发展环境。

（一）深化体制机制改革

按照中央关于深化文化体制改革和推进事业单位分类改革的要求，全面推进人事管理制度、收入分配制度改革，结合国家图书馆实际，有序引入社会力量参与业务建设与读者服务。

（二）提升业务管理水平

做好全馆业务工作的统筹规划、协调与管理，完善业务规章制度及业务工作规范；围绕馆藏文献信息资源建设与用户服务等重点领域，加强业务研究与数据分析，完善图书馆业务与管理统计、评估体系，建立内部自评与第三方评估相结合、综合评估和专项评估相结合的多元评价机制。

（三）规范财务、国有资产管理和审计工作

完善财务监督机制，科学制定和执行预算，强化预算调控功能，规范经费管理审批流程，加强项目绩效管理，开展财务考评，完善内部控制体系建设，构建完善的监督检查体系，加强国有资产精细化管理和政府采购管理，规范馆属企业运营。

（四）加强安全与后勤保障工作

坚持“安全第一，预防为主”，建立现代安全管理体系，特别是加强网络信息安全体系化建设，完善安全管理制度和应急预案，加强全员安全培训，提高安保人员整体素质、应急反恐能力和突发事件处置能力。完善后勤管理工作制度，完成后勤保障系统运行维护调度中心建设，提升后勤智能化管理与服务水平，加强后勤队伍建设，确保设施设备运行安全。

（五）完善宣传工作机制

加强宣传员队伍建设，围绕重点工作和重大工程做好宣传报道规划，积极拓展媒体合作渠道，策划开展宣传推广活动，建立覆盖各类媒体的宣传工作网络，规范官方信息发布渠道和发布流程，加强网络舆情监控，建立舆情快速响应机制，为国家图书馆事业发展创造更好的舆论环境。

（六）加强法务工作和知识产权管理

提升依法治馆能力，完善合同管理工作机制，开展网络信息环境下的知识产权工作研究，制定知识产权工作指南，进一步规范资源建设与用户服务，做好知识产权宣传与培训工作。

十三、落实全面从严治党主体责任，确保事业发展正确方向

以落实从严治党要求为主线，紧紧围绕“服务中心、建设队伍”两大核心任务，不断完善党建工作格局，统筹推进思想建设、组织建设、作风建设、队伍建设和反腐倡廉建设，为事业发展奠定更加坚实的思想和组织基础。

（一）加强思想建设

以学习贯彻十八届六中全会精神、习近平总书记系列重要讲话精神和十九大精神为统领，充分依托“三会一课”等制度，加强理论学习，坚持“两学一做”学习教育常态化制度化，通过读原著、学原文、悟原理，引导广大党员全面掌握习近平总书记系列重要讲话丰富内涵和精神实质，将学习讲话精神与谋划事业发展统筹结合起来，通过学习切实增强“四个意识”。

（二）加强组织建设

落实全面从严治党要求，坚持民主集中制和民主生活会制度，以党政统筹的思路配强支委班子，进一步完善党委书记（党支部书记）负总责、分管领导分工负责、行政负责人“一岗双责”的党建工作格局。落实党建工作责任制，强化党支部抓党建的主体意识和主动精神，不断提高党组织的创造力、凝聚力与战斗力。

（三）加强作风建设

进一步加强党员干部党性修养，改进工作作风，强化“四个意识”。贯彻落实中央八项规定精神，坚持勤俭办馆，推进作风建设常态化、长效化。强化党章党规党纪教育，引导广大党员树立“严细深实”的工作作风，继承和发扬国图人求真务实、严谨细致的工作传统，老老实实做人，踏踏实实做事，为事业发展营造风清气正的环境。

（四）加强反腐倡廉建设

落实党风廉政建设主体责任，强化监督执纪问责。以馆级领导班子、中层干部为重点，加强党纪教育，切实增强党员领导干部廉政意识和自律意识，把纪律和规矩挺在前面。加大对重点岗位、重点部门、重点环节的动态监控和风险控制，完善权责清晰、流程规范、风险明确、措施有力、制度管用、预警及时的党风廉政风险防控机制。驰而不息纠正“四风”。

（五）加强队伍建设

切实加强馆、部处、科组三级领导班子建设，牢固树立“严以修身、严以用权、严以律己，谋事要实、创业要实、做人要实”的作风，不断提升干部队伍的专业能力和行政能力，继续完善领导干部深入基层开展调研的工作机制，提高决策科学性。加强党员教育和党务干部培训，提高党员思想理论水平和党务干部实践工作能力。加强国图精神培育，增强党员荣誉感使命感。

十四、凝聚各方智慧，强化实施保障

保障“十三五”规划有效实施，要始终坚持党的领导，不断激发全馆员工的积极性和创造力，形成全馆上下齐心，团结协作的强大合力。

（一）明确实施责任

加强规划的统筹管理和衔接协调，形成以《国家图书馆“十三五”规划纲要》为统领，各专项规划为支撑的发展规划体系，按规划要求制定年度工作要点。规划确定的重点发展指标和主要工作任务，要明确责任主体和实施进度要求，确保如期完成。各部门要根据规划，制定相关工作计划和实施方案，明确责任，统筹实施。加强经费预算与规划实施的衔接协调，根据规划确定的目标任务，强化资金保障。

（二）形成实施合力

继承与发扬百年国图精神，努力在全馆培育立足岗位、甘于奉献、扎实工作、积极进取的文化氛围。围绕规划开展多种形式的宣传解读，统一认识，一致行动。进一步完善职工代表大会制度和职工代表议案工作制度，创新共青团工作思路，丰富和活跃员工文化生活，充分凝聚广大职工的智慧，共同推进规划实施。加强馆情通报，充分发挥离退休老同志的积极作用，切实关心离退休员工生活，丰富老同志社团活动。以全馆员工群策群力、共同奋斗、共享事业发展成果的生动局面，促进规划实施。

（三）强化实施评估

开展规划实施情况动态监测和评估工作，通过组织开展专项评估、年度评估和中期评估等形式，了解规划实施进展，强化监督问责，把监测评估结果作为调整工作部署，制定工作计划的重要依据，及时发现问题，采取有效措施，确保规划任务如期完成。

“十三五”时期是国家图书馆事业发展的关键时期，前景光明，任务繁重。全馆干部员工要发扬百年国图精神，不忘初心，矢志不渝，团结一心，开拓进取，为将我馆建设成为“国内最好、世界领先”的图书馆而努力奋斗！

国家图书馆关于贯彻落实《关于实施中华优秀传统文化传承发展工程的意见》的实施意见

2017年1月25日，中共中央办公厅、国务院办公厅印发《关于实施中华优秀传统文化传承发展工程的意见》（中办发〔2017〕5号，以下简称“《意见》”），对在全国范围内实施中华优秀传统文化传承发展工程做出了战略部署。《意见》是新中国成立以来党和政府第一次以中央文件形式专题阐述中华优秀传统文化传承发展工作，充分体现了党和政府坚守中华文化立场、传承中华文化基因、创造中华文化新辉煌的责任担当。实施中华优秀传统文化传承发展工程，是建设社会主义文化强国的重大战略任务，对于传承中华文脉、全面提升人民群众文化素养、维护国家文化安全、增强国家文化软实力、推进国家治理体系和治理能力现代化，具有重要意义。

国家图书馆是国家古籍保护中心、国家典籍博物馆，是保存和保护中华优秀典籍的重要机构，是传承和弘扬中华优秀传统文化的重要基地，在依托典籍深入阐发中华文化精髓方面承担着神圣的历史使命。为深入贯彻落实《意见》要求，充分发挥国家图书馆在传承弘扬中华优秀传统文化中的作用，制定本实施意见。

一、大力推进中华优秀传统文化传承发展工程主要项目实施

《意见》将国家图书馆牵头实施的国家文献战略储备库项目、中华古籍保护计划、民国时期文献保护计划、《中华传统文化百部经典》编纂项目明确列入中华优秀传统文化传承发展工程的主要项目。要根据《意见》要求，协调部署，稳步推进，狠抓落实，充分发挥重点工程项目在中华优秀传统文化传承发展中的统筹带动作用。

（一）国家图书馆国家文献战略储备库项目

根据项目建设计划，抓紧项目实施，力争“十三五”时期完成项目建设主要工作。一是立足于国家文献信息资源总库建设的总体布局，结合馆藏各类型文献保存保护和研究利用的整体需要，进一步明确战略储备库功能定位和业务规划，力争年内完成可行性研究报告的编制、上报及配合审批工作，并开工建设。二是严格按照相关法律法规要求，按计划推进项目建筑设计、施工监理、施工总承包等招标工作。三是根据与承德县人民政府议定的项目市政配套设施规划和责任清单，尽快推动落实项目建设“七通一平”相关工作。四是建立健全配套管理机制，完善管理制度，规范管理程序，确保项目建设安全、有序推进。五是启动全国分级分布的国家基本文献战略储备体系建设规划与研究。

（二）中华古籍保护计划

按照《全国古籍保护“十三五”规划》要求，推进工程实施。一是力争“十三五”时期基本完成全国古籍收藏机构所藏古籍普查登记，海外中华古籍调查工作取得实质性进展，分期分批向社会公布普查数据，编纂出版《全国古籍普查登记目录》。二是继续完善国家珍贵古籍名录及全国古籍重点保护单位评定制度，推动古籍重点保护单位标准化建设，在有条件的省份试行古籍寄存制度。三是以西藏、新疆为重点加强少数民族文字古籍保护。加强古籍保护科技文化部重点实验室建设，重点推进文献修复及脱酸关键技术的研究、实验与推广应用。四是开展重点古籍修复工

作，组织古籍修复传统技艺研习研修活动，推进古籍修复传承人抢救性记录工作。五是大规模开展古籍数字化工作，深入推进国家古籍资源数据库建设及相关理论研究。六是推进古籍资源的整理与研究，编纂出版孔府档案等重点文献，组织整理国家珍贵古籍题跋。七是进一步完善古籍保护人才培养网络，实施英才计划，着重培养古籍保护领域高精尖骨干人才。八是加强古籍文化普及教育，推进中华传统优秀文化实践基地建设，策划“册府千华”系列专题展览，举办“我与中华古籍”系列宣传推广活动，开展“讲好中国故事”系列活动。九是配合有关部门完善古籍保护制度体系和标准规范体系。

（三）革命文献与民国时期文献保护计划

在全国推动建立革命文献与民国时期文献的保存保护工作机制，力争在革命文献与民国时期文献保护技术上有所突破，使革命文献与民国时期文献的保护状况有较大改观。一是在全国范围内组织开展革命历史文献普查工作。二是探索建立珍贵革命历史文献名录和全国革命历史文献重点保护单位评定制度。三是建立革命历史文献联合目录，选择政治、历史、文化价值较高的特色文献，编制专题目录。四是建立健全革命历史文献书库的建设标准和技术标准，建设一批标准化书库。五是加快民国时期文献脱酸设备、材料，以及整本脱酸技术的研究、实验与应用。六是组织实施“国家社科基金抗日战争研究专项工程”，推进抗日战争史料，特别是革命根据地史料等专题文献的挖掘揭示与整理出版，建设各类专题文献数字资源库。七是加强海内外文献调查与征集，积极促进民国时期文献的回归。

（四）《中华传统文化百部经典》编纂项目

以“激活经典、熔古铸今、立足学术、面向大众”为目标，尽快形成具有一定规模和较大社会影响力的系列经典文献解读成果。一是进一步完善组织协调、专题汇报等工作机制，充分发挥编委会、编纂工作办公室、审订组、编审部门的积极性。二是依托哲学、历史、宗教、文学等多学科专家学者，以体现继承性、民族性、原创性、时代性、系统性、专业性为原则，力争2017年底前确定百部经典总书目。三是加强图书质量控制，稳步推进各批次图书的优质、高效出版，力争2017年10月底前完成首批10种图书出版，2018年完成第二批图书编纂出版。

二、根据中华优秀传统文化传承发展的总体要求创新推动重点工作

《意见》指出，“中华优秀传统文化传承发展工程是动态、开放的系列工程。”要根据《意见》就中华优秀文化传承发展做出的总体部署，结合国家图书馆职能定位和工作实际，主动策划、创新推动有关工作。

（一）大力加强中华优秀传统文化资源的采集入藏与保存保护

继续推进“中国记忆”项目。建设“中国记忆”资源总库，健全项目标准规范，以中国现当代重大历史事件、优秀文献典籍以及各类非物质文化遗产等为主要内容，加强口述及影像史料资源的采集。推进专题资源库建设，出版“中国记忆”丛书，举办“中国记忆”系列展览、制作播映专题纪录片，逐步实现对民族文化记忆的全面搜集、整理、保存和利用。进一步完善项目工作机制，推进与各类文化、教育、研究机构和社会团体、个人的开放合作。

开展重点领域文献的征集与抢救。加强革命历史文献的调查、征集与整理，完善库房建设，推进革命历史文献的脱酸、修复及数字化和影印出版，为国家和民族保存“红色记忆”。培养传拓技艺人员，对各地区濒危石刻文献，特别是民族地区民族文字石刻文献进行抢救性传拓，对存世拓片进行数字化和整理出版。

继续推进“全国图书馆文献缩微复制抢救工作”。依托全国图书馆文献缩微复制中心，加快对成员馆特色文献的抢救性拍摄。采用数转模技术，将珍贵文献数字资源转换成缩微胶片。加强全国图书馆缩微文献母片库建设，丰富文献入藏方式，扩充文献入藏范围。开展缩微工作研究，建立健全标准规范体系，促进科研成果的转化应用。加强缩微文献的整理开发与数据库建设，面向各级图书馆及社会公众提供服务。

开展“家族记忆——海内外华人家族资料保存”工作。依托“中华寻根网”，丰富我馆家族资料纸质文献收藏，加强华人家族资料音视频、电子图片资源的在线征集与保存，打造海内外华人家族资料最终保存基地，更好地服务于海内外华人寻根问祖。

（二）持续开展中华优秀传统文化典籍整理出版与开发利用

组织实施《鲁迅手稿全集》编辑出版工作。在既有鲁迅手稿整理研究工作成果和经验的基础上，按照中宣部的要求，做好《鲁迅手稿全集》的编辑出版工作，在新时代广泛宣传和弘扬鲁迅精神，引导社会公众树立和坚持正确的历史观、民族观、国家观、文化观。

实施“国家传统文化典籍整理工程”。联合全国各级各类图书馆及相关机构，共同开展中国传统文化典籍的整理、揭示、研究、出版和宣传推广，搭建全国优秀传统文化典籍资源的共建、共知、共享平台。选择若干与国家内政外交和百姓民生联系紧密的专题，编制专题典籍联合目录，整理出版专题典籍丛书。选择若干历史和文化底蕴深厚的地区，推进地方典籍整理工作。

建设“民族瑰宝——少数民族文字典籍库”。以馆藏民族文字古籍为基础，通过数字化方式建设各民族文字古籍资源库，整理出版少数民族文字古籍孤本、珍本，为少数民族文化研究、民族政策制定、有关国家事务处理等提供文献信息支持。

开拓文创产品开发及管理运营新思路。创新体制机制，探索建立既符合图书馆公益性特点，又符合市场规律的文创产品开发机制，培育一支馆内经营管理人员与专业机构开发设计人员相结合的文创产品运营团队，吸引多元社会力量共同参与文创产品开发。深入挖掘馆藏中华优秀传统文化典籍资源，以典籍内容为精髓开发衍生品、复制品及出版物，打造凸显国家图书馆特色的文化创意品牌。优化馆内空间布局，结合展览、讲座、培训等专题活动，加强文创产品展示与推广，积极打造线上线下双向互动的文创销售平台，努力实现社会效益与经济效益的统一。

（三）创新推动中华优秀传统文化的传播与推广

办好“国图公开课”。坚持把中华优秀传统文化全方位融入“国图公开课”工作，进一步丰富课程内容，深化和完善栏目课程设计。完善服务体系，策划开展形式多样的特别活动，加大移动互联网服务，建立“国图公开课”网络社区和线下读者互动体验区。推进课程、讲师等资源与学校教育资源的融合，在跨平台直播、课程策划、服务推广等方面，继续加强与传统媒体和新兴媒体的深度合作，拓展精品课程的海内外推广渠道。联合全国各级图书馆，推进课程资源的共建共享，联合开展资源揭示与直播服务，使社会公众能够便捷访问全国图书馆的优秀讲座资源。

涵育经典阅读服务品牌。深化部级领导干部历史文化讲座内涵，着眼于优化知识结构、拓宽全球视野、增强战略思维能力，结合国家重点工作及社会热点问题规划选题，使中华优秀传统文化的智慧服务于部级领导干部的工作决策。完善“文津图书奖”评选机制，坚持社会主义核心价值观引领，培养和引导公众阅读兴趣与倾向，发挥图书馆服务全民阅读、倡导读书、组织读书的作用，营造作者写好书，出版社出好书，读者读好书的社会氛围。进一步提升“国图讲坛”等文化教育讲座的思想性、学术性和知识性。创新“文津经典诵读”项目工作思路，通过互联网、手机平台等新媒体手段推动优秀传统文化普及传播。

面向少年儿童普及中华优秀传统文化。加强与中小学校、幼儿园等教育机构合作，组织开展“走进典籍博物馆大课堂”系列活动，推进中华优秀传统文化进校园。依托国家图书馆少年儿童馆，组织编制《全国少年儿童图书馆（室）基本藏书目录》《全国少年儿童分级阅读书目》，广泛开展中华优秀传统文化主题童书推荐、阅读辅导、亲子共读、互动交流等活动。

加强现代信息技术在中华文化保护与传播中的应用。加强馆藏中华优秀文化典籍资源的整合、揭示与发布，通过互联网、移动通信网、广播电视网等多媒体传播渠道提供服务。依托“网络书香过大年”活动，借助数字图书馆的先进手段和丰富成果，充分展示中华优秀传统文化魅力。实施“国家古籍资源数据库建设与成果转化创新工程”。

健全文化志愿服务机制。以“公共文化设施学雷锋志愿服务示范单位”建设为契机，继续完善志愿服务组织体系，加强志愿者队伍建设，组织开展文化志愿服务示范活动，将传承发展中华优秀传统文化的内容纳入其中。

促进中华优秀传统文化“走出去”。筹建丝绸之路国际图书馆联盟和“金砖国家”图书馆联盟，与“一带一路”沿线国家图书馆建立定期交流互访机制，共同策划合作项目，在文献信息资源的共建共享、丝路文献的保存保护与开发利用、丝绸之路数字图书馆建设、专业技术人才培养、学术交流与业务培训等领域开展广泛深入合作，为促进沿线各国、各民族文化交流传播做出积极贡献。推进海外中国文化中心数字图书馆建设，结合国家外交大局，有针对性地推送特色鲜明、内容丰富的中华优秀文化数字资源，通过线上线下多种方式举办展览、讲座等文化活动，加强中华优秀传统文化在海外的传播推广，提升中华文化的国际影响力。

各部处要提高思想认识，从坚定中华优秀传统文化自信、坚守中国特色社会主义文化立场、坚持社会主义核心价值观引领，推动实现中华民族伟大复兴的高度，主动将国家图书馆事业发展与传承弘扬中华优秀传统文化紧密结合起来，积极创新理念方式手段，抓好政策措施落实，让中华优秀传统文化在国家图书馆实现传承有抓手、发展有路径、成效有体现。

媒体报道

媒体报道

一、广电媒体

日期	标题	媒体名称
4月9日	国家图书馆馆长韩永进做客《开讲啦》	中央电视台CCTV1
4月20日	大英图书馆珍宝将亮相中国国家图书馆	中央电视台CCTV1
5月3日	师徒：妙手“书医”	中央电视台CCTV1
8月12日	国际安徒生奖插画真迹登陆国图	中央电视台CCTV1
9月10日	国家图书馆重启视听服务中心	中央电视台CCTV1
3月3日	我国古籍数字资源总量达2.4万部　国图所占比重最大	中央电视台CCTV3
7月31日	悉尼：中国非遗文化周　甲骨文记忆展亮相悉尼	中央电视台CCTV3
8月28日	第24届北京国际图书博览会　首设文创展区 各方“携宝”参展	中央电视台CCTV3
9月29日	《中华传统文化百部经典》首批10部图书出版：用时代精神激活传统文化生命力	中央电视台CCTV3
12月29日	收获2017	中央电视台CCTV3
3月1日	多家图书馆联合发布珍贵古籍在线资源	中央电视台CCTC13
5月25日	北京新京剧演出亮相国图	中央电视台CCTV13
5月25日	当代著名篆刻家印章临创展入古出新传承经典	中央电视台CCTV13
5月27日	“中华古籍保护计划”实施十周年：全国古籍保护体系已基本完成	中央电视台CCTV13
6月10日	保护古籍用航天技术不惧水火虫酸	中央电视台CCTV13
6月11日	用航天技术保护古籍	中央电视台CCTV13
7月27日	改革在哪里　在中国范儿里　数字国图让残疾人共享文化资源	中央电视台CCTV13
8月12日	国际安徒生奖插画真迹登陆国图	中央电视台CCTV13
9月9日	国家图书馆重启视听服务中心	中央电视台CCTV13
9月12日	全国图书馆文化创意联盟成立	中央电视台CCTV13

9月14日	2017青年汉学家研修计划开班	中央电视台CCTV13
9月14日	盲人数字阅读推广工程启动	中央电视台CCTV13
9月29日	《中华传统文化百部经典》丛书：《诗经》等首批10部图书出版发行	中央电视台CCTV13
4月20日	大英图书馆珍宝将亮相中国	中央电视台CCTV14
2月20日	Doctors' for ancient books take residency at the National Library in Beijing	中央电视台CCTV-NEWS
1月23日	乘地铁品红楼体验传统年俗	中国教育电视台CETV1
4月22日	“大英图书馆的珍宝”中国首展	中国教育电视台CETV1
4月23日	让每天都成为读书日：韩永进馆长谈读书	中国教育电视台CETV1
12月14日	儒家思想与儒家经典名家系列讲座国图开讲	中国教育电视台CETV1
1月28日	金鸡迎春：国家图书馆迎来新春第一位读者	北京电视台BTV1
2月19日	国家十年培养修复人才上千人 “文献修复师”缺口缓解	北京电视台BTV1
2月19日	“我在国图修古籍”：国图古籍馆里的修复师们	北京电视台BTV1
3月4日	国图等发布古籍数字资源　总量相当于6部《四库全书》	北京电视台BTV1
4月20日	大英图书馆的珍宝展览亮相国家图书馆	北京电视台BTV1
4月21日	“从莎士比亚到福尔摩斯——大英图书馆的珍宝”亮相国图	北京电视台BTV1
4月23日	世界读书日：第十二届文津图书奖揭晓	北京电视台BTV1
6月5日	“中华古籍保护计划”十年公布12274部珍贵古籍名录	北京电视台BTV1
6月10日	非遗文化展示推广活动热京城	北京电视台BTV1
6月15日	云南纳西族文化遗产来京	北京电视台BTV1
7月2日	“毛公鼎”初拓首次亮相国图“金石”展	北京电视台BTV1
8月11日	国家图书馆里看“非遗中的老北京”	北京电视台BTV1
9月10日	国家古籍保护中心聘请杰出传承人“传帮带”	北京电视台BTV1
10月15日	国家图书馆总馆开馆30周年历史档案回顾国家重大工程	北京电视台BTV1
12月3日	人民币硬币发行60周年纪念展国图开展	北京电视台BTV1
12月17日	《中华人民共和国公共图书馆法》明年1月1日起施行	北京电视台BTV1
12月28日	国家图书馆元旦当天可近观“四库全书”	北京电视台BTV1

1月22日	节日交通：踏上“梦之旅”地铁4号线开出红楼专列	北京电视台BTV5
1月22日	“中国文化中心数字图书馆”上线海量传统资源网上可查	北京电视台BTV9
1月23日	地铁4号线开出红楼专列	北京电视台BTV9
1月28日	金鸡迎春：国家图书馆迎来新春第一位读者	北京电视台BTV9
4月20日	大英图书馆的珍宝展览亮相国家图书馆	北京电视台BTV9
4月23日	世界读书日：第十二届文津图书奖揭晓	北京电视台BTV9
5月1日	书医巧手补 故纸遗香存	北京电视台BTV9
6月5日	“中华古籍保护计划”十年 公布12274部珍贵古籍名录	北京电视台BTV9
6月11日	非遗文化展示推广活动热京城	北京电视台BTV9
6月11日	北京：用航天技术保护古籍不惧水火虫酸	北京电视台BTV9
8月7日	“天鹅的故事”：国际芭蕾艺术特展亮相国图	北京电视台BTV9
8月11日	国家图书馆里看“非遗中的老北京”	北京电视台BTV9
9月14日	国家图书馆开放“视听服务中心”市民可感受黑胶唱片	北京电视台BTV9
9月15日	26国汉学家来华续写生动“中国故事”	北京电视台BTV9
10月15日	国家图书馆总馆开馆30周年　历史档案回顾国家重大工程（直播北京栏目）	北京电视台BTV9
11月28日	岁尾将至 名家“大家”展接踵而来	北京电视台BTV9
12月3日	人民币硬币发行60周年纪念展国图开展	北京电视台BTV9
12月17日	《中华人民共和国公共图书馆法》明年1月1日起施行	北京电视台BTV9
12月25日	从“活”起来到“火”起来　博物馆人的“小火细烹”文化盛宴	北京电视台BTV9
12月28日	国家图书馆开启跨年读书周　元旦当天可近观“四库全书”	北京电视台BTV9
12月30日	元旦来博物馆看国宝观四库	北京电视台BTV9
1月24日	图书馆里过大年	北京人民广播电台交通广播
1月29日	大年初一上午九点国家图书馆迎来鸡年第一批读者	北京人民广播电台新闻广播
2月12日	拜师中国国家图书馆古籍馆的修复师	北京人民广播电台交通广播
2月18日	国家图书馆今天将新增数字化古籍数千种	北京人民广播电台新闻广播
7月28日	这里有一份国家图书馆攻略	北京人民广播电台城市广播
7月29日	古籍修复代表性传承人：古籍医生杜伟生	北京人民广播电台故事广播

6月10日	北京：国家图书馆公开展示古籍修复技巧	上海东方卫视台SHTV
9月14日	中宣部等五部门实施“盲人数字阅读推广工程”	上海东方卫视台SHTV
8月29日	“世界插画大展”开启童话艺术之旅	旅游卫视
6月1日	谷建芬“新学堂歌”音乐会开唱	山东卫视
4月16日	首批百卷《赵城金藏》回归广胜寺	山西卫视
4月22日	“大英图书馆珍宝展”亮相中国国家图书馆	黑龙江卫视
5月11日	第四届国际道教论坛在武当山隆重开幕	湖北卫视
7月10日	“中华古籍普查文化志愿服务行动·云南行”启动	云南卫视
9月24日	国家图书馆开放“视听服务中心” 市民可感受黑胶唱片	河北卫视
12月29日	北京：国家图书馆开启跨年读书周 元旦当天可近观“四库全书”	河北卫视
12月23日	国家图书馆将向公众开放《四库全书》库房	江西卫视

二、平面媒体

日期	标题	媒体名称
1月3日	一套戏曲丛刊的风雨六十年	人民日报
2月23日	“我在国图修古籍”	人民日报
4月14日	中国国家图书馆将展示大英图书馆的珍贵藏品	人民日报
4月24日	来，我们一起阅读（世界读书日）	人民日报
5月16日	大英图书馆的珍宝展	人民日报
5月26日	全国古籍保护工作体系基本形成	人民日报
6月9日	古籍保护十年成果展举办	人民日报
7月28日	“甲骨文记忆展”在悉尼开幕	人民日报
9月14日	中宣部等五部门实施“盲人数字阅读推广工程”	人民日报
9月30日	用时代精神激活中华优秀传统文化生命力——写在《中华传统文化百部经典》出版之际	人民日报
12月22日	图书馆文创产品开发创新论坛举办	人民日报
2月3日	国图陪读者　书香过大年	人民日报海外版

4月22日	到国图看拜伦诗稿	人民日报海外版
4月28日	文津图书奖揭晓	人民日报海外版
6月16日	国图开讲非遗	人民日报海外版
7月21日	《中央档案馆藏日本侵华战犯笔供选编》120册出齐	人民日报海外版
9月14日	五部门实施“盲人数字阅读推广工程”	人民日报海外版
10月27日	《中国图书馆史》面世	人民日报海外版
1月3日	《古本戏曲丛刊》第六集出版　古戏集成　泽被后学	光明日报
1月22日	公共文化服务，如何依法保障	光明日报
2月1日	大年初三逛国图	光明日报
2月8日	守护文献典籍　传承中华文化	光明日报
2月13日	“以彰稽古右文之盛”——《四库全书》的纂修	光明日报
2月13日	“与《四库全书》相视，我们对中华文明更有深情了”——文津阁《四库全书》历百年风雨守中华文脉的非凡故事	光明日报
2月13日	四库学的奠基人——史学家陈垣与《四库全书》	光明日报
2月17日	“文化的粮草就是积累资料”——任继愈与国图藏敦煌遗书的整理和出版	光明日报
2月17日	即使片纸只字，也不曾轻视——国图人百余年来从未停止搜求整理敦煌文献的脚步	光明日报
2月17日	拍摄敦煌文献珍本的尘封往事	光明日报
2月17日	清宫、曲阜藏孔府档案有望合璧出版	光明日报
2月20日	《永乐大典》正本去哪儿了——我国文化史上的一桩谜案	光明日报
2月20日	调查《永乐大典》现存卷目第一人——袁同礼与《永乐大典》	光明日报
2月20日	重拾那些消逝的中华文化典籍——《永乐大典》六百年聚散飘零珠还合浦的故事	光明日报
2月23日	古籍保护史上的一个里程碑——专家谈《赵城金藏》的“整旧如旧”	光明日报
3月1日	五图书馆联合发布万余部古籍数字资源	光明日报
3月23日	甲骨文蕴含的中华基因	光明日报
3月23日	“在怡情养志中焕发时代价值”——甲骨文献的活化利用记叙	光明日报
3月23日	藏用兼重 世传不辍——国图藏甲骨的入藏和公布	光明日报

3月25日	把英国文学珍宝带到中国——“大英图书馆在中国”活动对外发布	光明日报
3月31日	从这里走近西夏——我与国家图书馆的西夏缘	光明日报
3月31日	原创图画书2016年度排行榜揭晓	光明日报
3月31日	在“死文字”中发现“活历史”——国图藏西夏文献的收藏与研究	光明日报
5月24日	古籍出版：经典挑出来，文脉传下去	光明日报
5月25日	国家文献战略储备库设计方案揭晓	光明日报
6月10日	《孔子博物馆古籍普查登记目录》首发记录孔府各时期藏书刻书情况	光明日报
6月21日	《丝绸之路彩绘艺术大观》再现丝路盛景	光明日报
7月21日	国家观培育离不开公共文化空间	光明日报
8月22日	世界插画大展在国图举办——图画书呼唤中国风格	光明日报
9月9日	五位专家受聘“中华古籍保护计划”	光明日报
9月14日	用书香点亮人生	光明日报
9月14日	中宣部等五部门实施“盲人数字阅读推广工程”	光明日报
9月15日	让书写在古籍里的文字活起来	光明日报
9月30日	用时代精神激活中华优秀传统文化生命力——写在《中华传统文化百部经典》出版之际	光明日报
10月12日	《中国图书馆史》出版 将藏书史纳入图书馆史	光明日报
11月2日	十月光明书榜	光明日报
12月7日	用优秀文化滋养当代中国人——走向大众的《中华传统文化百部经典》编纂札记	光明日报
9月14日	中宣部等五部门实施“盲人数字阅读推广工程”	新华每日电讯
2月26日	图书馆，大胆“秀”出来！	经济日报
4月23日	从莎士比亚到福尔摩斯：来国图 看手稿	经济日报
10月3日	用时代精神激活中华优秀传统文化生命力——写在《中华传统文化百部经典》出版之际	经济日报
11月5日	念好“活”字诀	经济日报
11月5日	文创“脑洞”怎么开	经济日报
3月8日	Masters of glue	China Daily
3月25日	China to dust off classic British editions	China Daily

4月19日	Literary Britain on display	China Daily
5月20日	From Shakespear to Sherlock：Treasures of the British Library	China Daily
8月15日	Sutras Saved by Soldiers	China Daily
10月24日	Collective history	China Daily
1月25日	国家图书馆送出“大礼包”网络书香过大年	科技日报
2月23日	高科技古籍修复，一场与时间的赛跑	科技日报
4月14日	想看莎翁手稿，来国图吧	科技日报
4月24日	《吃货的生物学修养》等三部科普书获文津图书奖	科技日报
10月18日	学习之路	中国纪检监察报
11月17日	典籍传承智慧　文明守望未来	中国纪检监察报
12月22日	古今中西的文化互通互惠	中国纪检监察报
1月23日	品书香　赏年俗　国家图书馆与公众共享文化新年	工人日报
3月6日	他们是连接历史与现代的“修书人”、打通过去与未来的“搭桥者”——与史对话，“古籍医生”的修复之路	工人日报
8月11日	近300幅真迹亮相世界插画大展	工人日报
8月21日	钢铁长城——纪念中国人民解放军建军九十周年馆藏文献展	工人日报
1月17日	大学刚毕业，我去国图修古籍	中国青年报
4月17日	英国经典文学手稿首次来华展览	中国青年报
4月24日	第十二届文津图书奖颁奖活动启动	中国青年报
6月19日	纳西族史诗《黑白战争》连环画在北京展出	中国青年报
8月15日	安徒生说，半个世纪的顶级插画都在这里了	中国青年报
9月14日	到2020年我国将修复古籍350万叶	中国青年报
2月9日	过年，那挥之不散的书香	中国妇女报
5月11日	从“莎翁”到邦德：跨越400年的文学之旅	中国妇女报
8月10日	“世界插画大展·国际安徒生奖50周年展”将开幕	中国妇女报
12月25日	文明对话论坛走进国家图书馆	中国妇女报
9月16日	到2020年摸清全国古籍“家底”	农民日报

2月7日	全民阅读首次具有国家法律地位　专业人士呼吁尽快出台全民阅读促进条例	法制日报
9月14日	古籍保护条例基本成形呼之欲出　政府投入不可任性　图书馆不能秘不示人	法制日报
11月20日	一场精彩的中华法文化讲座	法制日报
1月8日	如何选择教材与课徒稿——从中国画语法蒙学典籍《芥子园画传》的往世今生说起	中国文化报
1月23日	国图陪读者“共度书香年”	中国文化报
1月27日	好展迎春（提及品书香、赏年俗——2017年国家图书馆年俗文化展）	中国文化报
3月1日	聚力创新 开放共享	中国文化报
3月2日	牢牢树立依法治文理念　不断提升服务效能——全国文化文物系统学习贯彻公共文化服务保障法视频会议发言摘登	中国文化报
3月3日	中国古籍保护协会携手企业启动公益项目	中国文化报
3月8日	代表委员谈互联网与文化发展——陈力	中国文化报
3月10日	让古籍上网　把资源开放	中国文化报
3月15日	为“软实力”提供“硬支撑”	中国文化报
3月16日	国图“网络书香”推广活动影响广泛	中国文化报
3月30日	新媒体推动全民阅读的国图范本	中国文化报
3月31日	图书馆评估定级培训在穗举办	中国文化报
4月13日	原创图画书2016年度排行榜揭晓	中国文化报
4月14日	全国县级以上公共图书馆评估定级培训班举办	中国文化报
4月21日	“大英图书馆的珍宝”走进国图	中国文化报
4月21日	倾听千百年前的声音，打动新一代读者	中国文化报
4月24日	“2017全国少年儿童阅读年”系列活动启动	中国文化报
4月24日	国图展出大英图书馆珍贵文学手稿	中国文化报
4月25日	让读者共享知识与文化——专访大英图书馆馆长卡罗琳·布雷泽	中国文化报
4月26日	第十二届文津图书奖揭晓	中国文化报
4月26日	国家古籍保护中心向北大赠送《国学基本典籍丛刊》	中国文化报
4月27日	大英图书馆珍宝　漂洋过海来见你	中国文化报

4月27日	《赵城金藏》首批复制经卷回归山西广胜寺	中国文化报
4月29日	山西寺观壁画资料捐赠暨展览开幕	中国文化报
5月21日	篆刻临摹不仅是初学者的功课	中国文化报
5月22日	典籍传承智慧　文明守望未来	中国文化报
5月23日	国图国家文献战略储备库建筑设计方案确定	中国文化报
5月26日	“入古出新”印章临创展在京举办	中国文化报
5月26日	古籍保护计划实施十年成果斐然	中国文化报
5月29日	国图举办海丝数图资源建设培训班	中国文化报
5月30日	中阿图书馆界探讨资源共享	中国文化报
6月5日	2017年全国少儿诗词在线诵读活动启动	中国文化报
6月12日	文化和自然交融　传统与现代对话——各地“文化和自然遗产日”活动特色鲜明、亮点突出	中国文化报
6月13日	国图举办古籍保护、出版、数字化优秀成果展	中国文化报
6月14日	国图开展“非遗保护讲座月”	中国文化报
6月16日	纳西族史诗《黑白战争》连环画亮相国图	中国文化报
6月23日	司徒乔家书捐赠国图	中国文化报
6月23日	良辰美景　薪火相传	中国文化报
6月27日	中华优秀童书民语翻译出版工程启动	中国文化报
6月28日	杨献珍手稿入藏国家图书馆	中国文化报
7月2日	纳西族史诗的创造性演绎	中国文化报
7月5日	国图用心讲好典籍故事	中国文化报
7月9日	天将金石付斯人——记“清代收藏家金石学家陈介祺特展”	中国文化报
7月12日	国图开展《赵城金藏》重要史料抢救性摄录	中国文化报
7月19日	国图向南开大学赠送“国学基本典籍丛刊”	中国文化报
7月28日	“纪念建军九十周年、抗战全面爆发八十周年”主题展览推荐名单公布	中国文化报
7月28日	国家动漫公共素材库亮出“古风漫影”	中国文化报
7月28日	我们的微传播队伍	中国文化报
8月2日	“甲骨文记忆展”亮相悉尼	中国文化报

8月2日	“非遗中的老北京”亮相国图	中国文化报
8月16日	国图文献展纪念建军九十周年	中国文化报
8月24日	数字图书馆来到贫困地区	中国文化报
9月4日	《重庆图书馆古籍普查登记目录》出版	中国文化报
9月6日	第六期全国县级图书馆馆长培训班举办	中国文化报
9月7日	《国家级非物质文化遗产代表性传承人抢救性记录十讲》出版	中国文化报
9月8日	全国基层文化队伍培训工作：聚焦效能提升　强化基地建设	中国文化报
9月8日	童书推广人伦纳德·马库斯：真正的目标是使孩子产生阅读兴趣	中国文化报
9月12日	国图视听服务中心正式开放	中国文化报
9月14日	移动阅读平台全新上线　推广工程助力全民阅读	中国文化报
9月14日	中宣部等五部门实施“盲人数字阅读推广工程”	中国文化报
9月15日	国图举行敦煌遗书保护学艺传承活动	中国文化报
9月15日	全国图书馆文化创意产品开发联盟成立	中国文化报
9月24日	打造国内最具书卷气质的博物馆——记国家典籍博物馆开馆三周年	中国文化报
10月10日	全国古籍保护工作部际联席会议召开	中国文化报
10月13日	国图纪念总馆南区建成开馆30周年	中国文化报
10月18日	中国图书馆学会第七届青年学术论坛在武汉举办	中国文化报
10月21日	县级图书馆免费分享我馆数字资源的情况	中国文化报
11月1日	国家公共文化云推广试点工作部署会在北京举行	中国文化报
11月8日	公共图书馆事业发展的里程碑——专家学者热议公共图书馆法出台	中国文化报
12月3日	国家典籍博物馆获赠欧豪年书画作品	中国文化报
12月11日	“中国图书馆界重要人物专题”资源共建工作培训班开班	中国文化报
12月14日	国图举办数字图书馆文化创意成果展	中国文化报
12月14日	丝绸之路数字图书馆建设培训班举办	中国文化报
12月20日	部级领导干部历史文化讲座“大国”系列读本问世	中国文化报
12月21日	阮章竞笔记手稿捐赠国图	中国文化报
12月25日	全国图书馆文创开发创新论坛举办	中国文化报
12月29日	国图读书周用阅读激活经典	中国文化报

1月20日	国图线上线下联动送新春文化“大礼包”	中国文化手机报
1月26日	国家图书馆与公众共享文化新年	中国文化手机报
3月15日	国图“网络书香”阅读推广志愿服务活动荣“最佳志愿服务项目”	中国文化手机报
3月31日	国图将展大英图书馆珍藏	中国文化手机报
4月17日	第12届文津图书奖入围图书发布	中国文化手机报
4月24日	“从莎士比亚到福尔摩斯：大英图书馆的珍宝”展在京开幕	中国文化手机报
4月24日	第十二届文津图书奖揭晓	中国文化手机报
5月19日	17日，为期两天的第25届亚洲及大洋洲地区国家图书馆馆长会议在北京中国国家图书馆开幕	中国文化手机报
5月26日	古籍保护计划实施十年成果斐然	中国文化手机报
6月1日	中阿图书馆界探讨资源共享	中国文化手机报
6月23日	动漫素材数字文化创意展亮相国图数图体验	中国文化手机报
8月16日	国图举办纪念中国人民解放军建军九十周年馆藏文献展	中国文化手机报
10月13日	“国家图书馆总馆南区建成开馆30周年座谈会”在北京国家图书馆召开	中国文化手机报
1月23日	国家图书馆启动 2017年春节系列活动	人民政协报
5月22日	“入古出新——当代著名篆刻家印章临创展”在京举行	人民政协报
5月22日	第25届亚太地区国家图书馆馆长会议在京举行	人民政协报
6月19日	国家古籍保护中心成立十周年座谈会召开	人民政协报
7月17日	第二届中阿国家图书馆及信息领域专家会议在京举行	人民政协报
8月21日	国际安徒生奖（终身成就）50周年展北京站开幕	人民政协报
10月23日	《中国图书馆史》正式出版	人民政协报
12月4日	欧豪年书画展在国图举行	人民政协报
12月18日	全国图书馆文化创意产品开发创新论坛暨优秀校企对接会举办	人民政协报
1月25日	文化盛宴文化新年 国图2017年春节活动全面启动	中华读书报
2月8日	M地铁·图书馆新春活动引进红学专题	中华读书报
2月15日	“中国文化中心数字图书馆”上线	中华读书报
3月15日	国图联合沪津浙滇四家图书馆在线发布古籍数字资源	中华读书报
4月26日	第十二届文津图书奖颁奖 2017年全民阅读主题系列活动启动	中华读书报

4月26日	国家古籍保护中心向北大赠送《国学基本典籍丛刊》	中华读书报
4月26日	莎士比亚狄更斯等珍本、手稿首次在中国展出	中华读书报
4月26日	文津阁中多文津	中华读书报
5月3日	外研社新译《莎士比亚全集》亮相大英图书馆珍宝展	中华读书报
5月31日	如何讲好典籍故事 国图举办传统文化出版座谈会	中华读书报
6月14日	国图“文化和自然遗产日”推出系列文化活动	中华读书报
6月16日	“非遗保护讲座月”国图开讲	中国艺术报
6月28日	“中华优秀童书民语翻译出版工程”项目启动	中华读书报
7月12日	国图启动《赵城金藏》抢救性摄录工作	中华读书报
7月19日	古籍保护十年硕果累累	中华读书报
8月22日	国图举办《赵城金藏》珍贵史料调查工作报告会	中华读书报
9月20日	共建共享共赢“全国图书馆文化创意产品开发联盟”成立	中华读书报
10月18日	《中国图书馆史》在京首发	中华读书报
10月18日	国图召开座谈会纪念总馆南区开馆三十周年	中华读书报
11月29日	《阮章竞太行山笔记手稿四种》影印本首发 手稿捐赠国图	中华读书报
12月27日	郑振铎铜像人入驻国家图书馆	中华读书报
1月20日	品书香　过大年　国图2017春节系列活动启动	中国科学报
2月24日	古籍修复：传统技艺的现代变革	中国科学报
2月24日	中华古籍保护计划走过十年	中国科学报
4月28日	文津图书奖为全民阅读开书单	中国科学报
4月28日	中英文学跨越时空的对话	中国科学报
8月18日	世界插画大展亮相国图	中国科学报
10月27日	《中国图书馆史》面世	中国科学报
2月13日	国图举办“同筑中国梦 共度书香年”系列活动	中国教育报
4月23日	国图举行“4·23 世界读书日”系列活动	中国教育报
4月24日	去国图，享受一场经典文学盛宴	中国教育报
5月8日	细说第十二届文津图书奖中的传统文化	中国教育报
6月19日	教育家杨献珍手稿入藏国家图书馆	中国教育报

9月18日	国图举办敦煌遗书保护学艺传承活动	中国教育报
2月10日	图书馆中的书香年	中国社会科学报
2月20日	图片报道（古籍馆古籍修复工作）	中国社会科学报
3月27日	“从莎士比亚到福尔摩斯：大英图书馆的珍宝”将于4月21日在京拉开帷幕	中国社会科学报
8月3日	国家图书馆出版社推出《国家图书馆藏稿钞本年谱汇刊》	中国社会科学报
8月16日	钢铁长城——纪念中国人民解放军建军九十周年馆藏文献展	中国社会科学报
10月9日	“孔府珍藏文献展”于国庆前夕在国家典籍博物馆开展	中国社会科学报
10月16日	国图举办总馆南区建成开馆30年周年纪念展	中国社会科学报
11月6日	“拈花——鲁迅藏中外美术典籍展”在国家典籍博物馆开展	中国社会科学报
12月27日	一年一度的“国家图书馆读书周”活动在国家图书馆举办	中国社会科学报
1月20日	国图线上线下齐发力迎新春	中国艺术报
3月27日	大英图书馆馆藏莎翁珍本将首次在中国展出	中国艺术报
4月21日	四月，到国图看世界文豪手稿	中国艺术报
4月26日	第12届文津图书奖揭晓　近半获奖图书与中国传统文化密切相关	中国艺术报
5月29日	“中华古籍保护计划”实施十年成就显著	中国艺术报
6月21日	国家图书馆推出系列文化活动	中国艺术报
8月9日	欢迎进入插画大家的童话世界	中国艺术报
9月13日	国图视听服务中心正式开放	中国艺术报
10月18日	国图总馆南区建成开馆30年	中国艺术报
12月4日	欧豪年98幅书画亮相国图	中国艺术报
1月18日	我国原创童书进入丰收期——从第四届中国童书榜颁奖看童书出版趋势	中国新闻出版广电报
1月24日	国家图书馆馆长将恭候鸡年首批读者	中国新闻出版广电报
3月27日	莎士比亚珍本等将首次在中国展出	中国新闻出版广电报
8月10日	国图展示那些年我们读过的经典	中国新闻出版广电报
8月16日	世界插画大展北京站开展	中国新闻出版广电报
8月17日	建军90周年馆藏文献展国图展出	中国新闻出版广电报
9月16日	五部门启动盲人数字阅读推广工程	中国新闻出版广电报

10月18日	《中国图书馆史》出版发行	中国新闻出版广电报
11月29日	阮章竞笔记手稿及影印本捐赠国图	中国新闻出版广电报
4月18日	到国图感受中英文化魅力	中国文物报
5月3日	第十二届文津图书奖揭晓	中国文物报
5月30日	“中华古籍保护计划”实施十周年：让书写在古籍里的文字活起来	中国文物报
8月15日	《赵城金藏》珍贵史料调查工作报告会在国家图书馆举行	中国文物报
8月18日	国家图书馆举办纪念中国人民解放军建军九十周年馆藏文献展	中国文物报
8月18日	世界儿童文学插画亮相国家典籍博物馆	中国文物报
9月16日	全国图书馆文化创意产品开发联盟成立	中国文物报
11月28日	欧豪年书画展走进国家典籍博物馆	中国文物报
5月23日	传承与保护——山西寺观艺术展暨文献展在京举行	中国民族报
9月26日	让更多的中华典籍再放光彩——记第一期全国佛教古籍修复技术培训班	中国民族报
1月24日	国图文化惠民迎新春	中国财经报
4月6日	中华古籍保护计划10年成效显著	中国财经报
4月25日	文津图书奖为全民读书送大礼	中国财经报
8月17日	国图举办纪念建军90周年馆藏文献展	中国财经报
12月21日	全国图书馆文创开发创新论坛举办	中国财经报
4月25日	第12届文津图书奖揭晓	中国出版传媒商报
5月23日	“从莎士比亚到福尔摩斯：大英图书馆的珍宝”展览在国家典籍博物馆正式开展	中国出版传媒商报
6月13日	国图启动2017年“非物质文化遗产保护讲座月”	中国出版传媒商报
10月31日	国家图书馆2017年9月中文图书借阅排行榜	中国出版传媒商报
12月1日	阮章竞笔记手稿捐赠国家图书馆	中国出版传媒商报
8月18日	世界插画大展——国际安徒生奖50周年展：想象力与童心是最好的馈赠	文艺报
11月29日	“中国文化两岸融通——欧豪年书画展”在国家典籍博物馆开幕	文艺报
11月29日	阮章竞笔记手稿捐赠国家图书馆	文艺报
4月21日	古籍修复：与时间赛跑	金融时报
9月1日	画笔描绘　童话世界	金融时报

2月4日	古籍保护渐入佳境	瞭望新闻周刊
2月4日	古籍数字化难题	瞭望新闻周刊
2月4日	为古籍“号脉治病”	瞭望新闻周刊
2月4日	中华古籍蕴藏民族记忆	瞭望新闻周刊
8月31日	“发改书吧”打造国图与中央国家机关合作标杆——访国家图书馆副馆长孙一钢	中国改革报
1月27日	国图古籍修复师:“修古籍就是和古书建立感情”	中国民航报
3月15日	耐得住寂寞 每天都如履薄冰(我馆古籍修复师相关报道)	中国民航报
7月4日	象山非遗展在京举办	中国贸易报
9月6日	发改书吧:锤炼党性精神熔炉 履职能力提升平台 业务成果交流园地	中国经济导报
12月25日	探寻文明的记忆 文明对话论坛走进国家图书馆	中国妇女
3月9日	国图等发布古籍数字资源	人民铁道报
4月8日	莎士比亚珍本等大英图书馆经典馆藏将首次在中国展出	人民铁道报
4月28日	第十二届文津奖颁奖暨海淀全民阅读季拉开帷幕	环球时报
4月14日	The British Library brings valuable rare original manuscripts to China for first time	环球时报英文版
12月18日	Ministry of Culture introduces details of China’s new national library law	环球时报英文版
4月21日	莎士比亚和柯南·道尔一样,是非常流行、畅销的作家	第一财经日报
7月5日	我国首套原创哲学童话全集发布 惠及数十万乡村儿童	公益时报
1月22日	“红楼专列”开进4号线	北京日报
3月1日	“神器”助攻,古籍修复更给力	北京日报
4月14日	英国文学巨匠珍贵手稿来京《简·爱》修订稿本国内首展	北京日报
4月20日	橱窗里的手稿,讲述英国文学巨匠故事	北京日报
4月20日	国家图书馆 绿柱古籍馆	北京日报
4月24日	7部原创作品摘得文津图书奖	北京日报
9月11日	国图正式开放视听服务中心	北京日报
9月16日	全国图书馆抱团开发文创产品	北京日报

10月13日	国图总馆南区30岁不忘初心	北京日报
12月2日	硬币发行60周年纪念展亮相国图	北京日报
12月29日	《中华传统文化百部经典》主题展推出	北京日报
1月19日	国家图书馆推送楹联“大礼包”	北京青年报
1月22日	“红楼专列”发车	北京青年报
1月22日	京港地铁上线红楼年俗专列	北京青年报
1月29日	《芥子园画传》与当代名家对话展	北京青年报
1月29日	书香过春节国图馆长向读者拜年	北京青年报
4月14日	“大英图书馆的珍宝”将亮相国家图书馆	北京青年报
4月20日	首度来华的大英图书馆珍品为何是这11件	北京青年报
4月24日	文津图书奖揭晓包含七部原创作品	北京青年报
5月16日	在山西很难看全的壁画现在都在国图	北京青年报
6月29日	国家典籍博物馆举办象山海洋渔文化展览	北京青年报
6月30日	《西周毛公鼎拓轴》首次亮相国家图书馆	北京青年报
8月17日	“世界插画大展”亮相　开启童话艺术之旅	北京青年报
9月10日	去国图视听中心　听绝版黑胶唱片	北京青年报
9月14日	24个项目推动全国公共图书馆建设	北京青年报
12月26日	国图《四库全书》元旦露真容	北京青年报
4月14日	莎士比亚手稿将首次“做客”国图	北京晨报
8月9日	每张插画都能传递微小力量　首次汇集25位获安徒生插画奖大师作品展	北京晨报
1月14日	第四届中国童书榜颁奖　24本童书上榜　图画书《独生小孩》获“年度最佳”	北京晚报
1月25日	到国家图书馆过个“书香年”	北京晚报
2月22日	图片新闻（提及再遇芥子园——《芥子园画传》与当代名家对话展）	北京晚报
4月14日	大英图书馆珍贵手稿印本首次来华　汤显祖与莎翁作品同展擦火花	北京晚报
4月22日	原创图画书　你看过多少	北京晚报
4月27日	第十二届文津奖颁奖暨2017海淀全民阅读主题系列活动在京举办	北京晚报
7月4日	毛公鼎初拓本首次亮相国图	北京晚报

7月18日	国图“悦读之旅” 穿越时空体味经典	北京晚报
8月18日	国图首次展出建军珍贵史料	北京晚报
9月13日	全国图书馆共建文创开发联盟	北京晚报
10月12日	国图将建国家文献战略储备库	北京晚报
12月25日	古籍保护楷模郑振铎铜像国图揭幕	北京晚报
12月29日	元旦来博物馆看国宝观四库	北京晚报
4月7日	莎士比亚现存惟一手稿将于中国首展	北京商报
9月12日	国家图书馆视听服务中心正式开放	北京商报
1月21日	4号线开“红楼专列” 办找对联送电子书等活动 地铁里品鉴红楼年俗	法制晚报
2月19日	我在国图当“书医”	法制晚报
4月17日	莎士比亚等11位英国作家手稿和早期印本首次在中国展出 《罗密欧与朱丽叶》印本将亮相	法制晚报
9月9日	国图108岁生日　邀您来听音乐　视听服务中心面向公众开放　超百万曲目可扫码听	法制晚报
10月12日	国图30年借书证首秀	法制晚报
2月17日	国图艺术中心成功举办公益迎春晚会	图书馆报
3月10日	国图与4家大型公共馆联合在线发布古籍数字资源	图书馆报
3月31日	“原创图画书2016年度排行榜”在京发布	图书馆报
4月14日	国家图书馆与中国第二历史档案馆将合作共建	图书馆报
4月21日	“从莎士比亚到福尔摩斯：大英图书馆的珍宝”展览在国图开幕	图书馆报
4月28日	第十二届文津图奖揭晓	图书馆报
4月28日	国家古籍保护中心向北大赠送《国学基本典籍丛刊》	图书馆报
5月5日	国图入藏山西寺观壁画资料并举办展览	图书馆报
5月5日	为推广全民阅读“稼穑” 第十二届“文津图书奖”获奖图书专评	图书馆报
5月12日	“名人与图书馆”系列活动在京正式启动	图书馆报
5月19日	第25届亚洲及大洋洲地区国家图书馆馆长会议举行	图书馆报
5月19日	以评促建以评促管　以评促用　关注第六次全国县级以上公共图书馆评估定级	图书馆报

5月24日	“讲好国图典籍故事”出版座谈会举行	图书馆报
5月25日	国图将在承德打造文献战略储备库	图书馆报
6月2日	第二届中国与阿拉伯国家图书馆及信息领域专家会议举行	图书馆报
6月2日	典籍传承智慧 文明守望未来 写在“中华古籍保护计划”实施十周年之际	图书馆报
6月2日	国家古籍保护中心成立十周年座谈会 暨全国古籍普查登记工作会议在京召开	图书馆报
6月9日	国图馆长先后会见挪威和白俄客人	图书馆报
6月16日	国图以“遗产日”为契机推出系列活动	图书馆报
6月16日	“古籍保护、出版、数字化优秀成果展”在国图古籍馆举行	图书馆报
6月16日	杨献珍手稿入藏国图名家手稿文库	图书馆报
6月23日	司徒乔家书手稿捐赠国图名家手稿文库	图书馆报
6月23日	“纳西族史诗《黑白战争》连环画展”亮相国家典籍博物馆	图书馆报
6月30日	中国国家图书馆与日本出版商签署赠书协议	图书馆报
7月7日	国图举行象山海洋渔文化展	图书馆报
7月7日	清代金石学家陈介祺特展在国图开幕	图书馆报
7月14日	2017全国“阅读推广人”培育行动第八期培训班圆满结业	图书馆报
7月14日	国图启动《赵城金藏》重要史料抢救性摄录工作	图书馆报
7月21日	“全国图书馆未成年人服务提升计划”巡讲在兰州举办	图书馆报
7月21日	《中央档案馆藏日本侵华战犯笔供选编（第二辑）》正式出版	图书馆报
7月21日	馆长韩永进与金砖国家文化部长共同签署《金砖国家图书馆联盟成立意向书》	图书馆报
7月21日	信息组织和资源建设研修班在国图举办	图书馆报
7月28日	“非遗中的老北京”特别活动在国图举办	图书馆报
7月28日	国图《赵城金藏》重要史料抢救性摄录取得阶段性成果	图书馆报
8月16日	国图举办《赵城金藏》珍贵史料调查工作报告会	图书馆报
8月16日	世界插画大展——国际安徒生奖五十周年展北京站开幕	图书馆报
8月17日	“中华优秀传统文化资源建设与全民阅读推广研讨会”举办	图书馆报

8月17日	国际安徒生奖（终身成就）50周年展举行	图书馆报
8月17日	纪念建军九十周年馆藏文献展在国图开展	图书馆报
8月25日	国图召开《赵城金藏》珍贵史料调查报告会	图书馆报
9月1日	第九届中国图书馆馆长与国际出版社高层对话论坛在京举行	图书馆报
9月8日	国图与发改委共建“发改书吧”	图书馆报
9月15日	国家古籍保护中心举办“尊师重教，修学研艺——敦煌遗书保护学艺传承活动”	图书馆报
9月15日	国家图书馆试听服务中心正式开放	图书馆报
9月23日	“盲人数字阅读推广工程”启动	图书馆报
9月23日	“全国图书馆文化创意产品开发联盟”成立	图书馆报
9月23日	国图专题调研北碚图书馆“碚壳”	图书馆报
10月20日	《中国图书馆史》出版	图书馆报
10月20日	国家图书馆总馆南区建成开馆30周年	图书馆报
12月1日	欧豪年书画展 走进国家典籍博物馆	图书馆报
12月1日	《阮章竞太行山笔记手稿四种》影印本在国家图书馆首发	图书馆报
12月8日	儒家思想与儒家经典名家　系列讲座在国图开讲	图书馆报
12月15日	全国图书馆文创开发创新论坛暨优秀校企对接会举行	图书馆报
12月15日	数字图书馆文化 创意展在国图开幕	图书馆报
12月15日	中国记忆项目“中国图书馆界重要人物专题” 资源共建工作培训班在国图举办	图书馆报
12月29日	第十三届国家图书馆“文津图书奖”启动	图书馆报
12月29日	国图与临汾市　开展战略合作	图书馆报
12月29日	“文津经典诵读”五周年系列活动在国图举行	图书馆报
1月23日	“红楼专列”开进地铁4号线	劳动午报
8月9日	世界插画大展	劳动午报
12月27日	国家图书馆读书周　带领读者亲近经典	劳动午报
11月22日	《公共图书馆法》出台　全民阅读品书香	亮报
1月23日	京港地铁首开“红楼”专列	首都建设报

1月25日	地铁大兴线上品红楼	京郊日报
5月12日	“文津”好书赏析	科技文摘报
1月9日	2017年是“中华古籍保护计划”启动十周年	藏书报
1月9日	古籍保护将走向“民众自觉的保护”	藏书报
1月16日	2017年民国时期文献整理出版项目开始申报	藏书报
2月6日	同筑中国梦共度书香年　国图线上线下推送新春“大礼包”	藏书报
2月13日	孔府文献被纳入“中华古籍保护计划”	藏书报
3月27日	中国图书馆第十一届全民阅读论坛将举行	藏书报
4月10日	中国古籍保护协会在沪召开理事会	藏书报
4月24日	“从莎士比亚到福尔摩斯”英伦文学珍本展览惊艳亮相国图	藏书报
4月24日	文津图书奖揭晓 助力世界读书日	藏书报
4月24日	云南省图书馆开启目录审校人员专题培训	藏书报
5月1日	第十二届文津图书奖颁奖 文津图书推广同步开启	藏书报
5月8日	对话刘惠平：社会力量正在参与古籍保护	藏书报
6月19日	保护古籍 传承文明 服务社会——古籍保护十年成果展在国图举办	藏书报
6月19日	“文化和自然遗产日”国图推出系列文化活动	藏书报
6月19日	杨献珍手稿入藏国图名家手稿文库	藏书报
7月17日	《赵城金藏》重要历史资料抢救性摄录工作正式启动	藏书报
7月17日	天将金石付斯人——清代金石学家陈介祺特展	藏书报
7月24日	国图传统文化宣传推广活动走进南开	藏书报
8月28日	国图举办纪念建军90周年馆藏文献展	藏书报
8月28日	重走路上的七情七愿——《赵城金藏》田野调查散记	藏书报
9月11日	国家图书馆：《国家相册》微纪录片入藏	藏书报
9月11日	国家图书馆创新服务方式“发改书吧”建成	藏书报
9月16日	全国图书馆文化创意产品开发联盟成立	藏书报
10月16日	“孔府珍藏文献展”在国家典籍博物展出	藏书报
10月16日	《中华传统文化百部经典》首批图书面试	藏书报
10月23日	“册府千华——贵州省藏国家珍贵古籍特展”开展	藏书报

10月23日	从古代藏书楼到现代图书馆《中国图书馆史》在京首发	藏书报
11月13日	《公共图书馆法》将于明年元旦起施行 馆藏估计保护与传承有法可依	藏书报
11月13日	学习贯彻党的十九大精神 “册府千华”系列珍贵古籍特展在全国次第展开	藏书报
12月4日	阮章竞太行山笔记影印首发 其手稿入驻国图	藏书报
12月11日	儒家思想与儒家经典名家系列讲座国图开讲	藏书报
12月25日	内蒙古自治区藏国家珍贵古籍特展开展	藏书报
12月25日	全国图书馆文创开发创新论坛在国图举办 数字图书馆文化创意展同期亮相	藏书报
12月25日	中华古籍保护10周年 2017，这些值得记忆	藏书报
4月24日	一个展览，一部世界史	人民画报
1月23日	“红楼专列”让文化传播驶向春天	广州日报
2月20日	你可愿听我的朗读？——董卿谈《朗读者》和文化类节目的热播	南方日报
3月3日	“古籍脱酸及加固技术装置协同创新研究”项目在穗启动 攻克“酸化危机” 抢救古籍“生命”	南方日报
5月17日	美籍华人向国图捐二战时期文物 含“飞虎队”后人珍藏物品	南方日报
12月3日	欧豪年书画展	新快报
12月23日	读四库全书 不负新年芳华	新快报
1月26日	数字化共享，国家图书馆作出了示范！	南方周末
12月29日	2017年十大文化阅读热点事件	南方工报
1月6日	CCTV全球春联征集走进洪洞“老家”	山西日报
1月25日	800年国宝首次走出“深闺”——《赵城金藏》成为一带一路新名片	山西日报
2月16日	《赵城金藏》二期复制目录出炉	山西日报
4月15日	首批百卷《赵城金藏》回归广胜寺	山西日报
12月29日	临汾市与国家图书馆“文化结盟”	山西日报
4月14日	国宝《赵城金藏》首批百卷回归广胜寺	山西晚报
4月15日	百卷《赵城金藏》回归千年古寺	山西晚报
12月15日	临汾与国家图书馆“文化结盟”	山西晚报
4月15日	首批百卷《赵城金藏》回归广胜寺	山西经济日报

4月19日	“从莎士比亚到福尔摩斯：大英图书馆的珍宝”展览将亮相中国国家图书馆	山西工人报
1月19日	国家图书馆启动春节系列活动	文汇报
2月26日	为古籍“治病” 还故纸“旧貌”	文汇报
4月4日	莎翁印本与狄更斯、勃朗特手稿等大英图书馆馆藏首次来中国展出	文汇报
4月16日	赵城金藏今始“重归”广胜寺	文汇报
4月23日	中英联袂展出珍贵文学手稿	文汇报
5月24日	弘扬古籍中承载的民族精神	文汇报
5月26日	中华古籍保护计划10年成效显著	文汇报
5月30日	中英文学共谱跨越时空交响	文汇报
6月11日	京城举办多项活动迎首个“文化和自然遗产日” “人人都能做非遗传承者”	文汇报
7月8日	《赵城金藏》史料抢救性摄录启动	文汇报
8月16日	国图展出馆藏文献纪念建军九十周年	文汇报
10月15日	中国第一部图书馆通史《中国图书馆史》出版	青年报
11月22日	从古籍中，开启一场古今对话——“让书写在古籍里的文字活起来”（上）	郑州日报
9月26日	神秘“国宝古籍”背后的故事穿越古今	大河报
7月12日	中华古籍普查志愿服务行动开启湖北行	湖北日报
8月22日	一批珍稀善本重见天日	湖北日报
1月22日	国图启动春节系列活动　推送楹联文化“大礼包”	辽宁日报
7月11日	国家图书馆馆长来大连讲中华文化	辽宁日报
12月23日	读四库全书 不负新年芳华	辽宁日报
3月21日	全国五家图书馆联合在线发布古籍数字资源	云南日报
12月7日	民国时期文献保护计划　云南推广活动启动	云南日报
10月28日	云南省藏国家珍贵古籍特展开展　150部珍稀古籍亮相	云南经济日报
12月8日	民国时期文献保护计划　云南推广活动启动	云南经济日报
11月9日	数字图书馆免费提供海量视听资源	湖南日报
4月19日	莎士比亚、拜伦等文学巨匠手稿将在中国国家典籍博物馆亮相	天津日报

12月12日	国家图书馆馆长寄语青年学子传承文化阅读经典书籍	天津工人报
6月21日	纳西族神话故事亮相国图　从《黑白战争》品丽江文化	中国书画报
6月29日	连家生诗文书法作品捐赠国图	中国书画报
8月12日	匠心集成　世界插画大展致敬安徒生	美术报
3月3日	五座图书馆联合发布古籍数字资源	安徽日报
3月25日	莎士比亚珍本等首次来华展出	安徽日报
9月30日	用时代精神激活中华优秀传统文化生命力——写在《中华传统文化百部经典》出版之际	安徽日报
12月14日	自治区藏国家珍贵古籍特展在呼和浩特开展	内蒙古日报
12月23日	读四库全书　不负新年芳华	内蒙古日报
12月30日	国家图书馆等将复制出版《正统道藏》《万历续道藏》	内蒙古日报
6月1日	国家图书馆向赤峰市图书馆捐赠3万余册图书	内蒙古晨报
3月1日	国图等发布古籍数字资源	宁夏日报
3月2日	“神器”助攻，古籍修复更给力	宁夏日报
3月7日	三代古籍修复师的传承与创新	宁夏日报
1月23日	“网络书香过大年”活动启动	黑龙江日报
7月20日	“网络书香·数字图书馆建设与服务”宣传推广项目走进黑龙江	黑龙江日报
4月24日	中国文化、德国天才、星宿及吃货：10部“文津图书奖”获奖图书邀你品鉴	黑龙江晨报
12月24日	郑振铎铜像在国家图书馆揭幕	福建日报
4月24日	10部“文津图书奖”获奖图书邀你品鉴	闽北日报
12月15日	推动公共图书馆实现和保障人民群众基本文化权益——文化部等部门相关负责人解读公共图书馆法	闽东日报
4月20日	莎士比亚珍贵手稿将来华展出	收藏快报
9月27日	到2020年中国珍藏古籍修复数量将达到350万叶	收藏快报
12月20日	台湾著名画家欧豪年书画展走进国图	收藏快报
8月18日	世界插画大展——国际安徒生终身成就奖50周年展	大众日报
11月7日	《从孔庙藏书说开去》讲座在国家典籍博物馆启德厅举行	齐鲁晚报
2月7日	年俗文化展开展 月底前免费观展	鲁中晨报

4月24日	第十二届文津奖图书展来了　这些书籍可在图书馆借阅哦	当代生活报
9月14日	中宣部等五部门实施“盲人数字阅读推广工程”	甘肃日报
12月18日	推动公共图书馆实现和保障人民群众基本文化权益——文化部等部门相关负责人解读公共图书馆法	民族日报
3月22日	永寿八部地方文献被国家图书馆收藏	陕西农村报
3月30日	莎士比亚珍本等大英图书馆经典馆藏将首次在中国展出	劳动时报
8月7日	三都水族古籍珍品进京参展	黔南日报
3月3日	国家图书馆等发布古籍数字资源　总量2.4万部相当于6部《四库全书》	吉林日报
8月9日	摸清“家底”　保护文脉	吉林日报
3月8日	国图等发布古籍数字资源	长白山日报
4月18日	大英图书馆经典巨著手稿亮相我国	劳动新闻
5月5日	自治区图书馆同步揭晓第十二届“国家图书馆文津图书奖”	新疆经济报
8月23日	“中华古籍普查文化志愿服务行动”新疆行启动	新疆经济报
5月31日	《翻译家轶事　古舟子咏》有多个译本　福尔摩斯故事被多次翻译	新疆法制报
4月24日	10部“文津图书奖”获奖图书邀你品鉴	重庆晨报
8月20日	世界插画大展亮相国家图书馆	西藏商报
4月2日	莎士比亚珍本来华首展	香港商报
4月8日	莎士比亚、狄更斯手稿本月北京展出	香港文汇报
4月24日	“读书日”倡阅读风　文津奖揭晓《中国文化的根本精神》等上榜原创作品占十分之七	香港文汇报
12月26日	国宝《四库全书》元旦首度开库	香港文汇报
4月24日	世界阅读日书香飘神州　北京地铁“时光专列”陪你开卷	大公报
9月10日	与众同乐　国图近二万黑胶碟任听	大公报
5月20日	中澳日韩等20国国家图书馆共商交流合作	澳门日报
6月21日	连家生诗文书法展京开幕	澳门日报
1月11日	澳门大学图书馆与国家图书馆文献提供中心签署馆际互借及文献传递协议书	濠江日报
5月5日	内地：大英图书馆在京办展览	星岛日报

三、网络媒体

日期	标题	媒体名称
1月21日	国图启动春节系列活动推送楹联主题文化“大礼包”	新华网
2月15日	《赵城金藏》复制工程二期200卷认领启动	新华网
3月1日	国图等发布古籍数字资源总量2.4万部相当于6部《四库全书》	新华网
3月24日	莎士比亚珍本等大英图书馆经典馆藏将首次在中国展出	新华网
4月15日	《开讲啦》韩永进：我们为什么读书	新华网
4月19日	“从莎士比亚到福尔摩斯——大英图书馆的珍宝”在京开展	新华网
4月23日	中国文化、德国天才、星宿及吃货：10部“文津图书奖”获奖图书邀你品鉴	新华网
4月24日	第12届文津图书奖颁奖暨海淀全民阅读主题系列活动在京举行	新华网
5月4日	交互式数字艺术展《汉字里的中国》5月4日国家图书馆开展	新华网
5月17日	“入古出新——当代著名篆刻家印章临创展”在京举行	新华网
5月18日	中澳日韩等20国国家图书馆共商交流合作	新华网
5月25日	“中华古籍保护计划”实施十周年：让书写在古籍里的文字活起来	新华网
5月25日	中阿共商图书馆资源共知共建共享	新华网
6月13日	“纳西族史诗《黑白战争》连环画展”亮相国图	新华网
7月1日	第十一届“和平杯”全国连环画创作大赛面向全国征稿	新华网
7月6日	国家图书馆为镇馆之宝《赵城金藏》“寻根”	新华网
7月17日	《赵城金藏》重要历史资料抢救性摄录工作组走进山西	新华网
7月27日	“甲骨文记忆展”在悉尼开幕	新华网
8月11日	世界插画大展——国际安徒生奖50周年展北京站开展	新华网
8月11日	30多万种全球最新图书将亮相2017图博会	新华网
8月15日	国图举办纪念中国人民解放军建军九十周年馆藏文献展	新华网
9月1日	《国家相册》微纪录片被国家图书馆永久馆藏	新华网
9月13日	中宣部等五部门实施“盲人数字阅读推广工程” 刘奇葆出席启动仪式	新华网
9月14日	我国首个古籍保护五年规划发布	新华网

9月15日	我国首个古籍保护五年规划发布	新华网
9月30日	《中华传统文化百部经典》首批10部正式出版	新华网
11月4日	新时代公共图书馆事业发展新航标——聚焦公共图书馆法亮点	新华网
11月25日	欧豪年书画展亮相国家典籍博物馆	新华网
12月15日	推动公共图书馆实现和保障人民群众基本文化权益——文化部等部门相关负责人解读公共图书馆法	新华网
12月23日	中华文化遗产保护先驱郑振铎铜像在国图揭幕	新华网
12月23日	读四库全书　不负新年芳华	新华网
12月25日	国图开展“走进新时代的图书馆——向经典致敬”读书周活动	新华网
12月29日	国家图书馆等将复制出版《正统道藏》《万历续道藏》	新华网
1月23日	北京4号线地铁开行“红楼专列”，扫码可读书	新华网北京频道
7月28日	中国非遗文化周之甲骨文记忆展亮相悉尼	新华网络电视
1月30日	国家图书馆开展丰富多彩的新春活动 馆长向读者拜年	央广网
4月12日	国家图书馆与档案馆合作加强民国时期档案资料保护与研究	央广网
4月14日	“大英图书馆的珍宝展”将在中国国家图书馆揭幕	央广网
4月14日	山西：首批百卷《赵城金藏》回归广胜寺	央广网
4月18日	用现代科技保护古籍　复旦中华古籍保护研究院探索匠心之道	央广网
4月20日	中国图书馆第十一届全民阅读论坛长沙开幕	央广网
4月25日	第十二届文津图书奖在国家图书馆揭晓	央广网
4月25日	《传承与保护》山西寺观壁画资料捐赠暨展览开幕式在国家图书馆举行	央广网
5月24日	第二届中国与阿拉伯国家图书馆及信息领域专家会议在京举行	央广网
6月10日	“文化和自然遗产日”国家图书馆推出系列文化活动	央广网
6月14日	国家典籍博物馆举行“纳西族史诗《黑白战争》连环画展”	央广网
7月7日	国家图书馆举行《赵城金藏》重要历史资料抢救工作座谈会	央广网
7月18日	《赵城金藏》重要历史资料抢救性摄录工作取得阶段进展	央广网
8月13日	世界插画大展——国际安徒生奖50周年展北京站举行	央广网
9月10日	满足社会公众视听需求　国家图书馆视听服务中心正式开放	央广网
9月13日	文化部发布《规划》：到2020年基本摸清全国古籍资源和保存状况	央广网

9月14日	覆盖400家图书馆 “盲人数字阅读推广工程”启动	央广网
9月20日	2017中华古籍普查文化志愿服务活动成果喜人	央广网
10月1日	王镛“寸耕堂铭砚展”在国家典籍博物馆开幕	央广网
10月12日	国家图书馆举办国图总馆南区建成开馆30周年座谈会	央广网
10月14日	“册府千华——贵州省藏国家珍贵古籍特展”开展	央广网
10月25日	韩永进：四个文化关键词，指明工作方向	央广网
1月18日	国家图书馆线上线下联动送新春文化“大礼包”	中国新闻网
1月21日	首个“红楼专列”在京开通 红楼专馆进京港地铁	中国新闻网
1月28日	国家图书馆喜迎鸡年首批到馆读者	中国新闻网
2月28日	国家图书馆与四家大型公共图书馆联合在线发布古籍数字资源	中国新闻网
4月13日	莎士比亚、拜伦等英国文学巨匠手稿首次在华展出	中国新闻网
4月14日	中国国宝《赵城金藏》首批百卷回归山西广胜寺	中国新闻网
4月21日	“大英图书馆的珍宝”展：看文豪手稿，感巨匠体温	中国新闻网
4月23日	第十二届文津图书奖揭晓 倡导全民阅读风尚	中国新闻网
5月18日	第25届亚洲及大洋洲地区国家图书馆馆长会议在京举行	中国新闻网
5月22日	中国国家图书馆将在承德建国家文献战略储备库	中国新闻网
5月24日	第二届中国与阿拉伯国家图书馆及信息领域专家会议在京举行	中国新闻网
5月25日	“中华古籍保护计划”十年公布12274部珍贵古籍名录	中国新闻网
6月9日	著名学者杨献珍手稿入藏国家图书馆	中国新闻网
6月12日	中国国家图书馆与日本出版商签署赠书协议	中国新闻网
6月13日	中国国家图书馆入藏纳西族史诗《黑白战争》连环画	中国新闻网
6月15日	中国国家图书馆馆长：用中华文化的历史智慧解决今世难题	中国新闻网
6月29日	清代金石大家陈介祺特展在京开幕 曾收藏毛公鼎	中国新闻网
7月21日	国家图书馆里看“非遗中的老北京”	中国新闻网
7月27日	文物局推介建军90周年、抗战全面爆发80周年主题展	中国新闻网
7月28日	“甲骨文记忆展”亮相悉尼	中国新闻网
8月15日	浙东地下党绝密函等历史资料首次在中国国家图书馆展示	中国新闻网
9月9日	国家图书馆视听服务中心正式开放可听黑胶唱片	中国新闻网

9月12日	“全国图书馆文化创意产品开发联盟”在京成立	中国新闻网
9月13日	我国首个古籍保护五年规划发布	中国新闻网
10月6日	不出游的黄金周咋度过？加班、陪父母、泡图书馆	中国新闻网
10月12日	国家图书馆总馆南区建成开馆30周年 曾入选经典工程	中国新闻网
10月20日	项兆伦：“四个有”措施打通公共文化服务最后一公里	中国新闻网
10月21日	古籍逐渐“活”起来 贵州150余部孤本佳椠亮相	中国新闻网
11月7日	陈力：两岸学者共同编纂《中华文物志》十分必要	中国新闻网
11月25日	“当今台湾画坛第一人”欧豪年书画精品亮相国图	中国新闻网
11月29日	儒家思想与儒家经典名家系列讲座在国图开讲	中国新闻网
12月23日	中国国家图书馆永久安放郑振铎铜像表缅怀	中国新闻网
12月25日	国家图书馆读书周带领读者亲近经典	中国新闻网
12月27日	央视综艺频道《收获2017》：岁暮论收获 文艺话初心	中国新闻网
12月29日	国图藏《正统道藏》《万历续道藏》将高仿复制出版	中国新闻网
1月19日	“同筑中国梦 共度书香年” 国图新春送出文化“大礼包” 馆长大年初一亲自迎客	人民网
1月21日	2017 年黑龙江省“网络书香过大年”系列活动启动仪式在黑龙江图书馆举行	人民网
3月30日	《盘中餐》等10部作品入选“原创图画书2016排行榜”	人民网
4月7日	“从莎士比亚到福尔摩斯：大英图书馆的珍宝”将开展	人民网
4月21日	“为中英人文交流插上智慧的翅膀”	人民网
4月24日	第十二届文津图书奖揭晓	人民网
4月25日	第十二届文津奖颁奖暨2017海淀全民阅读主题系列活动在京举办	人民网
5月31日	“入古出新——当代著名篆刻家印章临创展”在京举办	人民网
6月12日	国家图书馆启动“非物质文化遗产保护讲座月”	人民网
6月12日	国家图书馆“文化和自然遗产日”推出系列文化活动	人民网
6月20日	书中识理，笔下传情——连家生诗文书法作品展	人民网
6月29日	清代金石学家陈介祺特展开幕 《西周毛公鼎拓轴》亮相北京	人民网
7月6日	国图举办《赵城金藏》重要历史资料抢救性摄录工作座谈会	人民网
7月17日	北京：国家图书馆里觅清凉	人民网

7月24日	“非遗中的老北京”：国家图书馆展现“京味儿”非遗技艺	人民网
7月27日	“中国非遗文化周”之“甲骨文记忆展”亮相悉尼	人民网
8月12日	25位安徒生插画家奖得主真迹云集京城	人民网
9月9日	国家图书馆视听服务中心正式开放	人民网
10月13日	国家图书馆总馆南区建成开馆迎来第30周年	人民网
10月20日	项兆伦代表：打通最后一公里是公共文化工作的重中之重	人民网
11月10日	《公共图书馆法》出台：让民众享受更多更优公共文化	人民网
11月27日	欧豪年书画展走进国家典籍博物馆	人民网
12月13日	全国图书馆文创开发创新论坛暨优秀校企对接会举办	人民网
12月25日	国家图书馆开启读书周多彩活动向经典致敬	人民网
12月25日	探寻文明的记忆——文明对话论坛走进国家图书馆	人民网
4月23日	第十二届文津图书奖揭晓 “海淀阅读地图”将发布	人民网北京频道
7月19日	“网络书香·数字图书馆建设与服务”宣传推广项目黑龙江站启幕	人民网黑龙江频道
4月14日	稀世珍宝《赵城金藏》首批百卷回归广胜寺	人民网山西频道
5月30日	临汾市联手“国图”四大内容推动公共文化服务体系建设	人民网山西频道
7月11日	河南发布首部公共文化蓝皮书将每年出版一本	人民网河南频道
1月13日	中国文化中心数字图书馆上线仪式在国家图书馆举行	光明网
1月19日	“同筑中国梦 共度书香年”国家图书馆2017年春节系列活动启动	光明网
2月24日	古籍修复，静下来与时间对话	光明网
2月25日	我在国图修文物：走进古籍修复师的匠心世界	光明网
2月28日	探秘“大国工匠” 走进国图古籍修复培训班	光明网
3月2日	促进全国联动 开放古籍资源	光明网
3月13日	国家图书馆“网络书香”阅读推广志愿服务活动荣获中宣部、中央文明办“最佳志愿服务项目”	光明网
4月14日	中国国家图书馆“从莎士比亚到福尔摩斯：大英图书馆的珍宝”展览即将开幕	光明网
4月19日	国家图书馆“世界读书日”将开展丰富活动	光明网
4月21日	国家古籍保护中心向北大师生赠送《国学基本典籍丛刊》	光明网
4月23日	文化津梁 笔上生花	光明网

4月25日	国家图书馆举办全民阅读推广活动第十二届文津图书奖揭晓	光明网
5月26日	国家图书馆入藏山西寺观壁画资料并举办展览	光明网
5月26日	国家图书馆国家文献战略储备库建设工程建筑设计方案揭晓	光明网
5月26日	第25届亚洲及大洋洲地区国家图书馆馆长会议在中国国家图书馆举行	光明网
5月26日	第二届中国与阿拉伯国家图书馆及信息领域专家会议在京举行	光明网
5月26日	国家古籍保护中心成立十周年座谈会暨全国古籍普查登记工作会议在国家图书馆召开	光明网
6月12日	2017年“非物质文化遗产保护讲座月”启动	光明网
6月21日	国家图书馆（国家古籍保护中心）在“文化和自然遗产日”推出系列文化活动	光明网
6月22日	司徒乔家书暨夫人冯伊湄《劫后行》手稿捐赠仪式在国家图书馆举行	光明网
6月29日	“天将金石付斯人——清代金石学家陈介祺特展”在国家典籍博物馆开幕	光明网
7月25日	国家图书馆里看“非遗中的老北京”	光明网
7月25日	《赵城金藏》重要历史资料抢救性摄录工作媒体座谈会在国家图书馆举行	光明网
8月3日	“武警部队数字图书馆”正式上线	光明网
8月11日	国际安徒生插画大奖50周年展	光明网
8月18日	《赵城金藏》珍贵史料调查工作报告会在国家图书馆召开	光明网
8月18日	世界插画大展——国际安徒生奖（终身成就）50周年展北京站开幕	光明网
9月5日	国家图书馆与国家发展和改革委员会共建“发改书吧”	光明网
9月5日	新华社向国家图书馆捐赠《国家相册》系列微纪录片及出版物	光明网
9月14日	“全国图书馆文化创意产品开发联盟”成立	光明网
9月21日	“盲人数字阅读推广工程”在国家图书馆启动 刘奇葆出席启动仪式	光明网
9月30日	寸耕堂铭砚展在国家典籍博物馆开幕	光明网
10月6日	伴着书香度长假	光明网
10月13日	国家图书馆总馆南区建成开馆30周年座谈会隆重举行	光明网

10月30日	《中国图书馆史》发布座谈会在国家图书馆举行	光明网
11月3日	《拈花——鲁迅藏中外美术典籍展》在国家典籍博物馆开展	光明网
11月27日	欧豪年先生书画展走进国家典籍博物馆	光明网
12月7日	北京国图举办“圣贤的足迹智者的启迪——孔府珍藏文献展”	光明网
12月11日	孔子·儒学·儒藏——儒家思想与儒家经典名家系列讲座在国家图书馆开讲	光明网
12月11日	阮章竞笔记手稿捐赠仪式暨《阮章竞太行山笔记手稿四种》影印本首发式在国家图书馆举行	光明网
1月22日	国图将派文化“大礼包”与海内外读者共度书香年	国际在线
2月20日	古籍修复的苦与乐：从打浆糊到修敦煌遗书	国际在线
3月24日	莎士比亚珍本和狄更斯手稿等大英图书馆经典馆藏将首次在中国展出	国际在线
4月11日	国家图书馆与中国第二历史档案馆将联手整理民国时期文献	国际在线
4月13日	“从莎士比亚到福尔摩斯：大英图书馆的珍宝”4月国图开展	国际在线
5月18日	亚洲及大洋洲国家图书馆馆长共聚北京 建言区域图书馆联合发展	国际在线
5月29日	中国与阿拉伯国家图书馆实施数字化合作项目 “一带一路”倡议下加快推动共知共建与共享	国际在线
6月1日	2017年全国少儿诗词在线诵读活动“六一”启动	国际在线
6月13日	纳西族史诗《黑白战争》连环画展在国家典籍博物馆开展	国际在线
7月28日	“中国非遗文化周”之“甲骨文记忆展”亮相悉尼	国际在线
8月28日	国际安徒生奖50周年巡展北京站反响热烈 巴西插画家罗杰·米罗现身展馆	国际在线
12月27日	央视《收获2017》岁暮论收获 文艺话初心	国际在线
3月24日	Rare British books to go on display in cultural exchange	中国日报网
4月25日	Haidian district embraces reading with festival	中国日报网
5月10日	《汉字里的中国》在国家图书馆开展：留学生惊叹汉字热赞中国	中国日报网
8月14日	Works of Hans Anderson Awards winners go on display in Beijing	中国日报网
1月16日	154家文化文物单位文化创意产品开发试点单位名单公布	中国经济网
1月19日	国家图书馆2017年春节系列活动启动	中国经济网
4月14日	莎士比亚福尔摩斯罕见手稿将亮相国家图书馆	中国经济网

4月14日	第十二届文津图书奖入围图书发布共54种图书	中国经济网
4月23日	第十二届文津图书奖揭晓原创作品7部	中国经济网
5月30日	韩永进谈古籍保护十年：典籍传承智慧文明守望未来	中国经济网
6月1日	2017年全国少儿诗词在线诵读活动正式启动	中国经济网
6月9日	杨献珍126册叶手稿入藏国家图书馆	中国经济网
8月12日	《赵城金藏》珍贵史料调查工作报告会在京召开	中国经济网
8月12日	云集全球顶级插画师真迹　感受半个世纪的童趣	中国经济网
8月15日	钢铁长城——纪念中国人民解放军建军九十周年馆藏文献展在国家图书馆开展	中国经济网
9月9日	国家图书馆视听服务中心正式开放　公众可欣赏馆藏黑胶唱片	中国经济网
9月12日	全国图书馆文化创意产品开发联盟成立	中国经济网
10月13日	国家图书馆总馆南区建成30周年：图书馆现代化的标志	中国经济网
10月13日	《中国图书馆史》正式出版 填补图书馆通史空白	中国经济网
12月4日	人民币硬币发行60周年纪念展在北京揭幕	中国经济网
12月15日	国家图书馆：切实增强国家文献资源总库建设着力打造新型“智库”	中国经济网
12月29日	《正统道藏》《万历续道藏》复制出版签约仪式在国家图书馆举行	中国经济网
2月2日	闻鸡起舞的青春最美丽：春节假期中的国家图书馆	中国青年网
4月23日	世界读书日地铁中品味京港文化让阅读和知识“动”起来	中国青年网
5月27日	“中华古籍保护计划”十年公布12274部珍贵古籍名录	中国青年网
7月12日	中华古籍普查志愿服务行动首次在湖北启动	中国青年网
10月2日	国庆黄金周 市民图书馆内“充电”忙	中国青年网
1月19日	国家图书馆2017年春节系列活动启动	中国社会科学网
1月22日	赏红楼迎新年——M地铁·图书馆“书春日”活动举办	中国社会科学网
1月26日	国图2017“网络书香过大年”活动启动	中国社会科学网
1月28日	大年初一国图馆长拜年活动举行	中国社会科学网
1月28日	去国图品书香赏年俗	中国社会科学网
3月2日	国图联合四家图书馆在线发布古籍数字资源	中国社会科学网
4月3日	“我在国图修古籍”——走进国家图书馆古籍修复室	中国社会科学网

4月12日	国家图书馆与中国第二历史档案馆签署合作共建战略框架协议	中国社会科学网
4月13日	“从莎士比亚到福尔摩斯：大英图书馆的珍宝”展览即将亮相中国国家图书馆	中国社会科学网
4月14日	国家图书馆将举办“4·23世界读书日”活动	中国社会科学网
4月22日	“大英图书馆的珍宝”亮相国家典籍博物馆	中国社会科学网
5月17日	第25届亚洲及大洋洲地区国家图书馆馆长会议在中国国家图书馆举行	中国社会科学网
5月22日	国家图书馆国家文献战略储备库建设工程建筑设计方案揭晓	中国社会科学网
5月24日	《国家图书馆善本掌故丛书》正式发布	中国社会科学网
5月25日	中阿图书馆资源的共知共建与共享	中国社会科学网
5月26日	国家古籍保护中心成立十周年系列活动在京举办	中国社会科学网
6月9日	《孔子博物馆古籍普查登记目录》首发——国家图书馆（国家古籍保护中心）在“文化和自然遗产日”推出系列文化活动	中国社会科学网
6月10日	“古籍保护、出版、数字化优秀成果展”在国图古籍馆举办	中国社会科学网
6月12日	2017年“非物质文化遗产保护讲座月”在国图启动	中国社会科学网
6月28日	象山“非遗”亮相国家典籍博物馆	中国社会科学网
6月29日	清代金石学家陈介祺特展在国家典籍博物馆开展	中国社会科学网
7月7日	国家图书馆启动《赵城金藏》重要历史资料抢救性摄录工作	中国社会科学网
7月16日	“重走《金藏》路”取得阶段性进展	中国社会科学网
8月11日	《赵城金藏》珍贵史料调查工作报告会在国图召开	中国社会科学网
8月11日	国际安徒生奖终身成就50周年展在京开幕	中国社会科学网
8月16日	纪念建军九十周年馆藏文献展亮相国图	中国社会科学网
9月8日	迎接教师节国家古籍保护中心举办“敦煌遗书保护学艺传承活动”	中国社会科学网
9月9日	国家图书馆视听服务中心正式开放	中国社会科学网
9月12日	“全国图书馆文化创意产品开发联盟”成立大会在国图举办	中国社会科学网
9月26日	《清代诗文集珍本丛刊》面世	中国社会科学网
10月7日	国图举办“圣贤的足迹智者的启迪——孔府珍藏文献展”	中国社会科学网
10月13日	《中国图书馆史》发布座谈会举办	中国社会科学网
10月13日	“国家图书馆总馆南区建成开馆30周年座谈会”在京召开	中国社会科学网

10月14日	国家图书馆总馆南区建成开馆30周年纪念展举办	中国社会科学网
11月4日	“鲁迅藏中外美术典籍展”在国家典籍博物馆开展	中国社会科学网
11月19日	中国音乐学院《秋韵》音乐会在国图艺术中心上演	中国社会科学网
11月25日	“当今台湾画坛第一人”欧豪年书画展亮相国家典籍博物馆	中国社会科学网
11月30日	“孔子·儒学·儒藏——儒家思想与儒家经典名家系列讲座”在国图开讲	中国社会科学网
12月12日	国家图书馆数图体验区开启数字图书馆文化创意成果展	中国社会科学网
12月12日	全国图书馆文创开发创新论坛暨优秀校企对接会在国图举办	中国社会科学网
12月12日	领略知识盛宴增强文化自信部级领导干部历史文化讲座“大国”系列读本问世	中国社会科学网
12月24日	中华文化遗产保护先驱郑振铎先生铜像在国图揭幕	中国社会科学网
12月25日	第十三届国家图书馆“文津图书奖”正式启动	中国社会科学网
12月26日	《中华传统文化百部经典》首批图书亮相国图读书周	中国社会科学网
1月19日	在国家图书馆过年是怎样的体验？来了就知道！	中青在线
4月14日	从莎士比亚到福尔摩斯，在国图邂逅英国经典手稿	中青在线
4月21日	国家古籍保护中心向北大赠送《国学基本典籍丛刊》	中青在线
4月23日	房子、星空、吃货……国家图书馆发布文津图书奖，总有一本适合你	中青在线
8月11日	千年古籍只此一部，抢救《赵城金藏》	中青在线
8月15日	国图开幕纪念建军九十周年馆藏文献展	中青在线
9月9日	走！去国图视听服务中心听绝版黑胶唱片	中青在线
10月13日	国家图书馆预计于2020年建成文献战略储备库	中青在线
11月25日	“当今台湾画坛第一人”欧豪年98幅作品亮相国图	中青在线
12月12日	图书馆、高校、企业集结国图，社会力量共商文创开发	中青在线
12月17日	“2017十大文化阅读热点事件”发布：《朗读者》等综艺节目上榜	中青在线
12月23日	郑振铎铜像在国家图书馆揭幕	中青在线
1月19日	国家图书馆启动2017年春节系列活动	中国新闻出版广电网
4月17日	莎士比亚等英国标志性作家9部手稿将亮相中国国家图书馆	中国新闻出版广电网

4月24日	“从莎士比亚到福尔摩斯：大英图书馆的珍宝”展在国家典籍博物馆开幕	中国新闻出版广电网
12月15日	激活经典 熔铸古今——“中华传统文化百部经典”走向大众	中国新闻出版广电网
1月20日	国家图书馆2017年春节系列活动启动	中国文化传媒网
4月19日	国家图书馆将举办“4·23世界读书日”系列活动	中国文化传媒网
4月19日	“从莎士比亚到福尔摩斯：大英图书馆的珍宝”开展	中国文化传媒网
5月18日	第25届亚洲及大洋洲地区国家图书馆馆长会议举行	中国文化传媒网
1月21日	八家图书馆同步“书春”国家图书馆：“红楼”专列对诗篇	央视网
2月21日	Doctors' save ancient books at National Library	央视网
3月23日	大英图书馆将首次在中国展出莎士比亚等经典文学馆藏	央视网
4月7日	《开讲啦》中国国家图书馆馆长韩永进：我们为什么要读书?	央视网
4月15日	国图镇馆之宝《赵城金藏》百卷复制经藏回归广胜寺	央视网
4月19日	大英图书馆珍宝将亮相中国 独家探访带您“抢先看”	央视网
4月20日	莎士比亚VS红楼梦 馆长爱哪个?	央视网
4月20日	《跨越时空的交响》20170420中英文学对话	央视网
4月23日	央视记者带你走进国家图书馆	央视网
4月23日	国家图书馆4·23世界读书日特别活动	央视网
4月26日	国家图书馆举行《传承与保护》山西寺观壁画资料捐赠暨展览开幕式	央视网
5月17日	“入古出新——当代著名篆刻家印章临创展”在京展出	央视网
6月20日	Shakespeare to Sherlock：Treasures of the British Library	央视网
12月30日	融会诗书画、讴歌真善美——首届“沈鹏诗书画奖”大赛作品集出版	央视网
8月16日	世界插画大展·国际安徒生奖50周年展	央视新闻移动网
1月18日	国图启动春节系列活动携手600家图书馆发放文化大礼包	中国网
4月1日	“青松风骨——喜迎党的十九大大型书画展”在京举行	中国网
4月13日	大英图书馆珍宝中国首展 莎翁拜伦印本手稿将亮相国图	中国网
4月25日	《传承与保护》山西寺观壁画资料捐赠暨展览开幕式在国家图书馆举行	中国网

5月19日	亚洲及大洋洲国家图书馆馆长齐聚北京　建言联合发展	中国网
5月19日	“入古出新——当代著名篆刻家印章临创展”在国家图书馆隆重开幕	中国网
6月12日	国家图书馆“非物质文化遗产保护讲座月”活动启动	中国网
7月26日	《中国古琴名画珍赏》新书发布会在国家图书馆隆重举行	中国网
11月29日	孔子·儒学·儒藏名家系列讲座在国家图书馆开讲	中国网
12月27日	央视《收获2017》岁暮论收获文艺话初心	中国网
12月27日	郑振铎先生铜像在国家图书馆落成	中国网
4月13日	The British Library brings valuable rare original manuscripts to China for first time	环球时报网
4月25日	National Library of China displays digital murals	环球时报网
4月24日	世界读书日京港地铁与乘客一起品味京港两地文化	环球网
5月26日	“入古出新”印章临创展在京举办	人民政协网
10月24日	《中国图书馆史》正式出版	人民政协网
4月21日	雒树刚出席“从莎士比亚到福尔摩斯：大英图书馆的珍宝”展开幕式	中国文化网
6月19日	中西两国国家图书馆建立畅通交流渠道	中国文化网
6月23日	中国国家图书馆与日本出版贩卖株式会社签订第八期赠书协议	中国文化网
7月31日	“中国非遗文化周”之“甲骨文记忆展”亮相悉尼	中国文化网
9月25日	国家图书馆与毛求国家图书馆续签合作谅备	中国文化网
8月14日	世界插画大展——国际安徒生奖50周年展北京站开幕	中国科技网
9月12日	全国图书馆文化创意产品开发联盟成立	中国科技网
12月25日	国家图书馆读书周活动启幕	中国科技网
12月25日	第十三届“文津图书奖”评选正式启动	中国科技网
1月23日	京港地铁推出“红楼专列”	中国交通新闻网
4月24日	京港地铁4号线开出“时光专列”	中国交通新闻网
8月2日	乐山师范学院沫若图书馆与国家图书馆出版社联合举办“地方文献整理与出版研讨会”	中国高校之窗网
10月17日	国家图书馆副馆长张志清赴贵州民族大学作学术讲座	中国高校之窗网
3月26日	一批英国文化瑰宝即将首次“东渡”中国展出	中国侨网

5月5日	马德里中国文化中心“甲骨文记忆”展即将闭幕	中国侨网
1月19日	新春2017 国家图书馆“同筑中国梦共度书香年”系列活动在京启动	中国城市文化网
2月28日	促进全国联动开放古籍资源——国家图书馆与四家大型公共图书馆联合在线发布古籍数字资源	中国古籍保护网
4月19日	二史馆与国图签订合作共建战略框架协议	中国档案网
4月21日	British Library executive chief：people get pleasure from reading	中国国际广播电台官网
4月24日	第十二届文津图书奖揭晓	中国教育新闻网
4月27日	《传承与保护》山西寺观壁画资料捐赠暨展览开幕式在国家图书馆举行	中国文化报文化财富周刊官网
5月22日	当代著名篆刻家印章临创展在国家图书馆开幕	中国美术家网
7月14日	《小康》杂志社与中国国家图书馆就“弘扬优秀传统文化”达成合作共识	中国小康网
8月11日	世界插画大展——国际安徒生奖（终身成就）50周年展开幕	中国知识产权资讯网
8月16日	中国道教协会举办第一期全国道教古籍修复技术培训班	中国道教协会网
8月25日	绝密函？密信？国图有个不能错过的纪念展	中国军网
9月24日	王镛寸耕堂铭砚展9月23日在京盛大开幕	中国书法在线网
9月26日	王镛“寸耕堂铭砚展”在国家典籍博物馆隆重开幕	中国书法家协会网
11月27日	欧豪年书画展在京举办	中国书画报网
11月28日	作家手稿具有宝贵的“存史”价值——阮章竞大量笔记手稿捐赠国家图书馆	中国作家网
11月30日	“儒家思想与儒家经典名家系列讲座”在国图开讲	中国西部资讯网
12月22日	探寻文明的记忆——文明对话论坛走进国家图书馆	中国女网
3月28日	大英图书馆经典馆藏将首次在中国展出　含莎士比亚现存唯一手稿	雅昌艺术网
5月18日	“入古出新——当代著名篆刻家印章临创展”在京开幕	雅昌艺术网
9月20日	伴我晨昏　以耕心田　王镛“寸耕堂铭砚展”9月23日亮相国家典籍博物馆	雅昌艺术网
1月19日	“同筑中国梦共度书香年”国图2017年春节系列活动启动	新浪网
3月1日	国家图书馆与四家大型公共图书馆联合在线发布古籍数字资源	新浪网

4月13日	从莎士比亚到福尔摩斯：大英图书馆的珍宝展将开幕	新浪网
4月18日	莎士比亚、柯南·道尔和夏洛蒂·勃朗特等经典文学馆藏展出	新浪网
4月20日	跨越时空的交响：中英文学对话	新浪网
4月23日	德国天才、造房子、中国文化……第十二届文津图书奖揭晓	新浪网
4月25日	4·23世界读书日我们在国家图书馆相会	新浪网
5月23日	“讲好国图典籍故事座谈会”在京召开	新浪网
5月26日	中华古籍保护计划公布12274部珍贵古籍名录	新浪网
6月1日	数字图书馆推广工程2017全国少儿诗词在线诵读活动启动	新浪网
6月4日	第二届“国弈杯”少儿围棋赛国家图书馆圆满落幕	新浪网
6月12日	非物质文化遗产保护讲座月	新浪网
6月19日	2017文津奖获奖图书《去野外》分享会	新浪网
6月21日	司徒乔家书暨夫人冯伊湄《劫后行》手稿捐赠仪式	新浪网
7月6日	《赵城金藏》历史资料抢救性摄录工作媒体座谈会在国图举行	新浪网
8月11日	国际安徒生插画大奖50周年展	新浪网
8月15日	钢铁长城——纪念中国人民解放军建军九十周年馆藏文献展开展	新浪网
9月27日	“古籍医生”把书当生命 43年妙手回春救活历史	新浪网
11月27日	“当今台湾画坛第一人”欧豪年先生书画展在国图开幕	新浪网
9月25日	王镛“寸耕堂铭砚展”在国家典籍博物馆盛大开幕	新浪网河北频道
1月18日	品书香赏年俗：2017年国家图书馆年俗文化展	搜狐网
1月18日	“同筑中国梦共度书香年”国家图书馆春节系列活动启动	搜狐网
1月18日	国图艺术中心即将上演“书香筑梦　金鸡纳福”迎春晚会	搜狐网
2月1日	国图新春精彩活动：金鸡报晓　馆长向读者拜年	搜狐网
3月1日	国家图书馆与四家大型公共图书馆联合在线发布古籍数字资源	搜狐网
3月28日	大英图书馆将首次在中国展出莎士比亚、柯南·道尔和夏洛蒂·勃朗特等经典文学馆藏	搜狐网
3月29日	中国原创图画书2016年度排行榜发布会在京举行	搜狐网
4月2日	“青松风骨”书画展在国家图书馆隆重举行	搜狐网
4月7日	大英图书馆珍宝中国首展	搜狐网

4月13日	聚莎翁印本与狄更斯、勃朗特手稿等大英图书馆馆藏4月21日亮相中国	搜狐网
4月20日	莎士比亚、福尔摩斯、伦勃朗手稿来华，我们拿到了最新最全的资料	搜狐网
4月23日	“世界读书日”第十二届文津图书奖获奖图书新鲜出炉	搜狐网
4月25日	《传承与保护》山西寺观壁画资料捐赠暨展览开幕式	搜狐网
4月28日	从莎士比亚到福尔摩斯：大英图书馆的珍宝@中国国家图书馆	搜狐网
5月19日	储兰兰唱响国图舞台用“新京剧”展古诗词魅力	搜狐网
5月29日	国家图书馆古籍修复工程	搜狐网
6月11日	古籍保护十年成果展在国家图书馆古籍馆隆重举办	搜狐网
8月11日	《赵城金藏》珍贵史料调查工作报告会在京召开	搜狐网
8月16日	中国国家图书馆推出划时代产品，学书法进入智能化	搜狐网
9月25日	“寸耕堂铭砚展”的内在思想线索	搜狐网
2月20日	揭秘国图古籍修复师：光打开纸卷花了一周	腾讯网
4月20日	国图公开课“跨时空的交响：中英文学对话”	腾讯网
5月19日	新京剧亮相国图舞台储兰兰演绎别样京韵	腾讯网
7月15日	随国图开启《赵城金藏》寻根之旅	腾讯网
7月21日	六大老北京传统技艺齐聚国图 开启非遗文化派队	腾讯网
8月14日	抗大陈列馆受邀参加国图馆藏文献展	腾讯网
12月27日	《收获2017》岁暮论收获　文艺话初心	网易
3月27日	这些英国文化“镇馆之宝”将东渡北京	凤凰网
4月8日	中国国家图书馆馆长温情开讲读书的魅力	凤凰网
4月19日	直播预告：当莎剧邂逅昆曲，华兹华斯遇上纳兰性德，《秋风辞》变英文歌	凤凰网
4月20日	当莎剧邂逅昆曲，华兹华斯遇上纳兰性德	凤凰网
4月21日	凤凰文化带你看大英图书馆珍宝展	凤凰网
4月25日	文津图书奖揭晓：德国天才、造房子、大国大城等10本书获奖	凤凰网
5月19日	新京剧亮相国图舞台 储兰兰演绎别样京韵	凤凰网
5月22日	绝美灯光助力新京剧国图国韵国粹焕新颜	凤凰网

6月14日	“纳西族史诗《黑白战争》连环画展”今日惊艳亮相北京	凤凰网
6月27日	去野外，带你发现万物之美——2017文津奖获奖图书《去野外》分享会	凤凰网
7月26日	《中国古琴名画珍赏》新书发布会在国家图书馆隆重举行	凤凰网
8月18日	以安徒生为名，世界插画大展亮相国家图书馆	凤凰网
9月13日	“全国图书馆文化创意产品开发联盟”成立大会在国家图书馆举办	凤凰网
9月24日	张铁林现身国家典籍博物馆　高度评价王镛“寸耕堂铭砚展”	凤凰网
9月25日	国宝级古籍亮相河南省图书馆　最古老的距今约750年	凤凰网
12月25日	“走进新时代的图书馆——向经典致敬”国图读书周启动	凤凰网
1月23日	4号线“红楼专列”将乘客请入曹雪芹的“家”	千龙网
4月17日	《罗密欧与朱丽叶》印本将亮相国家图书馆	千龙网
4月23日	第十二届文津奖颁奖暨海淀全民阅读季拉开帷幕	千龙网
4月24日	北京地铁4号线“时光专列”与乘客相约世界读书日	千龙网
5月9日	关于名人与图书馆之间	千龙网
5月30日	北京国家图书馆端午小长假期间推出古今中外九项展览	千龙网
8月13日	国家典籍博物馆“安徒生奖50周年展”一起来释放童年情怀	千龙网
8月16日	国际安徒生奖插画大赏：谁也不想走出的童年	千龙网
12月4日	人民币硬币发行60周年纪念展北京站开幕	千龙网
2月19日	我在国图“医”古籍	法晚网
4月19日	4月21日起 来国图看英王乔治三世藏书	法晚网
4月19日	不用出国也能看大英图书馆的藏品啦	法晚网
4月27日	第十二届文津图书奖揭晓图书巡展同步开幕	法晚网
8月11日	25位“国际安徒生奖插画家奖”得主真迹国家典籍博物馆开展	法晚网
1月24日	国图邀读者“网络书香过大年”	北京晨报网
4月14日	莎士比亚手稿《罗密欧与朱丽叶》将首次“做客”国家图书馆	北京晨报网
4月14日	国图启动“4·23世界读书日”活动　文津图书奖获奖图书将揭晓	北京晨报网
6月7日	当代著名篆刻家印章临创展举办	北京晨报网
6月30日	清代金石学家陈介祺特展　亮相国家典籍博物馆	北京晨报网

8月11日	世界最美插画大展亮相国图　孩子们的福利来了	北京晨报网
12月27日	国图读书周看《百部经典》听“文津经典诵读”	北京晨报网
1月21日	搭4号线邂逅红楼专列“服役”一个月联手国图荐好书	信报网
4月6日	“从莎士比亚到福尔摩斯”尽在国图	信报网
4月23日	第十二届文津图书奖揭晓	信报网
5月17日	35名篆刻研究员作品参展临创印展	信报网
8月15日	“钢铁长城”建军九十周年文献展开展	信报网
4月18日	保额数亿美元的大英图书馆珍贵原稿亮相国图	新京报网
4月23日	第十二届文津图书奖出炉!《中国文化的根本精神》等十本书获奖	新京报网
8月15日	纪念建军90周年浙东地下党绝密函等资料首度公开	新京报网
2月17日	古籍修复手法曝光　走访国家图书馆	北京时间网
3月8日	独家专访陈力：新媒体为阅读插上翅膀	北京时间网
4月8日	国家图书馆馆长韩永进本周六开讲：我们为什么要读书?	北京时间网
4月13日	“从莎士比亚到福尔摩斯：大英图书馆的珍宝”展览21日国图开幕	北京时间网
4月13日	54种图书入围第十二届文津奖 4·23揭晓获奖谜底	北京时间网
4月18日	大英图书馆的珍宝即将在国家图书馆开展啦!	北京时间网
4月20日	罗密欧爱上杜丽娘才是跨越时空的旷世奇恋!	北京时间网
6月1日	2017年全国少儿诗词在线诵读活动启动 6—12岁孩子可参与	北京时间网
6月12日	2017年“非物质文化遗产保护讲座月”国图开讲	北京时间网
6月12日	国图（国家古籍保护中心）“文化和自然遗产日”推出系列文化活动	北京时间网
6月13日	“纳西族史诗《黑白战争》连环画展”在国家典籍博物馆开展	北京时间网
6月20日	司徒乔家书暨夫人冯伊湄《劫后行》手稿捐赠仪式在国图举行	北京时间网
7月15日	《赵城金藏》重要历史资料抢救性摄录工作取得阶段性进展	北京时间网
8月15日	纪念中国人民解放军建军九十周年馆藏文献展在国家图书馆开展	北京时间网
8月16日	数字图书馆推广工程“春雨工程·网络书香”阅读推广在宁夏举办	北京时间网
12月11日	阿里巴巴等40余家企业助力全国图书馆文创产品开发	北京时间网
4月6日	莎士比亚现存唯一手稿将于中国首展	北京商报网
4月25日	第十二届文津图书奖揭晓10种优秀图书获殊荣	北晨网

5月18日	新京剧亮相国图舞台储兰兰演绎别样京韵	北青网
8月11日	世界插画大展：童话界的超级英雄联“萌” 错过一次就是错过50年	北晚新视觉网
8月14日	安徒生奖插画展来到北京，预售售出了5万张票	好奇心日报网
1月30日	2017年春节期间，国家图书馆准备了丰富的新春活动	华夏文化传播网
2月23日	古籍修复人员奇缺 “纯手工”修复需要上千年	华夏文化传播网
2月28日	国家图书馆与四家公共图书馆联合发布古籍数字资源，免费服务大众阅览和学术研究	华夏文化传播网
4月14日	从莎士比亚到福尔摩斯：大英图书馆的珍宝	华夏文化传播网
4月22日	从莎士比亚到福尔摩斯大英图书馆手稿珍宝展北京开幕	欧洲时报网
8月17日	世界儿童文学插画亮相国家典籍博物馆	国家文物局网站
12月11日	全国图书馆文创开发创新论坛暨优秀校企对接会在国家图书馆举办	国家文物局网站
12月25日	郑振铎先生铜像揭幕仪式暨学术研讨会在国图举行	国家文物局网站
1月19日	品书香过大年国图2017春节系列活动启动	科学网
4月14日	国家图书馆公布第12届文津图书奖54种入围图书	科学网
4月24日	第十二届文津图书奖揭晓	科学网
3月5日	我在国图修古籍——用指尖拼凑思想穿越之旅	中工网
6月1日	“国家当代艺术档案库”北京中心揭牌仪式	中工网
4月21日	刘晓明大使在“大英图书馆在中国”招待会上的讲话：《为中英人文交流插上智慧的翅膀》	中华人民共和国驻大不列颠及北爱尔兰联合王国大使馆网站
4月22日	刘晓明大使出席大英图书馆中国项目启动仪式	中华人民共和国驻大不列颠及北爱尔兰联合王国大使馆网站
4月21日	从典籍中汲取实现中国梦的精神力量	中央纪委监察部网站
4月6日	“青松风骨”书画展开幕式在国家图书馆隆重举行	紫光阁网
9月1日	国家发展改革委：“共享书吧”让机关内外书香浓	紫光阁网
3月29日	“原创图画书2016年度排行榜”新鲜出炉!每一本都是不容错过的佳作	未来网
4月20日	跨时空的交响：中英文学对话	优酷网

4月21日	从莎士比亚到福尔摩斯，在国图邂逅英国经典手稿	中青网
4月23日	2017年海淀全民阅读主题系列活动启动	海淀网
4月23日	“文化行走悦读海淀”明日启程 4·23世界读书日，我们在国家图书馆相会！	一点资讯网
4月24日	第十二届文津奖颁奖暨2017海淀全民阅读主题系列活动在京举办	消费日报网
4月25日	《传承与保护》山西寺观壁画资料捐赠暨展览开幕式在国家图书馆举行	华夏收藏网
4月25日	我社合作协办“从莎士比亚到福尔摩斯：大英图书馆的珍宝”展开幕“英国文学在中国”主题沙龙同期举行	外语教学与研究出版社
4月26日	《传承与保护》山西寺观壁画资料捐赠暨展览开幕式在国家图书馆举行	人民美术网
5月23日	中华古籍保护计划启动十周年 《国家图书馆善本掌故丛书》正式发布	看看新闻网
5月31日	中华古籍保护计划公布12274部珍贵古籍名录	艺术中国网
7月26日	《中国古琴名画珍赏》新书发布会在国家图书馆隆重举行	中华网
8月9日	北京世界插画大展·国际安徒生奖（终身成就）50周年展	本地宝网
8月14日	童话界的超级英雄联“萌”展，错过一次就是错过50年	京报网
8月14日	国际安徒生奖插画家300幅真迹亮相国图童趣爆棚	界面网
8月31日	“发改书吧”打造国图与中央国家机关合作标杆	改革网
12月23日	探寻文明的记忆 文明对话论坛走进国家图书馆	中华工商网
3月1日	福利！国图联合上图等公共图书馆在线发布1万余部古籍资源	澎湃新闻网
3月28日	大英图书馆来华办展，莎士比亚珍本、《简·爱》手稿首次展出	澎湃新闻网
4月13日	国图“从莎士比亚到福尔摩斯：大英图书馆的珍宝”即将开展	澎湃新闻网
4月22日	国家古籍保护中心赠书北大学子，推动“轻而美”的珍本阅读	澎湃新闻网
4月22日	大英图书馆珍贵手稿来华，听策展人聊聊纸墨间的作家灵魂	澎湃新闻网
4月26日	七年录遍山西四百座寺庙古壁画，国图昨起开展	澎湃新闻网
5月25日	看国图上图书医专家妙手回春修复古籍	澎湃新闻网
7月1日	清代金石大家陈介祺特展在京展出，包括毛公鼎拓轴	澎湃新闻网
8月16日	韩升：过早地接触书本知识不符合孩子身心发展的规律	澎湃新闻网

9月13日	文化部：到2020年全国古籍资源和保存状况基本摸清	澎湃新闻网
10月23日	从孔府档案看孔子后人的生活写照	澎湃新闻网
10月31日	我国拟规定公共图书馆内设施不得用于与其服务无关的商业活动	澎湃新闻网
4月14日	大英图书馆珍宝来华莎士比亚等手稿首度亮相国内	新民网
4月23日	第十二届文津图书奖揭晓上海人民出版社出版图书获奖	新民网
4月8日	看过莎士比亚的戏剧和作品，但是你可曾见过他的手稿？！	东方头条网
5月2日	《唐璜》在中国的传播史：从政治先行到审美复归	界面新闻
6月19日	《孔子博物馆古籍普查登记目录》在京首发	中国山东网
2月15日	《孔府档案》编纂研讨会在曲阜举行	齐鲁网
9月14日	文化部发力公共文化改革与发展 24小时阅读服务空间进入规划	齐鲁网
6月20日	连家生诗文书法作品展在京举行	齐鲁晚报网
6月15日	“纳西族史诗《黑白战争》连环画展”今日惊艳亮相北京	青网
6月20日	《孔子博物馆古籍普查登记目录》北京首发	壹点网
4月23日	“世界读书日”在京揭晓 两项图书大奖湘科社斩获颇丰	湖南网
1月22日	祁东县图书馆“品书香，赏年俗”2017新春年俗文化展开展	红网
1月25日	去长图寻年味“2017年国家图书馆年俗文化展”开展	红网
2月7日	炎陵县图书馆开展“品书香、赏年俗”活动	红网
4月23日	《消失的微生物》荣获第十二届文津图书奖	红网
11月8日	“网络书香·数字图书馆建设与服务”宣传推广项目湖南站启动	红网
8月11日	中国人民抗日军政大学陈列馆受邀参加国图馆藏文献展	中红网
4月14日	国家图书馆馆长韩永进在洪洞县参观考察	山西新闻网
4月14日	首批百卷《赵城金藏》回归广胜寺捐赠仪式	山西新闻网
4月15日	见证国宝《赵城金藏》首批复制百卷回归广胜寺	黄河新闻网
9月19日	山西：“名师带徒”传承古籍修复技艺 9名徒弟今拜师	黄河新闻网
9月15日	“数字阅读推广”是盲人的福音	四川文明网
8月10日	瞧，图书馆来了一群古籍保护志愿者	四川在线
9月29日	国家级大师来我区传技古籍修复	四川在线
10月18日	册府千华　四川省图书馆藏国家珍贵古籍特展开展	四川在线

4月3日	浙江举办第六次全国县级以上公共图书馆评估定级培训班（德清站）	浙江文化信息网
4月20日	从莎士比亚到福尔摩斯　大英图书馆来华办展	浙江在线
11月24日	以前开化造的纸，皇家才用得起？好多专家在开化研讨这事	浙江在线
11月27日	国家级文化项目“中国阅读”项目在杭启动	浙江在线
11月28日	“中国阅读”图书推荐榜发布仪式在杭图举行　读适合自己的热门书籍	浙江在线
1月12日	西南大学图书馆修复完成两国宝级唐宋珍本	华龙网
2月10日	VR数字文化虚拟现实体验活动开展　弘扬传统文化陪你共贺新春	华龙网
4月25日	第十二届文津奖颁奖暨2017海淀全民阅读主题系列活动在京举办	重庆晚报网
12月9日	国家图书馆馆长走进天津大学“英华讲坛”首讲	天津网
1月22日	天津少儿图书馆启动“网络书香过大年”活动	天津北方网
1月25日	VR贺新春数字文化虚拟现实体验活动开幕	天津北方网
8月17日	童心绽放 国际安徒生奖50周年展北京站开幕	天津北方网
12月9日	天津大学启动“英华讲坛”听国图馆长讲读书	天津北方网
12月13日	快到内蒙古图书馆饱览国家珍贵古籍	内蒙古新闻网
12月18日	【现场】国家珍贵古籍青城开展	内蒙古新闻网
7月11日	中华古籍普查文化志愿服务行动云南行启幕	云南网
6月8日	全国图书馆民国时期文献编目工作研修班在南图举行	中国江苏网
8月18日	“钢铁长城——纪念中国人民解放军建军九十周年馆藏文献展”在国家典籍博物馆开展	中国西藏网
4月23日	读书日文津图书奖揭晓《中国文化的根本精神》等十部书获奖	香港文汇网
6月10日	古籍保护十年成果展国图开展　共护古籍逾2000万册	香港文汇网
6月20日	著名画家司徒乔夫妇手稿入藏国家图书馆	香港文汇网
8月11日	国图办国宝古籍《赵城金藏》调查报告会	香港文汇网
9月9日	国家图书馆开放视听服务中心 可欣赏黑胶唱片	香港文汇网
4月14日	北京国图21日将展出莎士比亚等作家珍贵手稿	大公网
4月23日	纪念港回归20周年 M地铁·图书馆开启京港两地文化交流阅读汇	大公网
6月20日	著名画家司徒乔夫妇手稿入藏国家图书馆	大公网

8月11日	国图办国宝古籍《赵城金藏》调查报告会 还原抗战时期抢运细节	大公网
8月16日	国图展建军90周年馆藏文献	大公网
9月9日	国图开放视听服务中心可欣赏黑胶唱片	大公网
12月25日	国图开启读书周 元旦将首次为读者打开国宝《四库全书》库门	大公网

年度大事记

年度大事记

一 月

18 日，国家图书馆春节活动新闻发布会暨 2017 年记者座谈会在国图影院举行。文化部办公厅副主任喻剑南，国家图书馆馆长、党委书记韩永进，常务副馆长陈力，副馆长孙一钢以及来自文化部、国家图书馆相关部门负责同志、在京主要媒体记者 60 余人参加活动。

22 日，由国家图书馆主办的“书香筑梦 金鸡纳福”迎春晚会在国图艺术中心成功举行。晚会以“春联”为主题，邀请知名艺术家通过相声、歌舞、杂技、魔术、器乐等文艺节目，展示弘扬优秀传统文化。

28 日，国家图书馆馆长、党委书记韩永进，副馆长、党委副书记魏大威，副馆长张志清、王军，馆长助理汪东波以及相关部门主任在总馆北区二层大厅喜迎鸡年第一批到馆读者。韩永进向读者拜年，并向前三位读者赠送第十一届文津图书奖获奖图书。

二 月

26 日，中国古籍保护协会参加财通证券股份有限公司在杭州举行的“中华古籍保护”公益项目启动仪式。财通证券现场向中国古籍保护协会捐助善款，用于古籍的原生性及再生性保护。

28 日，国家图书馆（国家古籍保护中心）与上海图书馆、天津图书馆、浙江图书馆、云南省图书馆等 4 家单位在国家图书馆联合在线发布古籍数字资源，免费服务大众阅览和学术研究。

三 月

15 日，共青团中央、最高人民法院等 22 个部门联合印发《关于命名 2015—2016 年度全国青年文明号的决定》（中青联发〔2017〕5 号），国家图书馆立法决策服务部外交与国防组被授予“2015—2016 年度全国青年文明号”荣誉称号。

四 月

11 日，国家图书馆与中国第二历史档案馆合作共建战略框架协议签约仪式暨民国时期文献整理出版项目专家评审会在国家图书馆举行。仪式上，国家图书馆常务副馆长陈力、中国第二历史档案馆馆长马振犊分别代表两馆签署合作共建战略框架协议。

21日，国家古籍保护中心向北京大学中文系古典文献学专业师生赠送《国学基本典籍丛刊》。国家图书馆副馆长、国家古籍保护中心副主任张志清，国家图书馆出版社社长方自金，北京大学中文系主任陈晓明，北京大学中文系教授廖可斌、刘玉才、漆永祥等领导、老师和学生60余人出席赠书仪式。

21日，中国国家图书馆与英国国家图书馆联合举办的“从莎士比亚到福尔摩斯：大英图书馆的珍宝”展在国家典籍博物馆正式开展。文化部部长雒树刚，英国国家图书馆董事会主席布莱克斯通，中国国家图书馆馆长、党委书记韩永进，英国驻华使馆副大使罗廷在开幕式上致辞。英国国家图书馆馆长卡洛琳·布雷泽、文化部外联局局长谢金英、国家文物局副局长关强等出席开幕式。开幕式后，两馆的领导及业务专家举行中英两国图书馆业务交流活动。同日，举办“英国文学在中国”主题沙龙。在预展期间，国图公开课举办特别活动：“跨越时空的交响——中英文学对话”。

21日，国家图书馆举办的“从《诗经》到《红楼梦》——那些年我们读过的经典”展览开展。该展精选70余件古籍，分为先秦、秦汉、魏晋南北朝、隋唐五代、宋、元、明、清八个部分，通过人物及作品串联起中国辉煌的古典文学。

23日，第十二届文津图书奖在国家图书馆揭晓。本次活动由国家图书馆联合北京市海淀区、北京京港地铁有限公司、新华社《北京参考》共同举办，共评选出获奖图书10种，推荐图书44种。活动现场同时宣布“第十二届文津图书奖最受读者喜爱的入围图书投票活动”结果。为配合本次文津图书奖揭晓，国家图书馆还举办第十二届文津图书奖获奖及推荐图书展览和文津图书推广活动。

23日，由国家图书馆、京港地铁长期合作的M地铁·图书馆第七期主题活动“那些年，我们共同度过”在地铁4号线国家图书馆站举行。活动通过打造“京港文化交流主题站”、开出“时光专列”以及推荐国图优秀电子图书等形式，让公众了解两地文化，感受双城魅力。

25日，“保护与传承——山西寺观艺术暨文献展”开幕式暨文献捐赠仪式在国家图书馆总馆北区举行。国家图书馆馆长、党委书记韩永进代表国家图书馆接受由古闻铭（北京）文化传承发展机构捐赠的有关山西寺观艺术的作品和资料，并向其颁发捐赠证书。

五 月

16—19日，由全国图书馆文献缩微复制中心主办的“2017年全国公共图书馆技术部主任会议”在四川省成都市举行。来自全国20余个省、市、自治区公共图书馆近50位缩微工作负责人参加会议。

17—18日，第25届亚洲及大洋洲地区国家图书馆馆长会议在中国国家图书馆举行。文化部部长助理于群，国际图联主席多纳·希德，中国国家图书馆馆长韩永进、副馆长魏大威、副馆长孙一钢，文化部外联局副局长郑浩等出席会议。30余位来自本地区20个国家国家图书馆或承担国家图书馆职能的机构代表参加会议。本次会议主题为“构建可持续发展的区域性国家图书馆网络”。

22日，国家图书馆与中国建筑设计院有限公司关于国家图书馆国家文献战略储备库建设工程建筑设计合同签字仪式在国家图书馆举行。中国建筑设计院有限公司名誉院长、中国工程院院士崔愷，国家图书馆馆长、党委书记韩永进出席仪式并致辞。

24日，由文化部支持、中国国家图书馆举办的“第2届中国与阿拉伯国家图书馆及信息领域专家会议”在京举行。文化部对外文化联络局局长谢金英，中国国家图书馆馆长韩永进，副馆长孙一钢，馆长助理汪东波，阿盟秘书处信息、文献与翻译局局长海勒·贾德，巴林、埃及、伊拉克等阿拉伯国家及阿盟秘书处的十余名馆长、官员、专家，以及国内图书馆界的十余名馆长出席活动。本次会议主题为“中阿图书馆资源的共知共建与共享”。

25日，国家古籍保护中心成立十周年座谈会在国家图书馆召开。文化部原副部长、国家图书馆名誉馆长周和平，文化部公共文化司司长张永新，国家图书馆馆长、党委书记、国家古籍保护中心主任韩永进等领导专家学者，以及来自各省、自治区、直辖市古籍保护中心的负责人等50余人参加会议。国家图书馆（国家古籍保护中心）与中国运载火箭技术研究院签署《中华古籍保护系列产品试用协议书》，与北京大学信息管理系签署战略合作框架协议。国家图书馆联合浙江大学图书馆、复旦大学图书馆、辽宁省图书馆等6家图书馆在线发布古籍数字资源，其中与澳门基金会合作建设“中华寻根网”。当天下午，全国古籍普查登记工作会议召开。

26日，中国国家图书馆馆长韩永进会见来访的挪威文化大臣琳达·霍夫斯塔德·海勒兰一行，副馆长魏大威参加会见并做题为“国家数字图书馆建设进展介绍”的报告。

29日，中国国家图书馆馆长韩永进会见白俄罗斯国家图书馆馆长莫图利斯基·罗曼·斯捷潘诺维奇并接受白方赠书，双方共同签署两馆合作协议，副馆长孙一钢参加活动。

六　月

8—15日，中国国家图书馆常务副馆长陈力率团访问厄瓜多尔和西班牙，先后参访两国国家图书馆、公共图书馆、大学图书馆等。在厄瓜多尔访问期间，陈力与厄瓜多尔国家图书馆馆长签署《中国国家图书馆与厄瓜多尔国家图书馆合作备忘录》。

9 日，国家图书馆入藏杨献珍手稿共计 126 种 126 册叶。国家图书馆馆长韩永进接受捐赠并向其家属颁发捐赠证书。

9 日，国家图书馆（国家古籍保护中心）开展中华优秀传统文化系列推广活动。国家图书馆馆长、国家古籍保护中心主任韩永进，孔子博物馆馆长孔德平共同为《孔子博物馆古籍普查登记目录》首发揭幕。

10—26 日，国家图书馆受文化部非物质文化遗产司委托，推出 2017 年“非物质文化遗产保护讲座月”活动，开展 10 场非遗专题讲座及相关展示。同时，举办非物质文化遗产图书专题展示、木版年画制作体验等活动。

12—16 日，中国国家图书馆副馆长魏大威率代表团一行 5 人应邀赴日本进行访问。访日期间，魏大威代表中国国家图书馆与日本出版贩卖株式会社社长平林彰正式签署双方第 8 期合作协议。

20 日，司徒乔家书暨夫人冯伊湄《劫后行》手稿捐赠仪式在国家图书馆举行。国家图书馆副馆长孙一钢接受捐赠并向捐赠者司徒双女士颁发捐赠证书。

29 日，“天将金石付斯人——清代金石学家陈介祺特展”在国家典籍博物馆开幕。此次展览由国家典籍博物馆与潍坊市博物馆共同主办，展出潍坊市博物馆藏品 135 件。

七　月

6 日，由国家图书馆（国家古籍保护中心）主办的《赵城金藏》重要历史资料抢救性摄录工作媒体座谈会在国家图书馆召开。国家图书馆副馆长、国家古籍保护中心副主任张志清主持座谈会。来自国家图书馆（国家古籍保护中心）、临汾市文化局、临汾市非物质文化遗产保护中心等相关单位的十余位专家学者参加座谈。

6 日，第二届金砖国家文化部长会议期间，中国国家图书馆馆长韩永进与巴西文化部国际推广司司长阿当・穆尼兹、俄罗斯国家公众历史图书馆馆长米哈耶・阿法纳耶夫、印度国家图书馆馆长阿兰・库马尔・沙克拉伯蒂、南非艺术和文化部代理总司长加拉德・武西特巴・恩迪玛在金砖国家文化部长们的见证下，共同签署《金砖国家图书馆联盟成立意向书》，标志着金砖国家图书馆联盟正式成立。

17 日，中国国家图书馆馆长韩永进会见来访的美国哥伦比亚大学图书馆总馆长安·桑顿一行，副馆长孙一钢参加会见。

21 日，由文化部非物质文化遗产司、国家图书馆和北京联合大学艺术学院联合承办的“非物质文化遗产保护讲座月”特别活动——“非遗中的老北京”在国家图书馆举办。活动邀请六大“京味儿”非遗技艺的传承人现场与读者进行互动与交流，并特邀中国艺术研究院工艺美术研究所副所长邱春林担任点评嘉宾，对每个项目进行点评。

28 日，文化部与武警部队签署合作协议。文化部部长雒树刚，副部长杨志今、张旭和武警部队主要负责同志参加签约仪式。国家图书馆馆长韩永进、副馆长魏大威及相关部门负责同志参加活动。仪式上，雒树刚启动武警部队数字图书馆。

八　月

11 日，《赵城金藏》珍贵史料调查工作报告会在国家图书馆召开。国家图书馆副馆长、国家古籍保护中心副主任张志清，以及来自中国艺术研究院图书馆、首都图书馆、北京大学图书馆、清华大学图书馆、中国科学院文献情报中心、中央电视台等相关单位的领导与专家 50 余人参会。

11 日，由中信出版集团、国家图书馆（国家典籍博物馆）、上海京采文化创意有限公司联合主办的世界插画大展——国际安徒生奖（终身成就）50 周年展北京站在国家典籍博物馆开幕，展出近 300 幅 1966 年至 2014 年间 25 位“国际安徒生奖插画家奖”获奖者真迹。

15 日，由国家图书馆主办的“钢铁长城——纪念中国人民解放军建军九十周年馆藏文献展”在国家典籍博物馆第三展厅开展，共展出国家图书馆馆藏文献 260 余册 / 件。此外，中国人民抗日军政大学陈列馆提供 10 件馆藏文献。

16—22 日，中国国家图书馆副馆长孙一钢率代表团一行 4 人参加在波兰弗罗茨瓦夫市举行的第 83 届国际图联大会及卫星会议，并在会前举办“中文代表预备会”。会议期间，孙一钢参加国际图联亚洲和大洋洲地区专业组常委会、关联数据环境下国际图联标准的应用专业会议、国家图书馆馆长会议、中日韩数字图书馆项目三方交流会等，并分别与新西兰国家图书馆馆长麦克努特等举行会谈。代表团还赴立陶宛维尔纽斯市参加国际图联家谱与地方志专业组、亚洲大洋洲地区专业组及信息技术专业组共同举办的图联大会卫星会议。还访问立陶宛国家图书馆，并与立陶宛国家图书馆馆长古德斯卡斯进行会谈并达成签署合作协议意向。

九 月

1日，“发改书吧”启动仪式暨国家图书馆与国家发展和改革委员会战略合作签约仪式在国家发改委举行。国家发改委主任何立峰、文化部部长雒树刚见证签约，共同为“发改书吧”揭牌，并实地考察“发改书吧”。国家发改委副秘书长、办公厅主任周晓飞与国家图书馆馆长韩永进代表双方签署战略合作协议。国家发改委秘书长李朴民主持仪式。

1日，新华社《国家相册》系列微纪录片及出版物捐赠仪式在国家图书馆举行。新华社总编室主任白林代表新华社捐赠该批文献，国家图书馆常务副馆长陈力接受捐赠并颁发捐赠证书。

5—8日，由全国图书馆文献缩微复制中心主办，中国文献影像技术协会、山东省图书馆和威海市图书馆联合承办的“2017年全国公共图书馆缩微技术培训班”在威海举办。

9日，国家图书馆视听服务中心正式开放。国家图书馆馆长韩永进在国图音乐厅举办的开放仪式上致辞，并与古琴演奏家吴文光共同启动视听服务中心。国家图书馆常务副馆长陈力主持仪式。

12日，在文化部的指导下，“全国图书馆文化创意产品开发联盟成立暨图书馆文化创意产品开发培训班”在国家图书馆举行。成立大会后，国家图书馆举办为期3天的图书馆文化创意产品开发培训班。

13日，由中宣部、财政部、文化部、国家新闻出版广电总局、中国残联组织实施的“盲人数字阅读推广工程”在国家图书馆启动。中共中央政治局委员、中央书记处书记、中宣部部长刘奇葆出席启动仪式，并向图书馆和盲人教育机构代表发放智能听书机、盲用电脑等盲用阅读设备。启动仪式由国家图书馆、中国盲文出版社共同承办。

13—23日，中国国家图书馆馆长韩永进率领代表团一行5人应邀赴白俄罗斯、毛里求斯及南非访问。访问白俄罗斯期间，代表团参加“白俄罗斯图书印刷500年”及白俄罗斯国家图书馆成立95周年庆祝活动，并与白俄罗斯国家图书馆馆长斯捷潘诺维奇会谈，会见阿塞拜疆国家图书馆、吉尔吉斯斯坦国家图书馆馆长。代表团访问毛里求斯国家图书馆，签署《中国国家图书馆与毛里求斯国家图书馆合作意向书》。代表团访问南非国家图书馆及开普敦分馆和图书中心、开普敦大学图书馆，进行相关业务交流。

23日，由国家典籍博物馆及中央美术学院、中国书法家协会主办，北京杏坛美术馆、如果艺术协办的“寸耕堂铭砚展”在国家典籍博物馆开幕。展出中央美术学院教授王镛近两年所藏101方历代古砚及其所制砚铭和题拓。

25 日，中国国家图书馆馆长韩永进会见来访的卡塔尔国家图书馆馆长索哈尔 · 瓦斯托。卡方邀请中国国家图书馆出席明年 4 月的卡塔尔国家图书馆新馆落成仪式。

十 月

10 日，中国国家图书馆馆长韩永进会见来访的哈萨克斯坦国家图书馆馆长查纳特•赛义杜马诺夫•图拉洛维奇一行，副馆长孙一钢参加会见。会见结束后，图拉洛维奇代表哈萨克斯坦国家图书馆捐赠图书，双方共同签署《中国国家图书馆与哈萨克斯坦国家图书馆合作备忘录》。

11 日，中国国家图书馆馆长韩永进会见来访的缅甸宗教文化部历史研究与图书馆司代司长吴昂民一行，副馆长孙一钢参加会见。

12 日，“国家图书馆总馆南区建成开馆 30 周年座谈会”召开。文化部原部长王蒙，文化部党组成员、副部长张旭，文化部原副部长艾青春，文化部原副部长、国家图书馆名誉馆长周和平，文化部公共文化司副司长陈彬斌，国家图书馆馆长、党委书记韩永进，国家图书馆原党委书记、常务副馆长詹福瑞以及馆班子成员李虹霖、孙一钢、汪东波等参会，中国工程院院士张锦秋、崔愷等参与总馆南区建设或维修改造的相关代表，国家图书馆和全国图书馆界代表参加会议。与会代表进行热烈交流，回顾历史、展望未来。会后，与会代表参观在国图总馆北区二层举办的“册府千载 于兹为盛——国家图书馆总馆南区建成开馆 30 周年纪念展”。

12 日，《中国图书馆史》发布座谈会在国家图书馆召开。国家图书馆馆长、《中国图书馆史》主编韩永进，文化部公共文化司副司长陈彬斌出席会议并讲话。会上，各分卷主编介绍本分卷的编纂情况，国家图书馆出版社介绍该书的出版情况，与会专家围绕《中国图书馆史》的价值、图书馆史的研究深入研讨。

19 日，国家图书馆馆长韩永进、常务副馆长陈力分别会见以日本出版贩卖株式会社社长平林彰为团长的第 38 次日本出版友好访华团一行 12 人，副馆长孙一钢陪同会见。

十一月

3 日，由国家典籍博物馆和北京鲁迅博物馆（北京新文化运动纪念馆）联合主办的“拈花——鲁迅藏中外美术典籍展”在国家典籍博物馆开展。本次展览从鲁迅所藏中外美术典籍中择取精华百余种，以时间为脉络，较为全面系统地介绍鲁迅所藏美术典籍。

6—13 日，韩国国立中央图书馆代表团一行 5 人由数字资源部部长李炯虎率领，到中国国家图书馆进行两馆间第 20 次业务交流活动。中国国家图书馆馆馆长韩永进、常务副馆长陈力分别会见李炯虎一行，文化部外联局局长助理王晨出席会见。双方还以报告、研讨形式分别就数字资源建设与服务、图书馆服务现状与创新等内容进行探讨，中国国家图书馆常务副馆长陈力、副馆长张志清参加交流活动。代表团还访问北京大学图书馆、首都图书馆、上海图书馆等机构。

14—21 日，中国国家图书馆副馆长、国家典籍博物馆常务副馆长李虹霖率团赴日本国立国会图书馆，开展为期 8 天的中日两国国家图书馆第 36 次业务交流活动。交流期间，代表团参观日本国立国会图书馆东京总馆、国际儿童图书馆和关西馆，并访问国立公文书馆、东京国立博物馆等机构，针对图书馆业务培训、文献库房建设管理、图书馆后勤服务工作等进行重点了解，并与有关机构就合作举办文化展览、专题文献开发等事宜进行沟通。

25 日，“中国文化两岸融通——欧豪年书画展”在国家典籍博物馆举办。此次展览由国家典籍博物馆、台北华冈博物馆欧豪年美术中心共同主办，中国宋庆龄基金会、台北中山学术文化基金会支持。此次展览遴选欧豪年自 20 世纪 50 年代至今的 98 幅作品。展览举办前夕，欧豪年特向国家典籍博物馆捐赠《庐山三叠瀑图》和《行书八言联》两件书画作品，韩永进代表国家典籍博物馆接受捐赠，并颁发捐赠证书。

27 日，阮章竞笔记手稿捐赠仪式暨中华书局《阮章竞太行山笔记手稿四种》影印本首发式在国家图书馆举行。阮章竞之女阮援朝代表家属向国家图书馆捐赠阮章竞《在太行山时期的一些材料》等笔记手稿共计 87 种 178 册 / 件。馆长韩永进代表国家图书馆接受捐赠并颁发捐赠证书。

29 日，由国家图书馆（国家古籍保护中心）和北京大学《儒藏》编纂与研究中心联合主办的“孔子 · 儒学 · 儒藏——儒家思想与儒家经典名家系列讲座”在国家图书馆开讲。国家图书馆馆长、国家古籍保护中心主任韩永进，国家图书馆副馆长、国家古籍保护中心副主任张志清，北京大学副校长、《儒藏》工程首席专家王博等出席首场讲座，来自国家图书馆、北京大学的相关部门负责人，以及部分高校研究生近 100 人参加活动。

十二月

11—12 日，由文化部文化产业司指导，全国图书馆文化创意产品开发联盟主办，北京国图创新文化服务有限公司承办的“全国图书馆文化创意产品开发创新论坛暨优秀校企对接会”在国家图书馆（国家典籍博物馆）举行。国家图书馆副馆长、党委副书记魏大威，国家图书馆副馆长、国家典籍博物馆常务副馆长李虹霖以及部分高校、企业相关负责人出席活动。

13日，国家图书馆与山西省临汾市人民政府《关于加强临汾市文化建设的战略合作框架协议》签约仪式在国家图书馆举行。国家图书馆馆长、党委书记韩永进和临汾市委副书记、市长刘予强出席签约仪式。

23日，郑振铎先生铜像揭幕仪式在国家图书馆举行。国家文物局党组副书记、副局长顾玉才，国家图书馆馆长、党委书记韩永进，副馆长张志清，福州市长乐区宣传部部长郑子毅，福建省图书馆副馆长叶建勤，谢辰生、傅熹年、孙机、李致忠、程毅中等专家学者40余人与会，北京大学教授郑春开代表郑振铎先生家人出席。顾玉才、韩永进、郑子毅、郑春开等共同为铜像揭幕。

25日，国家图书馆开启读书周系列活动。期间，《中华传统文化百部经典》首批10部图书正式出版；“激活经典 熔古铸今——《中华传统文化百部经典》首批图书出版”展览在总馆北区二层大厅开幕；“国图公开课”网站、国图手机门户、数字图书馆推广工程移动阅读平台以及数字图书馆体验区等同步开展线上线下的“百部经典”推广活动；“致敬经典 · 古韵弥新——文津经典诵读五周年”回顾展开幕。此外，读书周还开展经典图书推荐与分享、馆藏特色资源与服务培训、少年儿童馆“致敬经典”主题故事会等活动。

29日，国家图书馆、桐柏宫、中国言实出版社、古闻铭（北京）文化传承机构、浙江玄珠致文化艺术发展有限公司在国家图书馆签署协议，联手高仿制作、出版发行《正统道藏》《万历续道藏》，并携手开展相关研究和内容开发工作。国家图书馆常务副馆长陈力，中国言实出版社社长王昕朋，天台山桐柏宫主持、中国道教协会副会长张高澄等出席仪式。国家图书馆副馆长、国家古籍保护中心副主任张志清主持仪式。

综合索引

C

D

E

F

G

H

J

K

L

M

N

O

P

Q

R

S

T

W

X

Y

Z

（衡中青编制）